ESG 경영을 선도하는
초성장 기업의 비밀

퍼포스 경영

ESG 경영을 선도하는 초성장 기업의 비밀

퍼포스 경영

이형종 지음

PURP**O**SE
BEYOND
PROFIT

시크릿하우스

ESG 열풍이 대한민국에도 서서히 불기 시작했다. 많은 사람이 ESG에 관심이 있지만 이형종 박사만큼 구체적인 실행방안에 이르기까지 고민한 사람은 없을 것이다. ESG에 관한 그의 첫 번째 저서인《ESG 경영과 자본주의 혁신》은 그런 의미에서 모든 사람에게 기초를 습득할 수 있는 기회를 제공하는 훌륭한 책이었다. 이번에 두 번째 역작《퍼포스 경영》을 내놓았다.

첫 번째 저서가 ESG에 관한 기초를 습득할 수 있는 내용이었다면 두 번째 저서는 기업의 목적Purpose이라는 보다 철학적이고 근원적인 주제를 중심으로 심도 있게 풀어가고 있다. 첫 번째 저서인《ESG 경영과 자본주의 혁신》을 꼭 읽은 뒤에 이 책을 읽으라고 권유하고 싶다. 두 권의 책을 순서대로 읽어야 1+1=2가 아닌 1+1이 5가 되고 10이 될 수 있는 시너지 효과가 가능하기 때문이다.

이 책은 ESG를 진지하게 연구하고 싶은 대학원생, 교수, 학자에게 아주 좋은 길잡이가 될 것이다. ESG는 비재무 정보의 공시와 깊은 관련이 있기에 공인회계사에게도 꼭 필요한 지식이라고 생각한다. 무엇보다도 기업인과 기업에서 일하는 모든 구성원에게 필수적인 내용이다. ESG를 모르면 경영을 모른다고 말할 수 있을 정도로 21세기는 ESG의 시대가 될 것이다. ESG 담당 부서는 말할 것도 없고 모든 부서가 ESG에 대해 알아야 기업가치를 향상할 수 있다.

ESG 경영은 미국과 유럽은 물론 일본에서까지 활발하게 추진되고 있다. 한국은 이제 ESG를 도입, 적용하는 시점에서 책의 사례가 좋은 교훈을 줄 수 있을 것으로 본다. 이 책의 강점 중의 하나는 미국과 유럽의 사례에 덧붙여 풍부한 일본 사례를 소개하고 있다는 점이다. 이 책이 우리나라의 ESG 경영에 이정표를 제시하는 기념비적인 저서가 될 것을 믿어 의심치 않는다.

윤성식 고려대학교 행정학과 명예교수

(한국ESG협회장, 경영학박사, 공인회계사)

우리 기업의 목적은 무엇입니까?

지금 세계는 지속가능성Sustainability 혁명이 시작되었다. 매일매일 ESG Environmental, Social and Governance, SDGs Sustainable Development Goals, CSR Corporate Social Responsibility, CSV Creating Shared Value, 지속가능성을 다룬 기사와 서적, 연구 자료가 넘쳐나고 있다. 이런 수많은 자료를 보면 '이해관계자Stakeholder', '퍼포스Purpose'라는 용어가 단골 메뉴로 등장하는데, 이 두 개의 개념은 지속가능성 혁명을 성공적으로 완수하기 위한 필수 요소다.

필자도 《ESG 경영과 자본주의 혁신》이라는 저서를 통해 지속가능성 혁명 시대에 이해관계자 경영의 필연성을 제시하고, 기업이 목적 지향적으로 행동할 것을 촉구하였다. 시간이 흘러 많은 기업이 ESG 경영의 당위성을 인식하고 있지만, 지속가능성 경영을 어떻게 실천해야 할지에 대한 고민도 많다.

최근 글로벌 동향을 보면, 기업의 행동 변화를 요구하는 목소리가 더욱 커지고 있다. 글로벌 조류는 주주 이익 지상주의에서 벗어나 직원,

고객, 거래업체, 지역 사회의 이익을 중시하는 이해관계자 경영으로 전환할 것을 요구하고 있다. 이해관계자 경영이란 사회적 구성원으로서 기업은 주주의 이익 외에도 다른 이해관계자의 이익도 배려하여 사회적 책임을 수행하는 것이다.

지금까지 기업은 이해관계자의 요청에 따라 수동적인 CSR(기업의 사회적 책임) 활동 중심으로 사회적 비난을 피할 수 있었다. 그러나 최근 ESG 경영을 요구하는 글로벌 조류는 이전과 전혀 다른 모습이다. 환경과 사회적 과제에 대처하기 위한 국제 이니셔티브가 등장하고, 글로벌 규제는 더욱 강화되고 있다. 투자자는 기업의 ESG 경영 상태를 엄밀하게 주시하고 있다. 이전의 수동적인 CSR 활동만으로 시시각각 변하는 환경에 대응하기 어렵게 되었다. 이제 모든 기업은 불가피하게 지속가능성 혁명 대열에 참여할 수밖에 없는 시대가 되었다.

이런 지속가능성 혁명 시대를 계기로 성장하는 기업도 있다. 네슬레, 유니레버, 필립스, 오스테드, DSM, 인터페이스, 케링 등은 지속가능성을 사업변혁의 기회로 삼아 성장 가도를 달리고 있다. 무엇보다 이들 선진기업의 지속적인 성장 배경에는 확고한 퍼포스와 기업 이념이 자리 잡고 있다. 지속가능성 시대에 맞춰 기업의 존재 의의를 다시 생각하고, 시대적 소명 의식으로 적극적인 대처를 하고 있다.

그렇다면 퍼포스Purpose란 무엇인가? 간단히 말해 기업의 목적의식이며, 기업이 사회에 존재하는 이유를 말한다.

지속가능성 혁명 시대에 세계는 기업이 목적의식을 중심에 두고 사회 과제 해결에 공헌할 것을 기대하고 있다. 사회적 기대에 따라 세계의 많은 기업이 새롭게 목적을 제정하고, 사업 활동에 반영하여 실현하고 있다. 앞서 언급한 선진기업 외에도 높은 퍼포스를 가진 기업은 퍼포스를 중심으로 재무장하며 경쟁이 치열한 기존 시장 외에도 시야를 넓혀 새로운 사업을 창출하고 있다. 높은 퍼포스를 갖고 세상의 현상을 바라보고 사회 과제 해결 비즈니스를 찾아내고 있다. 또한 퍼포스를 기점으로 회사의 사업영역을 확장하거나 강화하는 절호의 기회로 삼고 있다.

소비자도 사회 과제에 대해 높은 의식을 갖기 시작했다. 소비자는 물건을 사는 사람에서 사회를 좋게 만드는 시민으로 변하고 있다. 소비자는 기업에게도 똑같은 행동과 활동을 요구한다. 소비자는 기업에 단순히 좋은 상품과 서비스만을 기대하지 않고, 사회를 더 좋은 곳으로 만들어주길 바라고 있다. 기업이 진정성 있게 사회 문제에 대처해주길 기대하는 것이다.

이전의 '주주가치 최대화'를 존재 의의로 생각하는 기업은 소비자의 기대를 충족시키지 못하고 경쟁에서 뒤처질 수 있다. 이런 소비자의 의식변화에 대응하여 기업은 무엇을 위해 사업을 하는지, 세상을 위해 어떤 가치를 제공할 것인지에 대한 근본적인 질문에 답해야 한다. 즉 기업은 창업 때와 같은 원점으로 돌아가 존재 의의를 다시 생각하고 본연의 역할에 충실할 필요가 있다.

선진기업의 사례를 볼 때, 퍼포스를 기점으로 사업 활동을 추진하는 것은 생각처럼 쉽지 않다. 단순히 퍼포스를 새롭게 정립하고, 경영자가 선언하는 것으로 끝나지 않는다. 퍼포스를 확고한 신념으로 받아들여 사업 전략에 반영하고, 전 조직원이 공유하고, 구체적으로 실현해야 한다. 따라서 이 책은 퍼포스 경영을 실현하기 위한 사례와 방법을 체계적으로 설명해준다. 현재 기업이 당면한 지속가능성 대책을 실현하는 차원을 넘어 전반적인 조직혁신을 위해서도 퍼포스 경영은 효과가 있을 것이다.

필자는 단순히 마케팅 효과를 노리거나 유행에 편승하여 이 책을 쓰지 않았다. 기계적인 이익 추구를 넘어 건강한 사회를 생각하는, 영혼 있는 기업이 세상에 충만해지길 바라는 심정에서 이 책을 집필하게 되었다. 영혼 있는 기업이 늘어나야 지속가능성 혁명이 성공하고 세상은 바뀔 수 있다고 생각한다.

이 책을 읽는 독자는 '퍼포스 경영'이라는 콘셉트를 통해 지금까지 당연하게 인식했던 비즈니스 방식에 의문점을 갖고, 사회영역으로 관점을 확장하여 새로운 기회를 발굴하는 계기가 될 것이라고 생각한다.

이형종

차례
―――

PART 1 | 왜 퍼포스 경영이 중요한가?

직원의 자긍심이 높은 이나식품 | 단기적 주주 이익 지상주의에 빠진 기업 경영 | 세일즈포스의 대담한 선언 | 이익보다 더 중요한 목적을 생각하라 | 퍼포스의 배경에 있는 이해관계자주의 | 퍼포스를 실현하는 비즈니스로 전환하라 | 퍼포스 경영을 도입한 소니 | 일본 기업의 경영 이념 '산포요시'에서 배운다 | 기업의 퍼포스로 직장을 선택하는 밀레니얼 세대 | 퍼포스를 실현한 나이키의 'Dream Crazy' 광고 캠페인 | 퍼포스를 직원이 업무로 실현하는 스타벅스

퍼포스란 무엇인가? | 'Why'로부터 시작하라 | 기업의 존재 의의가 성패를 결정한다 | 다양한 이해관계자가 참여하는 퍼포스 | 사회적 임팩트를 창출한다 | 철학과 가치를 담은 브랜딩으로 성장한다 | 사회에 제공 가치를 중심으로 공감을 얻어라

PART 2 | 이해관계자 경영으로의 대전환

이해관계자 경영으로 전환하다 | 이해관계자와 퍼포스를 공유하라 | 핵심적인 이해관계자를 파악하라 | 스타벅스, 이해관계자와 함께 성장하는 7가지 큰 대책

PART 6 | 퍼포스 브랜딩으로 성장하라

PURPOSE
BEYOND
PROFIT

PART 1

왜 퍼포스 경영이
중요한가?

CHAPTER

1

목적 지향적 경영의 선구자들

직원의 자긍심이 높은 이나식품

일본에 이나伊那식품공업이라는 회사가 있다. 칸텐寒天이라는 식품을 제조하고 있고, 화장품과 의약품 사업에도 진출하고 있다. 일본 내 점유율은 80%이고, 해외에서도 15%의 점유율을 가진 작지만 강한 기업이다. 1958년 창업 이후 적자 한번 없이 계속 성장하는 우량기업이지만, 주식시장에 상장하지 않은 독립기업이다.

이 기업의 사시社是는 '좋은 회사를 만들자, 씩씩하고 상냥하게'이다. 이 사시를 들으면 씩 웃는 사람도 있을 것이다. 이 회사는 실적 악화로 비용을 줄이기 위해 인력 감축을 하지 않고, 인건비를 다른 비용과 같이 취급하지 않는 기업이다. 즉 주주자본주의에서 이익 추구를 위해 구조조정을 하는 왜곡된 회사가 아니라, 주주자본주의 영향을 받지 않는 건전한 회사라고 말할 수 있다.

회사의 CEO인 츠카코시 히로시는 그의 경영 철학을 이렇게 말한다.

— 회사는 회사 자체와 경영자를 위해서 이익을 높이며 발전하는 것이
아니다. 회사를 구성하는 사람들과 사장을 포함하여 전 직원의 행복
을 위해 존재한다. 어떻게 하면 직원이 즐겁고 쾌적하게 느낄지 계속
생각한 것이 이나식품의 역사였다.

츠카코시 회장은 매출 증가와 이익은 기업 존속의 수단에 불과하고,
직원과 거래업체, 주변 지역의 주민 등 모두가 행복해지는 것이 기업의
존재 이유라고 자신 있게 말한다.

이나식품에서 CEO의 경영 이념과 사고는 오랫동안 직원들에게 이
어지고 있다. 지금까지 주주자본주의 아래에서 이익 추구의 길을 걸어
온 상장기업이 갑자기 좋은 회사를 만들자고 사시를 바꾸어도 직원은
따르지 않을 것이다. 이나식품의 사시는 미래의 모습을 보여주고 있고,

[자료 1-1] 이나식품의 '좋은 회사를 만드는 10가지 경영 방침'

① 항상 좋은 제품을 만든다.
② 팔린다고 너무 많이 만들지 않고, 너무 많이 팔지 않는다.
③ 가능한 정가로 판매하고, 할인하지 않는다.
④ 고객 입장에서 제품을 만들고 서비스를 제공한다.
⑤ 아름다운 식품, 점포, 정원을 만든다.
⑥ 고급스러운 패키지, 센스 있는 광고를 한다.
⑦ 문화지원 활동과 자원봉사 등 사회 공헌 활동을 한다.
⑧ 거래업체를 소중히 한다.
⑨ 경영 이념을 전 직원이 이해하고, 기업 이미지를 높인다.
⑩ 이상의 것을 확실히 실행하고, 계속한다.

직원 개개인이 요구하는 존재 의의와 미래에 있어야 할 모습이 일치하는지 묻고 있다.

이나식품은 지역주민에게도 높은 평판을 받고 있다. 젊은 세대는 이나식품의 경영 방식을 동경하며 입사하고 싶어 한다. 직원들도 회사의 모습에 높은 자긍심을 갖고 있다. 대기업에 취업하여 높은 급여를 받는 자긍심보다 사회에 존재 의의를 모범적으로 실천하고 있는 조직에서 일하는 자긍심을 느끼고 있는 것이다.

단기적 주주 이익 지상주의에 빠진 기업 경영

대부분 직장인은 회사에서 매출과 이익 목표를 달성하기 위해 매일 열심히 일하고 있다. 그러나 세계적인 저성장과 치열한 글로벌 경쟁으로 기업은 매출과 이익을 높이기 쉽지 않다. 게다가 치열한 경쟁 환경 속에서 최근 ESG 경영을 요구하는 압박도 거세지고 있다. 이익을 내기도 어렵고 생존에 급급한 경영 환경에서 지속가능성 경영은 더 큰 부담으로 작용할 뿐이다. 따라서 본업에 충실하고, CSR 활동은 최소한으로 수행하려는 기업도 적지 않다.

2000년 이후 많은 기업들이 사회 공헌 활동과 CSR 활동을 해왔다. 본업을 통해 사회 과제를 해결하는 사업csv을 추진하면서 이익을 내는 기업도 있다. 그러나 대부분 기업은 사회 과제 해결 사업에서 이익을 낼 수 없다고 생각한다. 그렇다고 지금 글로벌 조류를 보니, 환경과 사회 과제에 대한 대책을 무시할 수는 없다고 생각한다.

결국 본업과 관계가 없는 분야에서 약간의 예산을 투자하여 사회 공헌 활동으로 적당히 대체하려고 한다. 지속가능성 경영에 전혀 경험이 없는 사외이사나 직원을 뽑아 ESG 전담 조직이나 CSR 부문에 배치한다. 환경과 사회적 과제에 대응하는 신규사업을 제시하고, 2030년까지 사회 과제 해결 프로젝트를 추진하겠다고 외부를 향해 발표한다.

이렇게 환경과 사회 과제를 해결하는 사업이 이익을 낼 수 없다고 정해두면 회사의 지속가능성 대책은 시범 프로젝트나 이벤트로 끝날 수밖에 없다. CEO도 당장 재임 기간 중 사업 목표 달성에 매달린다면 장기적 과제는 형식적인 대책에 머물 뿐이다.

지속가능성 대책은 기본적으로 장기적인 프로젝트로서 치밀하게 대응해야 성과를 낼 수 있다. 충분한 경영 자원을 투입하여 정성껏 육성해야 수익을 낼 수 있다. 오로지 사업 활동에서 단기간에 매출과 이익을 내야 한다는 고정관념이 뿌리 깊은 기업 풍토에서는 지속가능성 경영을 본업으로 추진하는 것은 어렵다. 그런 기업의 경영자와 관리자들에게 '이익은 회사의 목적이 아니다'라고 말하면 크게 반발할 것이다. 그들에게는 상식 밖의, 이해할 수도 없는 말로 들릴 것이다.

현재 대부분 기업의 평가제도도 단기적인 매출과 실적 향상에 집중되어 있다. 일부 기업은 성과평가제도에 지속가능성(비재무)의 관점을 추가하고 있다. 단순히 기존의 평가제도에 지속가능성 평가항목을 추가하는 것만으로는 이노베이션이 추진되지 않는다. 매출 실적을 대체할 새로운 정량적 평가 기준이 없으면 공정한 평가를 기대하기 어렵다.

지금 세계는 기업의 사회적 책임과 존재 의의를 묻고 있다. 세계 최대의 자산운용 회사 블랙록BlackRock의 CEO 래리 핑크Larry Fink는 2018년

'목적의식을 가져라A Sense of Purpose'라는 제목의 연례 서한에서 기업의 사회적 책임을 강조했다. 연례 서한은 주식시장은 호조를 보이고 있지만, 격차 확대, 고용불안 발생을 지적했다. 또한 정부의 대응이 충분하지 않기 때문에 민간기업이 사회적 책임수행의 기대가 높아지고 있다고 주장했다. 또한 기업이 계속해서 발전하려면 우수한 재무성과 외에도 사회에 공헌해야 한다고 제언했다.

블랙록은 연례 서한을 통해 투자자로서 장기적 관점을 갖고 경영할 것을 호소하였다. 블랙록은 이전부터 기업의 단기적 실적인 4분기 결산을 중시하는 문제를 지적했다. 연례 서한은 "귀사의 주주인 당사의 고객은 투자수익뿐만 아니라 세계의 번영과 안정에 기여하는 리더십과 명확성을 보여줄 것을 기대하고 있다"는 말로 끝맺고 있다.

2019년 래리 핑크는 투자기업 CEO들에게 "이익의 최대화를 넘어 존재 의의를 가질 필요가 있다"는 내용을 담은 연례 서한을 발표했다. 자본시장은 기업이 창출하는 단기적 이익만을 중시하는 것이 아니라, 지금 기업이 세계에 어떻게 공헌할 것인지 주목하고 있다. 블랙록은 2021년 1월 지속가능성을 선언했다. 앞으로 투자전략의 중심에 지속 가능성을 두고, 배려하지 않는 기업에서 투자자금을 철수하겠다고 강한 어조로 발표했다.

세일즈포스의 대담한 선언

블랙록의 서한을 계기로 세계의 기업 경영자들은 퍼포스의 중요성에 대해 강하게 인식하고 있다. 또한 유럽과 미국, 일본의 글로벌 선진기업이 독자적인 대책을 추진할 정도로 널리 확산되고 있다.

기업용 고객관리 어플리케이션의 세계 최대 업체, 세일즈포스의 CEO 마크 베니오프Marc Benioff는 주주뿐만 아니라 직원과 고객, 거래업체, 지역 사회의 이익을 중시하는 '새로운 자본주의'를 제창한다. 세일즈포스의 2022년 1월 시점 시가총액은 2만 2,140억 달러로, 마이크로소프트의 대항마로 떠오를 정도의 거대 IT 기업이다. 2019년 10월, 마크 베니오프는 뉴욕타임스에 '우리는 새로운 자본주의가 필요하다'라는 글을 기고했다. 이 기고문은 큰 화제가 되었다. 기고문은 시종일관 기업의 사회적 책임의 중요성을 강조하며, 기업의 새로운 역할을 요구하고 있다. 그 내용의 일부를 소개한다.

— 기업은 이산화탄소를 무진장 계속 배출하여 지구를 위기 상황으로 몰아가고 있다. 물론 이익은 중요하지만, 그 이상으로 사회도 중요하다. 지금이야말로 새로운 자본주의가 필요하다. 공평하고, 평등하고, 지속적인 자본주의가 필요하다. 그것은 사회에서 빼앗는 것이 아니라 반대로 사회에 환원하고, 긍정적인 임팩트를 사회에 주는 것이다. 구체적으로 다음 내용을 실천해야 한다.

먼저, 주주만이 아니라 직원과 고객의 이익을 제일로 생각해야 한다. 전체 이해관계자에 채무를 포함한 '기업의 퍼포스'를 기업 활동의 최상위에 두어야 한다. 다음으로 정부와 증권거래위원회SEC는 상장기업을 규제해야 한다. 안타깝게도 모든 기업의 리더들은 이에 찬성하지 않는다. 기업의 사회적 책임에 대한 규제와 목표, 방침을 정하는 것은 정부의 역할이다. 그러나 정치가 제대로 기능하지 못하는 지금, 많은 국민은 기업 경영자가 사회적 과제에 주도적으로 대응할 것을 기대하고 있다. 직원과 투자자, 소비자는 가치관을 공유하는 기업을 찾으려 하고 있다. (중략)

'퍼포스를 우선하면 이익이 줄어든다'는 반대 의견도 있다. 하지만 조사에 따르면, 더욱 넓은 미션을 갖고 회사의 활동과 연계하는 기업은 경쟁을 넘어 성과를 발휘하고, 더욱 빠르게 성장하고, 더 많은 이익을 낸다는 사실이다.

베니오프는 기고문에서 '퍼포스는 이익을 감소시킨다'는 회의론을 주장하는 사람도 있지만, 이익 일변도가 아니라 다양한 이해관계자의 이익을 생각하는 것이 앞으로 기업의 중요한 사명이라고 말하고 있다. 시가총액이 255조 원을 넘는 기업이 승자독식의 성공 법칙에 이의를 제기하고, 퍼포스를 최상으로 두고 사회에 널리 이익을 환원할 것을 제창하고 있다는 점은 흥미로운 대목이다. 이 시대에 기업의 생존방식이 무엇인지를 명확히 보여주고 있다.

1970년, 시카고대학교의 밀턴 프리드먼Milton Friedman 교수는 뉴욕타임스에 '기업의 사회적 책임은 이익을 늘리는 데 있다'는 기고문을 발표했다. 이후 반세기가 지나 경제학자가 아닌 미국을 대표하는 기업가가 똑같이 뉴욕타임스를 통해 새로운 자본주의를 제창한 것은 상징적이다. 반세기를 풍미한 주주자본주의는 이제 전환기를 맞이하고 있다는 의미다.

주주자본주의를 상징하는 증권거래소의 새로운 역할도 제기되고 있다. 스타트업의 새로운 경영기법을 제창한 《린 스타트업》의 저자 에릭 리스Eric Ries 는 2019년 미국 증권거래위원회SEC의 승인을 받아 '장기증권거래소Long-term Stock Exchange, LTSE '를 설립하였다. 그 명칭대로 장기적 관점에서 경영하는 기업에 인센티브를 주고 성장을 지원하는 것을 거래소의 사명으로 정하고 있다. 미국의 자본시장에서 현저한 주주 이익 지상주의로 인한 경영의 단기실적 지향을 억제하려는 것이다. 장기증권거래소는 기업의 단기 지향을 개선하기 위해 보유 기간의 길이에 비례하여 의결권이 늘어나는 구조tenure voting의 도입을 상장요건으로 제시하였다. 주식을 사는 날에 1주당 1표를 행사할 수 있지만, 보유 기간이 늘어날수록 1주당 2표까지 늘어나는 구조다.

또한 LTSE는 지속가능성, 다양성 등의 지표를 중시하는 기업을 적극적으로 거래소에 유치하고 있다. 투자자는 이러한 지표의 달성도와 개선도를 근거로 판단할 수 있도록 기업에 정보공시를 촉진하고 있다. 기업 간부에 대한 단기적 목표 달성의 보수제도 폐지를 요구하고 있다.

한편 장기보유 주주를 의결권에서 우대하는 사고는 주주평등원칙에 반한다는 반대론으로 인해 LTSE의 상장요건에 포함되지 않았다. 그러나 장기증권거래소는 장기적 경영을 지향하는 기업은 장기 투자자와 건설적인 대화를 해야 하는 등 5가지 원칙을 제시하고 있다. 장기증권거래소는 IPO를 하는 기업에게 5가지 원칙에 대응 방침을 발표하도록 의무화하고 있다.

장기증권거래소는 10년 단위의 전략을 중시하고, 장기적 관점에서 의사결정을 촉진하고 있다. CEO의 보수도 장기적인 보수와 연동하도록 장려하고, 증권거래소 전체에서 인센티브 설계를 창안하고 있다. 요

① 장기 지향 기업은 폭넓은 이해관계자를 배려하고, 이들의 성공의 열쇠가 되는 역할을 수행할 것을 고려해야 한다.
② 장기 지향 기업은 성공을 연 단위, 10년 단위로 측정하고, 장기적인 의사결정을 중시해야 한다.
③ 장기 지향 기업은 경영 집행자의 보수 및 이사회 임원의 보수를 장기적인 성과에 연동하도록 해야 한다.
④ 장기 지향 기업의 이사회는 장기적인 전략 수립에 종사하고, 명시적으로 장기적 전략을 감독해야 한다.
⑤ 장기 지향 기업은 장기보유 주주와 건설적인 대화를 해야 한다.

출처: LTSE 홈페이지

약하면, 기업 활동의 최종목표는 단기적인 주주 이익이 아니라는 관점을 세상에 명확하게 제시하고 있다.

2021년 6월, 2개 회사가 장기증권거래소에 상장을 발표하였다. 워크 매니지먼트 시스템을 개발하는 아사나Asana와 통신 기능 API를 제공하는 트윌리오Twilio라는 회사다. 이들 기업은 이미 뉴욕증권거래소에 상장하고 있고, 장기증권거래소에 처음으로 참여하는 기업이 되었다.

현재 아사나의 프로젝트 관리시스템은 세계 190개 국가, 수백만의 조직에서 사용되고 있고, 10만의 유료 고객을 보유하고 있다. 창업자 더스틴 모스코비츠Dustin Moskovitz는 장기증권거래소에 상장할 때 "LTSE에 상장을 통해 장기 지향 경영에 더욱 헌신하고, 전략을 실행하는 구조를 더욱 발전시켜 동일한 가치관을 공유하는 이해관계자와 제휴하겠다"고 밝혔다.

또 하나의 기업 트윌리오는 100개국 이상 30억 명의 전화번호를 준비하고, 20만 명 이상의 고객에게 서비스를 제공하고 있다. 매년

50~60% 정도 성장하는 급성장 기업이다. 트윌리오의 창업자는 장기 증권거래소의 상장에 대해 이렇게 말한다.

— 우리는 기업이 사회에 긍정적인 임팩트를 주어야 한다고 믿고 있다. 우리는 항상 모든 이해관계자를 위해 지속가능한 가치창조에 초점을 두고 있다. 장기적 성장에 헌신을 공유하는 이해관계자 커뮤니티에 참여를 즐거움으로 생각하고 있다.

이익보다 더 중요한 목적을 생각하라

2018년 국제통합보고협의회International Integrated Reporting Council, IIRC는 〈이익을 초월한 목적purpose beyond profit〉이라는 보고서를 발표하였다. IIRC는 글로벌 상장기업의 통합 보고 프레임워크를 제시한 조직으로 기업의 지속가능성 경영에 막대한 영향을 주고 있다. 그 조직이 '이익을 초월한 목적'이라는 제목을 사용하여 이익은 기업의 목적이 아니라는 점을 강조하고 있다. 기업이 경영 방침을 바꾸지 않고, 표면적으로 퍼포스라는 개념을 사용하는 것을 경계하고 있다는 것을 알 수 있다.

일본에 《이익과 매출만 생각하는 사람이 실패하는 이유》라는 책이 있다. 이 책의 저자는 사회적 목적(지역 사회와 시민의 니즈)을 충족(큰 목적)하기 위해, 기업은 사회에 가치를 창출하며, 사회와 공존·공영(작은 목적)해야 한다고 주장한다. 즉 사회적 목적을 실현하기 위해 기업은 CSV 경영을 수단으로 활용해야 한다는 점을 다음과 같이 강조하고 있다.

— 지금 유행하는 CSV를 제창한 네슬레에는 "좋은 식품, 좋은 생활Good Food, Good Life"이라는 기업 이념(큰 목적)이 있다. 그 이념을 실현하기 위해 140년의 세월을 통해 구축해 온 '네슬레 경영에 관한 제원칙'이라는 사업 방향이 있다. CSV는 기업 이념을 실현하기 위한 수단이다. CSV를 목적화해서는 마이클 포터가 1979년 발표한 경쟁 전략론으로 퇴행하고 만다.

일찍이 '경영학의 아버지'로 추앙받은 피터 드러커Peter Drucker는 기업의 존재 의의는 이익보다 중요한 개념이라고 지적했다. 피터 드러커는 그의 저서 《매니지먼트》에서 기업의 책임과 역할을 다음과 같이 강조하고 있다.

— 기업이 무엇인지 물어보면 대부분 사람은 영리 조직이라고 대답한다. 경영학자도 그렇게 대답한다. 그러나 그 대답은 틀리다. 경제학은 이익을 언급하지만, 목적으로서 이익이란 싸게 사서 비싸게 파는 것이라고 옛날부터 내려온 말을 어렵게 다시 말하는데 지나지 않는다. (중략) 이익은 개별 기업에도 사회에도 필요하다. 그러나 그것은 기업과 기업 활동에 목적이 아니라, 조건이다. (중략) 기업이 무엇인지 알려면 기업의 목적purpose에서 생각해야 한다. 기업의 목적은 각 기업의 외부에 있다. 기업은 사회의 한 기관이고, 그 목적은 사회에 있다. 기업의 궁극적인 목적은 하나밖에 없다. 그것은 고객창조다.

피터 드러커는 기업의 목적은 사회에 있다고 말하면서 궁극적 목적은 고객창조에 있다고 말한다. 즉 사업을 성장시키는 것이 중요하고, 이를 위해 먼저 이익을 내야 한다고 생각할 수 있다. 그러나 고객은 사회 속에 있기에 사회적 과제를 해결하는 것이 고객창조로 이어진다는 점을 강조하고 있다. 간단히 말해, 사회 과제의 해결을 기점으로 하는 비즈니스를 창조해야 한다.

기업이 생존경쟁에 매달려 여유가 없을 때 본연의 존재 의의를 되새기며 실천하는 기업 풍토는 사라진다. 그러나 경영 환경이 어렵고 앞이 보이지 않을수록 본래의 존재 의의를 생각해야 한다. 경영자의 머릿속에 매출 달성 목표로만 꽉 차 있다면 '우리 회사의 존재 의의는 이익이 아니다'라고 당당하게 말할 수 없다. 경영자가 회사의 존재 의의를 명확하게 말하지 않고, 이를 경영 전략으로 실천하지 않으면 기업의 퍼포스는 상징적이고 허울 좋은 미사여구일 뿐이다. 직원들이 지속가능성 대책을 경영자의 몫으로 생각하고, 배정된 매출과 이익의 목표 달성 밖에 생각하지 않을 것이다.

최근 코로나19 사태를 계기로 환경과 사회적 과제를 세계적인 과제로 이해하고, 개인에게 미치는 중요한 문제로 인식하는 국민이 크게 늘어났다. 이제 지속가능성은 일과성이 아니라 앞으로 인류의 생존이 달린 문제로 생각하기 시작한 것이다. 우리 사회는 다양한 사회적 과제에 대해 당사자 의식을 갖고 미래를 지향하여 장기적 관점으로 생각하고 행동할 가능성이 있다.

현재 많은 기업이 지속가능성과 ESG를 염두에 둔 경영으로 빠르게 전환하고 있는 것과 동시에 사회도 지속가능성에 대한 의식이 높아지고 있다. 따라서 행정은 물론 기업도 지속가능성이 포함된, '더 좋은 세상'을 어떻게 실현할 것인지를 생각해야 한다.

뉴노멀 시대에 사회적 니즈 변화에 맞춰 기업의 존재 의의를 묻고 있다. '당신의 기업은 사회를 위해 무엇을 하고 있는가?', '당신은 무엇을 위해 지금의 회사에서 일하고 있는가?', '당신이 지금 이 일을 하는 이유는 무엇인가?', '당신은 자신의 역할을 잘 수행하고 있는가?' '우리는 세상을 위해, 사람들을 위해 어떤 가치를 제공하고 있는가?' 등을 생각하고 그에 적합한 행동을 하고 있는지 계속 물어야 한다. 기업 경영자뿐만 아니라 모든 직원에게도 물어야 한다.

투자자도 단순히 기업의 ESG 대책을 투자 판단에 한정하지 않고, 경영자가 이익보다 목적을 상위 개념으로 제시하고 실천하는지 세심하게 점검할 필요가 있다. 퍼포스를 실천할 수 있는 기업이 장기적으로 견실한 성장성을 보일 가능성이 있기 때문이다.

퍼포스의 배경에 있는 이해관계자주의

기업을 둘러싼 경영 환경은 20년간 크게 변하고 있다. IT 혁명으로 산업구조가 극적으로 변하고, 2020년 코로나19 바이러스로 인해 지금까지의 상식이 통용되지 않고 있다. 또 최근 환경과 사회를 중시하는 지속가능성 경영이 글로벌 조류로 등장하면서 기업 경영 방식의 근본적인 변혁을 요구하고 있다. 이런 환경에서 일방적인 톱다운형 매니지먼트는 통용되지 않고, 개개인을 중시하면서 공감을 모아 이끌어가는 경영 방식이 성과를 낼 수 있다. 즉 기업의 근본적인 목적을 중심에 두고

① 기업 규정: 기업의 목적을 핵심에 두고, 경영진(이사)은 목적을 발표하고, 목적에 헌신하는 모습을 보여야 한다.
② 규제: 기업 경영진이 공공의 이익에 대한 적극적인 관여, 헌신, 세심한 의무를 예상해야 한다.
③ 기업의 주주: 주주로서 의무를 인식하고, 재무적 이익뿐만 아니라 사업의 목적을 지원하는 데 관여해야 한다.
④ 기업 지배구조: 적절한 이사회 구조를 통해 경영상 이해 문제를 기업 목적에 따라 처리하고, 다양한 이해관계자에 대한 책임을 수행한다.
⑤ 평가: 사내외에 있는 직원, 사회, 자연자본에 대한 기업의 영향과 투자를 인식해야 한다.
⑥ 성과: 기업의 목적 수행과 이를 달성하는데 비용을 제외한 순이익과 비교 측정되어야 한다.
⑦ 기업의 자금조달: 기업의 목적에 따라 더 적극적이고 장기적으로 투자할 수 있는 형태와 기간이어야 한다.
⑧ 기업의 투자: 기업의 목적 달성에 기여하도록 민간, 공공 및 비영리단체와 제휴하여야 한다.

출처: British Academy(2019)

전체 직원이 공감대를 형성하며 장기적인 퍼포스를 향해 나아가는 것이다.

이렇게 21세기 경영 환경에 맞춰 계속 성장하는 조직은 명확한 퍼포스를 경영의 핵심으로 두고 있다. 이들 기업은 퍼포스에 근거한 비전과 전략을 추진하고, 퍼포스에 공감한 이해관계자에게 자금과 자원을 모아 가치창조 환경을 만들어간다. 즉 기업의 퍼포스에 공감한 이해관계자들이 사내외에서 함께 목표를 실현한다.

불확실한 경영 환경에서 2019년 기업의 퍼포스에 관련된 중대한 사건이 일어났다. 미국을 대표하는 기업 CEO가 모이는 경제단체 '비즈니스 라운드 테이블BRT'이 〈기업의 퍼포스에 관한 성명Statement on the

Purpose of a Corporation〉을 발표하였다. BRT는 기존의 주주자본주의의 폐해를 지적하고 이해관계자 중시의 경영으로 전환하겠다고 강조했다. 그리고 기업의 근원적 의무로서 고객에 대한 가치공유, 직원에 대한 투자, 거래업체와 공정하고 윤리적 관계, 주주에 대한 장기적인 가치창출이라는 5가지 방향을 제시하였다. 아마존, 애플, 존슨앤존슨 등 181개 대기업 CEO가 서명하였다. 이를 계기로 모든 이해관계자와 가치공유에 공감하는 목소리가 점점 커지고 있다.

얼마 후 세계경제포럼wEF도 BRT와 같은 입장을 제시하였다. 2020년 1월 세계경제포럼의 50주년을 장식하는 연차총회(다보스 회의)에서 기업의 퍼포스를 대대적으로 거론하였다. 세계경제포럼은 〈다보스 매니페스토 2020: 제4차 산업혁명에서 기업의 보편적인 목적〉을 발표했다. 이 매니페스토manifesto는 '기업의 목적은 모든 이해관계자와 공유한 가치를 지속적으로 창조하고, 기업은 주주 외에 직원, 고객, 거래업체, 지역 사회, 사회 전체의 모든 이해관계자에게 가치를 제공할 것'을 표명하고 있다. 이와 더불어 기업의 경제적 가치창출을 넘어 인간성과 사회 니즈의 충족, 글로벌 관점에서 사회적 책임의 중요성을 언급하고 있다.

다보스 회의는 1971년 하버드대학교의 클라우스 슈바프Klaus Schwab 교수가 창설하여 비영리재단 형태로 운영되고 있다. 창설자인 슈바프 교수가 제창한 "기업은 고객, 직원, 지역 사회, 주주 등 모든 이해관계자에게 도움이 되는 존재여야 한다"는 '이해관계자주의'가 다보스 회의의 근간에 자리 잡고 있다. 50주년 연차총회의 주제로 설정된 '이해관계자가 만드는 지속가능하고 결속된 세계'는 그 상징이며, 보편적인 가치관과 시대의 요청이 교차했다고 말할 수 있다.

퍼포스를 실현하는 비즈니스로 전환하라

2017년부터 영국학술원British Academy은 '기업의 미래The Future of Corporation'라는 거대하고 야심 찬 연구 프로젝트를 추진하고 있다. 그것은 자본주의와 인류의 미래, 지구의 미래를 중심에 놓고 수행하는 중대한 연구 프로젝트다. 2018년에 〈21세기를 위한 비즈니스의 개혁Reforming Business for the 21st Century〉이라는 두 번째 보고서를 냈다.

이 보고서는 기후변화, 유엔 SDGs의 시급한 이행, 기술 개발, 그리고 특히 기업 비즈니스에 대한 부정적 인식에 대한 대응을 시급한 과제로 지적하였다. 무엇보다 기업은 사회에 문제를 일으켜서 이익을 얻는 것이 아니라, 사회와 지구의 문제를 수익성 있는 방식으로 해결하는 것이라고 결론을 내렸다. 영국학술원은 기업의 목적, 신뢰에 대한 헌신, 윤리적 기업문화에 기반한 21세기 비즈니스의 프레임워크를 제안했다.

이러한 시급한 과제를 해결하기 위해 2019년 영국학술원은 정책과 그 실행을 관리하는 정책입안자와 재계 지도자에게 구체적인 지침으로서 '목적 있는 비즈니스 원칙Principles for Purposeful Business'을 제시하였다. 구체적인 실행방침을 규정하지 않고, 다양한 사업과 지역, 문화 등에 유연하게 대응하면서 목적을 이행하는 환경을 만든다는 특징이 있다.

또한 영국의 2018년판 기업지배구조 모범규준CGC도 제1장의 표제를 '이사회의 리더십과 기업의 목적Board Leadership and Company Purpose'으로 설정하고 이해관계자를 배려하는 목적의 중요성을 강조하고 있다. 앞에서 언급했듯이, 2018년 미국의 자산운용회사 블랙록의 CEO 래리 핑크는 세계의 경영자들에게 보내는 연례 서한에서 "기업은 퍼포스로 주도하지 않으면 장기적인 성장은 지속될 수 없다"고 발언하여 비즈니스 계에 신선한 충격을 주었다. 투자기업 CEO들에게 2019년과 2020년 에 보낸 연례 서한에서도 계속해서 기업 목적의 중요성을 호소하고 있 다. 주주자본주의를 상징하는 영국과 미국에서 이해관계자를 중시하는 퍼포스를 기업 경영과 거버넌스의 핵심으로 두라고 요구하고 있다.

실제로 이런 글로벌 조류의 영향으로 경영자, 직원, 소비자, 주주라 는 모든 이해관계자는 기업의 퍼포스를 원점에서 다시 바라보기 시작 했다. 세계의 많은 글로벌 기업은 퍼포스를 재점검하고, 목적 중심의 경영으로 방향을 돌리고 있다.

2020년대에 들어와 퍼포스 경영을 배경으로 비즈니스의 방식과 구 조는 바뀌고, 자본주의는 새로운 국면을 맞이하고 있다. 주주만의 이익 에서 탈피하여 장기적 관점을 갖고 뜻이 높은 퍼포스에 따라 움직이며 세상을 좋게 만드는 경영으로 전환한 기업이 등장하고 있다. 그런 조직 이야말로 세상을 이롭게 하며 기업 가치를 높여가는 진정한 기업상을 보여주고 있다. 퍼포스가 없는 조직은 이미 현대 사회의 치열한 생존경 쟁에서 불리한 상황을 맞이하고 있다.

사실, 최근 퍼포스 경영이 확산되기 전부터 마케팅과 브랜딩에 퍼포 스를 반영하려는 움직임이 있었다. 2008년 P&G의 글로벌 마케팅 책 임자 짐 스텐겔Jim Stengel이 처음으로 퍼포스의 중요성을 언급하면서 비 즈니스와 마케팅 분야에서 주목받기 시작했다. 스텐겔은 5만 개 브랜 드의 10년간 성장 과정을 연구하였다. 그중에 사회적 대의를 제시한 50 개의 브랜드가 대표적인 상장기업보다 4배의 성장률을 실현했다고 발 표하였다.

2016년 브랜드 이론의 권위자인 캘리포니아대학교 데이비드 아커 David A. Aaker 교수는 고차원의 브랜드 이념의 중요성을 언급하였다. 아커 교수는 기업이 높은 퍼포스를 제시하는 것은 매우 훌륭한 일이라고 강조한다. 높은 퍼포스 의식은 매출 증가, 우수한 인재 확보로 이어진다는 것이다. 고객도 높은 퍼포스 의식을 가진 기업의 상품을 구입한다. 브랜드 이념으로 제시한 퍼포스를 시장에서 10%의 고객이 공감한다면 매출에 큰 차이가 난다. 이렇게 브랜드 이념에 공감하는 사람은 충성고객이 된다고 아커 교수는 주장한다.

2008년은 글로벌 금융위기로 세계 도처에서 위기의식과 불안감이 커지고 있었다. 그 당시 사회에 초년생이었던 밀레니얼 세대는 '일에 종사하는 이유가 무엇인가'를 중시하고 사회에 도움이 되는 일을 선택하는 경향을 보였다. 이때 밀레니얼 세대의 가치관을 인식한 선진기업은 명확하고 높은 퍼포스를 중요한 경영과제로 생각하기 시작했다. 또한 유엔에서 지속가능개발목표SDGs를 채택된 것도 퍼포스 경영을 추진하는 원동력이 되고 있다.

2013년 세계 마케팅의 거장 필립 코틀러 Philip Kotler는 마케팅의 4P(제품, 가격, 유통, 판매 촉진)에 퍼포스를 추가하여 마케팅 5P 개념을 제시하였다.

퍼포스 경영을 도입한 소니
- - - - - - - - - - - - - - - - - -

그렇다면 퍼포스를 경영의 중심에 두는 것이 기업의 재무성과에 어떤 효과를 초래할까? 뉴욕대학교의 가텐버그 Gartenberg 교수는 2019년 조직에서 퍼포스의 강도를 수치로 분석하였다. 그 분석 결과는 조직 구성원에게 퍼포스가 명확하고, 특히 중간관리자와 전문직에게 퍼포스가 침투될 때 재무성과와 주가에 긍정적 영향을 미치는 것으로 나타났다. 퍼포스의 영향으로 직원의 동기부여가 높아지고, 일에서 깊은 의미를 찾아내고, 자율적으로 대처하는 효과가 있었다. 직원이 단지 보수만으로 동기부여가 되어 감독을 받으며 일하는 존재가 아니라는 것을 의미하고 있다.

최근 기업 경영자를 만나면 임직원들이 지속가능성 대책을 제대로 이해하지 못하고 생각대로 진척되지 않는다는 목소리가 들린다. 단순히 임직원의 지식이 부족한 경우는 그렇게 많지 않은 것 같다. 오히려 대부분 의욕과 열정을 가진 인재가 조직에 부족하다는 것이 근본적인 원인으로 보인다. 그러한 경영과제에 대해서도 퍼포스는 해결의 실마리가 될 수 있다. 퍼포스를 경영의 핵심으로 두고, 퍼포스에 공감하는 회사 내 인재가 동기부여가 되면 외부에서 다양한 인재가 모여들 수 있다.

코로나 감염증 확산으로 인해 세계는 사회의 구성원으로서 기업의 존재 의의를 다시 묻고 있다. 또한 지속가능성 경영과 기업의 목적을 중시하는 글로벌 조류는 기업 경영의 본질을 생각할 것을 요구하고 있다. 이런 환경에서 퍼포스를 현명하게 활용하는 것은 기업의 장래를 결정하는 중요한 시금석이 될 수 있다.

이러한 거대한 흐름에 편승하여 새로운 경영 환경에 맞춰 퍼포스를 제정하거나 미션 등을 검토하는 기업이 크게 늘어나고 있다. 유니레버는 "지속가능한 생활을 당연하게", 네슬레는 "생활의 질을 높이고, 더 건강한 미래에 공헌한다"는 퍼포스를 제정하였다. SAP는 "세계를 더 좋게 사람들의 생활을 풍요롭게 한다", 인텔은 "세계를 변혁하는 테크놀로지로 사람들의 생활을 풍요롭게 한다"를 기업의 퍼포스로 표명하고 있다.

일본에서도 회사의 퍼포스 제정을 서두르는 기업이 크게 늘어나고 있다. 2019년 일본의 대표적인 기업 소니는 "창의성과 테크놀로지의 위력으로 세계를 감동으로 채운다"는 그룹 퍼포스를 제정하였다. 약 75년 전에 전자 회사로 시작했지만, 다양한 사업을 추진하면서 조직이 글로벌화되고, 현재 소니 그룹의 직원은 11만 명으로 금융, 게임, 음악에 종사하는 직원도 있다.

2018년 취임한 CEO 요시다 켄이치로吉田憲一郎는 그룹의 퍼포스를 정의하는 일을 가장 중요하게 생각했다. 회사를 장기적으로 존속하게 하는 존재 의의는 무엇인지를 명확히 정의하고, 그룹 전체의 직원들이 공유하고 싶다고 생각했다. 즉 소니 그룹이 무엇을 위해 존재하는지를 명확히 하면 직원은 무엇을 위해 회사에서 일하고 있는지를 인식할 수 있다. 그리고 다양한 사람들이 같은 방향으로 향할 수 있다고 생각한 것이다.

처음에 미션, 비전, 밸류를 점검하는 과정에서 해외 글로벌 선진기업에는 명확한 퍼포스가 있다는 것을 알고, 소니가 재정의하고 싶은 것과 일치한다고 생각했다. CEO 요시다는 먼저 직원용 블로그를 개설하고, 전 세계 직원에게 '소니 그룹다움'이란 무엇인지 의견을 요청하고, 직원들과 대화를 반복했다. 각 사업부의 관리자 계층과 논의하면서 진행하였다. 수많은 직원들이 보낸 메일을 보면 의견은 다양했지만, 직원과

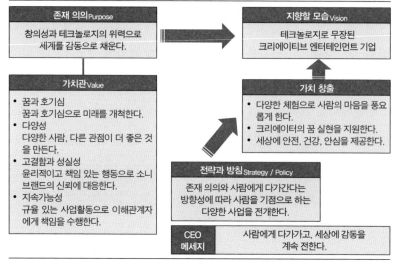

존재 의의 Purpose

창의성과 테크놀로지의 위력으로
세계를 감동으로 채운다.

지향할 모습 Vision

테크놀로지로 무장된
크리에이티브 엔터테인먼트 기업

가치관 Value

• 꿈과 호기심
  꿈과 호기심으로 미래를 개척한다.
• 다양성
  다양한 사람, 다른 관점이 더 좋은 것
  을 만든다.
• 고결함과 성실성
  윤리적이고 책임 있는 행동으로 소니
  브랜드의 신뢰에 대응한다.
• 지속가능성
  규율 있는 사업활동으로 이해관계자
  에게 책임을 수행한다.

가치 창출

• 다양한 체험으로 사람의 마음을 풍요
  롭게 한다.
• 크리에이터의 꿈 실현을 지원한다.
• 세상에 안전, 건강, 안심을 제공한다.

전략과 방침 Strategy / Policy

존재 의의와 사람에게 다가간다는
방향성에 따라 사람을 기점으로 하는
다양한 사업을 전개한다.

CEO
메세지

사람에게 다가가고, 세상에 감동을
계속 전한다.

출처: 소니 홈페이지(www.sony.com)

관리자들이 프로세스에 참여한다는 것에 큰 의미를 두었다. 모든 직원
이 퍼포스 제정에 참여할 때 최종적인 퍼포스가 쉽게 전파될 수 있기
때문이었다.

2019년 경영 방침 설명회에서 CEO 요시다는 '퍼포스를 만든 것'이
취임 후 가장 큰 성과라고 자신 있게 대답했다.

일본 기업의 경영 이념 '산포요시'에서 배운다

사실, 일찍부터 일본 기업에는 오우미近江 상인 정신을 대표하는 '산포
요시三方よし'라는 이념이 널리 퍼져 있다. 산포요시란 판매자(기업), 구매

자(고객)는 물론 사회까지 3자가 모두 만족하는 거래를 말한다. 필자는 일본에서 ESG 경영을 논의하는 각종 포럼과 세미나에서 산포요시라는 용어가 단골처럼 등장하는 것을 볼 수 있었다. 산포요시의 이념이 일찍부터 일본 사회에 뿌리내리고 있기에 지속가능성 경영 친화적 DNA를 갖고 있다고 포럼에 참여한 논객마다 강조한다. 실제로 팔아서 버는 것만 생각하지 않고, 고객을 만족시키고 사회에 공헌해야 한다는 산포요시의 정신이 일본 경영자들에게 널리 전파되어 있다.

일본에서 퍼포스 경영을 논의할 때 시부사와 에이이치澁澤榮一(1840~1931)라는 역사적 인물도 새롭게 부각되고 있다. 2024년부터 일본의 1만 엔권에는 시부사와 에이이치의 초상이 들어갈 예정이다. 에이이치는 일본의 근대 자본주의의 아버지라고 불리고, 생전에 500개 이상의 기업 설립에 관여한 기업가로서 유명하다. 피터 드러커는 그의 저서 《매니지먼트》에서 에이이치를 다음과 같이 소개하고 있다.

— 일본의 에이이치가 메이지 시대에 제시한, 전문가로서 경영진의 유교적이고 이상적인 모습은 현실이 되었다. 매니지먼트의 본질은 부富도 지위도 아니고, 책임이라는 에이이치의 통찰력이 실현되었다.

에이이치는 76세가 되던 1916년, 젊은 세대들 사이에 출세와 부가 중시되는 시대에 《논어와 주판》이라는 책을 썼다. 그 책이 출판된 지 100년이 넘었지만, 아직도 많은 경영자와 직장인에게 널리 애독되고 있다. 책에는 다음과 같이 쓰여 있다.

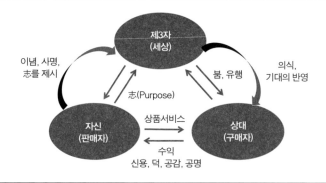

─── 아무리 자신이 힘들여 쌓아 올린 부라고 해도 그 부가 자기 혼자만의
것이라고 생각하는 것은 큰 잘못이다. 요컨대, 사람은 혼자서는 아무
것도 할 수 없는 존재다. 국가사회의 도움이 있어야 비로소 스스로 이
익을 낼 수 있고 안전하게 살아갈 수 있다.

즉 사업을 해도 그 기반은 사회가 지지해주고 있으며, 사회에서 살아
있는 이상 사회에 이익을 가져다주지 않는 사업은 있을 수 없다는 것
이다. 내가 벌고 싶어 하는 것만으로 안 된다는 것을 기업에 강조하고
있다.

이렇게 에이이치는 경제적 이익뿐만 아니라 사회적 이익의 양립을
지향한 사회적 기업가였다. 한마디로 그는 도의에 따라 이익을 추구하
고, 공익을 중시할 것을 강조한다. 그는 미국의 자본주의는 과도하게
이익을 추구하고 있다고 비판하고 있다. 그리고 자본주의라는 말을 사
용하지 않고 '합본合本'이라는 말을 사용하고 있다. 합본주의는 이익을

추구한다는 사명과 목적을 달성하는데 가장 적합한 인재와 자본을 모아 사업을 추진한다는 사고다. 이 합본주의에 따라 설립·경영·지원한 조직을 합본체, 합본조직, 합본회사라고 불렀다.

에이이치의 합본주의는 설립목적과 사명, 인재와 그 네트워크, 자본이라는 3가지 요소로 이루어져 있다. 합본조직의 사명은 사회 전체의 이익, 즉 공익을 증가시키는 것이다. 주주와 경영자는 공익을 증진한다는 의식을 갖고, 회사 설립의 목적과 사명을 충분히 이해한 후에 투자하고 경영을 해야 한다는 점을 강조했다.

퍼포스란 무엇을 하는 이유, 무엇을 위해 하는지 명확하고 단순한 본질을 제시하는 것이다. 그것은 기업의 사회적 의의에 회답하는 것이다. 비전이 미래 형태를 제시한 것이라면 퍼포스는 지금 이 순간의 존재 이유에 대해 강하게 호소하고 있다. 이 현재 형태의 감각이 불확실한 현재에 맞아 떨어지고 있다.

기업의 퍼포스로 직장을 선택하는 밀레니얼 세대

앞에서 언급했지만, 다시 한번 생각해보자. 우리 회사는 무엇 때문에 존재하고 있고, 소속된 직원은 무엇 때문에 일하고 있는가? 기업과 조직, 개인의 존재 이유를 의미하는 개념으로서 퍼포스를 중시하는 경영 스타일은 해외 비즈니스 세계에서 하나의 조류가 되고 있다. 무엇보다 퍼포스가 명확하지 않은 기업은 젊은 세대, 특히 밀레니얼 세대의 가치관에 호소하기 어렵다는 점도 하나의 요인이다.

밀레니얼 세대는 일반적으로 1981~1996년에 태어나서 2000년대에 사회에 진출한 젊은 인구 계층을 말한다. 이 밀레니얼 세대는 이른바 베이비부머의 자녀 세대에 해당하고, 기업의 소비자 마케팅에서 매우 중요한 부분을 차지하고 있다.

밀레니얼 세대는 인류 역사상 최초로 IT 기술과 스마트폰이 보급되는 환경에서 성장하였다. 따라서 이전 세대에 비해 정보처리 능력이 우수하고, IT를 이용한 작업과 인터넷에서 정보검색을 비롯해 SNS로 정보 발신과 정보공유를 활발하게 추진하는 등 비교적 선진 IT 기술에 친숙하다.

밀레니얼 세대는 소비와 취업 등 일상적인 선택에서도 외부에서 제공하는 정보에만 의존하지 않는다. SNS를 활용하여 다양한 정보를 비교 분석하고, 직접 만나지 않고도 공감할 수 있는 사람과 정보를 교환하고, 의사결정을 내리는 경향이 있다. 또한 취업할 기업을 선택할 때 일과 가정의 균형, 복리후생을 중시하는 경향이 있다. 개인 시간의 중시, 재택근무제 등 유연한 일 방식을 희망하는 사람이 많다. 소속된 기업과 평생직장을 중시하는 이전 세대와 비교하여 자신의 커리어 비전을 실현하기 위한 전직을 중시하고 있다.

밀레니얼 세대의 또 다른 특징은 사회 문제에 관심과 사회 공헌 의식이 높다는 점이다. 전 세계 85만 명을 조사한 자료에 따르면, 밀레니얼 세대의 76%는 사회에 좋은 영향을 주기 때문에 일한다고 대답했다. 이 세대는 2001년 미국에서 일어난 테러 사건, 기후변화의 위기 등 사회·환경문제를 직접 보고 들으며 성장했기 때문에 사회 문제에 관심을 갖고 있고, 자신의 신념에 따라 자원봉사나 기부활동에 참여하는 사

[자료 1-6] 밀레니얼·Z세대의 사회 인식과 업무 가치관

항목	밀레니얼 세대	Z세대
건전한 지구를 보호하기 위한 대책에 낙관적이다.	42%	42%
코로나19 팬데믹에 대응하여 자신의 커뮤니티에 긍정적 영향을 위해 적극적으로 행동하겠다.	51%	44%
현재의 직장에서 2년 내에 이직하겠다.	31%	50%
재택근무를 선택할 수 있으면 스트레스가 줄어든다.	69%	64%
소속된 기업이 사업영역보다 더 넓은 사회에 긍정적 영향을 주고 있다.	51%	52%
부와 소득이 평등하게 분배되지 않고 있다.	69%	66%
기업과 부유층에 대한 유리한 법 제도, 기업과 부유층의 강한 욕구와 기득권 유지, 기업 경영층에 보수가 부와 소득 불평등의 원인이다.	48%	45%

출처: 딜로이트 밀레니얼·Z세대 연차 조사(2020, 2021)

람들도 적지 않다. 그들은 금전적 인센티브 이상으로 그 조직에서 무엇을 달성할 수 있는지를 중시하는 경향이 있다.

이러한 밀레니얼 세대의 가치관을 볼 때 기업은 그들에게 조직의 존재 의의를 설명하고 함께 좋은 사회를 만들어간다고 호소하는 전략을 실행할 필요가 있다. 2025년 밀레니얼 세대가 세계 노동인구 중 75%를 차지할 전망이다. 이러한 인구구조를 생각할 때, 조직의 근간이 되는 인재로서 회사가 제공하는 상품과 서비스의 핵심 소비계층을 차지하는 세대에게 경영 이념과 존재 이유를 호소하는 것은 기업의 중요한 생존 전략이 될 수 있다.

페이스북의 창업자 마크 저커버그Mark Zucherberg는 1984년 뉴욕주에서 출생한 대표적인 밀레니얼 세대다. 저커버그가 19세에 개발한 페이스

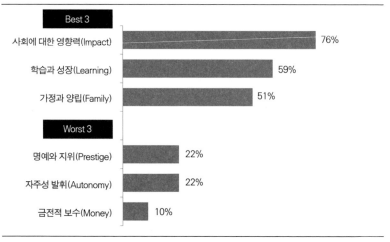

출처: ATD국제회의, "Motivating Millennials: New Research into Unlocking Their Passions", 필자 재구성

북은 처음에는 하버드대학교의 학생만 이용할 수 있는 서비스였다. 이후 다른 대학의 이용자가 늘어나면서 많은 기업에서 매수 의뢰가 들어왔지만, 저커버그는 돈을 벌기 위해 만든 것이 아니라며 제안을 거절하였다. 세상의 더 많은 사람들이 연결되는 것을 보고 싶어 페이스북을 만들었다는 퍼포스 의식에 따른 결정이었다.

저커버그는 페이스북을 창업하고 나서 1년 후에 중퇴했지만, 2017년 5월 하버드대학교의 졸업식에 초대받아 '퍼포스'를 주제로 연설하였다. 눈물을 흘리며 열변하는 저커버그의 연설에 하버드대학 졸업생들은 환호했다. 그는 인생의 목적을 찾아야 한다는 흔한 졸업식 연설을 하지 않았다.

그는 연설 서두에서 테크놀로지가 발달하고 업무가 자동화되면서 노동력이 필요 없는 시대가 되었다고 언급하면서 로봇이 할 수 없는

[그림 1-8] 세계 밀레니얼 · Z세대가 중시하는 글로벌 과제(상위 6개 항목)

항목	2020년(코로나19 이전)		2021년	
	밀레니얼 세대	Z세대	밀레니얼 세대	Z세대
의료 · 질병 예방	20%	31%	28%	26%
실업	20%	21%	27%	25%
기후변화 · 환경보전	28%	15%	26%	21%
경제성장	14%	15%	19%	18%
소득 · 부의 배분 불평등	19%	17%	19%	17%
범죄 · 개인의 안전	19%	9%	19%	17%

출처: 딜로이트 밀레니얼 · Z세대 연차 조사(2021)

일을 해내는 능력을 갖춰야 노동 사회에서 생존할 수 있다고 강조하였다. 따라서 밀레니얼 세대는 금전과 자신의 인생 목표를 위해 일하는 것만으로 부족하고, 모든 사람이 인생의 목적을 가질 수 있는 세상을 만들어야 한다고 강조했다.

또한 새로운 일자리뿐만 아니라 앞으로 계속 나아가기 위해 더 높은 목적의식을 창조하는 것이 밀레니얼 세대에게 달려 있다고 말했다. 그리고 목적의식을 갖는 세상을 만들기 위해 큰 의미가 있는 프로젝트 참여, 모든 사람이 목적을 가질 수 있도록 평등 재정의, 전 세계에 걸친 공동체 건설을 제시하였다.

직원 입장에서 목적이란 삶의 보람, 일하는 보람일 것이다. 많은 직원은 자신의 인생 목적을 중시하고 있고, 기업의 목적, 즉 존재 의의를 중시하는 기업에서 일하고 싶어 한다.

비즈니스 특화형 SNS 운영업체 링크트인은 2016년 3,000명의 직장인을 대상으로 조사를 실시했다. 조사에 따르면, 사람들의 생활과 사회에 긍정적인 퍼포스를 제시하는 기업에서 일한다면 급여가 1~5% 내려가도 괜찮다고 대답한 사람이 20%, 5~10% 내려가도 좋다는 사람은 19%였다. 10%는 무려 20~100%의 급여가 줄어도 좋다고 대답하였다. 결과적으로 절반에 달하는 49%의 직장인들이 자신의 급여 일부를 '퍼포스'로 대체할 수 있다고 대답했다.

1987년 P&G는 회사 제품에 최고의 질과 가치를 제공하고, 글로벌 고객의 니즈를 충족한다는 퍼포스를 제시하고 있다. 글로벌 선진기업에서 퍼포스는 기업의 비전과 미션을 정의하기 위한 근간이 되는 개념으로 자리 잡고 있다. 퍼포스를 명확하게 제시하고, 이를 핵심으로 하여 콘셉트와 전략, 직원의 행동양식 모두를 통일하고 있다. 이러한 퍼포스 경영이 세계에서 확산되고 있는 것은 밀레니얼 세대는 물론 지금의 세상이 새로운 경영패러다임을 요구하고 있기 때문이다.

퍼포스를 실현한 나이키의 'Dream Crazy' 광고 캠페인

콜린 캐퍼닉Colin Kaepernick은 미국프로풋볼리그NFL 샌프란시스코 팀의 선수였다. 그는 2016년 미국 경찰의 흑인 사살 사건과 인종차별에 대한 항의의 표시로 시합 전 국가를 제창할 때 무릎을 꿇은 자세를 유지하였다. 보통 시합 전 국가를 제창할 때 경기장의 모든 관중과 선수는 일어서거나 모자를 벗는 것이 상식으로 통한다. 그러나 캐퍼닉은 무릎을 꿇은 행동으로 계속 항의를 표시하면서 물의를 일으켰고, 살해 협박을 받기도 하였다.

당시 트럼프 대통령은 캐퍼닉의 모습을 보고 "성조기를 모독했고, 미국의 전통을 해치는 바보 같은 놈을 해고해야 한다"고 트위터에서 강력하게 비난했다. 그는 훌륭한 선수였지만 2016년 시즌을 끝으로 계약이 종료되고 사실상 해고를 당했다. 이후 캐퍼닉을 선수로 기용하는 팀은 나타나지 않았다.

그런데, 2018년 나이키는 캐퍼닉을 광모 모델로 기용하였다. 그 당시 나이키의 퍼포스는 "건강한 지구에서 모든 사람에게 평등하게 경쟁할 수 있는 운동장, 그리고 활동적인 커뮤니티를 만들고, 스포츠의 힘으로 전 세계를 하나로 만든다"였다. 'Just do it'이 탄생한 지 30년을 기념한 'Dream Crazy' 캠페인에 캐퍼닉을 모델로 기용한 것이다.

나이키는 회사의 거대한 빌딩 간판에 캐퍼닉의 모습을 전면에 보이는 광고를 선보였다. 그 간판에는 "모든 것을 잃게 될지라도 신념을 가

[자료 1-9] 퍼포스를 명확히 표명한 나이키 광고

져라(Believe in something. Even if it means sacrificing everything. Just do it.)"
는 광고 문구가 적혀 있었다. 나이키는 이 광고 간판과 함께 유튜브에
'Dream Crazy' 동영상을 올렸다. 또다시 트럼프 대통령이 비난했고,
나이키의 신발을 불태우는 동영상을 SNS에 올리는 사람도 있었다. 이
광고로 나이키는 많은 비난을 받았고, 주가도 크게 떨어졌다.

그러나 시간이 흘러 점차 나이키를 지지하는 사용자가 나타나기 시
작했다. 상품은 온라인에서 경이로운 매출을 기록했고, 주가는 다시 상
승하기 시작하여 나이키 역사상 최고치 80.6달러를 갱신하였다.

이 사건에서 나이키의 브랜딩이 사회와 개인의 가치관에 직접적으
로 작용하여 지지를 얻었다는 점에 주목해야 한다. 야구, 농구와 같은
미국형 스포츠에는 민주주의적 공공성과 거대한 비즈니스가 혼합되어
있다. 스포츠가 거대한 비즈니스 시장으로 성장할수록 미국의 혼돈스
러운 인종차별, 빈부격차 등 사회 문제가 강하게 포함되고 있다. 나이
키가 공평과 평등이라는 회사의 퍼포스에 따라 실시한 용기 있는 캠페
인은 그런 미국 사회에 질문을 던진 것이었다.

조직과 브랜드가 기업의 퍼포스를 소비자에게 직접 호소하고, 그리
고 그 가치관이 소비자 개개인이 소중히 생각하는 가치관과 중첩되면
공감하는 지지자가 나오고, 열성 팬이 늘어난다. 제품과 시장을 넘어
조직의 존재 이유 그 자체가 사회와 개인에게 직접 작용하고, 거대한
운동을 일으킨다.

에어비앤비의 퍼포스는 "누구나 어디에서도 편안함이 있는 세계를
만든다(Creating a World Where Anyone Can Belong, Anywhere)"이다. 사용자,
직원이 퍼포스에 충실하게 활동하도록 지원하고, 호스트와 게스트, 직

원을 위한 이벤트를 매년 개최하고 있다. 관련된 모든 이해관계자와 함께 에어비앤비는 약 400만 명의 호스트에 의해 약 8억 회의 체류 실적을 자랑할 정도로 성장했다. 현재는 현지에 사는 사람이 게스트에게 쿠킹클래스 등 체험 활동을 제공하고 있다. 에어비앤비의 퍼포스는 서로를 이해할 수 있는 편한 공간을 제공하는 것이고, 그런 편한 공간을 늘려서 전 세계를 연계하는 것이다.

에어비앤비는 명확한 퍼포스로 성장기는 물론 위기 상황에서도 건전한 기업문화를 형성하고, 조직의 방황을 방지하고, 관련된 사람들을 단결시킬 수 있었다. 퍼포스는 조직에 방향감각을 제공한다. 명확한 목적을 갖고 그 퍼포스에 헌신하는 것은 조직이 궤도에서 이탈하지 않고, 장기적으로 성공 가능성을 높일 수 있다. 조직원은 퍼포스에 근거하여 항상 궁극적인 목표를 지향하며 일하고, 결국 목적지에 도달할 수 있다.

퍼포스를 직원이 업무로 실현하는 스타벅스

스타벅스의 전 CEO 하워드 슐츠Howard Schultz는 어릴 적에 트럭 운전기사였던 아버지가 사고로 인해 직장을 잃는 것을 보았다. 그는 어린 시절의 쓰라린 경험을 교훈 삼아 직원과 커피 생산업자 등 회사를 지탱하는 이해관계자를 중시하는 회사를 만들고 싶어 했다. 언제나 회사의 이익과 사회적 양심을 양립시키려고 직원에게는 건강보험 가입과 스톡옵션을 제공하였다. 이익을 좇을 뿐만 아니라 업무에 사회적 의의가 있어야 의욕이 나온다는 사실을 중시하였다. 현재 회자되는 이해관계자 자본주의를 오래전부터 실천해온 것이다.

스타벅스에서 미션은 퍼포스로 통한다. 그들은 '무엇을 위해 매일 점포에서 일하는가'라는 'WHY'가 모든 출발점이고, 회사의 모든 것이라고 말할 수 있다. 스타벅스의 미션은 "사람의 마음을 풍요롭고 활력 있게 하기 위해서 한 명의 고객, 한잔의 커피, 그리고 하나의 커뮤니티부터"이다.

스타벅스는 이런 미션을 조직에 어떻게 전파했을까? 그 해답은 사람 다울 것과 회사의 퍼포스를 자신의 것으로 만드는 것이다. 스타벅스에서 파트너는 인간이고, 누구도 완벽하지 않다는 사실을 인정하고 있다. 서로 존경심을 갖고 대하고, 생각과 기분을 알려는 노력을 통해 인간으로서 성장해가는 것을 중요하게 생각한다. 신뢰 관계를 쌓고 솔직한 대화를 통해 인간다움을 중시하는 문화는 스타벅스의 신념을 표현하고 있다. 조직원의 니즈를 명확히 하고, 회사의 고차원적 목적도 이룰 수 있다면 긍정적 변화를 일으킬 수 있다고 믿고 있다.

회사의 퍼포스를 자신의 것으로 여기는 것은 조직의 성장에 중요한 요소다. 스타벅스는 회사의 이념에서 모든 직원이 자신의 꿈과 가치관의 접점을 찾고, 목표를 설정하면서 자신의 것으로 만들어 나가도록 지원한다. 이 과정은 많은 시간이 걸리지만 개인과 회사가 함께 성장하는 방법이라고 생각한다.

아무리 훌륭한 기업의 퍼포스일지라도 직원이 자신의 것으로 하지 않으면 무늬에 불과하고, 직원의 마음속에 자리 잡을 수 없다. 기업의 퍼포스는 직원이 스스로 체현하면서 기업 전체로 전파되는 것이다. 이를 위해 누구나 이해하기 쉬운 퍼포스가 필요하고, 누구나 스토리를 말할 수 있도록 해야 한다. 개인이 회사의 퍼포스를 자신의 언어로 말할 때 그 배경에 있는 진정한 의미를 이해할 수 있다.

사회환경에 맞춰 목적을 설정하라

퍼포스란 무엇인가?

퍼포스purpose는 '기업의 목적의식'이다. 목적의식을 다른 말로 표현하면 기업이 세상에 존재하는 이유, 즉 '존재 의의'라고 말할 수 있다. 이 조직은 무엇을 위해 존재하는지 간단한 질문에 대한 답변을 퍼포스로 표현한다. 즉 퍼포스란 기업이 왜 존재하는지, 기업이 사회에 대해 어떤 가치를 제공하고 싶은지를 보여주는 불편의 개념이다.

퍼포스가 있기 때문에 일관성 있는 전략을 그릴 수 있고, 조직에 일체감을 형성할 수 있다. 또한 퍼포스에 공감하는 직원이 높은 동기부여를 갖고 창의성과 능력을 발휘하고, 높은 기업 가치를 창출할 수 있다. 퍼포스에서 탄생한 상품과 서비스는 고객의 공감과 지지를 얻고, 매출과 이익이 늘어나면서 지속적 성장으로 이어진다.

퍼포스에는 조직의 가치관과 사회적 의의가 포함되어 있다. 이는 사람들로부터 정해지는 것이 아니라 조직의 가치관에 따른 신념이다. 또한 사회적 이익을 중시한다는 점에서 사회적 의의를 포함하고 있다. 퍼포스에는 보통 기업이 사업 활동을 통해 세상에 어떤 좋은 영향을 주고 싶은지, 세상의 어떤 문제나 과제를 해결하고 싶은지를 표현하고 있다.

퍼포스보다 미션과 비전을 설정하는 기업도 많다. 그럼 퍼포스는 미션·비전과 어떤 차이가 있을까? 비전은 장래의 구상·미래상이며, 기업이 이상으로서 지향하는 상태인 'Where'를 정의한다. 즉 어느 시점에 실현하고 싶은 이상적인 경영 상태를 묘사한다. 지금부터 10년 후 2032년에 어떤 사업을 하고, 고객에게 어떻게 서비스를 제공하고, 직원은 어떤 모습으로 일하고, 사회에 어떤 영향을 주고 있는지 구체적인 모습을 제시한다. 비전에는 관련된 많은 이해관계자가 등장한다.

한편, 미션(기업 이념)은 임무, 전도, 포교 등의 의미를 포함해 무엇을 할지에 대한 방향성, 즉 'What'을 정의한다. 어떤 존재로 있고 싶은지를 표현하는 미션과 무엇을 위해 존재하고 싶은지를 표현하는 퍼포스는 유사한 뉘앙스를 포함하고 있다. 그러나 퍼포스와는 다르게 "업계에서 최고기업이 된다", "매출을 ○○○억 원을 달성하는 기업이 된다"는 미션이다. 왜냐하면 고객과 사회에 대한 영향이 명확하지 않기 때문이다. 또한 미션이라는 말에는 신이 부여한 숭고한 것으로 위에서 지시하는 어려운 임무라는 의미가 있지만, 퍼포스는 자신의 가치관, 꿈과 의지가 가득 차 있다.

구체적으로 퍼포스에는 사회를 위해 무엇을 하고 싶은지(사회적 의의)가 포함되어 있다. 그 기업이 왜 세상에 존재하는지를 묻는 'Why'를 결정한다. 또한 누구에게 지시받은 것이 아니라 기업 자체에서 포착하

- 기업의 가장 근본적인 존재 의의, 궁극적인 목적
- What, How가 아니라, Why라는 질문에 대답하는 것
- 퍼포스는 이미 존재하고 있으며, 발견되는 것

- 자기다움이 응축되어 있음(가치관, 강점, 사고, 역사 등)
- 사회성을 포함하고 있음(사회와 고객에 임팩트가 표현됨)
- 사내 외에 공명을 창출하고, 함께 퍼포스를 실현하기 위한 에너지를 분출함

- 퍼포스는 Why, 미션은 What, 비전은 Where에 대답하는 것
- 미션: 퍼포스 실현을 위한 전략
- 비전: 퍼포스를 실현하는 과정에서 마주하는 어느 시점에서 최고의 미래 모습

는 것(기업의 가치관, 꿈, 의지)이 중요하다. 바꾸어 말하면, 퍼포스는 제품의 제조·판매, 서비스 제공을 넘어 '우리 회사는 왜 사회에 존재할 가치가 있는지', '만약 우리 회사가 없다면 세상은 무엇을 잃어버릴까'라는 기업 고유의 존재 의의를 포함하고 있다.

이들 3가지 관련성을 보면 퍼포스Why를 발휘하기 위해 비전Where으로서 지향할 상태를 정의하고, 그 실현을 위한 방식으로서 미션What을 명확히 하는 흐름이다. 퍼포스는 가장 상위의 개념이라고 말할 수 있다. 기업의 모습인 정체성을 제시하거나 사회에 제공 가치를 제시하는 경우도 있다는 점에서 퍼포스를 기업 이념의 일부라고 생각할 수도 있다.

'Why'로부터 시작하라

2009년 9월 TED 토크를 대표하는 전설의 연설이 탄생하였다. 사이먼

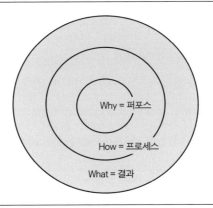

Why = 퍼포스

How = 프로세스

What = 결과

출처: 사이먼 시넥 홈페이지

시넥Simon Sinek의 '뛰어난 리더는 어떻게 행동을 촉진하는가How Great Leaders Inspire Action'라는 짧은 연설은 50개국의 언어와 함께 5,000만 회 이상 재생되었다.

시넥은 '왜Why'에서 모든 일을 시작할 때 더 많은 사람의 마음을 움직일 수 있다고 말했다. 사람은 구체적인 것을 먼저 하고, 추상적인 것은 나중에 하는 경향 때문에, 무엇What, 어떻게How 순으로 시작하지만, 왜Why라고 물으면 말문이 막힌다. 따라서 시넥은 동심원 가운데에 왜Why를 두고, 그 주변에 어떻게How와 무엇What을 배려하는 모델(골든 서클)을 제시하고, 일을 시작할 때 먼저 왜Why를 생각하는 중요성을 강조했다.

시넥의 주장처럼 기업 경영에서 왜Why가 가장 중요하다. 퍼포스 경영을 생각할 때 왜Why는 중요한 실마리 역할을 한다. 사회적 존재 의의를 명확하게 설정하려면 무엇What을 어떻게How 하기보다 먼저 '왜Why'를 명확히 설정해야 한다. 무엇What을 잘 모른 채 비즈니스를 하는 기업은 거의 없다. 그런데 왜Why를 깊이 생각하지 않은 채 비즈니스를 하는 기업은 적지 않다. '왜 우리는 이 사업을 하는가'라는 왜Why를 실마리로 '왜 우리는 사회에 필요한가'라는 질문에 대답할 수 있을 때 다양한 이해관계자와 함께 퍼포스를 실현할 수 있다.

왜Why에 대답할 수 없는 기업은 존재가치가 없다고 말할 수 있다. 또한 단순히 교과서적인 목표인 SDGs에 대처하는 것은 왜Why에 대한 대답이 아니다. 누구나 같은 목표를 제시하기 때문이다. 그렇다면 보다 가슴을 뛰게 하는 대담한 발상이 필요하다. MTP Massive Transformative Purpose(야심적 변혁 목표)와 같은 장기적이고 창의적인 북극성을 지향할 필요가 있다. 이 MTP는 가슴 뛰고, 우리가 꼭 해야 하고 또 할 수 있다는 장래를 향한 원대한 꿈과 의지를 담고 있다. MTP는 기업의 원점이자 바람직한 모습이다. 왜Why에는 기업의 원점과 장래를 연결하는 위력을 지녀야 한다. 왜Why는 퍼포스 경영의 원동력이 되도록 설정해야 한다.

다음으로 무엇What은 무엇을 의미할까? 기업의 생산성은 인풋input(투입)과 아웃풋output(출력)의 차이로 나타난다. 아웃풋이 많다고 해서 사회적 문제해결과 가치창조로 이어지지 않는다. 실제로 사회에 어떤 변화를 일으키려면 아웃풋을 통해 사회 문제를 해결하고, 가치를 창출impact(임팩트)해야 한다. 즉 투입을 통해 단순히 아웃풋뿐만 아니라 아웃컴outcome(성과)을 내야 한다.

지속가능성 경영에서는 아웃풋뿐만 아니라 아웃컴도 요구하고 있다. 예를 들어, 어떤 기업의 폐기물 감소나 탄소 배출량 감소 비율뿐만 아니라 지속가능성 대책을 통해 사회에 얼마나 아웃풋을 냈는지가 문제해결과 가치창조의 지표가 된다.

어떻게How는 기업이 현장의 지혜를 살려가는 것이다. 즉 사업 프로세스에서 얻은 조직의 다양한 지식과 경험을 체계화해야 한다. 또한 현장의 지혜에서 얻는 독자적인 어떻게How를 조직 내·외에 유통시키고 새로운 지혜를 추가해나가는 조직구조를 만들어야 한다.

요약하면, 기업은 퍼포스Why를 기점으로 사회 문제를 해결하고, 가치 창조의 결과로서 성과What를 낼 수 있는 조직체계How를 갖춰야 진정한 경영을 실현할 수 있다.

기업의 존재 의의가 성패를 결정한다

기업에서 지속가능성 대책은 크게 2가지 관점이 있다. 하나는 기업이 최소한 대처해야 하는 사회 과제에 수동적으로 대응하는 것이다. 예를 들면, 법률과 규제 대응, ESG 평가항목과 ESG 인덱스에 대응하는 것이다. 업종마다 차이가 있지만 모든 회사의 공통된 사항이고, 사업 활동에서 발생하는 영향에 대한 책임(수동적 CSR)이라고 말할 수 있다.

또 하나는 기업이 스스로 솔선하여 적극적으로 대응할 사회 과제를 찾아 선택하고, 해결하는 주체적 공헌 활동이다. 외부의 요청과 기대에 적극적으로 대응하고, 필요할 경우 기업이 세상을 더 좋게 만들기 위해 중요한 사회적 과제를 본업을 통해 해결(CSV 또는 전략적 CSR이라고 함)하는 것이다.

이때 퍼포스는 잠재적 사회적 과제를 발견하기 위한 관점을 제공한다. 또 대처할 사회적 과제에 어떻게 대응하고, 어떤 사회적 과제에 대해 적극적으로 대응할지 중요한 판단기준이 된다. 기업이 사업 활동과

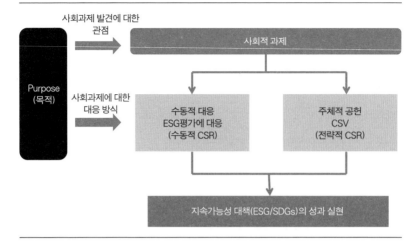

사회적 과제 해결을 양립해야 하는 시대에 퍼포스는 지속가능성 대책과 사업 활동을 이어주는 다리 역할을 한다고 볼 수 있다. 이런 의미에서 기업은 존재 의의로서 '퍼포스'를 다시 명확히 설정하여 경영과 사업 전략, 업무 운영에 포함할 필요가 있다.

기업이 퍼포스를 명확히 해야 하는 몇 가지 배경이 있다. 먼저, 불확실성 시대에 끊임없는 기업 개혁이 필요하다. 격심한 환경 변화 속에서 장래의 방향성이 보이지 않는 불확실한 사업환경이 펼쳐지고 있다. 이전에는 M&A, 사업모델 개혁 등 중대한 시점에서만 구조 개혁을 추진하였다. 그러나 불확실성 시대에는 항상 복수의 대규모 프로젝트를 추진하고, 환경 변화에 신속히 적응하는 상시적 구조 개혁이 보편화되고 있다.

이런 환경에서 경영자와 직원이 지향해야 할 전략과 대책을 판단하는 기준을 공유하지 않으면 의사결정이 늦어질 위험이 있다. 또한 힘든 변혁 프로세스에서 직원을 독려하고, 공감·헌신을 회사 전체로 확산하기 위해 주력할 필요가 있다. 이런 상황에서 판단기준과 동기부여의 근간이 되는 변혁의 의의, 즉 변혁을 통해 체현하고 싶은 퍼포스를 판단기준의 명확성, 동기부여의 관점에서 북극성으로 설정하는 것이다.

전략과 조직의 다양화라는 관점에서도 기업의 퍼포스를 생각해야 한다. 현재 기업은 조직 형태, 일의 방식, 직원의 구성과 니즈는 더욱 다양해지고 있다. 지금까지 암묵적으로 공유하기 쉬웠던 기업의 존재 의의가 제대로 전파되지 않고, 다양성을 살리지 못하는 상황이 늘어나고 있다.

다양한 사업과 조직구조, 기업의 경계를 넘는 제휴, 외부 전문가와 협업 등 다양성을 살리면서 관계자를 결속시키는 니즈가 강해지고 있다. 이런 환경에서 퍼포스라는 근본적인 공통사항에 집중할 때 결속력을 높이고 강력한 추진력을 가질 수 있다.

마지막으로 기업의 사회적 의의가 중시되는 조류가 강해지고 있다는 점이다. 이전의 이해관계자주의의 대두로 상징되듯이, 기업은 사회에서 경제적 가치창출과 주주가치를 높이는데 머물지 않고, 더 큰 존재 의의를 추구할 것을 요구받고 있다. 이런 상황에서 퍼포스를 통해 사회에 공헌하는 것은 시대의 요청에 호응하는 것이다. 고객과 투자자는 기업을 엄밀하게 평가하고 있으며, 본업에서 사회적 공헌을 명확하게 제시하지 않으면 지지받지 못하는 시대가 되었다.

직원의 관점도 변하고 있다. 특히 밀레니얼 세대를 포함한 젊은 세대는 직장에서 커리어 관점이 크게 변하고 있다. 연봉, 출세, 자기계발, 일하는 방식 등 기존의 커리어 니즈 외에 삶의 보람, 특히 기업과 자신의 업무에 사회적 의의가 있는지를 중시하는 경향이 있다. 기업에서 일하는 의의, 즉 직원이 공감할 수 있는 존재 의의는 우수한 인재 확보와 유지, 그리고 성패를 결정하는 시대가 되었다.

다양한 이해관계자가 참여하는 퍼포스

고객에게 좋은 회사는 무엇일까? 고객의 니즈와 기대를 명확하게 파악하고, 가치 있는 상품과 서비스, 고객 체험을 제공하고, 공감하고 신뢰할 수 있는 회사를 좋은 회사라고 말할 것이다. 이것은 기업의 존재 의의 그 자체이다.

직원에게 좋은 회사란 충분한 보수와 성장 기회를 제공하는 것이다. 또한 직무를 통해 사회적 의의를 느끼고, 일하면서 동기부여를 높일 수 있는 것도 중요한 조건이다. 그런 관점에서 퍼포스는 기업의 존재 의의를 개개인의 일하는 의의로 연계하여 의논하고 전파한다면 다른 기업에서 느낄 수 없는 귀중한 보람을 발견할 수 있을 것이다.

거래기업에게 좋은 기업은 무엇일까? 당해 기업이 이익과 주주환원에만 몰두하지 않고, 거래업체와 가치공유(공감), 지속적인 상생의 관계를 실현하는 것이다. 이해관계자를 중시하는 경영에 초점을 두고 목적을 설정하여 사내외에 전파한다면, 거래기업과 지향하는 퍼포스를 확고하게 공유하고, 지속적인 공존 관계를 구축하는 발판이 될 것이다.

사회에 좋은 회사란 무엇인가? 사회라는 개념은 지역 사회부터 시작하여 국가, 글로벌 사회까지 그 관점과 범위가 확대된다. 간단히 말해,

기업의 단기적 이익에만 집중하지 않고, 지속가능성 등 사회적 요청과 조화로운 모습을 보이는 것이 21세기의 좋은 회사라고 말할 수 있다. 퍼포스는 기업이 독자적 제공가치를 ESG·SDGs와 관련지어 검토하고, 어떻게 사회적 가치를 실현해나갈지 직접적으로 제시하는 핵심 역할을 한다.

투자자에게 좋은 회사는 무엇일까? 무엇보다 주주가치를 높이는 것을 중시하지만, 단기적인 이익 창출에만 집중하지 않고, 사회와 다양한 이해관계자와 조화를 이루면서 장기적으로 성장하며 기업 가치를 높이는 것을 중시할 것이다. 퍼포스는 사회와 조화를 이루고 독자적이고 지속적인 사업모델의 핵심이 되는 개념이다. 바로 이런 의미에서 세계 최대의 자산운용회사인 블랙록은 기업 퍼포스의 중요성을 명확히 전파하고 있다.

기업은 퍼포스를 통해 자신의 존재 의의와 가치제공을 명확히 설정하고, 이들을 기업 경영에 포함하고, 그 퍼포스를 체현한다면 이해관계자에게 좋은 회사로서 인정받을 것이다. 퍼포스를 실현하면서 기업실적이 증가하고, 지속적이고 견실한 성장과 경영 기반을 확보해 나갈 것이다.

앞으로 기업은 사업 활동을 통해 수익을 얻는 경영 방식으로는 성장이 보장되지 않을 것이다. 비즈니스에서 퍼포스를 중심에 두고, 다양한 이해관계자와 함께 에코시스템을 구축해야 한다. 조직의 퍼포스는 경영자가 혼자서 만드는 것이 아니다. 퍼포스를 정하는 것도 목적이 아니다. 퍼포스를 중심으로 조직이 역동적으로 활동하여 사회에 진정한 가치를 창조해야 한다.

이런 관점에서 경영 환경에 맞춰 퍼포스를 제정하는 것은 중요한 의미가 있다. 이미 퍼포스를 만든 기업도 환경에 맞춰 새롭게 재정의하거나 경영 전략의 핵심으로 추진하는 대책이 필요한 시점이다.

이런 맥락에서 필자는 퍼포스를 새롭게 규정하는 방법을 소개하고자 한다. 퍼포스를 조직적으로 전파하고, 결속력을 높이기 위해 경영자는 퍼포스 제정 프로젝트팀을 운영할 필요도 있다. 경영자가 오너십을 갖고 여러 부서의 직원으로 구성된 팀과 직접 대화하면서 만들어야 한다. 외부의 전문가를 프로젝트에 참여시키는 것도 좋은 방법이다. 외부 전문가는 객관적이고 폭넓은 통찰력을 갖고 조직 내부에서 인식하지 못한 관점과 시사점을 제공할 수 있다. 외부 전문가를 적절히 활용하면 추진 단계마다 프로젝트에 활력을 불어넣을 수 있다.

회사의 퍼포스는 다양한 이해관계자의 관점과 장기적 관점을 갖고 검토해야 한다. 성별과 연령 등 다양한 사람들의 목소리를 경청해야 한다. 오랫동안 조직에서 일할 젊은 세대뿐만 아니라 퇴직을 앞둔 시니어도 고려해야 한다. 무엇보다 사내외의 다양한 이해관계자와 대화를 통해 편집하는 퍼포스를 만들 필요가 있다. 다양한 이해관계자 또는 조직 구성원이 자신의 것으로서 논의를 반복하면서 만든 퍼포스가 역동적인 조직을 만드는 밑거름이 된다. 다양한 이해관계자의 의사가 반영된 퍼포스는 신뢰할 수 있는 공유재로서 역할을 할 것이다.

퍼포스는 조직의 DNA와 사회의 기대가 중첩되는 부분에서 생긴다. 조직의 강점과 사회의 기대에 통합하면서 언어화하는 것이 중요하다. 언어화 작업은 먼저 사내에서 직원들과 인터뷰를 반복하거나 워크숍을 통해 핵심 요소를 추출하면서 시작된다.

1단계 조직의 탐색	• 우리는 누구인가에 초점 • 기업의 역사적 유산, 강점과 경쟁우위성, 중시하는 가치관 탐색 • 조직의 다양한 직원의 참여 유도, 인터뷰와 워크숍 진행
2단계 사회의 탐색	• 사회에서 요구하는 니즈는 무엇인가에 초점 • 사회적 과제, 시민의식 변화, 정책과 규제 현황 탐색 • 소비자의 새로운 가치관과 그 배경을 탐색
3단계 통합과 언어화	• 조직과 사회의 키워드를 통해 공통언어의 탐색 • 사내 외 탐색 내용을 콘셉트로 통합화
4단계 구체화	• 사내 외에 전파하고 공유 • 비주얼, 동영상, 체험, 이벤트 등으로 구현화
5단계 내재화	• 퍼포스를 전략에 반영하여 행동을 실현, 필요한 조직능력 배양 • 고유의 강점과 대응할 사회과제에 근거한 가치창출 스토리 설정

출처: PURPOSE(2021), 필자 재구성

'우리는 어떤 사람인가'라는 질문에 대답하는 것이다. 창업부터 역사, 배양한 조직 능력을 깊이 생각하고, 회사의 근본적이고 독자적 강점을 찾아낸다. 인터뷰를 통해 창업 이래 조직의 강점과 경쟁우위, 중시하는 가치관 등을 탐색하고 명확히 설정할 필요가 있다. 또한 소속된 직원이 가진 고유의 가치관, 신념, 열망, 문화 등 내적 측면도 고찰한다.

강점과 경쟁우위란 그 조직이 다른 조직과 비교할 때 더 뛰어난 요소다. 단순히 우수한 인재 외에서 그 기업 고유의 잠재된 자원과 능력도 많다. 가치관은 조직의 행동규범과 문화에서 잘 나타나 있다. 조직이 지금까지 중요한 경영 상황에서 어떤 것을 중시하고 의사결정을 내렸는지를 살펴보면 조직의 가치관을 파악할 수 있다.

직원들이 회사의 사정을 잘 알고 있을 것 같지만, 시간을 들여 진지하게 탐색할 기회가 없었을 것이다. 퍼포스를 규정하는 것은 조직의 모습을 새롭게 탐색하는 계기가 된다.

　사회의 탐색도 필요하다. '사회가 요구하는 니즈는 무엇인가'라는 질문에 대해 진지하게 답변해본다. 사회관점에서 니즈, 경제적 니즈도 포함하여 그 기업이 충족해야 하는 사회 니즈를 고찰한다. 주주가치 등 경제적 가치도 포함하면서 더 넓은 이해관계자에 대한 제공 가치를 ESG와 유엔이 제시한 SDGs도 고려하면서 고찰한다. 이때 '우리는 어떤 사람인가'와 '사회가 요구하는 니즈는 무엇인가'라는 질문의 답변에 공통영역이 나타날 것이다. 이 공통영역은 기업의 니즈와 사회의 니즈를 동시에 내포한 것으로 기업이 독자적 강점을 살려 존재 의의를 발휘하는 퍼포스가 된다.

　데스크 리서치와 워크숍을 통해 현재 사회경제 환경에서 일하고 있는 변화, 장래 회사에 큰 영향(임팩트)을 줄 가능성이 있는 요소를 파악하는 작업도 필요하다. 기후변화, 다양성과 차별 등 거시적인 관점으로 환경과 사회 과제, 사회에서 기대하는 요소를 파악한다. 회사의 틀에서 벗어나 외부 관점에서 발상하는 것이 중요하다.

　지금까지 많은 기업들이 업무 효율화를 중시하여 외부 환경 변화의 탐색을 소홀히 하였다. 경제가 지속적으로 성장하던 시대에는 문제가 없었다. 그러나 글로벌 경제는 테크놀로지 발전으로 불확실한 환경에 직면해있다. 비선형 미래가 지속적으로 펼쳐지는 현재에 지금까지 접해보지 못한 영역의 정보도 적극적으로 탐색할 필요가 있다.

　사회를 탐색할 때 사회 과제, 정책과 규제, 시민이라는 3가지 관점이 필요하다. 기후변화, 자원, 다양성, 빈곤과 격차 등 글로벌 차원에서 해결할 과제는 매우 많다. 유엔의 SDGs는 기업의 사회적 과제를 탐색하기 위한 하나의 기준이 된다.

사회적 과제를 탐색할 때 장래 일어날 가능성을 구체적으로 정리해야 한다. 기후변화의 대책으로 재생 가능 에너지가 주목받고 있다. 재생 가능 에너지인 풍력발전은 기구의 건설과 유지, 전문인력 육성 등 지역경제에 파급효과가 크다. 장래 재생 가능 에너지를 논의할 때 지역의 순환 경제라는 과제로 확장될 수 있다. 이렇게 장래 임팩트를 줄 수 있는 징후에 관심을 갖고 장기적 관점에서 논의할 수 있다.

퍼포스를 규정할 때 사회형태를 정하는 정책과 규제변화는 중요한 요소다. 정책과 규제가 바뀌면 사업 활동에서 경쟁방식도 갑자기 바뀌기 때문에 기업 경영에 큰 영향을 줄 수 있다. 사업 활동에 관한 규제가 크게 바뀔 가능성이 있다면 기업의 퍼포스도 그에 맞춰 논의해야 한다.

시민의 변화도 중요한 요소다. 새로운 가치관을 가진 밀레니얼 세대와 Z세대가 큰 소비계층을 형성하고 있다. 이런 소비계층이 새로운 가치관을 갖게 된 배경을 살펴보아야 한다. 예를 들면, 젊은 세대가 제품의 재사용에 거부감이 없다는 현상을 발견하면, 사회적 과제에 높은 의식을 가진 시민이 늘어나고 있다는 가치관의 변화를 파악할 수 있다. 또한 그런 가치관이 어떻게 다른 소비와 직업 선택 등에 영향을 미칠지 깊이 분석해볼 수 있다.

조직과 사회의 탐색을 마쳤다면 각 분야에서 추출된 요소를 통합하여 퍼포스의 근간이 되는 콘셉트를 만든다. 조직의 키워드와 사회의 키워드를 바라보고 두 분야에서 공통된 언어를 탐색하는 것이다. 단순히 두 분야의 키워드를 선택하여 합치는 것이 아니라, 두 세계를 공존시키는 새로운 개념을 찾는다. 이 프로세스에서는 '조직'의 '사회적' 존재 의의라는 퍼포스의 2가지 측면을 체현하는 것이다.

나이키의 퍼포스는 '장벽을 뛰어넘는다Breaking Barriers'가 핵심 콘셉트로 되어 있다. 신발을 비롯한 다양한 스포츠 제품군이라는 특징과 다양성과 차별이라는 사회적 과제를 통합한 것이다. 회사의 관점만으로는 '장벽을 뛰어넘는다'는 콘셉트가 생기지 않았을 것이다.

유니레버의 퍼포스는 '지속가능한 생활을 당연하게Sustainable Living Commonplace'이다. 유니레버에는 개인의 케어와 식품 등 일용식품 사업 분야가 있다. 또한 M&A를 통해 최근 지속가능성을 중시한 브랜드도 사업 분야에 다수 포함되어 있다. 사회적으로 지속가능성, 웰빙과 헬스케어의 과제가 크게 부각되었다. 유니레버도 조직의 사업과 사회라는 두 세계를 통합하여 퍼포스를 만든 것이다.

그리고 그 콘셉트에 근거하여 선언문을 명문화하는 작업이 필요하다. 퍼포스의 근간이 되는 선언문은 키워드를 문장으로 표현한 것이다. 이때 퍼포스는 다양한 이해관계자의 공감을 불러일으킬 수 있는 큰 스토리로 구성되어야 한다는 점이다. 퍼포스는 한 조직만을 위한 것이 아니라 바람직한 조직의 모습을 이해관계자와 함께 지향하기 위한 거대한 배로 생각해야 한다.

명문화한 퍼포스는 세상의 많은 이해관계자가 공유하기 위해 비주얼한 형태로 구체화한다. 책자와 웹사이트 등 문장과 비주얼, 동영상 제작, 이벤트와 워크숍의 체험 등으로 사내외의 이해관계자와 공유할 수 있다.

마지막으로 새로 설정된 퍼포스는 전략에 반영하여 임직원이 행동으로 실현하도록 해야 한다. 경영 계획과 전략을 수립할 때 퍼포스를 반영하고, 퍼포스를 실현하기 위한 임직원의 행동 대책도 설계할 필요가 있다. 퍼포스를 기점으로 하여 회사가 보유한 강점을 사용하여 장기적으로 사회적 과제를 해결하는 가치 창출 스토리를 만들어 나가야 한다.

퍼포스를 규정할 때 추진하는 사람의 미(美)의식이 필요하다. 캐나다 맥길대학교의 헨리 민츠버그Henry Mintzberg 교수는 경영에는 예술, 과학, 기술이 혼재되어 있다고 말한다. 이 3가지 콘셉트 중에 예술은 퍼포스를 제정할 때 중요한 역할을 한다. 이 예술 콘셉트는 조직의 창조성을 지원하고, 사회의 변화 방향성을 직감하며, 관련자가 가슴 뛰는 비전을 만들어 내고, 또 그런 활동을 담당하는 인재 자질을 말한다. 과학 콘셉트는 예술 콘셉트로 만들어진 퍼포스나 비전에 대해 분석·평가로, 기

▣ 소니 그룹의 퍼포스 전파 사례

2019년 소니는 퍼포스를 제정한 후에, 매년 한 번 퍼포스가 조직에 어떻게 전파되고 있는지 조사하고 있다. 인사부, 브랜드전략부, 홍보부로 구성된 P&V 사무국이 퍼포스의 키 비주얼을 제작하여 전 세계에 전파하였다. CEO의 퍼포스에 대한 생각을 담고 서명한 편지도 세계에 전달하여 공유하고 있다.

CEO는 글로벌 사업거점에서 실시한 타운홀 미팅에서 소니의 퍼포스를 상세히 설명하고, 모든 사업부의 관리자에게도 사업 전략을 설명할 때 반드시 퍼포스와 관련지어 말하도록 요구하고 있다. 2021년 CEO 요시다는 경영 방침 설명회에서 소니의 퍼포스에 따라 자신의 경영 방침을 설명하였다.

소니 그룹에서 퍼포스와 가치는 그룹 공통이지만, 비전은 각 사업부에서 결정하고 있다. 그 비전도 퍼포스에 근거하여 만들고 있다. 퍼포스 아래에 미션과 비전, 경영의 방향성이 설정되어 있고, 현재 모든 사업부는 그 구조에 따라 사업 전략을 수립하고 있다.

소니 그룹은 웹사이트에 'My Purpose'라는 특집을 게시하였다. 직원들이 소니 그룹의 퍼포스를 자신의 것으로 대체하고 있는지, 일상 업무 속에서 어떻게 실천하고 있는지 세계의 다양한 직원과 인터뷰한 기사를 싣고 있다.

술 콘셉트는 실행으로 지원하는 행위와 인재 자질을 말한다.

VUCA(변동성Volatility, 불확실성Uncertainty, 복잡성Complexity, 모호성Ambiguity) 시대에는 조직이 지향해야 할 계획을 예술형 인재 그리고 기술형 인재가 실행하고, 과학형 인재가 점검하는 모델이 필요하다. 지금 사회 과제 해결이 중요한 시대에 예술형 인재의 수요가 증가하고 있다. 예를 들어, 세계 비즈니스 엘리트 사이에는 예술 분야의 최고학위Master of Fine Arts, MFA를 취득하는 트렌드가 형성되어 있다. 예술을 배워서 사회 과제와 사회 문제의 실마리를 적절하게 판단할 수 있고, 미의식에 기반하여 컴플라이언스compliance를 준수할 수 있기 때문이다.

사회적 임팩트를 창출한다

퍼포스는 '사회가 요구하는 니즈는 무엇인가'를 스스로 묻는 특징이 있다. SDGs·ESG 경영이 중시되는 현재 시점에서 기업의 사회적 임팩트와 밀접한 관련이 있다. 퍼포스를 출발점으로 하고 사회적 임팩트를 본업의 사업 전략으로 융합하여 구체적인 대책으로 연계하는 것은 결코 쉬운 작업은 아니다. 하지만, 체계적인 접근은 가능하다.

먼저, 정해진 퍼포스에 따라 사회에 가치를 제공할 영역을 선정한다. 기존의 분석 결과나 대책이 있다면 이를 퍼포스의 관점에서 검증하고, 예상되는 사회적 임팩트의 크기, 경쟁 우위성이라는 관점에서 우선순위를 검토한다.

새로운 사회적 임팩트 경영을 본격적으로 검토할 경우에는 중요한 사회 과제 중에서 대처할 테마를 추출하는 머티리얼리티Materiality(중요과제)를 분석한다. 이 분석을 통해 업계와 회사의 제품과 서비스의 라이프 사이클을 그려보고, 어떤 영역에서 해결할 새로운 사회 과제가 있는지를 추출하고 맵핑한다.

이 중에는 환경(기후변화, 자연보호, 에너지 등), 사회(안전과 건강, 빈곤 대책 등), 거버넌스(기업윤리, 정책 제언, 오직 방지 등)를 ESG 관점과 SDGs 목표에 맞춰 검토·적용할 수 있다. 이 과정에서 추출된 후보는 사회적 임팩트의 크기와 장기적 사업상 임팩트와 연관 지어 평가하고, 우선순위를 설정한다. 그리고 사회적 임팩트 경영의 비전과 중점 추진 영역을 설정한다.

[자료1-14] **지속가능성 경영 체계**

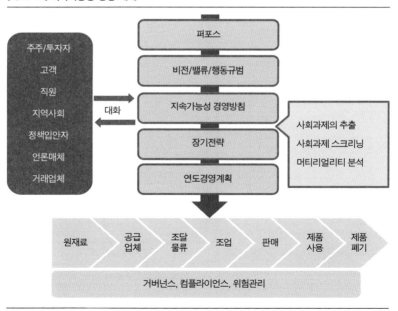

최근 발행된 상장기업의 지속가능성 보고서를 보면, 대부분 유엔의 SDGs 목표에 따라 충실히 중요과제를 설정하고 있다. SDGs 17 목표를 기점으로 중요과제를 설정하다 보니, 같은 업계에 속한 보고서는 회사마다 그 내용이 거의 비슷하다. 이렇게 국제적으로 규정된 항목에 집착한다면 회사의 독자성과 경쟁우위를 찾아 독자적이고 주관적인 전략을 구축할 수 없다.

보통 머티리얼리티 분석에서 횡축에 회사에 중요한 과제, 종축에는 사회에 중요한 과제를 위치하고 검토한다. 분석이론에 따라 대부분 기업은 양측에서 중요성이 높은 영역(Ⅰ)만을 선택한다(자료 1-15 참조). 사회에서 중요한 것은 당연히 공통된 것으로 SDGs 17개 항목에 해당한다. 회사에서 중요한 과제는 같은 업계에서도 당연히 대부분 같은 과제에 해당한다.

[자료1-15] 머티리얼리티 분석 예시

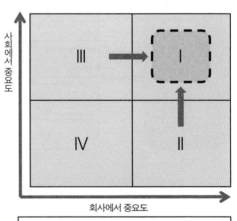

그러나 기업은 회사에 중요성이 높은 Ⅱ영역에 관심을 가져야 한다. Ⅱ영역은 회사 고유의 강점을 갖고, 미래에 지향하려는 사업영역이다. 아직 사회에서 그 중요성을 인식하지 못하지만, 독자적인 가치를 호소할 수 있다. 사회의 공감을 얻고, 커뮤니케이션을 지속한다면 Ⅱ영역에서 Ⅰ영역으로 진화해나갈 수 있다.

사회에 중요성이 높은 Ⅲ영역에도 관심을 가져야 한다. 회사에 관계가 없다고 대처하지 않으면 세상에 건강과 환경문제는 개선되지 않는다. NPO, 다른 회사와 연계하여 새로운 사회 과제에 적극적으로 대응하면서 Ⅰ영역으로 진화해나갈 수 있다.

Ⅲ영역의 사업에 해당하는 사회적 과제는 많다. 예를 들어 기존에 고려하지 않았던 빈곤층과 소수 계층에서 시장 확대, 사회적 의의에 프리미엄을 지불하는 고객을 위한 프라이싱, 공급망의 위험감소와 비용감소 등도 중요한 과제가 될 수 있다.

사회에 중요한 사업(Ⅲ영역)을 추진할 때 사회적 임팩트는 크지만, 경제적 성과로 이어지지 않는 경우가 많다. 사회적 가치와 경제적 가치, 두 요소가 대립되는 개념으로 보이는 사례도 많다. 이때 사회적 가치를 포함한 새로운 사업모델과 브랜드 가치를 구축하여 경제적 성과를 만들어 낼 수 있다.

예를 들어, 소비자용 제품과 서비스의 윤리성을 전면에 내세운 브랜드로 사업을 성장시키는 방법이 있다. 쉐어링을 활용한 신규사업으로 환경 부담을 줄이고 성장을 실현하는 사업도 있다. 해양 플라스틱을 활용한 새로운 제품을 개발하고, 소수 계층에 특화한 금융서비스를 통해 새로운 사회 과제 해결과 사업 기회를 확대하는 사례도 있다. 이러한 대책은 회사에 지금까지 없던 강점이 필요한 경우도 많다. 이 때문에 타업종과 NPO · 정부와의 제휴도 적극적으로 추진할 필요가 있다.

사회에 중요한 과제를 추진하려면 회사에 적절한 체제를 구축해야 한다. 구체적인 대책을 장기전략과 연간 경영 계획에 포함하고, 그 의사결정의 기반이 되는 지표도 설정해야 한다. 또한 사회에 미치는 영향(임팩트)을 측정하는 지표, 그 결과로서 발생하는 임팩트, 시장과 사업 확대, 생산성 등 경제적 성과를 측정하는 지표도 설정하고 모니터링과 대책의 개선을 반복해 나가야 한다.

회사의 경영층과 이사회는 사회에 영향을 미치는 중요한 과제에 대해 집중해서 논의하고 의사결정을 해야 한다. 장기적으로 기업 가치를 높이는 과제 해결에 관심을 갖도록 중요과제의 KPI에 연계하여 평가하는 보수체계로 변경해야 한다. 경영층과 이사회가 의사결정의 관점을 바꾸지 않으면 단기 성과 중심의 의사결정 구조에서 벗어나지 못하고, 지속가능성 경영은 추진되지 않고 좌초할 가능성이 있다.

철학과 가치를 담은 브랜딩으로 성장한다

최근 유럽과 미국에서 퍼포스를 기점으로 사회적 가치창조를 통한 브랜딩, 즉 퍼포스 브랜딩Purpose Branding에 대처하는 사례가 늘어나고 있다. 즉 기업이 존재 이유와 사회에 제공 가치를 이해관계자에게 적절하게 전달하고, 공감을 얻어 브랜드와 기업의 지속적 성장을 지향하는 대책이다.

퍼포스 브랜딩이 확산되는 이유가 있다. 무엇보다 기업과 상품이 가진 사회적 가치를 주시하는 밀레니얼 세대와 Z세대의 구매층이 대두하고 있기 때문이다. 미국과 유럽에 밀레니얼 세대가 노동인구의 40%를 차지하고 있고, 앞으로 더 많은 Z세대가 노동시장에 진입하면 구매력은 높아질 것이다. 기업은 당연히 구매력이 커지는 세대의 가치관을 중시할 수밖에 없다.

밀레니얼 세대는 일반적으로 디지털 기술의 수용성이 높고, 사회·환경문제에 관심이 높은 세대로 알려져 있다. 밀레니얼 세대보다 젊은 Z세대는 타고난 소셜 세대이고, SNS를 이용하여 세계의 모든 문제에 적극적으로 정보를 수집하는 경향이 있다. 자신이 인식한 사회적 과제를 해결하기 위해 SNS를 통한 의견을 제시하며 집단적 영향력을 발휘하는 등 실천도 높은 세대다. 이런 밀레니얼 세대와 Z세대는 기존의 상품과 서비스의 선택 기준 외에 사회적 과제 해결에 공헌한다는 사회적 가치를 중시하고, 공감할 수 있는 가치관을 가진 기업과 브랜드를 선택하는 경향이 있다.

앞에서 언급했듯이, 유니레버는 일찍부터 소비자의 변화를 읽고, 퍼포스 브랜딩에 대처하여 '지속가능한 생활을 당연하게'라는 퍼포스를 제시하였다. 최근에는 '퍼포스가 이끄는 미래 적응Purposed-led Future-fit'이라는 비전을 제시하여 퍼포스를 중시하는 경영 모습을 더욱 명확히 하고 있다. 퍼포스를 기점으로 하여 미래의 다양한 변화에 적응하는 기업으로서 우수한 실적을 계속 유지한다는 개념이다. 이를 위한 구체적인 지침으로서 '유니레버 콤파스Unilever Compass'를 제정했다.

이 지침은 '퍼포스를 가진 브랜드는 성장한다', '퍼포스를 가진 기업

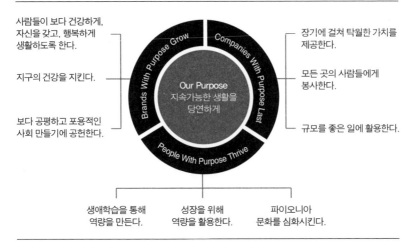

사람들이 보다 건강하게,
자신을 갖고, 행복하게
생활하도록 한다.

지구의 건강을 지킨다.

보다 공평하고 포용적인
사회 만들기에 공헌한다.

Brands With Purpose Grow

Companies With Purpose Last

Our Purpose
지속가능한 생활을
당연하게

People With Purpose Thrive

장기에 걸쳐 탁월한 가치를
제공한다.

모든 곳의 사람들에게
봉사한다.

규모를 좋은 일에 활용한다.

생애학습을 통해
역량을 만든다.

성장을 위해
역량을 활용한다.

파이오니아
문화를 심화시킨다.

출처: 유니레버 홈페이지

은 존속한다', '퍼포스를 가진 사람은 성공한다'는 3가지 신념에 따르고 있다. 유니레버는 이러한 퍼포스와 지침에 따라 유니레버 비즈니스와 에코시스템 전체영역에 걸쳐 15가지 우선 사항을 제시하였다. 이들 우선 사항은 패키지와 폐기물, 성평등, 인권, 공정한 가치, 기후변화와 포용적 사회 등 중요한 과제에 대처하는 것이다. 각각의 우선 사항은 야심적인 목표가 설정되어 있고, 이에 대응하는 프로그램과 프로젝트가 있다. 유니레버는 취급하는 식품과 일용품, 화장품 등의 브랜드에도 고유의 브랜드 퍼포스를 제정하고 있다. 100% 리사이클 원료, 천연 유래 성분을 사용하여 사회와 환경에 긍정적 영향을 주는 브랜드 운영에 헌신하고 있다.

2018년 퍼포스가 명확한 브랜드 매출액은 다른 브랜드보다 69% 이상 빠르게 성장하고, 회사 전체 매출 성장의 75%를 차지하였다. 유니레버는 이익보다 퍼포스를 우선하는 것이 아니라 퍼포스 자체가 이익을 창출한다는 명확한 경영 자세를 유지하고 있다.

최근 퍼포스 브랜딩을 실천하는 기업을 중심으로 더 적극적인 움직임으로 브랜드 액티비즘에 대처하는 사례가 있다. 브랜드 액티비즘Brand Activism이란 퍼포스에 근거하여 사회, 경제, 정치, 환경 등 다양한 분야에 걸쳐 사회적 이슈에 대해 회사의 입장을 표명하는 것이다. 브랜드 액티비즘이 등장하는 배경에는 기존의 제품 차별적 강점을 보고 구매를 자극하던 시대가 막을 내리고, 브랜드의 철학과 가치를 중시하는 시대가 도래했다는 의미다. 퍼포스에 입각하여 브랜드의 철학과 가치를 차별화하고 실제 행동으로 옮기면서 영향력을 발휘하는 브랜드도 늘어나고 있다. 앞에서 언급했듯이, 나이키가 미식 축구선수를 광고모델로 기용하여 인종차별과 같이 민감한 문제를 거론한 것이 대표적인 사례다.

브랜드 액티비즘에 대처할 때 기업의 언행 불일치는 공격의 대상이 될 수 있다. 어중간한 브랜드 액티비즘은 오히려 브랜드 가치를 훼손할 우려가 있다. 기업에 퍼포스가 확고하게 확립되고 실천되어야 퍼포스 액티비즘이 제대로 작동할 수 있다는 점을 인식해야 한다. 즉 기업에 가치관과 존재 의의를 정의하는 퍼포스가 확립되어 있고, 이해관계자의 공감을 얻고 있어야 한다는 점이다.

사회에 제공 가치를 중심으로 공감을 얻어라

퍼포스는 비즈니스 세계에서 모든 기업 행동의 지침이자, 기업의 존재 이유를 보여준다. 미래를 응시하고 목표를 생각하는 것은 매우 중요하지만, 세상은 불확실하다는 전제를 세워두면 지금의 회사에 초점을 둔 퍼포스를 갖는 것이 중요하다.

현재 많은 회사가 내걸고 있는 퍼포스는 형식에 불과하고 큰 의미를 두지 않고 있다. 퍼포스를 어떻게 기업 경영에 반영하여 브랜딩으로 연결하느냐는 중요한 전략이다. 브랜딩은 표면적인 것이 아니라, 경영의 본질적인 대책이기 때문이다. 브랜드 가치를 높이는 것은 궁극적으로 기업의 가치를 높이는 것이다. 퍼포스 브랜딩은 기업 전체를 둘러싼 넓고 깊은 개념이다. 즉 경영 활동과 브랜딩은 거의 동일한 개념으로 파악할 수 있다.

보통 신상품과 서비스가 시장에 나오면 즉시 모방된다. 경쟁우위를 유지하려면 쉽게 모방되지 않는 상품과 서비스를 만들어야 한다. 그러나 현재의 경영 환경에서 차별화를 시도한 콘셉트와 전략도 효과가 지속되기 어렵다. 따라서 실현 불가능하게 보이는 대담하고 도전적인 콘셉트를 내걸고 이노베이션을 창출하거나 복잡하고 강인한 오퍼레이션을 구축하고, 확실하게 실행하는 것이 차별화의 열쇠다. 바로 이 2가지를 이루기 위해 필요한 것이 퍼포스다. 왜 그 일을 해야 하는지를 보여주는 퍼포스가 없다면 노력을 지속할 수 없기 때문이다.

다시 말해, 조직은 존재하는 이유가 무엇인지, 그 일을 하는 이유가 무엇인지 본질적인 질문에 마주하고, 그 대답으로서 숭고한 대의를 명

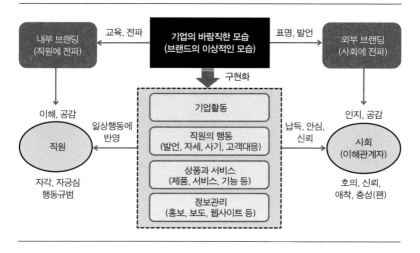

확히 설정하고, 이를 다양한 이해관계자와 공유해야 한다. 이러한 일련의 프로세스를 실현할 수 있는 조직이 사내외의 자원을 확보하고 공감을 불러일으키고, 결과적으로 최대한의 성과를 실현할 수 있을 것이다.

브랜딩을 실천하는 방법으로 내부 브랜딩과 외부 브랜딩 전략이 있다. 내부 브랜딩이란 회사의 이념과 제공 가치를 내부 직원과 공유하고 침투시키는 내부 활동이다. 외부 브랜딩은 기업, 제품, 서비스가 침투되도록 소비자와 사용자를 대상으로 하는 광고, PR 활동을 말한다. 내부 브랜딩은 사업 활동과 거리를 두고 기업 브랜딩이라는 구조에서 직원의 의식개혁, 사기 향상을 목적으로 주로 경영기획과 인사영역에서 실시된다. 외부 브랜딩은 소비자에게 브랜드 가치를 전달하는 구조에서 주로 사업부와 마케팅 영역에서 광고 선전으로 실시하고 있다.

일반적으로 내부 브랜딩은 사람의 인지 변화를 통해 행동을 바꾸는

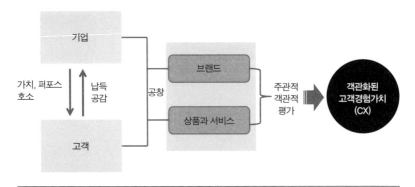

출처: 미즈호 은행 산업조사부, 필자 재구성

방법론에 가깝다. 조직과 경영층이 기업 활동에서 특정 방향에 따라 행동해 달라고 직원을 이끌어가려는 매니지먼트 방식이며 지배적인 형태다.

그러나 퍼포스 브랜딩은 직원이 퍼포스를 자신의 것으로 인식하고, 퍼포스에 근거하여 자신의 일을 판단하고 행동하는 조직이 되려는 근본적인 대책이다. 기업의 퍼포스에 공감하는 사람이 모이고, 공감·이해·납득하며 일하는 것이다.

브랜드 가치 평가업체 인터브랜드Interbrand에 따르면, 기업의 브랜드는 시대에 따라 변천하고 있다. 인터브랜드는 브랜딩의 역사적 단계를 '정체성 시대', '가치의 시대', '체험의 시대', '공창共創의 시대'로 구분하고 있다.

1970년대 정체성 시대에는 기업의 로고와 네이밍으로 다른 회사와 차별화하는 수단이었다. 1980년대는 기업이 다양한 마케팅 활동을 통해 구매자의 다양한 니즈를 탐색하고 전략적으로 고객 만족을 획득하는 것이 필수요소였다. 이 가치의 시대에 마케팅 비용은 투자로 인식되고, 브랜드는 기업에 경제적 가치를 주는 자산으로 인식되었다.

2000년대 인터넷의 보급으로 고객과 쌍방향 커뮤니케이션이 실현되고, 실시간 디지털 접점을 활용하여 우수한 고객 경험을 제공할 수 있게 되었다. 이런 흐름은 2010년부터 지속되고 있고, 현재 공창의 시대로 변하고 있다. 즉 고객과 직원 등 모든 이해관계자와 공유창조에 의한 브랜드를 형성하는 시대가 되었다. SNS가 대두되어 고객은 기업의 사업 운영에 큰 영향력을 갖고, 기업과 브랜드에서 많은 것을 기대하고 있다. 공창의 시대에는 기업이 주도적으로 브랜드를 만들어갈 수 없다. 고객의 기대와 가치관의 변화를 세심하게 살피면서 개인화된 가치를 제공하고, 고객의 지지를 얻는 대책이 필요하다. 공창의 시대는 코틀러 마케팅론에 비추어 보면, 마케팅 3.0(가치주도), 마케팅 4.0(자기실현)에 해당한다.

쌍방향 커뮤니케이션 시대에 사회에 제공 가치를 중심으로 하는 퍼포스 브랜딩이 확산되고 있다. 쌍방향 커뮤니케이션 속에서 퍼포스를 통해 기업은 제공하고 싶은 가치를 선택하고, 고객은 공감을 통해 기업을 선택한다. 새롭게 선택하고 선택받는 관계로 바뀌고 있다. 기업은 고객에게 사회에 제공 가치를 호소하고, 고객은 이에 공감한다. 기업이 사회에 제공 가치를 구체화하는 과정에서 제품과 서비스, 브랜드를 고객과 함께 만들어 나간다.

미국의 패션 브랜드 아베크롬비Abercrombie&Fitch의 마케팅과 브랜딩 사례를 살펴보자. 이 회사는 젊은 세대의 캐주얼웨어를 취급하는 브랜드다. 타깃층을 섹시한 미남미녀로 정하고, 몸매가 돋보이는 슬림한 디자인을 도입하여 사이즈도 작게 만들고 있다. 또한 큰 음악이 흘러나오는 클럽풍 점포에는 모델 체형의 판매 점원이 있다.

이러한 브랜딩 전략이 성공하여 아베크롬비는 2000년대 미국 외에 아시아 지역에서 높은 인기를 모았다. 아베크롬비는 주도적으로 타깃 고객과 시장을 파악하고, 그 시장이 바라는 상품을 개발하고, 그에 맞춰 브랜드 이미지를 구축하고, 시장에 호소하는 지금까지의 마케팅 방식을 체현하였다.

그러나 2010년 이래 사업실적이 떨어지고 잇달아 점포를 폐쇄하기 시작했다. 많은 경쟁 캐주얼 브랜드는 폭넓은 사이즈를 만들고, 다양한 인종과 체형 모델을 사용하여 패션의 자유와 여유를 호소하는 환경에서 아베크롬비는 배타적인 가치관을 제시하는 답답한 브랜드로 인식되었다. 실제의 자신을 받아들이고, 폭넓은 선택지를 갖고 싶어 하는 방향으로 젊은 세대의 의식이 바뀌면서 아베크롬비는 개성을 부정하고 추함을 차별하는 이미지로 변해버렸다.

그러나 이러한 시장 변화에 대응하여 아베크롬비는 2010년대 중반부터 브랜드 이미지 쇄신에 착수하였다. 다양한 의견을 경청하고, 다양성과 포용 정신을 내걸고, 백인 모델 중심의 광고 비주얼도 다양한 인종의 모델로 바꾸고, 상품 사이즈도 확대하였다. 이런 대책으로 기업의 이미지는 점점 고객에게 침투되어 실적이 회복되기 시작했다.

아베크롬비의 사례를 보면, 획일적인 가치관과 브랜드 콘셉트에 따라 고객을 선택하는 기업관점의 일방적 마케팅과 브랜딩은 더 이상 통하지 않는다. 사회에 제공 가치를 명확히 설정하고, 고객에게 선택받는 고객관점의 쌍방향 마케팅과 브랜딩으로 전환해 나가야 한다는 의미다.

다시 강조하지만, 퍼포스 브랜딩이란 회사가 확고한 퍼포스를 제시하고, 모든 사업 활동을 통해 퍼포스를 실현한 결과로서 고객의 공감을 얻는다는 사고에 근거하고 있다.

다시 유니레버의 사례를 들어보자. 이 회사는 2020년 팬데믹 발생 직후 주력제품 비누 브랜드 '라이프보이Lifebuoy'의 홍보에 집중했다. 라이프보이는 싸고 높은 품질의 비누를 제공하여 위생의 세계를 실현한다는 퍼포스를 제시하여 시장에 침투하였다. 유니레버는 홈페이지와 TV 광고를 통해 "손 씻기는 중요하다. 다른 회사 브랜드도 좋으니 손을 씻자"는 메시지를 전파했다. 손 씻기 습관이 없고 위생 상태가 나쁜 국가에서 감염증 확대를 사회적 과제로 부각시키며, 비누를 이용한 손 씻기 습관의 중요성을 강조했다.

이러한 주관적 가치에 대한 호소는 비누 수요를 환기시키며 시장이 확대되었다. 다른 회사의 소비자가 유니레버의 고객이 되고 이익이 늘어났다. 유니레버와 같이 명확한 퍼포스를 가진 선진기업은 인터넷 광고, SNS 등 디지털 고객 접점을 통해 퍼포스를 체험하는 독특한 메시지를 발송하여 고객의 공감을 얻고 있다. 퍼포스를 통해 그 기업다운 모습을 일관되게 보여주면서 기업의 브랜드 가치를 높이고 있다.

최근 지속가능성 경영 시대를 맞아 '워크 워싱woke-washing'이라는 말이 자주 사용되고 있다. 'woke'는 '눈을 뜨다', 즉 각성하고 있다는 의미다. 2014년 무장하지 않는 흑인 남성이 경찰에 사살되는 사건을 계기로 'woke'의 의미도 확대되었다. 즉 인종 문제, 여성 문제 등 사회적으로 부당한 문제에 의식을 갖고 있는 현상을 말한다. 간단히 말해, 다양한 사회 문제에 충분한 의식을 갖는 상태를 말한다.

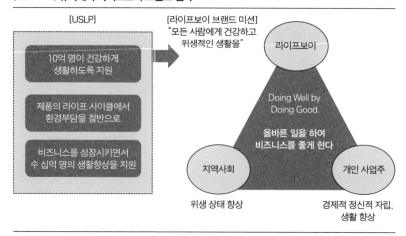

출처: 유니레버 홈페이지

2019년 유니레버의 CEO 앨런 조프Alan Jope는 문제의식이 있는 사람들의 생각과 마음을 경시하고 짓밟는 행위, 즉 '워크 워싱woke-washing'의 위험을 강조하였다. 워크 워싱이 세계의 많은 문제를 해결하는 데 걸림돌이 되고, 기업의 신뢰를 해치는 행위라고 규정하였다. 세계적 경영 매거진 하버드비즈니스리뷰HBR도 기업의 사회적 가치를 실행하지 않고 홍보 활동에만 치중하면 위험에 빠질 수 있다고 경고했다.

워크 워싱이란 기업의 사회 문제에 각성하고 있는 것처럼 보이지만 진정성 있게 행동하지 않는 현상을 말한다. 기업이 ESG 경영을 부풀려 홍보하는 '그린 워싱', 'SDGs 워싱'과 마찬가지로 사회 문제에 유사한 모습을 보이고 있다는 점이다. 실제로 말만 앞세우고 행동이 없는 기업이 많다. 이런 기업은 지속가능성 경영에 관심은 없고, 사회적 가치를 제공한다는 홍보 활동으로 좋은 평판을 얻고, 매출을 늘리려는 속셈을 갖고 있다. 또한 사회적 과제 해결에 관심이 있는 것처럼 포장하는 기업 활동을 비판하는 움직임도 커지고 있다.

기업의 퍼포스는 사회와의 약속이다. 행동이 따르지 않는 약속은 이해관계자에게 신뢰를 잃고, 사회에서 비판받을 위험도 있다. 퍼포스 중심 경영을 추진할 때 기업은 지금보다 더 이해관계자와 진정한 신뢰관계를 구축해 나가야 할 것이다.

PURP⊕SE
BEYOND
PROFIT

PART 2

이해관계자 경영으로의
대전환

이해관계자와 에코시스템 경영

이해관계자 경영으로 전환하다

코로나19 펜데믹에 대응하면서 세계는 과거에 전혀 경험하지 못한 과제에 직면해있다. 2020년 9월 컨설팅기업 언스트앤영Ernst&Young,EY의 조사에 따르면, 기업 CEO의 67%는 글로벌 과제를 추진할 때 이해관계자에게 많은 압박을 받고 있는 것으로 나타났다. 또한 CEO 5명 중 4명은 글로벌 과제 해결을 실천한다면 사회에서 수익을 낼 수 있다고 대답하였다.

2020년 6월 국제 PR 컨설팅기업 에델만Edelman의 보고서에 따르면, '사회적 과제 해결'을 브랜드로 기대하는 사람이 80%에 이르고 있다. 비영리단체 '저스트 캐피털Just Capital'의 조사에 따르면, 미국인의 89%는 코로나 감염증 위기를 대기업이 재출발하고, 직원, 고객, 지역 사회, 환경을 위해 올바른 일을 할 기회로 파악하고 있다. 기업이 수익만을 중시할 경우 다양한 사회적 기대에 부응하지 못하고, 위기에 직면할 수 있다고 생각했다.

지금 기업에 대한 요구와 기대는 더욱 커지고 있다. 그러나 기존의 경영 패러다임에서 기업은 다양한 사회적 과제를 해결하기 어렵다는 사실이 입증되고 있다. 이제 주주 중심주의 경영에서 벗어나야 기업은 생존할 수 있다. 직원과 고객부터 지역 사회, 지구, 후세대에 이르기까지 폭넓은 이해관계자를 배려해야 하는 시대가 되었다. 기업은 더 높은 목적의식을 갖고, 주주의 이익 이외에 이해관계자의 욕구에도 적극적으로 대처해 나가야 한다. 재무적 수익만으로 비즈니스의 성공이 결정되지 않는다는 점을 인식해야 한다. 무엇보다 환경과 사회의 지속가능성을 높이는 대책을 경영 핵심에 두고 실천해야 좋은 평가를 받는 시대가 되었다.

주식회사이지만 주주의 이익만을 위해 돈을 벌지 않겠다고 선언한 상장기업이 있다. 이 선언에 주주들도 환영하면서 이 기업의 주가는 상승하고 있다. 2020년 7월 뉴욕증권거래소NYSE에 온라인 보험회사 레모네이드Lemonade가 상장했다. 최초 50.05달러로 공모가격(29달러)을 70% 초과했고, 그 후에도 70달러 전후까지 올랐다.

이런 배경에는 주주의 변화가 있다. 이해관계자를 배려한 의사결정이 모든 사람에게 가치를 줄 수 있다고 투자자가 인식했기 때문이다. 단기적으로 이익과 배당이 줄어들어도 장기적으로 사회에서 신뢰받는 기업에 투자할 때 이익이 더 크다고 생각한 것이다. 실제로 레모네이드의 투자 안내서에는 "재무성과를 최대화하지 않는 경우에도 이해관계자에게 최선의 이익을 생각하고 행동한다"고 적혀 있다. 즉 이해관계자를 위해서라면 이익이 줄어도 좋다고 명시하고 있다.

레모네이드는 미국 델라웨어주의 법률로 정해진 공익기업Public Benefit Corporation, PBC이라는 특수한 기업 형태로 운영하고 있다. 주주 이익뿐만 아니라 환경과 사회에 관련된 공익에도 책임을 진다고 명시한 회사 형태다. 공익기업으로 등록되면 공헌할 특정 공익분야를 정하고 경영진은 공익과 주주 이익 사이에 균형을 이루는 경영을 해야 한다.

레모네이드는 '새로운 비즈니스 모델과 기술, 비영리단체와 제휴하여 지역 사회를 위해 자선단체에 기부하는 보험상품을 제공한다'는 공익사업을 지향하고 있다. 실제로 보험료에서 일정한 수수료를 떼고, 보험금을 지급할 때 고객이 지정하는 자선단체에 기부하고 있다.

미국의 양계장 업체 바이탈팜스VitalFarms도 2020년 7월 미국 증권거래위원회SEC에 등록신고서를 제출했다. 바이탈팜스는 다양한 이해관계자 사이에서 이익의 균형을 이루기 위해 '주주가치의 최대화로 이어지지 않도록 행동할 수 있다'고 공익성을 외부에 명확히 밝히고 있다.

바이탈팜스는 기업 미션이자 공익방침으로 6가지 항목을 제시하고 있다. 즉 '윤리적으로 생산되는 음식을 식탁으로 배달한다' 외에 '영속적이고 수익성이 높은 사업을 구축한다', '제품과 서비스를 통해 고객을 기쁘게 한다', '직원에게 활력 있고 즐거운 환경에서 능력을 발휘하도록 한다' 등 명확한 공익방침을 제시하고 있다. 경영진은 이러한 공익실현에 책임을 지고 있다.

글로벌 식료품업체 다논Danone은 '사명을 수행하는 회사'라는 새로운 형태로 운영되고 있다. 프랑스가 2019년 법률개정으로 새로 도입한 사업 형태다. 이 사업 형태를 도입한 기업은 정관에 회사의 목표를 포함하고, 그 목표를 위해 경영하는지 독립된 제3자의 감독을 받아야 한다. 다논은 정관에 '지구의 자연 자원을 보전한다' 등 새로운 4개의 목표를 추가하였다.

'B코프B Corporation' 인증 제도를 운영하는 비영리단체 'B랩'에 따르면, 공익을 공식적인 목적으로 열거하는 회사 형태는 미국에서 델라웨어 주를 포함해 36개 주, 이탈리아와 콜롬비아 등 4개 국가에서 법률로 규정되어 있다. B랩은 기업의 힘으로 좋은 사회를 실현한다는 이념을 실천하는 비영리단체다. 공익기업의 법제화를 위한 대책뿐만 아니라 기업의 사회와 환경에 공헌도를 평가하고, 일정 기준을 충족하는 회사를 인증(B코프)하고 있다. 현재 B코프 인증을 받은 회사는 세계 71개국에서 약 3,500개에 이르고 있다.

1990년대 이후 기업의 사회적 책임 의식이 확산되면서 본업 외에 사회 공헌을 하는 움직임도 늘어났다. 글로벌 식품업체 네슬레는 일찍부터 사회 과제를 해결하는 CSV 경영을 제시하고, 주주와 사회 모두에게 이익이 되는 사업을 지향하고 있다. 이어 수많은 기업이 경제적 가치와 더불어 사회적 가치 창출을 위한 사업 활동을 추진하고 있다. 이제 기업의 사회적 책임 활동을 법률로 규정하는 국가가 생겼고, 동참하는 기업도 늘어나고 있다. 이런 기업은 스스로 법률에 근거하여 사회와 직원 등 이해관계자의 이익에 의무를 지고 있다. 직원과 거래회사, 지역 사회 등에도 배려하는 이해관계자 자본주의 시대에 새로운 기업 형태가 점차 부상하고 있다.

이해관계자와 퍼포스를 공유하라

현재 기업의 사회적 책임을 요구하는 글로벌 조류에서 모든 조직의 경영자는 사업 성공의 열쇠가 바뀌었다는 것을 인식하고 있다. 이전보다 지속적 성장이 어렵고, 생존 여부도 불확실한 시대다. 재무적 성과를 낸다고 해서 장기적으로 성공을 보장받을 수도 없다. 이제 2010년대의 비즈니스 방식은 유효기간이 지났다. 또 10년 후 2030년 이후의 성공 방식은 확실히 알 수 없다. 하지만 명확한 것은 2020년대에 경쟁에서 승리하기 위해서는 변혁은 선택이 아니라 필수과제가 되었다는 사실이다.

경영자들은 현재의 경영 방식으로는 이해관계자의 기대에 충분히 대응할 수 없다는 것을 알고 있다. 이를 인식한 경영자는 환경과 사회적 과제 해결에 헌신할 것을 검토하고 있다. 어떤 기업은 새로운 조직 체계를 구축하거나 외부 컨설팅기업의 지원을 받아 지속가능성을 사업 전략에 반영하는 등 변혁을 추진하고 있다. 지속가능성 경영과제에 새로운 지표KPI를 정하고, 의사결정 프로세스에 따라 지속가능성 대책을 면밀하게 평가하고, 필요에 따라 수정하며, 진도 상황을 파악하고 있다. 주주에 대한 연차 보고에 지속가능성 전략을 포함하거나 통합보고서 또는 지속가능성 보고서를 치밀하게 작성하고 발행하는 회사도 있다. 이러한 실행대책으로 지속가능성이 기업의 핵심 업무로 편입되고 기업의 DNA에도 침투하고 있다.

기업의 이사회 역할도 변하고 있다. 중대한 지속가능성 대책을 승인하고, 그 전략을 추진하는 경영진을 엄격하게 감독·감시하는 기능을 발휘하고 있다. CSR 활동, 환경 컴플라이언스에 머물지 않고, 지속가능성을 깊이 이해하고 핵심 사업에 전면적으로 편입하고 추진하는 기업은 시간이 지날수록 대폭 늘어날 것으로 보인다.

　기업의 지속가능성 대책은 퍼포스 경영 전략으로 충실하게 강화할 수 있다. 기업의 퍼포스를 기점으로 제품과 서비스가 이해관계자에게 주는 재무적·비재무적 영향을 파악하고, 비재무 업적에 대한 경영지표를 설정하여 개선해나가는 노력이 필요하다. 그리고 비재무 업적의 달성도를 국제적으로 신뢰받는 공통지표에 따라 솔직하게 전달하는 적극적인 경영 자세도 중요하다. 설령 달성 목표에 도달하지 못해도 회사의 퍼포스와 관련하여 개선 정도를 평가하여 외부 이해관계자에게 진정성 있게 전달할 수 있다. 이런 대책으로 이해관계자와 신뢰 관계가 구축되고, 고객의 충성도는 더욱 높아지면서 기업의 지속가능성 경영의 진정성을 입증할 수 있을 것이다.

　다시 강조하지만, 퍼포스를 정하는 것만으로 끝나지 않는다. 경영진은 단순히 듣기 좋은 선언문을 만드는 것에 만족하지 않을 것이다. 퍼포스가 전체 조직에 침투하고 일상 업무에서 작동하려면 무엇보다 경영자의 헌신이 절대적으로 필요하다.

　또 경영진이 퍼포스에 헌신할 것을 제시하는 것만으로 퍼포스의 지속적인 실현을 보장할 수 없다. 경영진이 진심으로 퍼포스를 믿지 않으면 헌신할 수 없다. 경영진이 퍼포스에 대한 확고한 신념을 갖고 솔선수범할 때 직원을 자극하고 참여시킬 수 있고, 외부의 다양한 이해관계자도 설득하고, 그들의 지원을 받을 수 있다. 따라서 경영진은 회사의 존재 의의를 깊이 탐색하면서, 한 개인으로서도 퍼포스를 계속 추구해

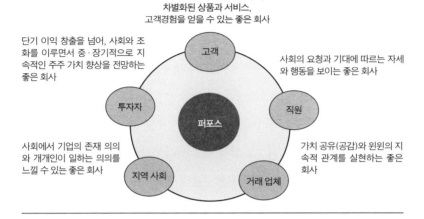

고객의 니즈와 기대를 파악하고,
차별화된 상품과 서비스,
고객경험을 얻을 수 있는 좋은 회사

단기 이익 창출을 넘어, 사회와 조화를 이루면서 중·장기적으로 지속적인 주주 가치 향상을 전망하는 좋은 회사

고객

사회의 요청과 기대에 따르는 자세와 행동을 보이는 좋은 회사

투자자

퍼포스

직원

사회에서 기업의 존재 의의와 개개인이 일하는 의의를 느낄 수 있는 좋은 회사

지역 사회

거래 업체

가치 공유(공감)와 윈윈의 지속적 관계를 실현하는 좋은 회사

나가야 한다.

많은 기업은 사회에 기여하려는 선한 의도를 갖고 있지만, 어떻게 실천해야 할지 모른다. 이때 퍼포스는 무엇을 해야 하고, 어디를 향해 나가야 하는지 의사결정을 내릴 때 중요한 지침이 된다. 특히 지금과 같이 급변하는 경영 환경에서 퍼포스는 항상 변함없이 기업에게 올바른 방향을 제시하는 역할을 한다. 퍼포스는 장기적 관점에서 새로운 시장을 내다보고, 다양한 이해관계자와 함께 장기적으로 기업 가치를 창출하는 데 핵심적인 역할을 할 것이다.

핵심적인 이해관계자를 파악하라

사실, 1970년대부터 미국의 경영학에서 이해관계자와의 관계를 포함하는 발상이 나오기 시작했다. 경영전략론에서 이해관계자를 설정한 전략경영 모델을 처음으로 제창한 사람은 에드워드 프리먼Edward Freeman 이었다. 프리먼은 그의 저서《전략경영Strategic Management》에서 이해관계자를 고려한 전략경영의 재구축이 필요하고, 조직의 존속과 성공에 불가결한 존재인 이해관계자를 포함한 윤리적 경영이 필요하다고 주장했다. 그는 이해관계자를 고려하지 않는 경영의 위험을 강조하였다.

각종 연구에 따르면, 기본적으로 기업과 이해관계자와의 관계는 다음과 같은 3단계를 거쳐 발전한다. 1단계는 이해관계자를 시스템에 포함하는 관계다. 여기에서 핵심 이해관계자와 공동관계를 구축하고 공통의 이익을 추구하지만, 주변 이해관계자는 배제된다.

2단계는 이해관계자를 고려한 경영을 고려한다. 이 단계에서 기업은 규범적이며 윤리적인 관점 또는 위험관리 관점에서 이해관계자를 바라본다. 다양한 이해관계자는 각자의 이해를 주장하고, 기업은 이해관계자의 니즈를 전략적으로 대응할 필요가 있다. 3단계는 이해관계자와 건설적인 대화를 하는 것이다. 단순히 말하고 경청하는 관계가 아니라 이해관계자와 의논 및 제안내용을 경영 활동에 반영하는 것이다. 이해관계자와 건설적인 대화를 통해 혁신을 창출하기 위한 새로운 협력시스템을 구축할 필요가 있다.

이해관계자란 주식을 소유한 주주에 한정되지 않는다. 기업 활동에 영향을 받거나 영향을 주는 모든 주체(직원, 소비자, 고객, 정부, NPO, 지역 사회, 환경 등)를 말한다. 지금까지 기업은 이해관계자와의 관계를 부문별로 파악해왔다. 인사부는 노동자·노동조합, IR부는 주요 주주, 마케팅부는 고객과 소비자, 조달부는 협력업체를 맡아 관리하는 관행이었다.

기본적으로 시장에서 주요 주체와 경제거래상 관계에서 개별로 대응했기 때문에 종합적으로 이해관계자를 파악하는 관점을 놓치고 있었다. 사업 활동이 글로벌화되면서 본국에 머무르지 않고, 진출 국가와 공급망의 복잡한 관계도 고려할 필요가 있다.

기업은 행정, 업계단체, NPO, 지구환경, 다음 세대 등 공간과 시간축을 크게 확장하면 새롭게 보이는 이해관계자도 있다. 현재의 사업구조뿐만 아니라 미래에 지향할 사업 분야를 염두에 두고 구체적으로 어떤 조직과 사람이 핵심이 되는지 명확히 정리할 필요가 있다.

이해관계자를 파악할 수 있다면, 먼저 회사가 규정한 퍼포스에 대해 어떤 기대를 갖고 있는지, 퍼포스를 실현하기 위해 어떤 문제가 예상되는지 탐색하는 작업이 필요하다. 이때 회사에서 퍼포스를 규정할 때 각 이해관계자와 인터뷰를 실시하는 것도 좋은 방법이다. 퍼포스를 소개하면서 이해관계자의 의견과 니즈를 살펴보는 것이다.

이렇게 이해관계자와 대화에 근거하여 각 이해관계자와 어떻게 협력할 것인지, 어떤 관계를 구축할 것인지, 어떤 세계를 함께 지향해 나갈 것인지 구체적으로 검토한다.

스타벅스, 이해관계자와 함께 성장하는 7가지 큰 대책

스타벅스는 2000년대 초반 15,000개 점포로 급성장한 후에 2008년 세계 경제가 침체되면서 매출이 크게 떨어졌다. 경영자는 경영난을 극복하고자 미래를 향한 새로운 비전을 만들고 전 세계에 있는 200명의 시

① 커피의 권위로서 입지를 흔들림 없이 유지한다.
② 파트너(직원)와 연계하고, 그들에게 자극을 준다. (직원)
③ 고객과 마음의 연계를 회복한다. (고객)
④ 해외 시장에서 점유를 확대하는 각 점포는 각각의 지역 사회의 중심이 된다. (지역 사회)
⑤ 커피콩의 윤리적 조달, 환경보전 활동에 솔선하여 대처한다. (거래업체)
⑥ 스타벅스의 커피에 적합하고, 창조적이고 혁신적인 성장 기반을 만든다.
⑦ 지속가능한 경제 모델을 제공한다.

출처: archive.starbucks.com

니어 파트너들의 회의에서 발표했다.

또한 '사람의 마음을 풍요롭고 활력 있게 하기 위해 한 사람의 고객, 한 잔의 커피, 그리고 하나의 커뮤니티부터'라는 퍼포스를 제시하고, 다양한 이해관계자와 퍼포스를 실현하는 '7개의 큰 대책7 Big Moves'도 발표했다. 스타벅스는 직원, 고객, 지역 사회, 거래업체를 명확한 이해관계자로 설정하고, 협력체제를 통해 함께 성장을 추구하겠다고 밝히고 있다.

첫 번째 이해관계자인 직원에게는 교육과 커리어 개발 기회를 제공하고, 획기적인 복리후생과 복리제도의 확립을 지향하고 있다. 인간적인 인연을 찾아 점포에 방문하는 고객에게는 커피만이 아니라 스타벅스다운 모습으로 가치를 제공하겠다는 의지를 담고 있다.

또한 점포를 지역 사회 중심이 된다고 설정하여 지역 사회에 공헌 의지를 명시하고 있다. 지역문화를 존중하고 자원봉사를 통해 지역 활동 대책을 지원하는 방침도 제시하고 있다.

거래회사에 대해서는 적극적으로 협력하여 모든 물품을 윤리적으로 조달하고, 환경보전에 함께 대처하겠다고 명시하고 있다. 이런 대책은 '사람의 마음을 풍요롭고 활력 있게 한다'는 스타벅스의 퍼포스를 이해 관계자와 함께 실현하려는 경영 자세를 세상에 명확하고 당당하게 제시한 것이다.

직원의 참여문화를 만들라

행복 경영으로 생산성을 높인다

최근 행복주의Happinessism가 유행이다. 행복주의란 인생의 목적은 부富가 아니라 행복에 두고 지속적인 정신적 기쁨을 추구한다는 것이다. 미국의 긍정심리학자 숀 아처Shawn Achor가 쓴《행복을 얻는 7가지 법칙7 Laws of Happiness Advantage》은 행복주의를 세계에 전파하는 도화선이 되었다. 이 책의 저자인 숀 아처는 행복감을 느낄 때 성공으로 이어진다고 주장한다.

　유럽과 미국 등 글로벌 기업에는 '행복 경영 관리자Chief Happiness Officer, CHO'라는 직책이 있다. CHO는 행복 경영을 추진하는 중심인물이다. 특히, 최근 프랑스에서 행복 경영을 도입하는 움직임이 빠르게 확산되고 있다. 2017년 2월 설립된 싱크탱크 'CHO 클럽'은 행복 경영의 확산에 크게 기여하고 있다. 프랑스에서 1,100개가 넘는 기업(인사 부문과 CSR 부

문)이 등록하고 있으며, 그중에 BNP파리바, 오렌지, 로레알, 악사, 까르
푸, 미슐랭 등 대기업도 참여하고 있다.

행복 경영을 주장하는 학자들은 직원의 행복을 위한 경영을 강조한
다. 그러나 직원이 느끼는 행복감은 각 직원의 가치관에 따라 다르다.
보통 누구나 힘들고 많은 일을 할 때 행복감을 느끼기 어렵다. 그러나
일이 많더라도 맡은 일에서 보람을 느끼고 의미를 찾을 수 있다면 삶
의 만족도가 높아지고, 행복감을 느낄 수 있다. 지금 하는 일이 자신의
더 높은 목적의식에 보탬이 된다고 생각할 때 지속가능한 행복의 원천
이 될 것이다.

따라서 직원의 행복을 생각하는 경영자는 무엇보다 일의 만족도를
올리는 대책을 추진해야 한다. 각종 연구 결과에 따르면, 사람은 사회
에 의의가 있거나 도전적인 일을 수행할 때 성취감과 함께 진정한 행
복감을 만끽할 수 있다고 한다.

실제로 도전적 과제를 수행하는 컨설팅기업에 종사하는 직원의 만족
도가 높게 나타났다. 미국의 커리어 정보제공 업체 글라스도어Glassdoor가
발표하는 '가장 일하기 좋은 회사'에 매년 컨설팅기업이 높은 순위를 차
지한다. 2021년 랭킹에서도 베인앤컴퍼니(1위), 맥킨지컨설팅(5위), 보스
턴컨설팅(12위)이 높은 순위를 차지하였다. 베인앤컴퍼니는 2020년 2위,
2019년에는 1위를 차지하였다.

이들 컨설팅기업은 결코 편한 직장이 아니다. 죽을 각오로 지적 전투
를 벌이며, 경쟁에 밀리면 도태되는 업종이다. 어느 업종보다 힘든 과
제를 수행하는데도 일에 대한 동기부여와 만족도가 압도적으로 높다
는 점이다.

기업이 행복 경영을 도입할 때 먼저 직원의 커리어 성장환경을 제공해야 한다. 단순히 열심히 일하면서 느끼는 보람 이상으로 도전적이고 야심 찬 과제를 달성하면서 커리어 발전과 성장을 지원해야 한다. 도전적인 일을 통해 업무능력을 키우고, 조직에서 존재가치를 인정받을 때 커리어 상승으로 이어질 것이다. 커리어 상승은 직원에게 급여 이상의 의미가 있고, 일에 대한 만족도와 조직에 대한 충성도도 높일 수 있다. 기업은 단순히 워라밸을 넘어 일하는 보람과 성장감을 느낄 수 있는 행복 경영의 도입을 검토할 필요가 있다.

실제로 행복도가 높은 조직은 생산성과 창조성이 높다는 실증 연구가 있다. 하버드비즈니스리뷰(2012년 5월호)에 따르면, 행복도가 높은 직원이 그렇지 않은 직원에 비해 생산성이 31% 높고 창조성은 3배 높았다. 행복한 기분으로 일을 추진하는 사람은 그렇지 않은 사람보다 생산성이 약 12% 높아졌다. 행복도가 높은 사람은 시야가 넓은 사고와 아이디어를 내기 쉬웠다. 긍정적 감정을 가진 사람은 넓은 시야를 갖고 정보를 처리하는 능력이 높아졌다.

한국의 업무 생산성은 OECD 국가에서 하위권에 있다. 강도 높은 업무개선이나 조직의 비효율을 제거해도 생산성을 30% 이상 올리기는 어렵다. 앞에서 제시한 통계를 볼 때 기업에서 행복 경영만 제대로 추진해도 30% 이상 생산성을 올릴 수 있다는 얘기다. 그렇다면 행복 경영은 최고의 사업 전략이 될 수 있다.

직원의 일하는 보람을 평가하여 기업의 행복 경영을 지원하는 단체도 있다. 미국의 비영리단체 '일하기 좋은 직장Great Place to Work'은 직장문화에 관한 세계적 권위기관이다. 이 단체는 '조직을 지원하여 모든 사람에게 더 좋은 직장, 더 좋은 세상을 만든다'는 미션을 제시하고 있다. 세계 60개 국가에서 직장에서 일하는 보람을 조사·평가하고, 일정 기준에 충족하는 기업을 인증하고 있다.

이 단체의 인증프로그램 '가장 훌륭한 직장Great Place to Work-Certified'에는 세계 7,000개 이상의 기업이 참여하고 있다. 참여기업 직원들의 의견을 청취하는 설문조사를 바탕으로 엄밀하게 평가하여 인증하고 있다. 이 인증을 수여 받은 기업만을 대상으로 '여성이 가장 일하기 좋은 회사', '가장 좋은 중소기업 직장', '밀레니얼 세대가 가장 일하기 좋은 회사' 등 다양한 부문에서 일하기 좋은 회사의 순위를 매겨 평가하여 발표하고 있다.

높은 급여보다 업무의 사회적 의의를 중시한다

그럼, 어떤 기업이 행복한 직장일까? 필자가 여러 업종에서 일하는 직장인들에게 얼마나 행복감을 느끼는지 종종 물어본다. 비교적 급여도 높고 복리 제도도 좋은 안정된 직장으로 알려진 대기업 직원과 공무원들조차도 고된 업무를 감내하며 힘들게 직장을 다닌다고 토로하는 사람이 적지 않다. 대부분 일은 매우 힘들고, 생계를 위해 인내하며 직장을 다녀야 한다고 생각한다.

여기에서 한 가지 중요한 사실은 높은 급여가 반드시 좋은 직장의 조건이 아니라는 점이다. 자본주의 시대에 누구나 높은 급여를 주는 기업에 관심을 갖는다. 하지만 높은 급여보다 다른 보상을 요구하는 사람도 늘어나고 있다. 높은 급여는 우수한 인재를 끌어들일 수 있더라도, 그런 인재가 자신의 일에서 목적, 의미, 흥미, 가치를 느끼지 못하면 일에 대한 몰입도는 떨어지고 생산성도 줄어들 것이다.

반대로 직원이 맡은 업무에 보람과 의미를 느끼고 도전할 때 성장한다. 직원이 업무에 의미를 느끼면 명확한 목적의식으로 무장하고 업무 성과도 높아진다. 특히 지속가능성 경영에서 성과를 내는 글로벌 기업은 기업의 퍼포스를 개인의 퍼포스로 연결하여 직원이 일에 의미를 느끼고, 동시에 생산성을 높이는 기업 풍토를 조성하고 있다.

행복 경영 전문가CHO 니와마리丹羽 眞理 씨는 기업이 직원에게 행복감을 느끼도록 하려면 존재 의의purpose, 자기다움authenticity, 관계relationship, 심신의 건강wellness 등 4가지 요소를 갖춰야 한다고 주장한다. 직원 개인 차원에서 보면 자신의 존재 의의를 느낄 수 있는 의미 있는 일을 선택할 수 있어야 자기다움을 발휘할 수 있다. 또한 직장 동료들과 좋은 관

[자료 2-2] **일에서 행복을 느끼는 4가지 요소**

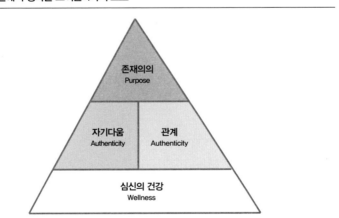

출처: Ideal Leader 홈페이지

계를 유지하는 환경에서 일에 대한 만족도는 높아질 수 있다. 그리고 가장 근간이 되는 것은 심신의 건강이다. 자기답게 일하고 좋은 관계를 형성하려면 기본적으로 심신의 건강을 유지해야 한다.

기업에 퍼포스가 있듯이, 개인에게도 존재 의의(인생 목적)가 있다. 직장에서 개인의 퍼포스와 조직의 퍼포스가 중복되고 크면 클수록 개인은 행복을 느끼고, 조직의 생산성도 올라갈 것이다. 개인과 조직이 각각 퍼포스를 중심으로 연계하고 일에서 행복감을 최대한 높이고, 조직의 생산성을 올리는 경영 방식을 생각할 때다.

기업의 퍼포스와 직원의 퍼포스를 연계하라

퍼포스를 규정하고 경영 전략에 반영했다고 해서 끝나는 것이 아니다. 경영진을 비롯해 모든 임직원이 기업의 퍼포스를 올바로 이해하고, 이에 헌신할 것을 사내외에 표명해야 한다. 이를 위해 개인의 퍼포스가 조직의 퍼포스가 어떻게 연결되는지를 설명하고, 직원은 기업의 퍼포스에 연계하여 자신의 퍼포스를 탐색하도록 지원해야 한다. 그리고 퍼포스를 일상 업무의 의사결정 기준으로서 사용할 수 있도록 배려해야 한다.

직원이 퍼포스를 생각할 때 먼저 자신이 중요하게 생각하는 가치관에 적합하고, 사회적 의의가 포함되어 있는 일이어야 한다. 직원 자신이 인생을 살아가는 목적이 될 수 있는 것, 그 일을 통해 사회에 뭔가 임팩트를 줄 수 있어야 한다. 기업의 퍼포스도 개인과 마찬가지로 조직의 가치관과 사회적 의의가 포함되어야 한다.

직원이 회사의 퍼포스를 충분히 이해하고 자신의 퍼포스를 찾는 과정에서 기존 업무의 가치를 더욱 높일 수 있다. 또한 기업의 퍼포스를 탐구하고 실천하면서 새로운 사업 아이디어를 찾을 수도 있다.

또한 직원이 퍼포스를 명확히 설정하면 조직에서 무엇이 가장 중요한지 깊이 이해할 수 있다. 개인적 업무에서 우선순위와 회사 업무의 우선순위를 연계하면서 좋은 성과를 올릴 수 있다. 퍼포스를 기점으로 자율적인 업무 풍토가 조성되면 직원은 능력을 최대한 발휘하고 일하는 보람은 더욱 커질 수 있다.

그렇지만 아직 많은 기업에서 퍼포스는 의미심장한 구호나 미사여구에 불과하다. 직원은 퍼포스 선언문을 알고 있어도, 진정한 의미를 깊이 이해하지 못하고 있다. 경영자가 퍼포스를 가볍게 생각한다면 직원에게 무엇이 정말 중요한지 명확히 전달하지 못한다. 퍼포스를 가볍게 생각하고 명확하게 말할 수 없는 경영자가 있는 조직에서 퍼포스를 기점으로 경영하기는 어렵다.

퍼포스 경영을 실현하려면 경영자가 직접 나서야 한다. 아무리 젊은 직원들이 퍼포스 경영이 중요하고, 행복하게 일하고 싶다고 말해도 경영자와 관리자가 흘려듣는 조직에서는 아무것도 바뀌지 않을 것이다. 이런 기업문화를 개선하는 대책으로 퍼포스 수립 워크숍을 고려해볼 수 있다. 워크숍에서 개별 직원의 퍼포스를 명확히 설정하고, 어떤 일을 하고 싶은지, 어떤 조직을 만들고 싶은지 솔직한 커뮤니케이션 대책은 큰 효과를 거둘 수 있다. 이런 모임을 통해 직원 개개인의 퍼포스를 찾아내고, 이것을 참조하면서 회사의 퍼포스를 새롭게 정립할 필요가 있다.

퍼포스를 찾는 과정에서 회사와 자신의 퍼포스가 전혀 다르다고 생각하는 직원도 있다. 그래도 업무 가치관이나 사고를 바꿔 그 회사에서 계속 일하는 것도 한 방법이지만, 회사에서 원치 않는 일을 무리하게 계속하는 것은 큰 고통이다. 그런 직원이 계속 일하면서 성과를 내지 못하면 회사에도 마이너스 요소가 된다. 기왕 똑같은 시간을 일한다면 행복하게 일하는 것이 좋은 선택일 것이다. 따라서 가능하다면 자신의 가치관에 맞는 회사와 환경을 찾아보는 것도 회사와 개인 모두에게 유리한 방법일 것이다.

▣ KPMG 사례, 퍼포스를 개인의 스토리로 말한다

세계 150개국에서 컨설팅 서비스를 제공하는 KPMG는 '사회에 신뢰를, 혁신에 힘을 Inspire Confidence, Empower Change'이라는 퍼포스를 설정하고 있다. KPMG는 모든 임직원이 회사의 퍼포스에 근거하여 자신의 스토리를 연계하도록 촉진하고 있다. 이런 대책을 '1만 스토리 챌린지'라고 부른다.

즉, 직원들이 포스터에 개인의 퍼포스 선언문과 같은 간단한 구호문을 붙이고, 그 개요를 설명하고 얼굴 사진을 게재하는 프로그램을 추진하고 있다. 직원은 회사의 퍼포스를 탐구하고, 자신의 업무에 맞춰 나름대로 재해석하여 알기 쉽게 표현하고 있다. 예를 들어, 어떤 직원은 '테러와 싸우거나 과학을 발전시킨다' 등 다양하고 흥미로운 스토리를 제시하고 있다. 지금까지 KPMG 직원 27,000명이 42,000매의 포스터를 작성하였다. 직원 개인이 복수의 포스터를 작성하거나 팀으로 작성한 경우도 있다.

KPMG에서 관리자는 자신의 개인적 퍼포스를 일상적으로 팀원에게 전달한다. 그리고 모든 직원은 자신의 퍼포스와 직업생활, 조직의 존재 이유가 어떻게 연계되는지 대화한다. 이 프로그램을 오랫동안 실시한 결과 채용 경쟁력이 올라가고 직원의 이직률도 줄어드는 긍정적인 효과가 나타났다. KPMG는 2021년 비즈니스 정보지 포춘이 선정한 100대 최우수 기업 중 39위를 차지하였다. 2007년 이후 14번째 100대 최우수 기업에 선정되었다.

유니레버, 자기답게 존재하라

최근 수년 동안 세계는 격변하고 있다. 큰 변화에 유연한 대응도 필요하지만, 어떤 상황에서도 흔들리지 않는 의연한 자세도 중요하다. 기업의 퍼포스는 변하는 환경에서도 흔들리지 않는 중심축이다. 목적지를 향해가는 길과 이동 수단은 바뀔지 몰라도 도달할 목적지는 결코 변하지 않는다. 기업의 퍼포스는 궁극적으로 지향하는 북극성과 같다.

유니레버에는 '유니레버 콤파스'라는 북극성을 향하는 나침반이 있다. 일하면서 어떤 길을 선택하면 좋을지 모를 때 유니레버 콤파스 지침에 따르고, 가리키는 방향으로 향해 나간다.

유니레버는 2020년 '유니레버 지속가능한 삶 계획USLP'을 성공적으로 완수한 후에 또 다른 '유니레버 콤파스'를 발표하였다. 퍼포스를 가진 브랜드 위력을 최대한 활용하고, 기후변화와 불평등 등 사회적 과제를 해결하면서 이익을 내며 지속적 성장을 지향하려는 것이다. '지구의 건강 개선', '사람의 건강과 웰빙 향상', '더 공평하고 포용적인 사회 실현' 분야에서 앞으로 5~10년 동안 달성할 수치 목표를 구체적으로 제시하였다.

유니레버는 조직에 퍼포스가 있듯이, 직원 누구나 인생의 목적과 삶의 의미를 갖고 있다고 생각한다. 그러나 직원이 일상 업무에서 자신의 퍼포스를 명문화하고 다른 사람에게 전달하는 사례가 없다. 직원이 자신의 퍼포스를 충분히 이해하고 있다면 앞으로 맡은 업무에서 무엇을 하고 싶은지 알 수 있다. 그리고 앞으로 마주할 업무가 자신의 퍼포스에 연결된다면 더욱 즐겁게 일하며 결과적으로 성과도 올릴 수 있을 것이다.

이런 동기에서 유니레버는 모든 직원에게 퍼포스를 묻고, 직원이 자신의 퍼포스를 알도록 지원하고 있다. 워크숍을 개최하여 직원이 업무에서 언제 가장 가슴 벅차고, 시간을 잊을 정도로 몰입하는 것은 무엇인지 팀원들과 대화한다. 회사의 퍼포스와 자신의 일상 업무가 어떻게 연결되어 있는지, 또 어떻게 실현해 나갈 수 있는지 대화한다. 이런 대화를 통해 직원은 자신의 퍼포스를 파악하는 계기가 된다. 그리고 회사의 퍼포스와 같이 자신의 퍼포스를 간결하게 표현하고, 상사와 공유한다. 유니레버는 이렇게 모든 직원이 자신의 퍼포스를 발견하고, 이를 일상 업무에서 실현하도록 지원하고 있다.

유니레버는 직원이 자신의 퍼포스를 반드시 기업에서 실천해야 한다고 생각하지 않는다. 예를 들면, 장래 퇴직 후 고향에 돌아가 카페를 열고 싶은 사람이 있다고 하자. 그 직원에게는 이웃과 함께 즐겁게 일할 수 있도록 립톤Lipton 마케팅팀에서 홍차에 관련된 지식과 경험을 익힐 수 있도록 배려한다. 또한 카페 운영에 필요한 경리와 재무 경험을 위해 관련 부서로 이동하여 일할 기회도 제공한다.

유니레버의 기업문화에는 오래전부터 '자기답게 존재하라Be yourself'라는 사고가 있다. 유니레버는 약 190개 국가에서 비즈니스를 전개하기 때문에 다양성과 포용은 중요한 문제다. 단지 상사의 지시에 따르고, 기대에 맞춰 일하는 것만으로 새로운 아이디어가 나오지 않고 시장 니즈에도 따를 수 없다. 직원 개개인이 자기답게 일하고 자신의 강점을 키우면서 즐겁고 창의적으로 일할 수 있는 환경조성이 중요한 경쟁력이다. 유니레버에서 이렇게 자기답게 일할 수 있는 기업문화는 직원이

직원은 이유를 불문하고, 회사 이외의 장소 (집, 카페, 도서관 등)에서 근무할 수 있음

WAA

Team WAA

자기답게 일하고, 풍요로운 인생을 보내려는 기업과 개인의 WAA 네트워크, 매월 새로운 일 방식의 자료와 노하우 공유 및 토론

지자체와 제휴하여 지역 공유 오피스에서 무료로 근무, 근무 외 시간에 지역 이벤트와 행사에 참여가능

지역 De WAA

프리미엄 Every Friday 세미나

매주 금요일 지속가능성, 일 방식, 다양성 등을 주제로 강연, 워크숍, 토론회 개최

출처: 유니레버 재팬(www.unilever.co.jp/planet-and-society/waa)

자신의 퍼포스 실현을 지원하는 중요한 동기가 되고 있다.

일본 유니레버는 2016년 자기답게 일할 수 있도록 오피스를 리노베이션하였다. 일하는 장소와 시간을 직원이 결정할 수 있는 일 방식, 즉 '언제 어디에서도 일할 수 있는 제도WAA'를 도입하였다. 언제, 어디에서 어떻게 일하면 가장 성과를 올릴 수 있는지 직원이 가장 잘 알기 때문에 직원 스스로 일의 방식을 선택해야 한다는 사고가 깔려 있다.

유니레버는 2020년 코로나19 사태에 대응한 재택근무를 계기로 오피스 역할도 근본적으로 재검토했다. 그리고 사무실은 단순히 일하는 장소가 아니라 이노베이션을 창출하는 장소로 재정의하였다. 사무공간에 대한 콘셉트를 '연계하고 돌아다니는 사무실'로 설정하고, 4개 층을 각각 '연계, 협력, 충전, 집중'이라는 콘셉트로 차별화하였다.

오피스의 모든 좌석은 자율석으로 대체하고, 개인 사물함도 부서나 직급에 관계 없이 동일하고 알파벳 순으로 나열하였다. 출근하면 사물

함에 짐을 두고, 자신의 현재 추진업무나 상황에 따라 여러 층을 돌아다니면서 일할 수 있다. 깊이 생각하고 싶을 때는 '집중', 일이 막히면 '충전', 다른 사람의 의견을 듣고 싶으면 '협력'의 공간에서 스스로 선택해서 일할 수 있다. 아이들과 함께 일할 수 있는 공간, 텐트에 누워 뒹굴 수 있는 공간도 마련되어 있다.

직원이 나쁜 아이디어를 내는 이유

미국에서 척 블레이크먼Chuck Blakeman은 베스트셀러 작가이자 비즈니스 전문가로 유명하다. 블레이크먼은 2013년에 출간한 저서《직원이 나쁜 아이디어를 내는 이유Why Employees Are Always a Bad Idea》에서 직장에서 참여 시대의 문화를 확산하고 인간다운 일 방식을 도입할 것을 호소하고 있다.

블레이크먼은 산업 시대가 끝난 현대에도 오로지 생산성만을 올리기 위한 조직과 일 방식이 아직도 건재하다고 비판한다. 권위주의적 계층형 조직에서 인간다움과 사고를 버리고 기계처럼 일하고, 맡은 일이 무엇을 위해, 어떤 의미가 있는지 생각할 여지도 주지 않는다고 직장문화를 개탄한다.

블레이크먼은 이제 직장에서 인간다움을 회복하고, 직원이 인간적인 욕구를 실현하는 환경을 만드는 대책이 필요하다고 주장한다. 격변하는 글로벌 경영 환경에서 직원의 일에 대한 자유로운 발상을 촉진하여 기업과제의 해결과 사업 확대의 견인력으로 삼아야 한다는 것이다. 이를 위해 블레이크먼은 '왜Why' 정신을 중시하는 창조적 업무 프로세스를 만들어야 한다고 말한다. 그러나 대부분 기업에서 150년 동안 '왜Why'를 묻는 것을 허용하지 않고 있다. '왜Why'를 물으면 직장에 순응할 수 없는 사람으로 딱지를 붙이는 현실을 개선해야 한다고 말한다.

블레이크먼은 권위적인 직장문화를 개선하는 수단으로 참여 시대의 문화를 제안하고 있다. 참여 시대의 문화란 산업 시대의 기업문화에서 벗어나 직원이 금전적 욕구뿐만 아니라 일에 의미를 찾고 기업에 얽매이지 않고 일할 수 있도록 배려해야 하는 시대로 만들어야 한다는 것이다. 참여 시대에는 직원이 사업에 당사자 의식을 갖도록 해야 한다고 블레이크먼은 주장한다. 당사자 의식을 갖게 하려면 사업에 종사하는 사람(직원)이 아니라, 사업의 이해관계자로 직원을 바라보는 것이다. 이해관계자로서 직원은 단순히 일만 하지 않고, 사업에 헌신하고 책임을 진다. 회사에서 의미 있는 일을 해내고 싶다는 인간적인 욕구를 충족할 수 있다. 상사에게 관리받지 않고, 자기관리를 할 수 있고, 필요에 따라 자연발생적 리더로 성장할 수 있다고 블레이크먼은 힘주어 말한다.

W.L.Gore and Associates(이하 W.L.고어)는 참여 시대의 문화를 도입한 대표적인 기업이다. W.L.고어는 직원을 가장 소중히 여기는 회사로 잘 알려져 있으며, 미국에서 많은 경영대학원에서 사례 연구 대상 기업이다. 창업 당시 W.L.고어의 CEO 빌 고어는 개인의 자유 원칙을 중시하고, 개인의 창조적인 성장을 기업 성장의 씨앗으로 생각하였다.

그 상징으로 계층이 없는 네트워크형 '격자Lattice 조직'을 기반으로 모든 직원은 '어소시에이츠Associates'로서 평등하고 공정하게 평가받는

① 격자형 조직: 계층 없는 셀프 매니지먼트 조직
② 리더는 동료 중에 투표로 선발: 지위, 임원, 상사도 없는 조직구조
③ 동료를 지원하는 스폰서: 지시가 아니라 지원
④ 팀과 동료에 대한 공헌을 요구: 높은 신뢰와 심리적 안전성
⑤ 개인의 업무는 스스로 결정: 지시 명령, 배려도 없는 업무추진
⑥ 상호평가Peer Review: 매년 1회 동료의 팀에 공헌도를 평가, 보수에 반영
⑦ 독자적인 퇴직금 제도: 입사 1년 후 매년 회사 주식 할당(연봉의 12%), 퇴직 시점에 현금화 가능
⑧ 150명 룰: 업무 프로젝트에 관련된 직원이 150명이 넘으면 거점을 분리함(대기업 병 방지)
⑨ 10% 룰: 업무시간의 10%는 개인이 선택한 테마에 투자, 신규사업 성공의 열쇠
⑩ 핵심 사업에 집착하지 않는 경영: 수익 위주의 사업에 집중하지 않고, 현장의 이노베이션을 촉진
⑪ 신제품 개발의 8가지 질문: 현실성, 경쟁력, 가치에 대한 철저한 검증

자료: note.com

조직구조를 만들었다. 격자 조직은 직원끼리 개별적으로 직접 연계하는 회사 내 커뮤니케이션을 촉진하였다. 이런 자유로운 커뮤니케이션에 의해 업무 속도와 대응력이 높아졌고, 사업 성장으로 직결되었다. 그뿐만 아니라 직원은 사업에 더욱 헌신하고, 직원 사이에 서로 성장을 지원하는 효과를 냈다.

W.L.고어의 독특한 경영 방식은 지금까지 변함없이 이어지고 있다. 현재 전 세계 직원을 대상으로 기업문화를 조사하고, 빅데이터로 분석하면서 시대와 직원의 변화에 끊임없이 대응하고 있다.

1970년대부터 부하와 동료를 존중하고 지원하는 자세로 조직을 이끌어가는 '서번트 리더십'이 주목받았다. 조직행동 전문가 로버트 그린리프Robert K. Greenleaf가 1970년대 냉전 시대에 국가와 사회를 이끄는 리더

에 대해 불신감이 커지는 혼미의 시대에 서번트 리더십이라는 개념을 제창하였다. 그 시대 배경 속에서 그린리프는 헤르만 헤세의 단편소설 《동방순례》에서 착상을 얻어 서번트 리더십의 중요성을 인식하였다. 그는 사람들이 권력과 물욕을 위해 일하지 않고, 희망하는 훌륭한 목표를 실현하기 위해 헌신하는 지도자가 필요하다고 생각했다.

지금까지 성장 시대에는 과거의 성공은 미래의 성공 확률을 보장하였고, 풍부한 경험은 리더에게 필수요소였다. 그러나 성숙 시대에 접어든 지금은 과거의 성공이 미래의 성공을 보장할 수 없다. 현재 리더에게 환경과 사회에 대한 윤리적 경영을 요구하는 사회적 흐름이 거세지고 있다. 또한 테크놀로지의 발달과 경제의 글로벌화가 급속하게 진행되면서 기존 산업과 업종의 경계가 빠르게 무너지고 있다. 이런 시대에는 한 사람의 경영자가 모든 것을 관리하고 전체 직원을 이끌어가는 방식은 통용되지 않는다. 직원 개개인이 가진 능력을 개성 있고 창의적으로 발휘하며 성과를 내는 경영 방식이 효과적이다.

다시 말해 전체 조직을 선도하는 형태의 강력한 리더십이 아니라, 팀원 개개인의 퍼포스를 끌어내고 이를 조직이나 프로젝트의 퍼포스와 연계하도록 돕는 서번트 리더십이 더 중요하다. 다양한 조직원이 자율적으로 일하도록 지원하여 변화에 유연하게 대응할 수 있는 조직을 만드는 리더십이 필요한 시대다.

퍼포스로 무장된 조직에는 보스가 필요 없다. 그런 조직은 개개인이 주체적인 리더로서 역할을 수행하도록 주관적 가치관을 중시하며, 공동의 목표를 향해 나아간다. 이런 의미에서 퍼포스로 무장된 조직에서 리더가 없는 것이 아니라, 퍼포스 자체가 리더가 된다고 말할 수 있다.

조직의 퍼포스 아래서 직책에 상관없이 수평적으로 공동의 목적을 추구하는 리더십을 실현하는 방식이다.

CHAPTER
5

거래업체와 협력하라

공급망의 투명성은 신뢰를 높인다

ESG 경영이 확산되면서 상장기업의 공급망(거래업체)에까지 환경과 사회적 과제 대응을 요구하는 글로벌 규제가 강화되는 추세에 있다. 상장기업은 거래업체까지 대응하기에는 여력이 부족한 상황이지만, 효과적으로 대응할 경우 긍정적인 측면도 있다. 예를 들어, 2019년 매사추세츠공대 슬론 경영대학원MIT Sloan은 공급망의 노동 조건과 환경 영향을 공시하고, 소비자의 신뢰를 높이면 매출이 증가할 수 있다는 보고서를 발표했다. 이 보고서에 대해 국제조직 소비자 기구CI는 트위터를 통해, 공급망의 투명성transparency과 추적 가능성traceability에 관심을 가진 소비자가 늘어났기 때문이라고 의미를 부여했다.

MIT의 연구보고서에 따르면, 많은 소비자는 기업의 사회적 책임을 중시하고 있다. 조사 대상 소비자의 75%는 기업과 소비자 사이에 신뢰

관계를 강화하는데 투명성이 중요한 역할을 한다고 대답하였다. 1,700개 기업 중 81%는 공급망을 완전히 파악할 수 없고, 투명성에 문제가 있는 것으로 드러났다.

공급망의 투명성이란 원재료에서 최종 제품이 만들어지고, 소비되기까지의 모든 프로세스에서 관련된 모든 거래업체의 노동 조건과 환경 영향 등을 외부에 보여주는 것을 말한다. 원재료의 생산 현장과 간접적으로 관련된 공급망을 포함한 전체를 파악하려면 상당한 비용과 시간이 소요된다. 그러나 소비자가 엄격하게 감시하는 상황에서 진정한 신뢰를 얻으려면 공급망의 투명성을 높이는 것이 최선의 방법이다.

또한 공급망의 투명성을 높이면 환경 의식이 높은 소비자로부터 매출이 늘어날 가능성도 있다. 이전과 달리 소비자는 구입하는 제품이 어디에서 어떻게 만들어지고 있는지 상세하게 알고 싶어 한다. 공급망의 투명화에 조금이라도 투자하는 기업과 그렇지 않은 기업 사이에 시간이 지날수록 더욱 큰 차이가 날 것이다.

공급망의 투명성을 높이는 대책으로서 원재료의 제조업체와 중간 공급업체의 생산과정과 유통 프로세스 전체 현황을 공개하는 기술과 서비스가 활발하게 개발되고 있다. 미국의 소스맵Sourcemap은 세계지도에서 상품별 가공업자와 소재의 생산지를 누구라도 무료로 열람할 수 있고, 관련 자료를 추가·편집할 수 있는 오픈 플랫폼을 개발하였다. 2011년 이후 조달처의 선정과 운송 루트의 개선, 긴급한 상황에서 공급업자간 협력 촉진 등 생산성을 효율화하기 위해 활용되고 있다.

여러 기업이 제휴하여 공급망의 투명성을 높이는 대책도 발전하고 있다. 미국의 기업단체 지속가능성 컨소시엄TSC은 월마트, 타깃, 월그린 등 100개 이상의 소매 및 소비재 기업이 참여하고 있다. TSC는 공급망 정보관리 플랫폼을 추진하는 미국 '서플라이 시프트Supply Shift'의 기술을 활용하여 '지속가능성 인식시스템The Sustainability Insight System'을 개발하였다. 공급업자의 정보를 공유하여 효율적으로 투명성을 높이려는 것이다.

또한 파악하기 어려운 개발도상국에서 생산 현장의 노동자 고용환경을 감시하는 기업도 등장하고 있다. 캐나다 IT업체 울룰라Ulula는 컴퓨터, 스마트폰 등 노동자가 사용하는 단말기를 통하여 음성과 텍스트로 노동환경 정보를 분석하는 소프트웨어를 개발하고 있다. 팜유 생산과 노동문제에 대처하는 단체 '지속가능한 팜유 생산을 위한 협의회 RSPO'도 울룰라와 제휴하여 생산 현장에서 노동환경이 적정한지 면밀하게 파악하고 있다.

스타트업과 협력하여 사회 문제를 해결하다

유니레버 CEO 폴 폴만은 2009~2018년에 걸쳐 '지속가능한 생활을 당연하게'라는 퍼포스를 전략의 중심에 두고 지속가능성 대책을 추진해왔다. 유니레버는 퍼포스를 실현하는 하나의 전략으로 글로벌 차원에서 스타트업 또는 사회적 기업가 등 새로운 이해관계자와 협력하는 이노베이션 플랫폼 '유니레버 파운드리Unilever Foundry'를 운영하고 있다.

대개 기존의 오픈 이노베이션은 연구개발 영역을 중심으로 필요한 테크놀로지와 자료를 공개하고, 파트너를 찾아 제휴하였다. 하지만 유니레버 파운드리는 회사가 해결하려는 사회적 과제의 배경과 의의를 공개하고, 협력을 전제로 사회적 책임을 함께 담당할 스타트업을 모집하는 방식을 채택하였다. 유니레버는 사회적 과제를 공유하고, 그 과제 해결을 위한 업무협력에 흥미를 가진 스타트업이 협업 플랜을 제시하고, 파일럿 프로그램을 거쳐 파트너 관계를 맺는 방식이다.

유니레버를 대표하는 세계 최대의 식품 브랜드 크노르Knorr는 다양한 고급 식품 카테고리로 널리 알려져 있다. 전 세계 100개 이상의 국가와 지역에서 판매되고, 변하는 고객 니즈와 심리에 대응하면서 안정된 성장을 지속하고 있다.

2018년 4월 크노르는 광고 테크놀로지의 소셜벤처 굿루프Good-Loop와 협업하여 광고에서 사회 공헌 활동에 기부를 촉진하는 구조를 만들었다. 즉 크노르의 온라인 광고를 통해 회사의 사회 공헌 활동에 고객을 유도하는 전략이다.

먼저 굿루프는 기부금을 창출하기 위해 효과적인 온라인 광고를 무료로 제공한다. 굿루프의 혁신적인 기술로 인해 소비자는 브랜드 크노르의 콘텐츠를 볼 수 있다. 소비자가 15초의 온라인 광고를 시청하면 기부단체를 선택할 수 있고, 크노르의 광고비 50%는 기부단체에 지급된다. 나머지 광고비는 제작자와 굿루프의 수입이 된다. 광고가 노출되는 만큼 크노르의 광고비는 사회 공헌 활동에 기부되고, 동시에 사회 공헌 활동을 통해 고객과 새로운 관계를 구축하는 효과가 있다.

이러한 전략은 '지속가능한 생활을 당연하게'라는 유니레버의 퍼포스에 근거하여 다양한 파트너와 협업 방식으로 실현하고 있다. 외부 파트너와의 협업은 회사 독자적으로 실현할 수 없는 혁신을 일으키고, 스

[자료 2-4] 유니레버의 스타트업 제휴 프로세스

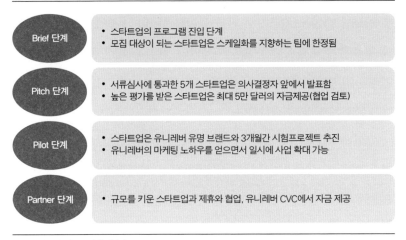

Brief 단계
- 스타트업의 프로그램 진입 단계
- 모집 대상이 되는 스타트업은 스케일화를 지향하는 팀에 한정됨

Pitch 단계
- 서류심사에 통과한 5개 스타트업은 의사결정자 앞에서 발표함
- 높은 평가를 받은 스타트업은 최대 5만 달러의 자금제공(협업 검토)

Pilot 단계
- 스타트업은 유니레버 유명 브랜드와 3개월간 시험프로젝트 추진
- 유니레버의 마케팅 노하우를 얻으면서 일시에 사업 확대 가능

Partner 단계
- 규모를 키운 스타트업과 제휴와 협업, 유니레버 CVC에서 자금 제공

출처: 유니레버 파운드리 홈페이지

타트업은 유니레버의 사업 기반을 활용하여 비즈니스를 확대할 수 있는 장점이 있다.

애플이 재생 가능 에너지 목표를 조기 달성한 이유

애플은 지속가능성 대책에 선구적인 기업이다. 2014년 환경정책의 전문가 리사 잭슨Lisa Jackson을 영입하여 지속가능성 경영체제로 전환하였다. 이전 환경보호청EPA 장관이었던 잭슨은 애플에서 CEO 직속의 환경, 정책, 사회 이니셔티브를 담당하였다.

애플은 다른 글로벌 기업보다 앞서 사업과 관련된 모든 부문의 탄소 중립에 대처하였다. 오피스와 직영점, 데이터 센터 등에서 사용되는 에너지를 재생 가능 에너지로 대체한 것이다. 또 사업 부문 외에 제품에 대한 탄소 중립도 추진하였다. 세계에서 2억 대가 넘게 팔리는 아이폰을 비롯해 수많은 제품군을 탄소 중립화하려면 부품업체 등 거래업체의 협력이 절대적으로 중요한 과제였다. 애플은 다음 세대에 더 좋은 미래를 남긴다는 퍼포스에 근거하여 거래업체와 협력을 위한 '클린 에너지 프로그램'을 추진하였다.

2020년 7월 애플은 회사의 전체 사업, 제조 공급망, 제품 라이프 사이클 전체에서 2030년까지 탄소 중립 달성 계획을 발표했다. 발표 이후 애플은 재생 가능 에너지로 이행을 결정한 거래업체의 수를 크게 늘려왔다. 애플은 이미 전 세계의 모든 사업 활동에서 탄소 중립을 달성하였다. 이번 2030년까지의 새로운 목표는 애플이 판매하는 모든 디바이스에 대해 기후변화의 영향을 넷제로Net Zero로 하는 대책이다.

거래업체가 재생 가능 에너지 목표를 달성하고, 새로운 클린 에너지를 전 세계에 전달하도록 지원하기 위해 새로운 툴을 계속해서 개발하고 있다. 2015년 10월 거래업체의 제조과정에서 재생 가능 에너지를 늘리기 위해 '거래업체 클린 에너지 프로그램Supplier Clean Energy Program'을 착수하였다. 2020년까지 4기가와트의 새로운 클린 에너지 목표를 제시하고, 거래업체와 함께 노력해왔다.

2020년 9월 현재 17개 국가 71개 거래업체가 목표 달성에 적극적으로 참여하여 2019년에 이미 7.8기가와트를 달성하였다. 2030년까지 목표를 달성하면 연간 1,430만 메트릭톤의 탄소 배출을 억제할 수 있다. 이 수치는 매년 300만 대 이상의 자동차가 도로에서 배출하는 탄소량과 동일한 규모다.

애플은 100% 재생 가능 에너지로 이행할 때 얻은 경험을 거래업체

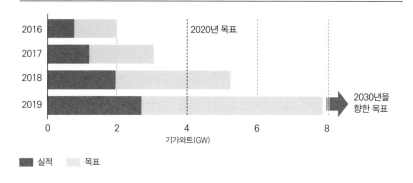

[자료 2-5] 애플의 거래업체 클린 에너지 프로그램 실적

출처: Supplier Clean Energy(2020 Program Update)

에 전달하고, 거래업체는 국가별 맞춤형 정보가 담긴 다양한 자료와 교육자료 등의 정보를 애플에게 얻을 수 있다. 또한 애플은 재생 가능 에너지 분야의 전문가를 활용한 첨단 교육프로그램으로 거래업체를 지원하고 있다. 또한 클린 에너지의 정보를 총망라한 포털사이트를 정비하고, 거래업체가 포털을 통해 전 세계에서 재생 가능 에너지 조달처를 찾을 수 있도록 지원하고 있다.

애플은 거래업체와 함께 재생 가능 에너지를 생산하는 프로젝트에 자금을 제공하는 기금도 설립하였다. 기금이 지원한 프로젝트에서 창출되는 재생 가능 에너지를 거래업체가 활용할 수 있는 구조를 만들었다.

국가와 지역에 따라 값싼 재생 가능 에너지의 조달을 위해 정부의 규제가 장벽이 되는 경우가 있다. 애플은 거래업체와 같은 의사를 가진 기업과 협력하여 정책 입안까지 지원하고 있다.

이렇게 애플은 퍼포스를 실현하기 위해 전체 거래업체를 망라하여 재생 가능 에너지로 전환하기 위한 대책은 거대한 팀 조직으로 확대되어 추진되고 있다. 애플의 퍼포스를 중심으로 모든 거래업체가 서로 정보를 교환하고 기술을 보완하면서 탄소 중립이라는 지구 규모의 사회 과제에 대처하고 있다.

중소기업과 제휴하여 지역특화형 상품개발

일본의 대형 식품업체 아지노모토는 '전체 거래업체와 함께 배우고, 함께 강해진다'라는 경영 방침을 내세우고 있다. 거래업체 중 많은 수가 해외 식품 관련 사업자이지만, 조미료와 냉동식품은 일본의 중소기업에서 조달하고 있다. 아지노모토는 2013년 제정한 '거래업체 CSR 가이드라인'에 따라 거래업체와 협력을 추진하고 있다. 거래업체와 협력할 때 먼저 거래업체에게 자기평가 질문지SAQ로 자기진단을 요청하고, 그 결과에 피드백하면서 거래업체가 안고 있는 문제의 개선을 요구한다. CSR 이슈 중에서 안심과 안전과 관련된 중요한 품질관리는 직접 감사를 통해 실시하고 있다.

2017년 이지노모토는 거래업체의 CSR 추진을 사업의 중요과제로 설정하였다. 무엇보다 중소 거래업체의 경영지원에 역점을 두고 있다. 외국인 기능실습제도의 학습회를 개최하고, 노동과 인권 문제가 발생하지 않도록 과제의 공유와 위험감소 대책을 추진하고 있다. 환경 측면에서 탄소 배출과 식품 손실(공급망에서 생산, 가공, 유통, 소비 단계에서 식품이 폐기되거나 먹을 수 없게 되어 발생하는 손실) 감소 문제에 대해 공급망 전체에서 대책을 세워 추진하고 있다.

이지노모토는 소셜 비즈니스를 하는 중소기업도 적극적으로 지원하고 있다. 가나에서 실시하는 '가나 영양개선 프로젝트'는 미국의 NPO와 가나대학교, 가나 보건성, 일본국제협력기구JICA, 미국국제개발청USAID의 협력을 받아 영유아 영양을 강화하는 기능성 식품을 개발하고, 그 유통경로를 정비하며 판매를 촉진하고 있다. 또한 현지의 중소식품업자를 대상으로 품질관리기술을 지도하고, 생산을 위탁하고, 현지의 고용 창출과 경제성장에 크게 공헌하고 있다.

일본에서는 중소기업과 제휴하여 사회 과제를 해결하기 위한 소셜 비즈니스를 추진하고 있다. 아이치현에서 야채 섭취가 적다는 과제를 해결하기 위해 행정과 야채 생산자, 대학, 언론과 제휴하여 야채 섭취를 늘리는 대책을 추진하였다. 또한 염분 섭취량 감소라는 과제가 있는 동북 지방에서 육수의 맛을 살린 저염분 메뉴를 아오모리현에 제안했다. 이를 계기로 지자체의 저염분 추진사업에 참여하여 지역 슈퍼를 대상으로 학습회 개최, 저염분 메뉴 보급을 위한 이벤트 기획을 지원하고 있다.

결과적으로 이러한 사회적 과제 해결 지원대책으로 회사의 조미료 판매가 크게 늘었고, 지역 슈퍼의 식품 판매에도 기여하고 있다. 이렇게 중소 거래업체와 협력하여 공유가치를 창조하는 소셜 비즈니스는 사회 공헌뿐만 아니라 기업에도 성과를 내는 효과가 있다.

공급망 전체의 사회 과제에 대처하라

유럽 국가는 계약을 기반으로 하는 시민사회로서 성숙도가 높다. NGO

와 같은 시민단체가 공급망의 말단에 있는 소비자를 조직화하여 불매
운동으로 기업을 압박할 수 있는 영향력을 갖고 있다. 그 결과, NGO는
글로벌 기업과 대등한 입장에서 사회적 과제를 논의하고 있다.

이러한 NGO의 감시에 대응하기 위해 유럽의 글로벌 기업은 계약
에 근거하여 공급망 상류에 위치한 거래업체에 대해 감사를 실시하고,
CSR 대책이 충분하지 않을 경우에는 거래를 중지하는 사례가 많다.

그러나 많은 중소 거래업체는 CSR 대책의 필요성을 인식하지 못하
고 있다. 거래업체가 소비자의 압력에 직접적으로 대처하지 않기 때문
이다. 또한 유럽에서 중시하는 인권 문제는 중소 거래업체의 비즈니스
에 직접 관계가 없다. 이러한 상황을 개선하기 위해서 유럽의 글로벌
기업은 일반적으로 입찰기업의 CSR 대책을 공공 조달의 평가항목으로
설정하고 있다.

최근 ESG 투자가 크게 확대되면서 기관투자자의 투자기업에 대한
인게이지먼트의 영향이 거래업체 전체로 파급되고 있다. 기관투자자는
투자기업의 거래업체에 대해서도 부적절한 행동을 투자 판단자료로
활용하고 있다. 기관투자는 브랜드 가치 하락이나 불매운동 등으로 투
자기업의 주가 하락 위험을 막기 위해 투자기업의 거래업체에 위험한
행위와 관행의 개선을 요구하는 인게이지먼트를 추진하고 있다.

실제로 유럽에서는 인재의 다양성이라는 CSR 이슈에 대해 ESG 투
자자에게 좋은 평가를 받기 위해 여성 경영자의 업체로 거래처를 바꾸
는 상장회사도 있다(유럽에서는 2019년 말까지 상장회사 이사의 40% 이상을 여성
으로 하는 목표를 제시했다). 즉 ESG 투자를 통해 국제적 과제에 대한 대책
이행을 요구는 압력이 상장회사의 거래업체까지도 파급되고 있다.

대체로 한국의 대기업은 거래업체와 협력관계를 구축하고, 품질과 생산성을 장기적으로 높이는 목표를 지향하고 있다. 기본적으로 거래업체를 신뢰하는 구조로 되어 있기 때문에 중소 거래업체의 생산 현장에 대한 방어가 충분하지 않고 품질관리에서 높은 위험을 안고 있다. 또한 중소 거래업체의 CSR에 대한 인식이 그렇게 높지 않다. 이런 요인으로 환경 대응 수준이 높은 유럽과 미국의 글로벌 기업에 비해 경쟁력에서 뒤처질 가능성이 있다.

CSR에는 CSV(공유가치 창조) 이론과 같이 본업을 통해 사회 과제를 해결하는 공격적 부문과 환경개선과 인권 보호의 대응 등 수성적 부문이 있다. 기업 규모에 관계없이 공격적 부문에 대해 성과가 부족하더라도 이해관계자에게 이해를 얻기 쉽지만, 수성적 부문은 이해를 얻기 어렵다. 현재 글로벌 조류를 보면 공급망 전체에서 CSR을 요구하는 목소리가 커지고 있기 때문이다.

CSR에는 대처해야 할 이슈가 많기 때문에 인력과 자금이 한정된 중소기업은 대기업과 같이 적극적으로 대처하기 어렵다. 이러한 환경에서 한국의 상장기업은 거래업체의 CSR 대책을 지원해야 한다. CSR에 적극적으로 대처하려면 공급망 전체의 사회 과제를 공유하고, 해결하는 대책이 필요하다. CSR 대책으로 높아진 기업과 제품의 브랜드 가치 프리미엄을 함께 향유할 수 있는 구조를 만들어야 한다.

퍼포스가 비즈니스를 선도하는 시대에 제품과 서비스의 생산성과 효율성을 추구하는 것만으로 충분하지 않다. 기업의 사회적 책임이 높아지면서 제공하는 제품과 서비스가 어디에서 어떻게 창출되는지 그 투명성을 요구하고 있다. 앞으로 NPO와 소비자는 원료의 투명성, 직원의 노동 조건 등 기업 형태의 투명성까지도 요구할 가능성이 있다.

기업은 거래회사에 단순히 싸고 효율적으로 물건을 조달하는 것 이상으로 관계를 구축해야 한다. 거래업체와 퍼포스를 공유하고, 퍼포스에 맞춰 일할 수 있는 환경을 정비하는 역할도 해야 한다.

CHAPTER
6

고객과 함께 성장하라

고객 경험으로 퍼포스를 공유한다

퍼포스를 지향하는 기업은 퍼포스를 명확하고 솔직하게 고객에게 전달한다. 퍼포스를 기점으로 조직원이 강하게 결집 되어 있는 기업은 고객에게 신뢰를 주고, 더 깊고 의미 있는 관계를 만들어갈 수 있다.

　때로는 기업의 이익을 희생해서라도 고객을 위해 퍼포스를 실현하는 사례는 많다. 판매한 상품을 고객이 자주 교체하지 않도록 제품을 무료로 수리해주는 의류회사도 있다. 어느 석유가스회사는 안정된 이익을 올리고 있지만, 지구환경을 위해 풍력발전 사업을 전면적으로 이행하기로 결단을 내렸다. 어느 글로벌 의료·제약회사는 전략 커뮤니케이션과 연구개발 대책을 비롯한 모든 기업 활동에 회사의 퍼포스 선언문을 눈에 띄도록 제시하고 있다.

　이들 기업에는 중요한 공통점이 있다. 모두 고객과의 관계에서 퍼포스를 가장 중요하게 생각한다는 점이다. 불확실한 경제환경에서 고객 니즈가 바뀌는 시대에 퍼포스를 기점으로 하는 기업은 유연하게 대응하고 있다. 퍼포스에 따라 시급한 경영과제에 대처하고, 혁신을 일으키고, 고객 니즈에도 효과적으로 대응하고 있다.

코토팍시Cotopaxi는 밀레니얼 세대의 절대적인 지지를 자랑하고 환경 문제에 대처하는 D2C Direct to Consumer의 아웃도어 브랜드 업체다. D2C는 제조업자가 직접 소비자와 거래한다는 의미다. 제조업자가 온라인 사이트에서 상품을 소비자에게 직접 판매하기 때문에 판매업자가 개입하지 않는 특징이 있다.

코토팍시는 매년 전국의 도시에서 '퀘스티벌Questival'이라는 이벤트를 개최한다. 퀘스티벌은 'Quest(모험)'과 'Festival(축제)'의 합성어다. 각 팀으로 구성된 1,000명 이상의 사람들이 거리에서 코토팍시의 브랜드 로고와 'Gear for Good(도구를 통해 세상을 좋게 만든다)'이라는 퍼포스를 내걸고 사진을 찍고 있다. 축제 분위기 속에서 진행되는 퀘스티벌은 코토팍시의 퍼포스를 고객과 공유하고 더욱 강한 연계를 만들어 내는 역할을 한다.

이벤트 참여자는 개최 도시에 모여 팀(2~6명)을 만들고 24시간 동안 몇 가지 과제에 도전하고 획득한 점수로 순위를 결정하는 이벤트다. 팀은 수행할 도전과제의 우선순위를 정해서 하나씩 추진한다. 팀 동료와 함께 대자연을 모험하고, 그 모습을 전용 앱에 올리고, 사진의 아름다움 등을 서로 평가하여 경쟁하는 이벤트다. 등산, 하강 등 도전 모습을 사진으로 찍고, 창의성, 즐거움, 현장감 등으로 평가하기 때문에 흥미를 느끼고 참여하는 사람이 많다.

퀘스티벌 이벤트는 참가자에게 기부를 받아 사회를 좋게 한다는 코토파시의 퍼포스를 고객과 공유할 기회를 제공한다. 즐거움이 넘치는 도전과제를 달성하면 전용 앱에서 기부를 촉진하는 통지가 온다. 많은 참여자는 '세계를 보다 좋게 한다'는 코토파시의 퍼포스에 동의하고 기부한다. 퀘스티벌을 통해 코토파시는 고객을 '제품을 구입하는 대상'에서 '퍼포스를 그리는 세계를 함께 만들어가는 파트너'로 바꾸어 나간다.

지역 사회와 고객을 파트너로 관계를 형성하라

스위트그린Sweet Green은 샐러드 전문점이다. 미국 전 도시에서 영업 중이고 어디라도 점심시간이 되면 방문 고객으로 붐비고 있다. 2018년 기업 평가액은 1조 원을 넘고, 2,000억 원의 자금을 조달하여 화제가 되었다.

이 회사는 '지역 사회를 더 건강하게 한다Inspiring Healthier Communities'는 미션으로 지역 사회와 연계를 무엇보다 중시한다. 임차 건물의 인테리어를 함부로 바꾸지 않고, 지역에서 산출되는 식재료로 샐러드를 만든다. 지역 출신의 아티스트가 만든 작품을 점포에 장식하고, 음악가와 함께 이벤트를 열기도 한다.

또한 NPO 푸드코프FoodCorps와 제휴하여 지역에서 '스위트 학교Sweet in School'라는 워크숍을 1주일간 개최하고, 어릴 적부터 건강한 식생활의 중요성을 초등학생에게 전파한다. '맛 도전Tasty Challenge' 프로그램은 동일한 식품을 3가지 조리법을 사용하여 요리하고, 이를 시식한 후에 투표한다. 아이들은 게임 성격이 강한 프로그램에 참여하여 즐겁게 야채, 과일과 마주한다.

지역 사회에 제공하는 무상 프로그램은 단기적으로 어떤 이익도 되지 않는다. 그러나 장기적으로 영양과 식사에 대한 올바른 지식을 익힌 사람들이 스위트그린의 고객이 될 것을 기대한다. 이 교육을 받은 자녀의 가정에서 지역 농가의 농산물을 구입하여 농가가 번창한다면 스위트그린도 식재료를 안정적으로 공급받을 수 있기 때문이다.

스위트그린의 교육프로그램은 미래의 고객에게 배려하는 마음으로 회사의 가치관으로 진정성 있게 정보를 전달하고 있다. 그런 서비스를 받은 소비자는 자신이 기업에 제공하고 있는 이상의 것을 배려받고 있는 느낌을 가질 수 있다. 소비자는 자신의 소비행위가 사회적 과제 해결에 관련되어 있다고 생각하면 더 큰 의미와 의의를 갖고 행동한다. 결과적으로 고객의 행동과 기업의 퍼포스가 연계되어 함께 사회 과제 해결에 도전하는 튼튼한 동지 의식이 생긴다. 돈과 서비스의 단순한 교환만으로 고객의 동지 의식은 생기지 않는다.

따라서 기업은 퍼포스 경영을 추구할 때 고객과 등가적 가치교환의 관점을 넘어서야 한다. 예를 들어, 고객이 주는 대가의 1%는 사회적 과제 해결에 기부하는 등 다양한 이해관계자의 이익에 기여하는 활동을 추진할 필요가 있다. 고객에게 받은 것보다 더 많이 준다는 정신이 세상을 바꾸는 원동력이고, 궁극적으로 기업 가치를 높이는 최선의 방법일 것이다.

현재 기업은 다양한 환경과 사회 문제에 직면하고 있다. 이런 사회적 과제는 기업이 독자적으로 해결할 수 없는 경우가 많다. 이때 소비자는

2000년대 초기	인터넷 시대	SNS 시대
• 주목 Attenttion • 흥미 Interest • 욕구 Desire • 실행, 구매 Action	• 주목 Attenttion • 흥미 Interest • 탐색 Search • 실행, 클릭 Action • 공유 Share	• 공감 Sympathize • 흥미 Interest • 참여 Participate • 공유 Share
〈평판과 소문은 천천히〉 비호의적인 경험을 9~10명에게 전달	〈평판과 소문은 당연〉 의견과 평가의 공유, 악평도 호평도 전파됨	〈평판과 소문이 지배함〉 항상 정보가 공유되고, 기업의 접점 이외에서 평가·기대가 형성됨

출처: www.jmac.co.jp

기업의 퍼포스를 함께 실현하는 최고의 파트너 관계가 될 수 있다. 지금까지 소비자는 기업이 제공하는 상품과 서비스를 일방적으로 구매하는 거래 파트너였다. 그러나 앞으로 기업은 더욱 추상적이고 큰 사회적 과제를 마주하면서 사회에 긍정적 변화를 일으키는 파트너로서 소비자와 더욱 강하게 연계할 것이다.

어스URTH는 카메라 렌즈에 부착하는 필터와 커버를 취급하는 기업으로, 소비자와 함께 퍼포스를 실현하고 있다. 어스는 사진 촬영을 '사람과 자연이 관계를 깊게 하는 행위'로 포착하고, 매출의 일부를 삼림 재생에 충당하는 활동을 하고 있다. 또한 지역 사회의 프로 사진가를 대사로 임명하고, 공동으로 미션을 수행하고 있다.

어스의 미션은 '창조성을 촉진하는 상품을 디자인하고, 2030년까지 10억 그루의 나무를 심는다'이다. 어스는 나무 심기를 지구에 긍정적 영향을 주는 최선의 방법으로 생각하고, '에덴 삼림 재생 프로젝트'가 운영하는 나무 심기 프로젝트에 자금을 지원하고 있다. 이 프로젝트를 통해 어스는 모든 제품에 대해 5그루의 나무를 심고, 삼림벌채로 피해를 입은 사람들에게 일자리를 제공하고 있다. 어스는 미션을 수행한 결과 지금까지 심은 나무 수, 탄소 상쇄량Carbon Offset, 창출된 고용 일수를 홈페이지에 게재하고 있다.

어스는 네팔, 아이티 등의 식수 프로젝트도 지원하고 있는데, 어스 사용자는 제품을 구입하고, 뉴스레터에 등록과 구입 등 브랜드와 교류하는 방법으로 식수 프로젝트에 공헌할 수 있다. 사용자의 마이 페이지에는 지금까지 구매로 몇 그루의 식수에 공헌했는지 그래프로 알기 쉽게 보여준다. 사용자는 자신의 소비활동이 더 큰 의미를 갖고 있다는 것을 즉시 알 수 있다. 어스의 대책은 사회적 과제를 해결하기 위해 소비자는 더 이상 거래의 대상이 아니라 수평적인 파트너라는 사실을 의미하고 있다.

때로는 기업과 기업이 서로 파트너 관계를 맺고 사회 문제에 대처할 수 있다. 예를 들어, 아디다스는 순환 경제를 실현하는 대책으로 '회수 프로그램Take Back Program'을 운영하고 있다. 2016년 독일에서 처음 실시한 후 캐나다, 일본에서도 본격적으로 추진하고 있다. 아디다스 일본은 직영 15개 점포에서 수거함을 설치하고 다른 기업의 상품도 수거하고 있다. 수집된 제품은 재사용이 가능한 것과 리사이클 대상으로 분류한 후 제휴한 업체로 보낸다.

아디다스는 2015년부터 환경 NGO '바다를 위한 협상Parley for the Ocean'과 제휴하여 해양 폐기 플라스틱을 원재료로 사용한 운동화를 개발하

심은 나무 수

5,081,920

상쇄한 탄소(톤)

1,565,231

창출한 고용일 수

50,819

출처: URTH 홈페이지(2022년 3월 현재)

여 판매하고 있다. 해양폐기물 문제에 대처하고 있는 '바다를 위한 협상'과 아디다스는 개발된 상품을 통해 해양폐기물에 대한 사람들의 관심을 높이는 효과를 거두었다.

CHAPTER 7

지역 사회와 연계하라

지역주민이 참여하는 새로운 유통 구조를 만들다

글로벌 식품기업 네슬레의 퍼포스는 '음식이 가진 위력으로 현재와 미래세대의 모든 사람을 위해 생활의 질을 높인다'이다. 퍼포스를 중심으로 세계 187개국에서 약 30만 명의 직원이 네슬레에서 일하고 있다.

퍼포스를 실현하기 위해 네슬레는 사회에 긍정적 가치를 줄 수 있는 영역으로 개인과 가족(영양 분야), 지역 사회(농촌개발), 지구(환경)를 설정하였다. 이 3개 영역에서 본업을 통해 2030년까지의 장기목표를 추진하고 있다. 이들 장기적 과제에 구체적인 수치 목표를 설정하고, CSV를 통해 과제 해결을 추진하고 있다.

네슬레는 카카오와 커피콩을 생산하는 지역에서 아동노동 금지, 농가경제의 개선, 학교 정비 등 본업을 통해 지역 사회에 공헌하는 CSV 경영으로 널리 알려져 있다. 이러한 CSV 경영 외에 2018년 네슬레 일

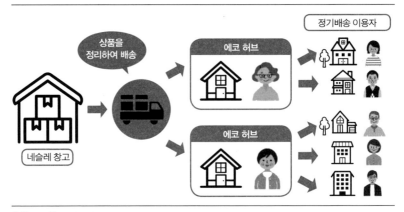

출처: http://machieco.jp

본법인은 '마치에코 배달' 택배 서비스를 개발하여 지역 사회에 공헌하고 있다.

이 서비스는 네슬레 구매자가 있는 지역 거점에 구매 물품을 갖다 놓으면 지역주민이 배달하는 구조다. 보통 택배는 물류회사가 한 집씩 방문하지만, 부재 시 재배달 문제가 발생한다. 이 문제를 해결하기 위해 네슬레는 지역주민에 의한 '에코 허브ECO HUB'라는 거점을 설치하고, 택배회사는 에코 허브까지 수하물을 배달한다. 그다음 에코 허브를 담당하는 지역주민은 물품을 에코백에 담아 지역을 돌아다니며 각 가정에 배달한다. 이런 대책으로 네슬레는 물류 운전자의 부족과 포장재 문제를 동시에 해결하고 있다.

네슬레는 에코 허브를 다른 기업에도 개방하고 있다. 에코 허브 담당자는 여러 기업의 상품을 정리하여 각 가정에 배달하며 보수도 얻고 직접 배송으로 신체적 건강을 유지할 수 있다. 배송 직원은 기업과 고객 사이에 있는 새로운 이해관계자라고 말할 수 있다.

네슬레의 발상은 '음식을 통해 사람들에게 생활의 질을 높인다'는 퍼포스를 지속적으로 실현하기 위해 지역 사회와 고객을 참여시키고, 새로운 에코시스템을 만들어 다른 기업도 함께 활용하는 혁신적인 대책으로 인정받고 있다.

지역 활성화 대책이 ESG 브랜드를 상승시킨다

일본 기업 '양품계획'은 '상표 없는無印 좋은 물건良品'을 지향하는 라이프 스타일 브랜드 '무인양품'을 운영하는 기업이다. 최근 양품계획은 '상업을 통해 사람과 사람을 연계한다'는 퍼포스를 내걸고 지자체 외 지역의 사업자, 농가 등 생산자와 협력하면서 지역에 밀착한 점포 운영을 추진하고 있다. 이들 지역 커뮤니티형 점포는 무인양품의 새로운 대책을 상징하는 것이다. 회사 상품을 일방적으로 전달하는 것이 아니라, 지역의 식재료를 폭넓게 취급하고, 지역 커뮤니티와 공존을 지향하고 있다.

최근 닛케이 조사에 따르면, 양품계획의 ESG 브랜드 지수는 2015년 이후 50위 전후에서 서서히 상승하여 2020년 29위, 2021년 13위로 대폭 상승하였다(환경 분야 11위, 사회 분야 14위).

2021년 7월 중기 경영 계획에서 제 2창업을 선언하고, 2030년 현재 매출의 6배인 3조엔, 2,500개 점포를 제시한 대담한 확대 경영에 투자자는 크게 주목하고 있다. 이를 실현하기 위한 경영 방침으로 공익 인본주의와 지역토착화를 제시하였다. 지역토착화의 중심은 점포에 근무하는 커뮤니티 매니저다. 매니저는 다양한 지역단체와 협력하여 지역 과제를 해결하는 사업을 제휴하면서 지역을 활성화하고, 긍정적인 임팩트를 줄 것을 기대하고 있다.

2020년 7월 니이가타현 죠에츠시에 개설한 '무인양품 나오에츠'는 지역토착화를 겨냥한 대표적인 점포다. 매장 면적은 약 4,900제곱미터로 일본 최대 규모다. 나오에츠점이 지역공헌에 높은 평가를 받고 있는 서비스는 이동판매 버스다. 고령자가 점포에서 쇼핑할 수 없는 상황에서 이동 버스가 지역을 순회하는 판매 활동은 지역 활성화에 크게 기여하고 있다.

2014년 치바현 카모가와시에 있는 점포 '마을의 MUJI 모두의 마을'은 카페와 식당, 농산품과 판매소, 개발 공방으로 구성된 종합 교류 터미널이다. 즉 모든 지역주민과 방문 고객이 모이는 장소를 지향하고 있다. 이 점포는 지역의 농산물 생산자와 소비자가 교류하는 '지역 연계 프로그램'을 실시하고 있다.

2021년 하반기에 양품계획은 식품과 생활잡화, 의류품 등 약 200개 품목의 가격을 일제히 내렸다. 기업 대부분이 가격을 올리는 것과 상반되는 모습이다. 코로나19 사태로 집에서 보내는 시간이 늘어난 결과 생활잡화의 매출이 늘어났고, 양산효과로 비용을 절감할 수 있는 상품을 중심으로 가격을 내렸다.

양품계획은 '느낌이 좋은 생활과 사회'를 실현하기 위해 여러 지자체와 제휴하여 지역 활성화 대책을 추진하고 있다. 지자체와 지역주민이 주역이 되고, 양품계획이 연계하는 형태로 다양한 지역 활성화 대책을 추진하고 있다. 또한 지역에 열린 점포 운용을 통해 사람과 사람, 사람과 자연, 사람과 사회를 연계하는 장을 지향하고 있다. 지금까지 니가타현 토카마치시, 치바현 이스미시, 후쿠시마현 나미에마치 등 12개 지자체와 협정을 체결하고, 각 지역의 과제 해결책을 검토해왔다. 요코하마시에는 지역 활성화 외에 환경에 관한 실천 행동 보급, 구마모토시와 물을 통한 지속가능한 사회의 실현을 위한 제휴를 추진하였다.

현재 일본의 지자체는 저출산 고령화에 따른 인구 감소, 지역경제가 위축되는 공통적 과제를 안고 있다. 대부분의 지자체와 지방 도시는 SDGs, 오픈 이노베이션, 지역 커뮤니티 관점에서 사회적 과제를 해결하는 대책을 추진하고 있다. 이런 지자체와 업무제휴를 통해 무인양품은 지역 활성화와 지역 과제 해결에 기여하고 있다.

노숙인 대책지원으로 미래의 사업 기반 확대
- -

샌프란시스코 거리에서는 노숙인들의 모습을 흔히 볼 수 있다. 통계자료에 따르면, 2017년 샌프란시스코의 노숙인은 7,500명에 이르렀고, 행정당국은 2018년 'Prop C'라는 근본적 대책법안을 채택하였다. 법안의 골자는 노숙인 대책의 재원 마련을 위해 시내의 연간 매출액 5,000만 달러 이상의 대기업에게 0.5% 정도의 법인세를 부과하는 것이다. 이 법안이 가결되어 연간 3억 달러의 재원을 조달하여 노숙인을 위한 주택과 서비스에 충당하였다.

무엇보다 노숙인 대책의 성공은 세일즈포스의 헌신적인 지원 때문이었다. 세일즈포스의 CEO 마크 베니오프는 노숙인 대책법안의 통과를 위해 자금 제공뿐만 아니라, 다양한 지원을 아끼지 않았다. 베니오 프는 건전한 지역 사회를 지키는 것이 사업 활동의 중요한 우선 과제로 생각했다. 그는 지역의 노숙인 증가에 따른 경제적 격차는 샌프란시스코시와 실리콘밸리의 비즈니스 전체에 큰 영향을 줄 수 있다고 생각했다. 사실 그 사고의 배경에는 샌프란시스코에서 수익을 올리는 대기업에 부가 집중되어 주택가격과 물가가 오르면서 노숙인이 늘어나는 구조적인 문제가 있었다.

지금까지 기업은 수익을 올려 세금만 내고, 행정은 사회 과제를 해결하는 역할을 했다. 앞으로 이런 모델은 통하지 않을 것이다. 지속가능한 지역 사회를 유지하는 것은 기업의 지속적 성장의 발판으로 이어지고 있다. 기업의 운명은 지역 사회와 깊이 관련되어 있다는 사실에 주목해야 할 시대가 되었다.

독일의 사회학자 페르디난트 퇴니에스는 게마인샤프트Gemeinschaft(공동사회)에서 게젤샤프트Gesellschaft(이익사회)로 변천한다는 콘셉트를 제시하였다. 즉, 근대사회에서 지연과 혈연으로 대표되는 공동사회(게마인샤프트)에서 관료조직과 기업으로 대표되는 이익사회(게젤샤프트)로 변천한다는 내용이다.

이익을 중시하는 현대 조직은 트리형 톱다운방식으로 구성되어 합리성을 행동 기준으로 하고 있다. 퍼포스 세계에서 그리는 에코시스템은 네트워크적이고 사회적 책임에 공감을 행동 기준으로 한다.

프랑스의 철학자 질 들뢰즈Gilles Deleuze는 사물이 접속과 일탈을 반복하며 관계의 장을 형성하는 '리좀rhizome'이라는 콘셉트를 제시하였다. 리좀은 고구마 줄기처럼 잔뿌리를 내리는 덩이줄기를 말한다. 고정된 나무의 뿌리와 달리, 덩이줄기는 줄기가 닿는 접점마다 새로운 뿌리가 만들어진다. 리좀은 네트워크형 조직의 특징이다. 중심을 갖지 않고, 끊임없이 수평적으로 확장해나간다. 서로 관계가 없는 이질적인 조직이 계층적 상하관계가 아니라 횡단적 횡적 관계로 연결해나간다.

지금까지 지역 사회는 행정이 정책 입안을 담당하고, 이 정책을 시민에게 전달하는 톱다운방식으로 지역문제를 다루었다. 그러나 앞으로 지자체의 톱다운방식의 행정으로 다양하고 복잡한 사회적 과제를 해결하기 어려울 것이다. 양품계획과 세일즈포스 같은 기업, NPO, 지자체는 공통의 퍼포스를 중심으로 수평적으로 연계하면서 사회 문제를 해결할 것이다. 업종과 소속에 관계없이 특정 퍼포스를 중심으로 다양한 조직이 사회적 과제 해결에 공감하고 수평적으로 연계해나갈 것이다. 생산자, 개인, NPO, 지역 사회, 기업이 네트워크로 연계되어 다양한 가치관을 교환하면서 사회적 가치를 창조하는 모습이 미래의 보편적인 프로젝트 추진 방식이 될 것이다.

무형자산의 가치를 중시하는 주주

비재무 지표와 이익의 양립으로 기업 가치를 높인다

제약회사 에자이Eisai는 ESG 분야에서 많은 식견을 가진 기업으로 알려져 있다. 의약품 업체 중에서 에자이는 독특한 회사다. 에자이는 2005년 주주총회의 특별결의로 기업의 미션을 정관에 기재하고, 세계의 투자자, 주주와 공유하고 있다. 정관에는 '환자와 그 가족의 희노애락을 제일로 생각하고, 그 혜택의 향상에 공헌할 것을 기업 이념으로 정하고, 그 기업 이념에 근거하여 휴먼헬스케어hhc 기업을 지향한다'고 기재되어 있다. 환자 만족도를 높여 사회가치를 창조하고, 그 결과로서 매출과 이익이라는 경제 가치를 창출한다는 방침을 명확히 제시하고, 그 사명과 결과의 순서를 중요하게 생각하고 있다.

정관 제2조
본 회사는 환자와 그 가족의 희로애락을 제1로 생각하고, 그 복리 향상에 공헌하는 것을 기업이념으로 정하고, 그 기업이념 아래 휴먼헬스케어(hhc)기업을 지향한다.

② 본 회사의 사명은 환자만족도의 증대이고, 그 결과로서 매출 증가, 이익이 창출되고, 그 사명과 결과의 순서를 중요하게 생각한다.
③ 본 회사는 컴플라이언스(법령과 윤리의 준수)를 일상활동의 근간으로 두고, 사회적 책임수행에 노력한다.
④ 본 회사의 주요 이해관계자는 환자와 국민, 주주, 종업원이다. 본 회사는 이하를 취지로 이해관계자의 가치를 증대하고, 동시에 좋은 관계의 발전·유지에 노력한다.

출처: 에자이 통합보고서 2019

에자이는 이러한 환자에 대한 공헌이라는 사명에 따라 장기적인 이익과 기업 가치의 최대화에 주력하고 있다. 환자 제일주의라는 확고한 방침으로 불확실성에 따른 다양한 경영과제에 적극적으로 대처하면서 매출의 약 25%를 연구개발에 투자하고 있다. R&D는 장래의 환자에 공헌하기 위한 자원이기 때문에, 에자이는 ESG 가치향상에 가장 많이 투자하는 기업이다. 또한 빈곤 등으로 의약품을 얻을 수 없는 사람들을 위해 무상이나 저가로 약품을 제공하고 있다. 환자의 만족도를 높이기 위해 전 세계의 직원이 근무시간의 1%를 이용하여 환자와 함께 보낼 것을 장려하고 있다.

이런 사회 공헌 활동이 브랜딩과 생산성 향상으로 이어진다고 확신하며, 중장기에 걸쳐 수익을 창출하는 관계를 실증자료를 통해 설명하고 있다. 즉, 단기성과주의short-termism를 배제하고, 장기 투자자에게 지원을 호소하고 있다. 그리고 ESG의 가치를 지속적이고 장기적인 기업 가치 창조로 이어가는 경영을 하고 있다.

에자이는 일찍부터 경제적 가치ROE와 사회적 가치ESG가 양립하는

CSR	CSV	hhc 사업모델
• 가치는 선행	• 가치는 비용과 비교한 경제적·사회적 편익	• 가치는 사회공헌이라는 공통선
• 시민 의식, 자선활동, 지속가능성	• 기업과 지역사회가 공동으로 가치창출	• 지역사회 니즈에 맞춰 기업이 공동으로 가치창출
• 임의, 외압에 의해 실행	• 경쟁에 불가결	• 경쟁에 집착하지 않음
• 이익 최대화와 별개	• 이익의 최대화에 불가결	• 이익은 목적이고 공통선의 결과로서 얻어짐
• 테마는 외부보고서, 개인 기호	• 테마는 기업마다 다름, 내발적	• 테마는 기업별로 공유됨
• 기업 실적, CSR 예산의 제한	• 기업의 예산 전체 재편성	• 기업의 일상업무 예산으로 편입
• 예를 들면, 공정거래로 구입함	• 예를 들면, 조달방법을 바꾸어 품질과 수확량 향상	• 예를 들면, 밸류체인에 고객 니즈를 반영

출처: 에자이 통합보고서 2019

'ROESG 모델'을 추구해왔다. 비재무자본의 가치를 정량화한 ROESG 모델을 만들어 투자자를 대상으로 IR활동을 실천하고 있다.

2020년 발표한 통합보고서를 보면, ESG 대책이 몇 년 후에 얼마나 기업 가치를 높이는지 구체적으로 제시하고 있다. 예를 들어, 인건비를 10%로 투자하면 5년 후에 PBR(주가순자산배율)이 13.8% 상승하고, 여성 관리직 비율을 10% 개선하면 7년 후에 PBR이 2.4% 오른다는 상관관계를 보고서에 명시하고 있다. 단순히 장기적 관점에서 막연한 목표 달성을 주장하지 않고, 5~7년 후에 창출되는 성과를 주주가치로 측정 가능한 형태로 제시하고 있다.

또한 손익계산서에 ESG 관점을 포함한 독자적 ESG 편입형 손익계산서를 작성하여 ESG와 주주가치의 통합도 시도하고 있다. 구체적으로 영업이익에 인건비와 연구개발비를 다시 추가한 금액을 ESG에 근거한 손익 'ESG EBIT'을 공시하고 있다. 보통 손익계산서에는 인건비와 연구개발비는 비용으로 계상하지만, ESG EBIT에는 이를 장래 이익으로 간주하여 다시 더하는 계산 방식이다. 기업은 경기가 침체되고 실적이 떨어지면 채용인력과 연구개발비를 줄인다. ESG EBIT와 같은 지표를 사용하면 이런 경영 상황에서 적극적으로 인재와 연구개발에 투자하는 인센티브가 될 수 있다.

ESG에 공헌 목표로 직원을 평가한다

일본 생활용품 기업 가오花王는 ESG 대책의 모범기업으로 널리 알려져 있다. 2019년 환경성이 주관하는 'ESG 파이낸스 어워드 재팬(금상)'을 수상했다. 지금까지 환경문제에 진지하게 대처하고, 과제 선정과 KPI 설정, PDCA의 가시화, ESG 거버넌스의 명확화, 경영의 장기비전과 경영 전략에 ESG 활동을 유기적으로 통합했다는 점이 수상 이유였다.

일본의 많은 자산운용회사는 가오의 통합 보고와 기업 지배구조 보고를 높이 평가하고 있다. 특히 지배구조 측면에서 최고의 평가를 받고 있다. 지금까지 가오가 어느 기업보다 진지하게 ESG 대책에 주력한 결과라고 말할 수 있다.

가오는 2019년 4월부터 독자적인 ESG 전략 '키레이 라이프 플랜'을 추진하고 있다. 키레이 라이프 플랜은 '쾌적한 생활을 자기답게 보내기 위해', '배려 있는 선택을 사회를 위해', '더 건강한 지구를 위해서'라는 3가지 지향점으로 구성되어 있다. 3가지 지향점에 대해 2030년까지 실행대책을 제시하고, 이를 달성하기 위한 세부 실천계획과 19개의 중점 항목을 설정하여 추진하고 있다.

가오는 2030년에 도달할 목표를 실현하기 위해 신중기 경영 계획을 수립하였다. 인재 활용을 통해 장기목표를 달성한다는 의미에서 신중기 경영 계획의 목적을 '직원 활력의 최대화'로 하였다. 그 목적 달성을 위해 구체적인 측정지표 'OKR Objective Key Results'을 제시하고 있다. 이 OKR로 '사업에 공헌', 'ESG', '부문 제휴, 조직 활성화, 자신과 부서가 있고 싶은 모습'이라는 3개 항목에 대해 목표와 달성도를 측정하고 있다. 전체의 30%가 ESG에 공헌 목표로 되어 있고, 직원이 일상 업무에서 자연스럽게 ESG를 의식하도록 하는 구조다.

이렇게 가오는 ESG 전략(키레이 라이프 플랜)에 따라 조직체제부터 직원의 목표설정에 이르기까지 철저히 ESG 의식을 전파하고 있다. ESG 경영에서 최고의 평가를 받고 있는 가오의 대책에서 배울 점이 많다.

독자적인 'ROESG 경영' 지표를 개발하다

일본의 식품업체 메이지홀딩스는 높은 연봉과 치열한 입사경쟁률로 널리 알려진 기업이다. 메이지홀딩스는 그 명성만큼 ESG 경영에도 적극적으로 대처하고 있다. 현재 추진 중인 중기 경영 계획(2021~2023년)은 독자적인 경영지표 '메이지 ROESG'를 제시하고 있다. 기업 가치 요소가 재무에서 비재무로 전환하면서 기업의 경쟁 규칙이 바뀌었기 때문에 당연히 경영지표도 바꾼 것이라고 CEO는 말한다. 2021년 미

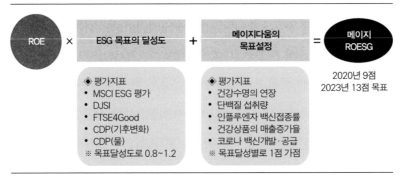

출처: 닛케이 ESG

국 기관투자자와의 대화에서 CEO는 ROE 지표에 ESG 관점을 도입하고, 기업 가치를 최대화하겠다고 대답했다. 메이지 ROESG를 장래 성장을 보여 주는 상징으로서 내세우고, ESG를 중시하는 장기 투자자에게 호소하고 있다.

메이지 ROESG는 ROE, 외부 평가기관의 ESG 평가지표의 달성도, '메이지다움'의 목표 달성 3가지로 점수를 산출한다. ESG 평가지표는 MSCI & DJSI, CDP 등 5개의 국제 ESG 평가기관이 실시하는 5개 평가점수를 말한다. 예를 들어, 메이지홀딩스에 대한 MSCI 평가는 2020년도 BB였지만, 2023년까지 A를 지향하고 있다. 5개의 목표를 달성하면 1.2, 4개를 달성하면 1.0, 3개를 달성하면 0.8로 한다. 거기에 메이지의 건강지향 식품의 매출성장률 등 '메이지다움'의 목표 달성을 가점 요소로 하고, 달성하면 1점을 가산한다.

2020년 메이지 ROESG는 9점이었지만, 2023년까지 13점으로 높일 계획이다. 그 성과와 임원 보수를 연동하여 실효성을 확보하고 있다.

투자자는 보이지 않는 자산에 주목한다

"과거에는 재무제표에서 기업 가치의 대부분을 설명할 수 있었지만, 이제는 유용성이 떨어져 대부분이 무형자산의 가치로 이루어져 있다." 뉴욕대학의 바루크 레브Brauch Lev 교수가 2016년 출간된 그의 저서 《회계는 필요 없다》에서 지적한 내용이다. IFRS(국제재무보고기준)와 미국의 회계기준도 회계 정보의 유용성이 떨어졌다고 말한다. 그는 실제로 회계 정보의 유용성을 검증하기 위하여 미국 기업의 업적 증가, 재무 개선과 주가의 추이를 분석하였다. 분석 결과를 보면, 이익과 순자산의 주가 반영 정도는 1950년에 80~90%였지만, 현재 50%까지 크게 줄었다.

금융 선진국인 미국의 회계사 단체조차도 재무 정보보다 비재무 정보를 중시하기 시작했다. 미국관리회계인협회IMA는 2017년 정보지 〈재무 전략Strategic Finance〉의 특집기사에서 무형자산의 대두를 다루었다. 1975년 S&P500의 시장가치에서 차지하는 무형자산과 유형자산의 비율은 약 2대 8이었다. 즉 기업 가치의 약 80%는 재무제표로 설명할 수 있었다. 그러나 비재무 자본의 중요성이 높아지면서 2015년 시점에서 유형자산은 기업 가치의 20%밖에 설명할 수 없게 되었다고 보고서는 지적한다.

레브 교수는 기존의 재무제표를 과감하게 대체하고, 인재와 지적재산 등 보이지 않는 자산을 투자자에게 알기 쉽게 공시하도록 제언하고 있다. 경영자가 ESG 대책과 기업 전략을 말하는 통합 보고도 이러한 재무제표 개혁의 연장선상에 있다.

비재무 정보의 중요성이 높아지면서 ESG 투자금액과 투자자도 증가하고 있다. 기업의 대표적인 비재무 가치로서 ESG를 중시하는 글로벌 조류는 점점 강해지고 있다. 2006년 유엔이 ESG 사고를 투자 판단에 포함하는 책임투자원칙PRI에 서명하지 않는 기관투자자는 적격성을 의심받을 수 있다. 2022년 초 4,000여 개의 기관투자자가 책임투자원칙에 서명하고 있다.

ESG 투자자는 잠재적인 ESG 가치가 높은 기업에 눈을 돌리고 있다. 기업 가치를 판단할 때 공장과 설비 등 유형자산보다 브랜드력 등 무형자산이 중시되고 있다. ESG를 보면 지속가능한 무형자산을 가진 기업인지 판단할 수 있다. 장기 투자자의 존재감도 높아지고 있다. 금융위기를 거쳐 이익뿐만 아니라 기업의 존재 의의를 묻고 있다. ESG에 열심인 회사는 대체로 문제가 일어나기 어렵고 지속적인 비즈니스 모델을 갖고, 기관투자자는 안심하고 투자할 수 있다.

무엇보다 기업평가 기준에 구조적 변화가 일어나고 있다는 점에 주목해야 한다. 기본적으로 ROE(자기자본이익률)는 회사의 자본이 어떻게 주주의 이익으로 전환되었는지를 보여주는 지표다. 지금까지 미국 기업은 주주자본주의를 중시하고 높은 ROE를 달성해왔다. 그러나 2019년 8월 미국의 경영자단체 비즈니스 라운드테이블BRT은 지금까지 주주를 위한 이익 최대화를 중시했던 기업 행동에서 다양한 이해관계자를 배려한 행동으로 기업이 전환해야 한다고 제언하였다.

이런 배경에는 사회적 불평등의 확대, 기후변화에 따른 위기, 밀레니얼 세대와 Z세대와 같은 사회적 의식이 높은 세대를 의식했기 때문일 것이다. 그런 움직임에 따라 ROE 등 자본생산성을 주주를 위해서만 추구하지 않고, 더 많은 이해관계자를 위해 지속가능성을 추구하려는 흐름이 서서히 일어나고 있다.

즉, 기업은 적절하게 이익을 내고, 나아가 ESG 과제에도 적극적으로 대처해야 할 환경에 직면하였다. 여기에는 2가지 관점이 있다. 적절하게 이익을 내고 있는가ROE, 그리고 지속가능성을 갖고 경영할 수 있는가ESG라는 관점이다. 이 관점을 구체적인 경영지표로서 보여주는 것이 ROE와 ESG 평가다. ROE와 ESG를 통합한 지표가 있다면 한 번에 전체 기업 가치를 파악할 수 있을 것이다. 투자자들은 ESG를 위한 ESG는 지양하고, 기업 가치 창조를 위한 ESG를 보여줄 것을 요구하고 있다. 즉 자본효율성과 ESG를 양립하여 기업 가치를 보여달라는 것이다. 문제는 'ESG와 비재무 정보의 가치를 드러내어 어떻게 기업 가치로 연결해나가느냐'이다. 한마디로 말해 ESG와 ROE를 하나로 묶어 기업 가치를 평가해야 하는 과제가 등장한 것이다.

새로운 기업 가치평가 모델로 등장한 ROESG

이런 글로벌 조류를 인식하고 개발된 것이 'ROESG'라는 개념이다. 기업 가치평가와 기업지배구조의 연구로 유명한 히토쓰바시 대학 이토오 쿠니오伊藤邦雄 교수가 제창한 개념이다. 이토오 교수는 2014년 발표된 '지속적 성장을 위한 경쟁력과 인센티브: 기업과 투자자의 바람직한 관계 구축'이라는 프로젝트(일명 '이토오 리포트')에서 ROESG를 제시하였다.

'이토오 리포트'는 많은 기업이 ROE 향상에 주력하지만, ROE는 결코 만능이 아니라고 지적한다. 단기주의에 빠지기 쉽고 회계적인 이익 조정을 유도하기 쉽다는 잠재적 독毒이 있다는 것이다.

ROESG는 새로운 기업 가치평가 방법으로 ROE(자본생산성)와 ESG(지속가능성)의 양립을 추구하고 있다. 즉 기업이 지속적인 가치창조를 통해 글로벌 경쟁력을 높여가려면 자본생산성과 지속가능성 2가지 관점에서 진화가 필요하다는 관점이다.

원래 자본 효율이 높은 기업에 자원이 배분되어야 한다. 그러나 이해 관계자와 사회로부터 신뢰를 받지 못하면 일시적으로 자본 효율은 높아도 결국 기업은 장기적으로 성장할 수 없다. 즉 아무리 ROE가 높아도 ESG 대책에 소극적인 기업은 그 가치를 낮게 평가받을 것이다. 반대로 ESG 대책에 적극적인 기업은 ROE에 프리미엄이 붙고, 기업 가치도 평가절상될 것이다. 간단히 말해, 경영자와 기업의 성실성과 윤리관은 기업 가치에 크게 작용할 것이다.

ROE와 ESG는 대립되는 것이 아니라 모두 중요한 요소로서 서로 상승작용이 필요하다. 양질의 ROE와 양질의 ESG가 통합될 때 지속적 성장과 중장기에 걸쳐 기업 가치를 높일 수 있다는 의미에서 ROESG라고 부른다. 이렇게 이토오 교수는 ROE와 ESG를 대립 관계로 파악하지 않고, 융화하는 경영 모델로 ROESG를 제창하고 있다.

실제로 2019년 닛케이는 이토오 교수의 감수를 받아 닛케이 ROESG 랭킹 100대 기업을 발표하였다. 미국과 유럽 기업이 상위 100개 회사 중 80%를 차지하였다. 소비재 사업을 하는 기업이 상위권을 차지하였다. 한국 기업은 SK하이닉스(36위, 28.1점), 삼성전자(79위, 17.9점) 2개 기

순위	회사명	ROESG	ROE	ESG 점수
1	노보노디스크(덴마크, 의약품)	92.4	78.9	1.17
2	알트리아그룹(미국, 담배)	70.5	91.3	0.77
3	힌두스탄 유니레버 인도(인도, 일용품)	67.0	73.7	0.91
4	인튜이트(미국, IT)	64.8	55.3	1.17
5	엔비디아(미국, 반도체)	52.9	43.7	1.21
6	액센추어(아일랜드, IT서비스)	52.6	46.9	1.21
7	TJX(미국, 소매)	52.1	55.9	0.93
8	3M(미국, 화학)	50.6	47.2	1.07
9	로슈(스위스, 의약품)	45.6	38.7	1.18
10	일리노이 툴 워크스(미국, 기계)	45.3	48.4	0.94

출처: 일본경제신문(2018. 8. 12)

업이 포함되었다. 일본 기업은 4개가 100위권에 들었으며, 그중 가오(56위, 22.3점)는 가장 높은 순위를 차지하였다.

닛케이의 ROESG 계산 방식은 ROE에 ESG 평점을 곱하여 계산한다. 즉 ESG 평점에 의해 ROE를 가중하는 특징이 있다. 가령 ROE가 높아도 ESG 평점이 '1' 미만이면 ROESG는 낮아지고, 반대로 ESG 평점이 '1' 이상이면 ROE가 낮아도 높게 평가된다.

이토오 교수는 일본 기업이 ROESG가 낮은 이유를 다음과 같이 지적한다. "환경친화적 제품을 개발하고, 제품을 통해 사회에 공헌하려고 해도 소비자와 투자자에게 전달되지 않고 있다. 공급망 전체에 대한 배려도 서구기업에 비해 충분하지 않다. 기업 지배구조도 아시아권에서조차 그 순위가 뒤떨어져 있다. 앞으로 일본 기업은 ESG 대책 수준을 높이면서, 그 대책의 공시를 강화해나가야 할 것이다."

ESG의 실행 여부를 생각할 단계는 이미 지났다. 이제는 언제까지 어떻게 실현할지 구체적으로 생각하고 실천해야 할 때다. 기업 경영자는 세상은 왜 ESG를 요구하는지 그 본질을 파악하고 ESG 경영에 헌신해야 한다. 경영자가 직접 모든 이해관계자에게 ESG 전파자가 되어 기업 가치를 계속 높여나가야 한다.

글로벌 자본시장에서 ESG 투자는 대세가 되었다. ESG 투자금액은 계속 상승할 것이다. 앞으로 기업은 투자자와 커뮤니케이션할 때 ESG와 퍼포스가 어떻게 서로 연동되고, 좋은 영향을 주는지 보여주어야 한다. 퍼포스와 이익은 대립개념이 아니라는 확고한 전제를 갖고 경영해야 한다. ESG와 퍼포스를 방패 삼아 지속가능성 대책을 비용으로 인식하고 수익화에서 도피하려는 경영 자세는 이해관계자에게 비난받을 것이다.

상장기업이 중간결산기에 발표하는 당기이익을 근거로 주가가 오르내리는 세계는 이미 종말을 맞이하고 있다. 새로운 비즈니스의 패러다임에 어울리는 새로운 지표를 근거로 기업의 성과를 측정하는 미래도 머지않아 도래할 것이다.

CHAPTER
9

퍼포스를 경영 전략의 중심에 두라

퍼포스는 장기적인 성장 전략이다

2019년 국제경영개발연구원IMD의 전략론 전문가 토머스 맬나이트 Thomas Malnight 교수는 하버드비즈니스리뷰에 〈퍼포스를 전략의 중심에 두라Put Purpose at the Core of Your Strategy〉라는 논문을 발표했다. 2011년 토머스 교수는 비약적 성장을 이룬 기업의 특징으로 신규시장 개척, 더 많은 이해관계자의 니즈 충족, 전략 규칙의 변경을 들었다. 새로운 연구 결과를 보면, 이들 3가지 성장 요소에 외에 기업의 퍼포스가 기업의 높은 성장을 견인하고 있다고 주장하였다.

토머스 교수는 미국, 유럽, 인도에 있는 28개 기업의 임원을 대상으로 조사하였다. 이들 회사는 지난 5년간 30% 이상의 성장률을 보였다. 조사 결과, 성장률이 높은 회사에서 퍼포스는 기업의 경쟁시장을 재정의하고, 제공 가치를 바꾸는 역할을 하였다. 결과적으로 이들 기업은 퍼포스 기점의 경영으로 낮은 성장과 수익감소의 과제를 극복할 수 있었다.

지금까지 기업 활동에서 퍼포스의 중요성은 강조되었지만, 퍼포스는 공유가치 창조, 직원의 사기 진작과 헌신, 지역 사회에 환원, 환경지원 등의 효과를 내는 부수적인 것으로만 여겼다. 그러나 토머스 교수는 높은 성장을 자랑하는 기업은 퍼포스를 헌신적인 리더십 및 재무 대책과 함께 전략의 핵심에 두고 있다고 주장했다. 높은 성장률을 보인 기업에서 퍼포스는 지속적인 수익을 창출하고, 급변하는 세계에 적응하고, 이해관계자와 연계를 강화하는 역할을 하였다. 높은 성장을 이룬 기업은 현재의 경쟁시장에 한정하지 않고, 전체의 에코시스템을 생각한다. 그들은 다양한 이해관계자의 흥미 요소와 연계하면서 더 많은 시장 기회를 만들어 낸다는 점에 주목하고 있다.

예를 들어 대형식품업체 마즈Mars의 애완동물 식품 부문 마즈 펫케어는 '애완동물을 위해 더 좋은 세계'라는 퍼포스에 근거하여, 식품에 한정하지 않고 애완동물용 앱과 동물병원 등으로 비즈니스를 확대하여

[자료 2-13] **퍼포스를 기점으로 마즈 펫케어의 성장 과정**

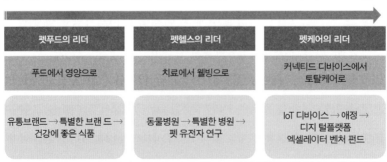

펫푸드의 리더	펫헬스의 리더	펫케어의 리더
푸드에서 영양으로	치료에서 웰빙으로	커넥티드 디바이스에서 토탈케어로
유통브랜드 → 특별한 브랜드 → 건강에 좋은 식품	동물병원 → 특별한 병원 → 펫 유전자 연구	IoT 디바이스 → 애정 → 디지 털플랫폼 엑셀레이터 벤처 펀드

출처: 'Put Purpose at the Core of Your Strategy'에 근거하여 필자 재구성

크게 성장하였다. 퍼포스는 동물병원 사업을 촉진하고, 그 사업도 유전자 치료까지 확장하여 애완동물의 웰빙 전체를 취급하는 사업으로까지 확장되었다. 또한 퍼포스에 근거하여 애완동물의 건강을 유지하기 위한 IoT 장비도 판매하기 시작했다. 이것도 최종적으로 디지털 플랫폼으로 확장되어 토털 케어 서비스로 발전하였다.

퍼포스는 시장을 재정의한다

지금까지 기업은 단기적 수익 개선을 위해 기존 시장의 경쟁에 초점을 두었다. 새로운 사업에 대한 위험을 두려워하고 개선 방식에 머물렀다. 하지만 기존의 시장과 고객에게 얽매여 혁신 기회를 놓치고 시장에서 퇴출된 기업은 매우 많다.

　장거리 전화회사 월드콤Worldcom은 인터넷 시대에 적응하지 못하고, 분식결산 문제로 파산했다. 시어스Sears는 온라인 상거래가 대두되면서 어쩔 수 없이 파산했다. 기존의 비즈니스 모델을 과신하고, 시장이 그렇게 빠르게 전환되지 않을 것이라고 생각했다.

　토머스 교수의 연구 결과에 따르면, 퍼포스를 기업 전략의 핵심에 두면 새로운 시장을 재정의할 수 있다. 퍼포스는 새로운 시장을 발견하기 위한 가이드 역할을 할 수 있다. 이들 기업은 규정을 다시 쓰고, 초점을 고객에 맞춘다. 새로운 시장에서 영향을 받는 직원, 고객, 파트너 등 모든 이해관계자와 협력하려고 한다. 또한 그들은 현재 사업 프로세스의 진행 상황을 살피고, 산업에 큰 충격을 주는 변화에 초점을 둔다. 시장

판도를 바꾸고 인생을 바꾸는 경험을 제공하는 독특한 사업 프로세스와 방법을 만들어 낸다.

또한, 퍼포스를 지향하는 기업은 전통적인 제공 가치를 수정한다. 점차 기업들은 상품 판매에서 서비스 제공자로 변신하고 있다. 기업은 서비스 제공에서 존재감을 찾고 있다. 고객과 사업상 단기적 거래보다 장기적인 관계를 형성하고 있다. 퍼포스를 지향하는 경영은 현재의 기업 미션과 결합되어 새로운 방식으로 성장을 촉진한다.

전통적인 비즈니스 방식에서 퍼포스 지향 모델로 바꾸는 것은 어려운 과제다. 새로운 테크놀로지가 출현하면서 기업은 전통적인 사업방식을 재정립할 필요가 있다. 그러나 새로운 시장 기회를 탐색할 때 장애 요소도 만만치 않다. 직원은 정해진 일상 업무에 안주하는 경향이 있고, 변화에 강하게 저항한다.

리더십과 조직 몰입도 조사업체 '리더십 IQ'는 79,000명 이상의 직원과 리더를 대상으로 변화에 저항하는 요인을 조사하였다. 조사 대상자의 28%만이 변화에 따른 위험을 감수하고, 22%만이 안전지대를 벗어나 변화에 대응하겠다고 말했다. 이렇게 사람들 대부분이 변화를 거부하는 환경에서 기업이 오랫동안 익숙한 것에서 새로운 분야로 전환하는 일은 상당히 부담스러운 일이다. 사업 활동에서 변화를 일궈내기 위해 상당한 시간, 자금과 인력을 할애해야 한다. 회사는 새로운 솔루션을 도입해야 하고 사업 프로세스를 재정립할 전문가도 부족하다.

퍼포스를 중심에 둔 기업은 경쟁자보다 훨씬 빠르게 확장한다. 컨설팅업체 딜로이트의 조사에 따르면, 퍼포스를 지향하는 기업의 직원과 고객 만족도는 경쟁기업보다 더 높게 나타났다. 이들 기업은 경쟁사보다 혁신 역량은 30%, 직원 정착률은 40% 더 높게 나타났다. 많은 기업에서 퍼포스가 경영의 핵심으로 자리 잡을 때 사업을 성공적으로 전환하고 발전하였다.

퍼포스는 단순한 자선활동도, 보여주기식 미사여구도 아니다. 퍼포스는 시장을 재정의하고 기업의 성장을 견인하는 역할을 하고 있다. 모든 이해관계자를 결합하고, 강력한 동기를 부여한다. 이런 의미에서 기업을 새로운 성장 차원으로 끌어가기 위해서 퍼포스를 전략의 중심에 두어야 한다.

고객 경험을 넘어 의의와 스토리를 전달하라

현재 온라인 상시 접속 환경에서 고객의 기대는 극적으로 변하고 있다. 고객은 언제나 자신에 맞는 경험 제공을 희망하고, 원하는 시간과 수단으로 커뮤케이션을 하고 싶어 한다. 고객의 희망에 따라 모든 기업은 고객 경험을 향상시키기 위해 다양한 테크놀로지를 사용하고 있다.

예를 들면, 미국 백화점 노드스토롬Nordstrom의 오프라인 매장 '노드스트롬 로컬'에는 판매용 재고는 전혀 없다. 그 대신 프로 스타일리스트가 무료 스타일링 서비스, 온라인으로 구입한 상품의 수령, 양복의 수선, 네일 서비스 등을 제공한다. 고객이 기본적으로 온라인에서 쇼핑을 체험하고 온라인으로 주문하고, 제품은 오프라인 매장에서 픽업하는 구조다.

식품과 일용품과 달리 양복은 바로 필요하지 않은 경우가 대부분이다. 따라서 온라인 구매를 유도하고, 실제 점포는 어디까지나 체험하는 장소로 활용하고 있다. 고객이 점포에 도착하면 입구에 자신의 이름이 표시되고, 준비된 피팅룸에서 제품을 착용해볼 수 있다. 오프라인 매장에서 스타일리스트는 고객체형과 선호하는 스타일에 맞춰 조언하는 역할을 한다. 고객은 판매원의 구매 요구에 스트레스를 받을 필요도 없고, 가볍게 점포에 방문할 수 있다.

이렇게 체험 가치는 스마트폰과 온라인 상거래의 발달로 그 중요성이 더 커지고 있다. 사용자 경험ux과 고객 경험cx은 경쟁의 차별 요소가 되었다. 그러나 이제 체험 가치만으로 차별화 요인으로 충분하지 않다. 고객을 매료시키는 사용자 경험을 디자인하는 기술이 크게 향상되어 차별화 요인이 되지 않고 있다.

이제는 밀레니얼 세대와 Z세대는 제품과 서비스의 배경에 있는 의의와 스토리를 중시하고 있다는 점을 생각해야 한다. 퍼포스를 추구하는 기업은 사회적 의의가 경쟁우위로 이어진다는 사실을 잘 이해하고 있다. 앞에서 언급한 레모네이드가 그 대표적인 사례다.

온라인 보험사 레모네이드는 가입부터 보험금 청구까지 모두 온라인으로 완결하는 편리성과 값싼 보험료라는 기능 가치를 제공한다. 스마트폰에 최적화된 채팅 인터페이스는 소중한 체험 가치를 제공한다. 그러나 레모네이드는 일반 핀테크 기업과 다르게 '보험을 필요악에서 소셜 굿으로 전환한다'는 퍼포스에 근거하여 혁신적인 구조를 설계하였다. 보험금의 잉여를 비영리단체에 기부하는 구조를 도입한 것이다.

사람들이 레모네이드의 보험에 가입할수록 사회가 좋아진다는 대의

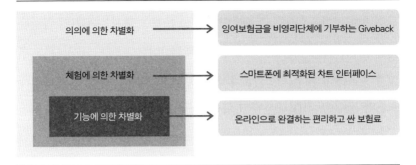

의의에 의한 차별화 → 잉여보험금을 비영리단체에 기부하는 Giveback

체험에 의한 차별화 → 스마트폰에 최적화된 차트 인터페이스

기능에 의한 차별화 → 온라인으로 완결하는 편리하고 싼 보험료

출처: PURPOSE(2021), 필자 재구성

를 제시하고, 사회 과제 해결에 관심을 가진 고객은 기왕이면 레모네이드의 보험을 선택하도록 차별화를 시도하고 있다.

사회적 책임수행에 대한 성적을 매기는 비코프 인증

코로나19 바이러스 위기를 계기로 세계의 가치관은 큰 전환점을 맞이하였다. 환경과 인권을 무시하는 기업은 어느 시대보다 엄격한 감시 대상이 되었다.

앞에서 언급했듯이, 미국과 프랑스에서 탈(脫)주주지상주의를 위한 법률이 정비되고 있다. 미국에서 '공익 기업Benefit Corporation', 프랑스에서 '기업 사명Entreprise a Mission'이라는 새로운 기업 형태가 법률적으로 인정되었다. 이런 기업 형태는 일반적인 주식회사와 달리 주주의 이익뿐만 아니라 노동자, 지역 사회, 환경에 긍정적 이익을 추구하는 목표를 갖고 있다. 이러한 기업의 경영자는 주주를 위해 단기적 이익 추구에서 벗어나 공공의 이익과 동시에 장기적인 기업 가치를 높일 수 있다.

이러한 정황을 볼 때, 주주와 투자자의 관점만 중시하여 기업 경영을 하던 시대는 끝났다. 새로운 환경에 맞춰 기업은 무엇을 해야 하고, 무엇을 지향해야 할지 재정의할 것을 요구받고 있다. 사회적 요청과 기대는 점점 커지고 있다.

이런 사회적 맥락에서 기업의 책임수행을 평가하고 인증하는 국제 기준 '비코프B Corp'가 탄생하였다. 비코프는 기업이 사회적 책임과 그 성과를 공정하고 객관적으로 평가하는 인증제도로 세계 기업으로 확산되고 있다. 2021년 5월 현재, 세계 70개 국가 3,900개 이상의 기업이 비코프를 인증받고 있다. ESG 투자에 대한 관심이 높아지면서, 특히 유럽과 미국을 중심으로 인증을 취득하려는 기업이 크게 늘어나고 있다.

비코프는 환경과 사회에 대한 성과, 투명성, 설명 책임, 지속가능성 부문에서 책임수행이 우수한 기업에 수여하는 인증제도다. 미국의 비영리단체 '비랩B Lab'이 엄격한 평가 기준을 충족하는 영리기업을 대상으로 인증하고 있다. 비코프의 두문자 'B'는 'beneficial(이익을 준다)'을 의미한다.

비코프 인증을 받으려면 기업은 먼저 사회적 책임에 공헌도를 평가(B 임팩트 평가)받아야 한다. 기업의 거버넌스, 직원, 지역 사회, 환경, 소비자 5개 분야에 걸쳐 평가받고, 평가에 따른 분야별 점수와 개선책도 제시된다. 200점 만점에 80점이 넘는 기업에게 비코프 인증을 수여한다. 인증기준(점수)만 보면 쉬울 것 같지만, 실제로 5% 정도의 기업만 심사를 통과하는 매우 엄격한 인증제도로 알려져 있다. 인증받은 후에

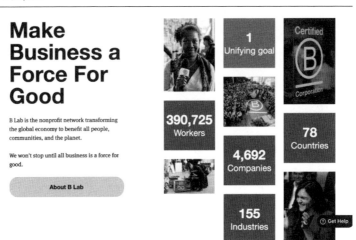

출처: B Lab 홈페이지

는 비코프의 기준을 충족한 정관으로 변경하는 등 규정 요건을 준수해야 한다. 이런 대책은 이사회와 주주총회 등 절차가 복잡하고 시간이 필요하다. 비코프 인증은 그만큼 기업의 헌신과 사회적 책임수행에 대한 진정성을 요구하는 제도라고 말할 수 있다.

비코프 인증은 환경과 사회에 배려하는 좋은 기업이라는 객관적인 증거이지만, 한국 기업 중에서 인증을 취득한 기업은 매우 적다. 비코프를 인증받는 기업이 늘어나는 해외 기업과 상당히 대조적인 모습이다.

비코프 인증제도에는 사회와 기업 모두에게 긍정적인 측면이 있다. 인증제도에는 기업의 투명성, 설명 책임, 사회 과제에 대처하는 방법, 법적 책임 등 바람직하고 당연한 기업의 경영 모습이 제시되어 있다. 기업은 객관적인 비코프 인증기준에 따라 기후변화와 인권 문제 등 다양한 사회적 과제에 대처하고 그 성과를 객관적으로 평가받을 수 있다. 또한 장기적인 관점에서 주주, 투자자, 거래회사 등 이해관계자와 협력하여 장기적인 경영 토대를 만들어 나갈 수 있다. 사회적 책임을 수행할 때 공격과 수성의 측면에서 경영 전략과 대책을 바람직한 방향으로 이끌어가고 있는지 스스로 평가하고, 다른 경쟁회사와 비교하여 충분히 대척하고 있는지 점검할 수 있다.

예를 들어, 2020년 1월 올버즈 인증점수는 89.4점(환경 28.6점, 직원 22.9점, 지역 사회 19.6점)이었다. 올버즈는 매년 비코프 인증점수를 전 직원이 공유하고, 전년과 차이를 분석한다. 높은 평가를 받은 항목과 낮은 평가 항목을 분석하고, 다음 연도의 실행계획에 반영하여 개선하고 있다.

또한 비코프 인증기업은 사회적 책임을 수행하는 선진기업이라는 사실을 객관적인 지표로 외부에 홍보하는 효과가 있다. 비코프 인증기업은 외부의 다양한 커뮤니티에 참여하여 여러 기업과 사회적 책임수행에 관한 정보를 교류하고 서로 협력하고 있다. 예를 들어, 비코프 인증기업의 직원은 누구라도 '비하이브B Hive'라는 온라인 커뮤니티에 참여할 수 있다. 직원은 커뮤니티에서 비코프에 관한 정보를 습득하거나 비코프 인증기업의 리더와 연계·협력하여 사회에 임팩트가 큰 사업에 참여할 수 있다. 현재 많은 비코프 인증기업이 협력하여 다양한 사회적 이슈에 관한 커뮤니티를 만들어 사회적 임팩트를 창출하고 있다.

비코프의 지역별 커뮤니티 '비로컬B Local'은 미국을 중심으로 20개 이상의 지역에서 형성되어 독자적인 웹사이트를 갖고 지역에서 연계 활동을 추진하고 있다. '위더체인지WeTheChange'는 비코프 인증기업의 여성 리더를 중심으로 지속가능한 비즈니스를 추진하는 커뮤니티다. 이 조직은 성性에 의한 제약이 없는 새로운 비즈니스 형태를 모색하고 있다. 정치와 정책에 영향을 주거나 포용적이고 지속가능한 경제 등 주제별로 그룹을 나누어 활동하고 있다.

또 '비코프 기후 집단'은 기후 변화 문제에 대응하는 커뮤니티다. 이 조직은 기후 정의와 넷제로 2030 활동에 힘을 쏟고 있다. 기후 정의란 선진국의 경제발전 과정에서 초래한 기후 변화가 개발도상국과 격차를 초래했기 때문에 공평성의 관점으로 그 격차를 해소하려는 대책이다. 구체적인 실천 대책으로 '사업자용 기후 정의 교본'을 제작하여 계몽 활동을 추진하고 있다.

넷제로 2030 활동은 2030년까지 탄소 배출량을 제로로 하려는 활동이다. 이미 500개 이상의 비코프 인증기업이 2030년을 목표로 넷제로에 헌신할 것을 발표하였다. 비코프는 옥스포드대학교와 협력하여 '비기후 툴 기반'을 작성하여 비코프 인증기업의 전략 입안을 조직적으로 지원하고 있다.

이렇게 비코프는 기업 간 횡적으로 연계하거나 집단적으로 사회에 중대한 임팩트를 주고 있다. 비코프는 이러한 활동을 통해 자본주의를 재정의하고 있다. 기업과 지역 사회가 서로 협력하면서 사회변혁을 추구하도록 지원하고 있다.

윤리성과 지속가능성 관점에서 사업 활동을 점검하라

최근 최고윤리책임자Chief Ethic Officer라는 직책을 두는 글로벌 기업이 늘어나고 있다. 2019년 세일즈포스는 폴라 골드먼Paula Goldman을 테크놀로지에 대한 최고윤리책임자Chief Ethical and Humane Use로 임명하였다. 폴라는 기업의 윤리적 테크놀로지 개발에 풍부한 경력을 가진 전문가다. 폴라는 취임 후 무기를 일반 시민에게 판매하는 기업에게 소프트웨어를 제공하지 않는다는 방침을 정했다. 그는 세일즈포스가 개발하는 상품에 윤리적 문제가 있는지를 철저히 점검하고 있다.

현재 AI 등 테크놀로지와 관련된 기업의 윤리적 문제가 떠오르고 있다. 예를 들어, 아마존은 이력서를 입력하면 채용해야 할 인재를 AI가 판별하는 채용시스템의 도입을 검토하였지만, 2017년에 프로젝트를 중단하였다. AI의 학습용 원자료가 되는 이력서의 대부분을 남성이 차지하기 때문에 AI가 남성만을 더 높이 평가했기 때문이다. 또한 구글의 사진 화상인식 알고리즘이 흑인 커플의 사진을 고릴라로 판명한 것도 문제가 되었다. 이것도 AI의 학습자료에 편견이 있었기 때문이다.

세일즈포스는 AI의 새로운 기능이 의도하지 않는 결과를 만들 때 직원에게 반드시 이를 기록하도록 요구하고 있다. 기업이 개발한 상품과 서비스가 시장에서 예상치 못한 윤리적 문제를 일으킬 우려가 커지고 있기 때문이다. 이런 관점에서 기업은 다양한 사업 활동 상황에서 윤리적 관점에서 사물을 보는 기업문화를 정착시킬 필요가 있다.

최근 구글, 이케아, 월마트 등 많은 글로벌 기업은 최고지속가능책임자Chief Sustainability Officer, CSO라는 지속가능성 대책을 전담하는 직책을 만들었다. 이런 독립된 전담 조직도 중요하지만, 조직의 구석구석까지 지속 가능성 사고를 침투시키는 것이 더욱 중요한 과제다. 또한 기업의 전체 상품과 서비스는 물론 각종 프로젝트가 지속가능성의 관점에서 제대로 수행되고 있는지 점검하고 개선하는 근본적인 대책을 추진할 필요가 있다.

PURPOSE
BEYOND
PROFIT

PART 3

기업이 사회에 존재하는 이유

소셜 브랜딩 시대의 경영

소셜 굿을 지향하는 시대가 열린다

2010년부터 유럽과 일본 등 선진국에서는 소셜 굿Social Good이라는 용어가 널리 사용되고 있다. 이 시기에 마이클 포터 교수는 본업에서 사회적 과제를 해결하여 경제 가치와 사회 가치를 동시에 실현하자는 CSV를 제창하였다. 같은 시기에 필립 코틀러는 세계를 더 좋은 곳으로 만든다는 목적을 제시한 새로운 콘셉트 '마케팅 3.0'을 발표하였다.

소셜 굿이란 사회선善, 즉 사회에 좋은 것으로 기업의 다양한 제품과 서비스 활동이 포함되어 있다. 2000년대 들어 시민뿐만 아니라 많은 기업에서 소셜 굿을 지향하고 있다. 실제 시민의 봉사활동은 다양한 영역에서 증가하고 있고, 최근 크라우드 펀딩도 활성화되고 있다. CSV 활동을 적극적으로 추진하는 기업도 늘어나고 있다. 기업의 상품과 서비스를 사회 공헌 활동으로 연계하는 코즈 마케팅Cause Marketing도 등장하였다. 그 배경에는 시민과 소비자가 환경과 사회 문제를 중시하기 때문이다.

우리 사회는 경제 성장을 중시하던 '성장 시대'에서 생활의 질을 중시하는 '성숙 시대'로 접어들고 있다. 또 세계는 지금 지구온난화에 따른 각종 자연재해, 다양한 사회 과제에 직면해있다. 현재의 복잡하고 다양한 환경과 사회적 과제는 기존의 행정서비스와 공공시스템만으로 대응할 수 없는 상황이다. 이에 시민은 지역 사회의 지속가능성 관점에서 심각한 환경과 사회 문제를 해결하기 위해 사회 공헌 의식이 높아지고 있다.

2008년 글로벌 금융위기 이후 소비 패러다임도 바뀌고 있다. 소비자는 기존의 '더 많이 더 싸게 사고 싶다'는 패턴에서 '가치 있는 것을 갖고 싶다'는 방식으로 바뀌었다. 즉 사람들은 자신만의 경제 가치 추구가 아니라 소속된 지역 사회를 풍요롭게 하고, 타인과 인연을 깊게 하는 가치를 찾기 시작했다. 즉 소비자가 앞장서서 소셜 굿을 지향하는 모습을 보인다.

소비자 의식이 바뀌면서 윤리적 소비 개념도 등장하였다. 윤리적 소비란 지구환경과 사회를 생각하고 윤리적으로 바람직한 소비 행동과 라이프스타일을 말한다. 선진국에서 윤리적 제품과 서비스를 구매하고 싶어 하는 사람들이 늘어나고 있다. 윤리적 상품을 구매하면 환경과 사회에 공헌하고 있다는 만족감을 얻을 수 있기 때문이다.

기업도 소비자의 의식변화에 맞춰 윤리적 사업 활동을 경영의 필수 요소로 생각하고, 적극적으로 대처하고 있다. 소비자는 윤리적 사업을 하는 기업에 호감을 갖고 있다. 같은 상품이라면 윤리적 기업의 상품을 선택하려고 한다. 이렇게 많은 소비자는 기업이 사회를 더 좋게 만들기 위한 행동을 기대하고 있다.

소비자의 변화를 볼 때, 앞으로 기업은 사업 활동과 사회 공헌 활동 사이에 관계를 새롭게 정립할 필요가 있다. 즉 지금까지 사업 활동을 통해 얻은 이익을 사회에 환원하는 방식(본업 외의 기부와 사회 공헌 활동)이 었다면, 앞으로 본업을 통한 사회 과제를 해결(소셜 지향에 호소한 마케팅) 하는 방향으로 바꾸어야 한다.

기업의 소셜 굿 활동을 장려하는 다양한 제도도 만들어지고 있다. 예를 들어, 최근 칸 라이언즈Cannes Lions of International Festival of Creativity(칸 국제광고제) 의 광고상 수상 작품 중 사회성에 착안한 소셜 굿을 주제로 한 작품이 늘어나고 있다. 소셜 굿을 주제로 수상하려면 기업은 사업 특성에 근거한 비전과 브랜드 이미지를 사회 과제 해결로 연계하여 고객에게 공감을 얻어야 한다. 또한 직원, 고객, 소비자, 지역 사회, 주주 등 이해관계자가 협력하고 참여할 수 있는 구조도 만들어야 한다.

칸 라이언즈는 매년 프랑스 칸 내에서 개최되고 있다. 칸 라이언즈는 'One Show', '크리오상'과 함께 세계 3대 광고 대상 중 하나다. 참여자 수는 최대급으로 세계의 커뮤니케이션 트렌드에 엄청난 영향을 미치고 있다. 최근 칸 라이언즈는 사회 과제 해결에 공헌한 크리에이티브를 평가하기 위한 시상 제도를 창설하였다. 2015년에 성차별과 편견을 타파하는 크리에이티브를 찬양하는 'Glass Lion', 2018년에는 'SDGs' 부문이 신설되었다.

사회 과제를 해결하는 크리에이티브가 시상 전체로 확산되고 있다. 시상의 콘셉트가 단지 상품을 좋게 보이는 크리에이티브에서 사회를 좋태국 최대 건설회사 'AP 타이'는 '비정상적 축구장 프로젝트'를 추진하였다. 방콕의 남쪽에 있는 크론토피구에서는 형태가 비뚤어진 건물을 지을 수 없는 공간이 있었다. 'AP 타이'는 이 거리의 치안과 경관을 악화시키는 사회 과제에 대처하였다. 개발하기 어렵고 위험한 공간을 축구장으로 바꾸는 크리에이티브로 해결하였다. 결과적으로 범죄율 감소, 경관 미화, 커뮤니티 생활이 증진되고, 지역의 토지가치도 올라갔다. 비뚤어진 땅 모양에 맞춰 설계된 축구장의 디자인이 높이 평가되어 2017년 칸 라이언즈 디자인 부문에서 그랑프리를 차지하였다.

게 하는 소셜 굿 크리에이티브로 바뀌고 있다. 이전부터 칸 라이언즈에서 기업·사업·브랜드의 사회적 존재 의의가 가장 크게 부각되었다.

책임수행에서 성장 전략으로 전환하다

전략적 커뮤니케이션의 어드바이저 'amo네트워크'는 2021년 7월 세계 22개 시장 525개 기업을 대상으로 코로나 사태로 인해 기업이 중시하는 가치관이 어떻게 바뀌었는지 조사하였다. 기업들이 중시하는 가치관은 사람과 지역 사회, 윤리관과 성실성, 창조성과 혁신성, 프로의식과 규율, 직원과 사외 파트너 순으로 나타났다. 코로나 이전에는 윤리관과 성실성을 제시하는 기업이 가장 많았지만, 코로나 이후에는 사람과 지역 사회를 중시하는 기업이 가장 많았다.

기업의 가치관은 이해관계자에게 어떻게 보이고 싶은지를 나타내는 것이다. 코로나의 세계적 유행으로 격동의 시대를 맞이하였지만, 이타주의의 가치관을 중시하는 기업이 늘어나고 있다.

기업의 이타주의는 CSR/CSV 활동으로 실현할 수 있다. CSV는 '전략적 CSR'로 부르며, 사회 과제 해결을 비즈니스화하는 것이다. 마이클 포터는 본업과 동떨어진 기부와 자선활동으로는 기업의 가치창조와 이노베이션은 일어나지 않는다고 주장했다. 한편 기업이 CSV에만 집중하면 의사결정과 사업 활동의 결과에 대해 책임을 지는 '본래의 CSR'이 경시될 수 있다. '본래의 CSR'이란 지속가능한 사회를 실현하기 위해 사업 활동의 원인이 되는 사회 과제를 해결하는 것이다. 달리 말하면, 회사의 사업 활동이 긍정적인 영향을 최대화하고, 부정적인 영향을 최소화하기 위해 법령 준수, 환경 대응, 사회 공헌 활동 등 수성의 개념이 강하다.

본래의 CSR과 CSV 모두 본업을 통해 사회 과제 해결을 지향한다. 하지만 두 가지 개념은 본질적으로 다른 개념인데도 사람들은 동일하게 사용하고 있다. 그렇다면 본래의 CSR과 CSV의 본질적인 차이는 무엇인가?

먼저, 두 개념은 사회 과제의 원인에 대한 인식이 근본적으로 다르다. 본래의 CSR은 공급망을 포함한 기업 활동이 사회와 환경에 미치는 영향(사회 과제의 원인)에 대한 책임이다. 그 원인은 회사의 사업 프로세스와 상품(기업 내부)에 있다. 이에 반해, CSV는 회사의 강점과 노하우를 활용한 사회 과제 해결을 위한 사업 전략이다. 그 원인은 사회 전체가 안고 있는 사회 과제와 문제(기업 외부)에 있다.

그런 원인에 대한 인식 차이 때문에 본업의 의미도 다르다. 즉 본래의 CSR은 본업이 회사의 프로세스와 상품이고, 회사 비즈니스가 사회와 환경에 주는 나쁜 영향을 스스로 해결하고, 좋은 영향이라면 더욱 높이려고 한다. 한편, CSV는 본업이 사회 과제를 해결하는 상품으로서 새로운 상품개발과 사업개발을 통해 사회 전체가 안고 있는 과제를 해결하려고 한다.

또한 CSR은 사회에서 기업을 보는 기점에서 과제를 사업에 포함하는 문제로서 스스로 점검한다. 이에 비해 CSV는 기업에서 사회를 바라보는 기점에서 사업이 있어야 하고 과제를 이노베이션하기 위한 사회적 니즈를 과제로 설정한다.

선행적 CSR로 알려진 사회 공헌 활동은 본업 외에 기업 시민 활동으로 그 자체는 높이 평가받아야 한다. 하지만 본래의 CSR은 환경과 사회에 미치는 영향에 대한 사회적 책임으로 인식되어 기업은 방어적(수성적) 태세를 취하는 경우가 많다. 기업이 본래의 CSR을 진정성 있게 실천하려면 먼저 전반적인 사업 프로세스와 제품이 환경과 사회에 어떻게 악영향을 미치는지 철저히 분석해야 한다. 지금까지 기업은 기부와 자선활동 등의 사회 공헌 활동을 CSR로 이해하고 실천해왔다. 이제 기업은 형식적인 CSR 활동에서 벗어나 자사의 사업 프로세스와 제품이 어떻게 환경과 사회적 과제를 조장하고 있는지 스스로 점검하고 대응해야 한다.

ISO26000은 본래의 CSR 활동을 '듀 딜리전시Due Diligence'라고 부르고, 위험관리로 설정하고 있다. 본래의 CSR 활동은 이해관계자의 의견과 요망을 경청하는 대화를 중시한다. 그리고 진지한 대화를 통해 파악한 사회적 과제는 우선순위와 시간대를 명확히 설정하여 나쁜 영향을 제거하거나 개선해나간다. 하지만 CSV 개념에는 기업이 초래하는 나

뿐 영향을 최대한 줄이려는 관점이 결여되어 있다.

한편, 필수사항은 아니지만, 기업이 본업에서 사회적 과제를 해결하기 위한 적극적인 CSV 활동도 환영받아야 한다. CSV 활동은 지구와 지역 사회 차원에서 환경과 사회의 지속가능성을 실현하기 위한 기업 전략으로 이해관계자에게 큰 기대를 받고 있다. 선진기업은 본래의 CSR 활동을 견고히 하고, 보다 전략적이고 미래지향적인 CSV 경영을 통해 경쟁력을 강화하고 있다.

본래의 CSR과 CSV는 이질적인 측면이 있고, 구별할 필요가 있지만, 동시에 실천할 필요가 있다. 두 가지 모두 사회적 과제 해결을 통해 환경과 사회의 지속가능성을 실현한다는 공통목표를 갖고 있다. 기업 경영의 관점에서 위험관리와 동시에 기회에 대응하는 측면을 갖고 있기 때문이다.

앞에서 언급했듯이, 2010년 이후 소셜 굿을 브랜딩으로 내세우며 본업에서 사회 과제를 해결하려는 선진기업이 늘어나고 있다. 제조업뿐만 아니라 부동산, 유통, 금융 등 서비스업을 포함해 폭넓은 업종에서 회사마다 특성을 살린 대책을 추진하고 있다. 이들 기업은 경영 계획과 CSR 활동을 연계하여 경제적 가치와 사회적 가치를 양립하고 있다. 글로벌 사회의 요청과 기대에 따라 사회적 과제의 해결책을 찾기 위해 이해관계자와 적극적으로 커뮤니케이션을 시도하고 있다. 현재 일어나고 있는 과제뿐만 아니라 장래 예상되는 과제도 내다보고 사업에 적극적으로 반영하고 있다.

좋은 회사란 지금까지 'QCD(품질, 가격, 납기)'에 우수한 기업이었다. 하지만 지금 투자자의 관점에서 ROE(자기자본이익률)가 중시되고 있다.

구분	CSR	CSV
정의	기업의 의사결정과 사업 활동이 사회와 환경에 미치는 영향에 대한 책임	사회적 과제를 해결하는 상품과 사업개발을 통한 경제 가치와 사회 가치의 창조
실행	사업 활동이 사회와 환경에 미치는 영향에 관한 기업책임(필수)	회사의 강점을 살려 사회적 과제 해결을 지향하는 비즈니스로서 기업의 도전
사회적 과제의 원인	사업 활동과 공급망(사업 활동이 미치는 부정적 임팩트), 사회적 과제는 내부의 문제	사회와 지역 전체(사업 활동과 직접적 인과관계는 약함), 사회적 과제는 외부의 문제
본업	회사의 프로세스와 상품에서 영향을 개선	새로운 상품개발과 사업개발에 관심
최종 목표	지속가능한 사회 실현, 건전한 사회에 있는 건전한 기업	경제 가치와 경쟁우위(사회와 기업이 대립하지 않는 새로운 자본주의 확립)
경영 전략	주로 위험관리(신뢰성 향상)	주로 사업 기회(사회적 과제 해결을 통한 신규사업으로 혁신 창출)

출처: 기초연리포트(2015), 필자 재구성

이외에 ESG에서 좋은 성적을 받는 것도 필수요건이 되었다. 즉 기업 자체의 브랜드 가치를 평가받는 시대를 맞이한 것이다. 기업 브랜드란 성실한 기업 풍토에 따른 경영 품질의 우수성, 이해관계자와 신뢰 관계에 따른 사회적 평가이며, 동시에 기업 가치를 높이고, 훼손을 방지하는 역할을 한다.

필립 코틀러는 그의 저서에서 마케팅은 1.0(제품개발과 판매), 2.0(상품 차별화, 고객 만족), 3.0(가치와 더 좋은 세계), 4.0(자기실현)으로 진화하고 있다고 주장했다. 이에 비유하여 일본의 지속가능성 분야의 최고 전문가 가와무라 마사히코는 지속가능성 경영에서 소셜 브랜딩 3.0 시대를 맞이했다고 주장한다. 그는 본업 외의 CSR 활동이 소셜 브랜딩 1.0이라면

구분	소셜 브랜딩 1.0	소셜 브랜딩 2.0	소셜 브랜딩 3.0
목적	이익의 사회 환원	경제 가치와 사회 가치의 공동 창조	사회와 기업의 지속성
의미	본업 외 사회공헌활동	사업으로서 사회 과제를 해결하는 CSV	본업에서 본래의 CSR과 CSV의 통합
초점	기업재단, 기부, 자선행사	상품개발과 사업개발을 통한 경쟁력	사업 활동의 사회에 임팩트, 사회와 시장에서 기업평가, 소셜미디어

출처: 기초연리포트(2015), 필자 재구성

사업으로서 사회적 과제를 해결하려는 CSV는 2.0, 나아가 지속가능한 사회 실현을 위한 본래의 CSR과 CSV의 통합을 3.0이라고 주장한다.

CSV 사업 기반을 강화하라

마이클 포터가 이전의 사회공헌활동에 이의를 제기한 이유는 뭘까? 그는 CSR의 굴레에서 탈피하라고 호소하고 있다. 2006년 발표한 〈경쟁 우위의 CSR 전략Strategy and Society〉이라는 논문을 통해 사업 활동을 통한 가치창조와 사회변혁은 기업의 본질적 역할이라고 주장했다. 그리고 이에 직접 관련된 대책을 '전략적 CSR'로 설정하고, 그 이외의 대책은 수동적 CSR로 불렀다.

기존의 기부나 자선활동 등 사회공헌활동으로는 중대한 가치창조와 사회변혁을 일으킬 수 없고, 전략적 CSR의 중요성을 지적하였다. 기업이 사업 활동을 통해 새로운 경제적 가치와 사회적 가치를 동시에 창출하고, 사회의 발전에 공헌하는 것이 기업의 사회적 책임의 본질이라고 지적했다. 즉 기업은 사회와 공유할 수 있는 가치를 창조하여 경쟁력을 강화하고, 동시에 사회적 과제를 해결해야 한다고 주장했다. 그리고 이를 위한 3가지 방법을 구체적으로 제시하였다.

첫째, 상품과 시장을 점검해야 한다. 사회적 과제를 사업 기회로 파악하고, 제품과 서비스를 적극적으로 개발·판매하는 것이다. 기업은 사회의 니즈에 대응하여 제품과 서비스 외에 환경과 빈곤 문제 등 사회적 과제도 사업 기회가 될 수 있다. 예를 들어 전기 제조업의 자연에너지와 담수화, 자동차 제조업의 하이브리드 등 환경사업을 말할 수 있다. 또한 이전에 사업화 대상이 아니었던 빈곤층을 고객으로 하는 식품 제조업의 BOP 사업도 대상이 될 수 있다. 금융업의 소액대출도 CSV 사업 대상이 될 수 있다.

둘째, 공급망의 생산성을 다시 정의해야 한다. 공급망 전체의 에너지 이용과 물류의 효율화, 또는 공급자를 육성하고 높은 품질의 원료를 안정적으로 확보하는 등 새로운 관점에서 회사의 공급망을 최적화하고 경쟁력을 강화하고, 현지의 사회적 과제를 해결하는 것이다.

글로벌화에 따른 기업의 네트워크는 국외로 확대되고 있다. 공급망에 미치는 사회적 과제가 기업에 부정적인 영향을 미치는 사건이 점점 증가하고 있다. 예를 들어 유통업의 용기 포장을 간소화하고, 운송 루트를 최적화하면 환경 부담이 감소하고 비용도 크게 줄일 수 있다. 또한 식품제조업이 중남미에서 영세농가의 육성·지원을 통한 산지 한정의 고급 커피를 안정적으로 조달한 사례도 있다.

셋째, 조업지역에서 사업 기반을 창출·강화하는 방법이다. 회사의 거점지역에서 인재 육성, 관련된 사업 창출, 운송 인프라 정비, 공중위생의 개선대책 등을 실천하여 조업지역의 발전에 기여하며, 회사의 사업 기반을 강화하는 것이다. 기업은 조업지역의 인재, 자원, 거래회사, 사회 인프라 또는 규제 등의 사업 기반에 의존하기 때문에 회사의 경쟁력이 강화되는 효과도 있다.

예를 들어 IT 기업이 세계의 사업발전 지역에서 IT 교육을 통해 인재라는 사업 기반을 강화·확보하는 것이지만, 이것은 장래에 시장수요를 창출할 수 있다. 또한 비료 제조업이 아프리카에서 비료와 작물을 운송하기 위해 도로와 항만을 정비한다면 사업을 효율화하고 지역 고용을 창출하는 효과도 있다.

기업은 이러한 사회적 과제 해결에 공헌하면서 회사와 공급망의 경쟁력을 강화할 수 있다. 이전에는 기업이 이익을 높이기 위해 환경과 사회의 지속가능성을 희생하는 경우가 많았고, 쌍방은 이율배반 또는 트레이드오프 관계로 간주되었다. 그러나 CSV에서는 기업의 이익과 사회 과제 해결을 동시에 추구할 수 있다.

CHAPTER
11

사회 과제 해결을 위한 마케팅 3.0

세계를 더 좋은 장소로 만든다

필립 코틀러Philip Kotler 교수는 마케팅의 최고 권위자로서 '마케팅의 신', '근대 마케팅의 아버지'라고 불리고 있다. 그는 시대의 변화에 따라 마케팅 1.0~4.0 이론을 제창해왔다. 마케팅 1.0은 단순히 좋은 제품으로 생각하면 구매하는 단계다. 2.0은 소비자는 특정 기업을 좋아하기 때문에 그 제품을 구매하는 단계다. 3.0은 어떤 기업이 사회에 공헌하기 때문에 그 제품을 구매하는 단계이고, 4.0은 소비자의 자기실현으로 이어지는 제품을 제공하는 단계다.

다시 마케팅 변천을 음료수에 비교해보자. 마케팅 1.0에서는 싸고 맛있는 음료수를 판매하는 것이다. 마케팅 2.0에서는 페트병 용기에 담은 음료수를 판매하고, 휴대가 자유롭고 언제 어디서나 마실 수 있는 부가가치를 제공하는 것이다. 마케팅 3.0은 리사이클 가능한 페트병, 즉 환경에 배려한 용기에 담은 음료수를 판매하여 기업의 사회적 공헌을 실현하는 것이다. 마케팅 4.0에서는 지방 연소 등 다이어트 효과를 발휘하는 건강에 배려하는 음료수를 만들어 고객의 자기실현을 돕는 것이다.

마케팅 3.0은 세계를 더 좋은 장소로 만든다는 소비자의 가치관에 대한 공감을 중시하고 있다. 예를 들면, 지구온난화 등 사회 과제와 문제에 민감한 소비자가 늘어나면 사회의 가치관은 크게 변한다. 그러한 사회에 수용될 수 있는 상품과 서비스는 환경과 사회 과제의 해결에 도움이 된다. 소비자에게 기업의 미션과 상품의 가치에 공감해달라고 호소하는 것이 마케팅 3.0이다.

필립 코틀러는 세계를 더 좋은 장소로 만드는 것이 마케팅업계의 미션이라고 강조한다. "탁월한 회사는 우리의 목적이 돈을 버는 것이라고 말하지 않는다. 더 높은 목적이 있다. 그것은 전 세계 사람들의 생활을

[자료 3-3] 마케팅 1.0~마케팅 4.0까지 변천

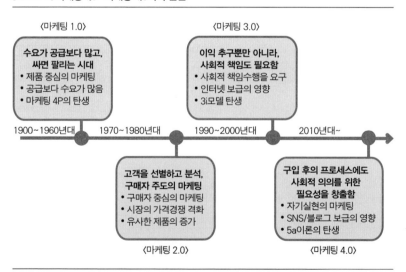

〈마케팅 1.0〉
수요가 공급보다 많고, 싸면 팔리는 시대
• 제품 중심의 마케팅
• 공급보다 수요가 많음
• 마케팅 4P의 탄생

〈마케팅 3.0〉
이익 추구뿐만 아니라, 사회적 책임도 필요함
• 사회적 책임수행을 요구
• 인터넷 보급의 영향
• 3i모델 탄생

1900~1960년대   1970~1980년대   1990~2000년대   2010년대~

고객을 선별하고 분석, 구매자 주도의 마케팅
• 구매자 중심의 마케팅
• 시장의 가격경쟁 격화
• 유사한 제품의 증가

〈마케팅 2.0〉

구입 후의 프로세스에도 사회적 의의를 위한 필요성을 창출함
• 자기실현의 마케팅
• SNS/블로그 보급의 영향
• 5a이론의 탄생

〈마케팅 4.0〉

좋게 하고, 생활환경을 발전시키는 것이다." 그는 사회를 더 좋게 만들고, 생활을 풍요롭게 하는 기업에게 마케팅은 성장 엔진이라고 말한다.

마케팅 3.0은 가치주도 마케팅이다. 상품과 서비스의 기능적 가치가 아니라, 기업의 가치관과 비전을 배경으로 어떻게 창조할 것인지가 중요하다. 기업은 사회를 더 좋게 만들기 위해서는 특정 상품과 서비스를 제공하는 기업의 가치관과 비전을 명확히 설정해야 한다. 그리고 기업의 가치관에 따라 고객의 잠재적 니즈를 찾아내고, 고객에게 상품과 서비스를 제공하여 자기실현을 달성하도록 돕는 것이다.

사회 공헌 활동을 마케팅과 연계하라

사회적 사업을 통해 사회 과제를 해결하는 CSV 경영이 확산되고 있다. CSV는 기업의 자원과 능력을 살려 사회적 과제에 적극적으로 대처하고, 새로운 상품과 서비스를 제공하여 사회가치를 창조하는 것이다. 대체로 CSV 경영을 추진하는 기업은 사업 활동 중에서 지속가능개발목표SDGs와 관련된 사업을 추진하고 있다. 예를 들면, 재생 가능 에너지, 물 정화 기술, 제로 에너지, 빌딩과 스마트 커뮤니티의 설계, BOP 비즈니스 등 다양한 사업이 등장하고 있다. 이러한 대책으로 기업은 사회적 가치와 동시에 경제적 가치를 창출하고 있다.

지속가능성 경영 시대에 혁신적인 아이디어는 기업의 가치 창출의 원동력이다. 기존 사업의 연장선상에서 사고와 발상이 머물러서는 사회적 요청과 기대에 대응할 수 없고, 경쟁에서 승리할 수 없다. 본업을 통해 사회적 과제를 해결하고, 좋은 이미지와 평판을 확산하고, 브랜드 가치를 높이는 노력이 필요하다. 사회 공헌 활동을 마케팅과 연계하여 경제적 가치를 최대한 끌어올리는 대책이 기업 가치를 높일 수 있다. 그것을 공익 연계 마케팅Cause Relation Marketing(이하 CRM)이라고 한다.

CRM은 기업의 사회적 과제 해결을 마케팅 활동을 통해 대처하는 방법이다. 코즈Cause란 사회적 대의大義를 의미한다. 사회적 과제를 해결하는 대의를 소비자에게 호소하고 마케팅 능력을 살려 매출을 올리고 동시에 브랜드 가치를 높이는 방법이다. CRM은 사회적으로 의의 있는 건강, 교육, 환경문제에 대처하는 NPO, 재단 등과 연계하고, 캠페인 활동을 통해 기부금도 모으는 대책이다.

전통적인 마케팅 활동에 머무르지 않고, 사회적 과제 해결에 기여하는 소셜 프로그램의 개발과 제공, 제약회사 CSK와 같이 비영리 가격에 의한 약품 제공, 점포에서 낡은 옷을 회수하는 리사이클 프로그램 등 자선활동과 사회적 사업의 중간에 위치하는 다양한 활동이 있다. CRM은 기본적으로 코즈에 관련된 상품과 서비스의 매출과 이익의 일부를 기부, 판매와 광고를 통해 당해 단체와 취급하는 사회적 과제를 알리는 방법, NPO·NGO의 로고를 상품에 붙여 사용료를 지불하는 방법이 있다.

1983년 아메리칸 익스프레스가 '엘리스 아일랜드Ellis Island' 재단의 '자유의 여신 수리 캠페인'을 지원하면서 본격적으로 CRM은 시작되었다. 이 캠페인은 신용카드와 연동된 기부 프로그램으로 카드 1회 사용당 1센트, 신규 카드를 발행할 때 1달러를 기부하는 방식이었다. 그 결과 카드의 신규 계약은 45%, 사용횟수는 28% 증가하고, 엘리스 아

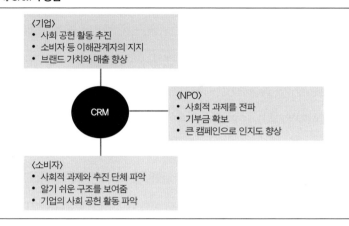

〈기업〉
• 사회 공헌 활동 추진
• 소비자 등 이해관계자의 지지
• 브랜드 가치와 매출 향상

CRM

〈NPO〉
• 사회적 과제를 전파
• 기부금 확보
• 큰 캠페인으로 인지도 향상

〈소비자〉
• 사회적 과제와 추진 단체 파악
• 알기 쉬운 구조를 보여줌
• 기업의 사회 공헌 활동 파악

일랜드 재단은 수리 비용 600만 달러 중에 아메리칸 익스프레스에서 170만 달러를 받았다고 보고하였다. 아메리칸 익스프레스의 성공으로 CRM은 점차 미국 전체로 확산되었다. 1990년대에 들어오면 미국 시장에 빠르게 침투하고, 많은 소비자는 CRM에 호의적 반응을 보였다.

CRM 마케팅으로 새로운 고객을 확보한다

2013년 CRM 컨설팅회사 '콘Cone Inc.'의 조사에 따르면, CRM으로 브랜드를 바꾸겠다고 대답한 사람은 무려 70%였다. 기업이 CRM에 어떤 방식으로 대처하고, 소비자에게 얼마나 지지를 받을지 등 그 성패는 브랜드 가치에 큰 영향을 준다.

CRM은 NGO에게도 장점이 많다. 즉 CRM은 기부금을 확보하는 유익한 방법이다. NPO는 기업의 마케팅과 브랜드 능력을 빌려 독자적으로 할 수 없는 큰 캠페인을 추진할 수 있고, 조직의 미션, 대처하는 사회 문제를 세상에 호소할 수 있다. 소비자는 친근한 상품과 서비스를 체험하면서 사회 문제를 접할 수 있고, 간접적으로 과제 해결을 지원할 수 있다.

'프러덕트 레드Product Red' 캠페인을 예로 들어보자. 이 캠페인은 애플, 스타벅스, GAP 등 업계를 넘어 민간기업, 정부, 국제기관이 공동으로 글로벌 펀드를 만들어 개발도상국의 에이즈 환자를 지원하고 있다. 글로벌 펀드는 에이즈, 결핵, 말라리아의 3대 감염증(매년 600만 명 이상이 사망) 대책을 후원하는 세계 프로그램에 자금을 제공하고 있다. 각 기업은 회사 브랜드에 'Product Red' 마크를 붙인 빨간 패키지를 소비자에게 알기 쉽게 판매하고 있다. 즉 소비자가 빨간색 제품을 구매하면 그 매출이나 수익의 일부가 에이즈 환자나 아프리카의 기아들에게 지급된다.

또한 글로벌 화장품 회사 에이본Avon의 유방암 퇴치 운동은 널리 알려진 사례다. 에이본은 1993년 이후 여성을 핵심적인 이해관계자로 설정하고 기부와 지원활동을 통해 여성을 위한 기업으로서의 미션을 명확히 하고 있다. 의료 서비스를 받을 수 없는 여성을 돕도록 직원의 봉사활동을 후원하고 있다. 또한 소비자에게 유방암 퇴치 운동의 상징인 붉은 리본 표시를 상품에 붙여 매출의 일부를 기부하는 프로젝트다. 붉은 리본의 캠페인은 지금 세계 각국에서 업계를 넘어 참여기업이 늘어나면서 큰 캠페인이 되었다.

CRM은 기업의 새로운 고객을 확보하기 위한 마케팅 전략에 지나지 않는다는 비판의 목소리도 있다. 그러나 CRM을 단순히 마케팅 전략으

출처: https://www.codered.org/

로만 보는 것은 올바른 관점이 아니다. 복잡한 사회 문제에 대처하기 위해서는 다양한 자원과 아이디어가 필요한 시대다. 기업이 사회적 임팩트를 높여가려면 기업의 마케팅과 브랜드 능력을 효과적으로 활용해야 한다. 산업과 업종을 뛰어넘는 협력체제도 필요하다.

에코 마케팅이 뜨고 있다

환경부담을 줄이고, 사회를 지속가능하도록 변혁하려면 법률규제만으로는 한계가 있다. 시장과 사회 니즈를 환경 보전형으로 바꿔야 한다. 이런 배경에서 친환경 마케팅(에코 마케팅)이 등장하였다. 에코 마케팅 Ecological Marketing은 소비자에게 새로운 혜택을 제공하는 에코 상품과 서비스를 개발하고, 이를 통해 지구환경과 공생을 추구하는 라이프스타일을 제안하는 것이다.

　기업의 자원은 한정되어 있다. 기업을 둘러싼 지구환경 문제는 다양하고, 기업은 모든 문제에 대응하기 어렵다. 피터 드러커는 기업을 둘러싼 사회적 책임에 "조직 자체의 활동이 사회에 미치는 영향에서 생기는 것"과 "조직 자체의 활동과 관련이 없고, 사회 자체의 문제로서 생기는 것"이 있다며, 기업은 이것을 이해하고 대응해야 한다고 말했다.

　기업은 어떤 환경문제가 자사의 사업 활동으로 발생하거나 사업영역과 관련성이 강할 경우에 마케팅의 핵심과제로 설정하여 적극적으로 대응할 필요가 있다. 기업 활동에 관련된 환경문제는 하나만이 아니다. 상품 제조, 마케팅 프로세스 전체에 관련된 환경문제를 특정하고, 프로세스 전체를 통해 환경부담을 줄이고 자원을 순환할 필요가 있다. 다만, 기존의 마케팅 방법을 단순히 환경 보전형으로 변경하는 것이 주된 목적은 아니다.

　간단히 말해, 에코 마케팅이란 기업 활동에 기인하거나 관련성이 강한 환경문제에 적극적으로 대응하는 마케팅이다. 환경보전과 소비자 니즈를 충족하는 상품을 개발·판매하고, 이들을 올바로 사용·소비하도록 하고, 폐기물을 자원으로 하여 재사용·재상품화할 때까지 프로세스에 관련된 활동이다. 기업이 독자적으로 이런 전체 프로세스를 실현할 수 없고, 거래업체, 소비자, 그리고 지역 사회와 함께 실현해야 한다. 에코 마케팅은 환경문제를 개선하는 상품을 통해 소비자와 사회에 환경 보전형 라이프스타일을 제안하고, 함께 실천할 기회를 제공한다.

　기업 활동과 관련성이 적은 환경문제에 대응하는 방법도 있다. 예를 들면, 사막화와 해면상승으로 섬이 잠기는 문제는 기업의 사업 활동과 관련성보다 사회 전체의 기능 마비 문제로 볼 수 있다. 이런 문제는 보통 정부와 국제기관이 협력해서 대응한다. 그러나 이러한 환경문제도 기업에게 중요한 고객이 안고 있는 심각한 문제다. 시장의 건전성을 위해 중요한 문제는 기업으로서 대응할 수밖에 없다. 그렇다고 무리해서 대응하면 기업이 본래 기능을 수행하지 못할 우려도 있다. 이런 의미에서 자선사업이 아니라 마케팅 활동으로서 대응할 필요가 있다. 그 구체적인 해결방안이 바로 CRM이다.

앞에서 언급했듯이, CRM은 1980년대에 미국에서 탄생한 개념이다. 최근 기부형 상품 판매 등 경제적 지원뿐만 아니라 상품과 기술에 의한 지원, 사회적 과제의 해결에 대응하는 NPO와 공동 캠페인을 포함한 넓은 개념으로 사용되고 있다. CRM의 대상은 사회 문제 전반이지만, 환경과 사회 문제의 하나이고, CRM의 사고와 추진 방법은 환경마케팅에도 효과적이다.

퍼포스를 기점으로 CRM을 추진하라

대형 리서치 기업 닐슨Nielsen은 2014년 '선행을 통해 성장Doing Well by Doing Good'이라는 보고서를 발표하였다. 조사내용을 보면, "사회와 환경에 대해 긍정적인 임팩트를 창출하기 위해 헌신하는 기업의 제품과 서비스에 대해 더 많이 지불해도 좋다"고 대답한 사람의 비율은 전체에서 55%에 이르고, 2011년 시점보다 10% 상승하였다. 지역별 비율을 보면, 태평양(64%), 남아메리카(63%), 중동과 아프리카(63%) 순으로 나타낳고, 북아메리카(42%), 유럽(40%)은 상대적으로 높지 않았다.

2013년 콘 커뮤니케이션Cone Communication의 조사 결과에 따르면, 현재 소비자의 93%는 사회적 대의에 관련된 상품을 구매할 의사가 있고, 65%는 과거 1년 이내에 실제로 대의에 관련된 상품을 구매하였다.

CRM은 유럽과 미국에서 활발하게 추진되는 것으로 알려져 있다. 그러나 실제로 사회와 환경을 위해 다소 많이 지불해도 좋다고 생각하는 사람은 개발도상국에 더 많았다. 즉 개발도상국 국민은 지역이 안고 있는 환경과 사회 문제에 민감하게 반응하고 있다는 의미다.

밀레니얼 세대의 부상도 CRM의 장래를 밝게 전망하는 요소다. 2014년 'MSL 그룹'은 17개국 8,000명 이상의 밀레니얼 세대를 대상으로 조사한 결과(사업 시민의 미래)에 따르면, 밀레니얼 세대의 69%는 소비자가 보다 사회적 과제에 관여하기 쉽게 해달라고 기업에 요청하였다. 밀레

▶ 코즈 브랜딩의 10가지 요소

① 회사의 미션과 목표, 조직에 근거한 주제에 초점을 둔다.
② 회사의 의지와 자원을 점검한다(직원이 투자하고 싶지 않은 것은 다른 사람도 투자하지 않으려고 한다).
③ 경쟁기업이 어떤 코즈를 설정하고 있는지 분석한다.
④ 파트너와 신중하게 선정한다.
⑤ 캠페인 명칭의 중요성을 인식한다.
⑥ 효과적인 프로그램을 개발하기 위해 조직횡단형 전략팀을 구성한다.
⑦ 자원봉사, 현금, 점포 등 회사와 파트너의 자산을 최대한 활용한다.
⑧ 가능한 모든 채널을 활용하여 대화한다.
⑨ 지역에 뿌리를 내린다(지역 사회의 가벼운 이벤트를 통해 시민과 자원봉사 등 풀뿌리부터 진정한 변혁을 시도한다).
⑩ 이노베이션을 통해 프로그램을 발전시킨다.

출처: https://www.conecomm.com

니얼 세대가 소비의 중심 세대가 되는 2025년 이후 기업은 소비자에 대한 대책을 근본적으로 바꾸어야 한다는 의미가 있다.

최근 소셜 미디어를 활용한 기업의 마케팅 활동이 늘어나고 있다. 소셜 미디어를 일상적으로 능숙하게 사용하는 밀레니얼 세대가 핵심 소비층이 될 경우 이미 CRM에 효과적인 소셜 미디어 활용은 빼놓을 수 없는 중요한 요소다.

기업은 소셜 미디어를 통해 마케팅을 실행할 때 기업의 퍼포스에 중점을 두어야 한다. 왜냐하면 사람은 코즈보다 퍼포스에 더 민감하게 반응하기 때문이다.

예를 들어, 많은 브랜드는 코즈로서 환경오염에 반대하고 있다. 미국소비재업체 세븐스 제너레이션Seventh Generation은 '사람들이 자연에서 화학물질이 없는 생활을 보낼 수 있도록 돕는 것'을 퍼포스로 제시하고 있다. 또 대형 소매업체는 시에라 클럽Sierra Club(미국의 자연보호재단)의 삼림파괴 퇴치 대책을 지원하고 있다. 파타고니아Patagonia는 당초 풍부한 자연을 지키는 것을 회사의 미션으로 정하고 있다.

이렇게 코즈는 특정 사회적 과제를 해결하기 위한 캠페인이지만, 퍼포스는 기업의 존재 목적에 따른 것이라는 점에서 차이가 있다.

CRM은 역사적으로 기업의 기부에 의존해왔지만, 파타고니아와 같은 선진기업은 퍼포스를 사업모델의 근간으로 삼고 있다는 점에 주목해야 한다. 퍼포스는 코즈보다 더 포괄적인 개념이다. CRM은 TV와 매체 등 기존 미디어에 의존하지만, 퍼포스에 근거한 마케팅은 소셜 미디어와 디지털, 체험형이라기보다 인간중심Human-centric의 기법을 사용하는 경향이 있다. 이런 채널을 통해 사람들이 자발적으로 공유·참여·행동하고, 브랜드와 기업의 퍼포스를 이해할 수 있다.

소비자가 환경과 사회의 관점에서 브랜드를 선택하는 시대가 되었다. 기업은 매출을 늘리기 위해 겉모습만의 대의를 말할 것이 아니라 기업으로서 존재 목적을 점검할 필요가 있다.

기업 행동 변화를 압박하는 소비자

그린 컨슈머 등장으로 소비 스타일이 바뀐다

지속가능성 경영 시대는 소비자의 시대가 될 것이다. 소비자의 행동으로 기업을 바꿀 수 있다. 소비자는 상품을 선택할 때, 어디에서 어떻게 만들어졌고, 또 그 기업은 어떻게 경영하고 있는지 생각하기 시작했다. 이런 소비자는 적극적인 소비 행동을 통해 사회적 과제 해결에 기여한다는 의미에서 그린 컨슈머Green Consumer라고 부른다.

그린 컨슈머는 CSR 활동을 하는 기업의 상품과 서비스, 또는 환경과 사회에 배려한 상품 등을 적극적으로 구매한다. 반대로 CSR을 수행하지 않는 기업의 상품, 사회와 환경에 문제가 있는 상품은 구매하지 않는다. 이런 소비자 행동은 기업의 사업 활동에 긍정적 또는 부정적 영향을 준다.

그린 컨슈머가 늘어나면서 시장에서 소비 스타일이 바뀌고, 기업도 적극적으로 대응할 필요가 있다. 미국에서는 1990년대 이후 기업 활동과 상품을 조사·평가하고, 소비자에게 정보를 제공하는 조직이 탄생하여 활동하고 있다. 그 대표적인 NPO '경제우선협의회CEP,Council on Economic Priorities'는 1969년 설립 이후부터 기업의 CSR 활동을 조사하고 있다. 이 조직은 소비자에게 슈퍼마켓에서 팔고 있는 상품의 기업정보를 제공한다. NPO '그린 아메리카Green America'는 1982년부터 소셜 상품에 관한 정보와 기업정보를 제공하고 있다.

이런 조직은 소비자에게 정보를 제공하고, 그린 쇼핑을 촉진하거나 기업에 대해 긍정적 또는 부정적 캠페인을 실행해왔다. 이런 운동은 세계에 큰 영향력을 갖고 확산되었다.

2009년 9월 21일자 타임지는 '윤리적 컨슈머의 대두'라는 특집기사를 내보냈다. 미국의 소비자는 에너지 절약형 상품을 사거나 지역의 상점에서 물건을 사려고 한다는 조사 내용이었다.

그 배경에는 1990년 이후 나타난 기업의 비윤리적 행동에 대한 반성이었다. 그 당시 나이키와 월마트 등이 개발도상국의 공장에서 노동과 인권 문제로 비판을 받고, 불매운동이 미국 전체로 확산되었다. 일련의 비윤리적 행동을 계기로 많은 소비자는 구입하려는 상품이 어떻게 만들어지고 있는지, 환경에 배려한 상품인지 관심을 갖기 시작했다. 또한 환경과 사회를 배려하는 상품에 호의적 반응을 보이고 추가 지불하려는 의향을 보였다. 예를 들어, 연비가 좋은 차(25mpg → 35mpg)는 2,000달러가 더 비싸도 구매하겠다는 사람은 78%였다. 장기적으로 환경에도 좋고, 절약으로 이어진다고 생각했다. 기업도 이러한 동향을 의식하고 CSR 활동에 적극적으로 대처하였다.

타임지는 그린 컨슈머 시장에서의 행동을 다음과 같이 설명하고 있다. "미국 사람은 시민이라는 의미를 투표와 봉사뿐만 아니라 소비를 통해서도 재고하는 새로운 사회변혁 시대에 들어가고 있다." 미국 기업은 이러한 소비자의 의식변화에 주목하기 시작했다.

2012년 일본은 소비자가 환경과 사회 문제에 대해 어떻게 반응하는지 조사하였다. 조사 결과를 보면, 사회적 과제에 의식이 높은 그린 컨슈머(25.4%), 사회적 과제에 의식이 있지만, 실제 행동하지 않는 사람(44.1%), 사회적 과제에 의식이 낮고, 관심이 없고 회의적인 사람(30.5%) 3가지 유형으로 나타났다.

2012년 소비에 관한 글로벌 조사에 따르면, 미국, 영국, 독일, 브라질, 중국, 독일 6개국에서 소비자는 미래세대를 위해 소비를 줄여야 한다는 사람이 66%였다. 환경과 사회에 좋은 제품을 구입해야 한다고 책임을 느끼고 있는 사람은 65%, 환경과 사회에 책임 있는 제품을 더 많이 구입하겠다는 사람은 75%였다. 세계 시민들이 소비 행동에 사회적 책임 의식이 높아졌다는 것을 명확히 보여주는 내용이다.

윤리적 소비, 지속가능한 소비를 실현하려면 먼저 소비자의 니즈가 높아져야 한다. 또한 기업도 소비자 니즈에 맞춰 윤리적 상품을 제공하여 소비 기회를 늘려야 한다. 그리고 소비자는 그런 상품에 대해 스스로 판단하고 구매해야 한다.

소비자에게 윤리적 상품에 관한 정보를 어떻게 제공할 것인지도 중요한 과제다. 예를 들면, 일본에서 '스스sooooos'라는 웹사이트(sooooos. com)가 소셜 상품의 정보를 제공하고 있다. 미국에서는 2007년 샌프란시스코에서 상품 코드를 넣으면 상품정보를 제공하는 시스템을 만들었다. 75,000개가 넘는 일용품에 관한 정보를 알기 쉽게 점수화하고, 리뷰, 평가 등의 정보를 모바일에서 간단히 얻을 수 있다.

평소에 사회와 환경문제에 관심이 없는 사람이 상품을 구입하거나 투자할 때 환경과 사회성, 기업의 지속가능성 경영을 의식하고 선택할 것인지 의문점도 있다. 시민으로서 환경과 사회에 대한 관심과 의식이 없다면 소비 행동만으로 바뀌지 않을 것이다.

지속가능성 이해력을 높여라

그린 컨슈머를 육성하기 위한 소비자 교육도 필요하다. 먼저 개개인이 사회적 과제에 관심을 갖는 계기를 만들어야 한다. 예를 들면, 사람들은 일상적으로 사용하는 상품이 어디에서 어떻게 만들어지는지, 쓰레기는 어떻게 처리되고 있는지, 은행에 맡긴 예금이 어떻게 사용되고 있는지 거의 모른다. 이런 문제에 관심을 갖도록 소비자 교육과 환경교육을 꾸준히 해야 한다. 학교 교육부터 성인교육에 이르기까지 한 사람의 소비자로서 지속가능성을 의식한 생활을 할 수 있도록 소비자에게 지속가능성 이해력Literacy을 높이는 시민을 육성해 나가야 한다.

기업이 환경배려형 상품과 소셜 상품을 개발·판매하면 소비자의 환경 의식을 계몽하거나 행동을 바꿀 가능성도 있다. 환경에 적극적인 의식이 없는 사람이라도 일반적인 쇼핑상황에서 환경배려형 상품을 접하면 환경과 사회 문제를 이해할 수 있다. 예를 들면, 기업은 포장과 용기를 기존 비분해성의 플라스틱(석유 유래의 부패도 분해도 되지 않음)이 아니라 생분해성의 바이오매스·플라스틱(생물 유래로 생태계에 영향을 주지 않음)의 개발·이용을 촉진할 수 있다.

소비자도 플라스틱백과 용기 이용을 가능한 줄이거나 한 번 이용으로 버리지 않고, 반복해서 사용하고 리사이클하여 환경부담을 줄일 수 있다. 또한 상품의 라이프 사이클 전체를 통해 발생하는 탄소 배출량을 측정하고, 줄이고 있는 모습을 보여주는 탄소 발자국Carbon Footprint을 상품에 표시하는 대책도 필요하다. 국제 NGO 삼림관리협의회FSC가 인증한 목재, 이 목재로 만들어진 제품을 이용하도록 장려해야 한다. 기업이 이러한 신소재와 환경배려형 상품과 대책을 추진하고, 소비자는 그런 상품을 구매하고 사용하면서 환경문제는 크게 개선될 것이다.

실제로 기업에 환경배려형 상품을 개발해주길 바라는 목소리가 높다. '서스테이너빌리티Sustainability'와 '글로브스캔Globescan'의 조사에 따르면, 기업이 지속가능한 제품을 제공할 의무가 있다고 생각하는 사람은 78%에 이른다. 지속가능한 소비와 경제를 촉진하려면 앞으로 기업은 제품의 이노베이션, 이해관계자와 커뮤니케이션 등의 대책을 강화해야 한다. 기업은 새로운 제품을 개발할 때 소비자와 커뮤니케이션(인게이지먼트)에 전략적으로 대처해야 한다.

윤리적 소비에 대응하라

1980년대 영국에서는 남아프리카의 인종차별, 동물 실험 문제 등에 관련된 기업에 불매운동이 일어났다. 1989년 창간된 정보지 '윤리적 소

비자Ethical Consumer'는 소비자 행동을 가리키는 윤리적 소비라는 말을 사용하면서 유럽과 미국을 중심으로 확산되었다.

최근 스마트폰과 SNS 보급으로 NPO와 소비자의 정보 수집력과 전파력은 대폭 강화되었다. 제 3자가 소재의 조달 방법과 생산 공정의 기준에 따르고 있다는 것을 인증하는 시스템을 활용하는 사람도 늘어나고 있다. 정보지 '윤리적 소비자'의 조사에 따르면, 영국에서 윤리적 소비에 관련된 인증 식품의 시장 규모는 과거 10년간 3배 이상 확대되었고, 2017년 110억 파운드에 이르렀다. 이 규모는 가공식품과 음료 시장 규모 720억 파운드의 약 15%에 해당한다.

현재 환경, 인권, 동물복지 분야 등에서 다양한 NPO가 인증한 상품의 소비가 늘어나고 있다. 예를 들어, NPO '열대우림연합Rainforest Alliance'이 인증한 커피와 카카오, 축산동물의 사육 방법 등 복지 기준을 설정하는 '영국왕립동물학대방지협회RSPCA'가 인증한 고기와 유제품, '해양관리협의회MSC'가 인증한 수산물은 대표적인 소비 품목이다. 또한 인권을 중시하는 '국제공정무역기구' 인증을 취득한 제품의 시장 규모는 2017년 전체 85억 달러로 5년간 1.7배 늘어났다.

유럽과 미국의 젊은 층은 건강관리뿐만 아니라 환경과 동물복지를 위해 채식 지향 소비도 늘어나고 있다. 영국의 유통 부문 리서치 기업 'IGD'의 조사에 따르면, 성인 18~24세 중에 채식주의를 실천하는 사람은 70%에 이르고 있다. 또한 2018년 미국의 시장조사업체 '아코스타Acosta'는 밀레니얼 세대 중에 고기 없는 식생활을 추구하는 사람이 50%, 환경과 동물을 배려한 식생활을 추구하는 사람이 30%라는 조사 내용을 발표했다.

실제로 생활 속에서 채식을 추구하는 사람이 늘어나고 있고, 그런 사람을 가리키는 '유연한 채식주의자Flexitarian'라는 용어가 2014년 옥스포드 사전에 추가되었다. 2009년 팝 밴드 비틀즈의 멤버였던 폴 매카트니가 실시한 '고기 없는 월요일Meat Free Monday' 캠페인은 세계 38개국으로 확산되었다. 2019년에는 10주년을 기념하여 빌리 아일리시Billie Eillish가 SNS에서 그 캠페인을 지지하여 크게 주목받았다. 유명 가수의 발언은 젊은 세대에게 큰 영향을 주었고 윤리적 소비를 더욱 빠르게 확산시켰다.

'고기 없는 월요일' 캠페인은 사람들에게 고기를 먹지 않을 때 동물과 사람, 지구환경에 얼마나 좋은 효과가 있는지 보여주면서 참여를 호소하고 있다. 이 캠페인의 홈페이지에서 참여 인원, 참여 기간을 입력하면 수자원과 삼림자원 보호, 온실효과가스 감소, 어류와 가축 보호 등 자연생태계에 긍정적인 영향을 명확한 수치로 보여준다.

윤리적 소비는 화장품과 패션 분야로 확산되고 있다. 2016년 미국의 컨설팅기업 'AT커니'는 미국, 영국, 독일의 1,226명을 대상으로 윤리적 소비의식을 조사하였다. 조사 결과를 보면, 화장품을 구입할 때 중시하는 표시로 '동물 실험과 동물을 학대하지 않는다'를 선택한 사람은 영국 41%, 프랑스 51%였다. 독일에서는 52%로 '자연소재'와 똑같이 높은 수준이었다.

일본도 윤리적 소비의식이 최근 크게 늘어나고 있다. 2018년 '소비자 의식 기본조사'에 따르면, 윤리적 소비를 한다는 사람은 10.2%였다. 윤리적 소비라는 말의 인지도는 낮지만, 식품 손실을 줄이거나 쓰레기를 줄이고 재활용한다는 사람은 50%를 넘는 등 환경에 배려한 소비 행

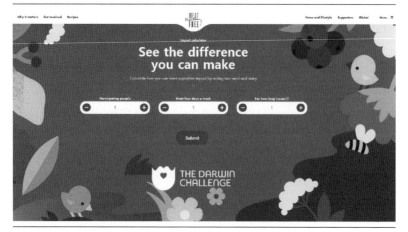

출처: https://meatfreemondays.com/calculator

동을 의식하는 사람이 많았다.

윤리적 소비의 확산은 기업에 큰 영향을 주고 있다. 파타고니아는 1996년 이후 사용하는 코튼을 전부 유기농 코튼으로 대체하고, 환경·동물·인권에 철저히 배려하고 농산물에서 소재, 최종제품에 이르는 전 과정을 조사하고, 그 내용을 웹사이트에 발표하고 있다. 2019년 유엔에서 최고의 환경상 '지구 대상'을 수상하고 그 입지를 견고히 하였다. 미국의 비즈니스 정보지 '패스트 컴퍼니Fast Company'는 과거 10년간 파타고니아의 사업소득은 4배 증가하였다고 보고하고 있다.

스텔라 매카트니Stella McCartney는 지속가능한 패션을 선도하는 업체다. 비틀즈 멤버 폴 매카트니의 딸인 스텔라 매카트니가 본인 이름을 회사의 패션 브랜드로 만든 기업이다. 스텔라 매카트니가 많은 소비자에게 신뢰받는 이유는 패션뿐만이 아니다. 바로 브랜드로 발표하는 디자인에 진짜 가죽과 모피를 전혀 사용하지 않는다는 점이다. 스텔라 매카트니는 모든 제품에 동물 가죽을 전혀 사용하지 않고 지속가능한 고품질의 인공가죽만을 사용하고 있다. 또한 안감에는 페트병의 재활용 소재를 사용하고 있다.

가죽제품을 제작하기 위해 생물을 살생하거나 대량의 화학약품을 사용하기보다 환경이 오염되는 것을 우려하고 있다. 이 때문에 설령 디자인이 상당히 제한되어도 진짜 가죽을 전혀 사용하지 않는다. 그 대용으로 합피(에코 가죽)를 사용하고 있다. 2021년 프리폴 컬렉션의 약 80%가 환경에 배려한 소재로 만들어 브랜드 사상 가장 지속가능한 컬렉션이 되었다.

스텔라 매카트니는 동물보호에 대처하는 '국제인권협회 HSI, Humane Society International'와 공동으로 모피 목적의 동물사육을 전 세계에서 금지하는 운동을 추진하고 있다. 패션업계에서도 모피를 사용하지 않는 미래를 실현하기 위해 노력하고 있다.

스텔라 매카트니는 채식주의자이며 동물애호가로서 친환경주의를 적극적으로 실천하고 있다. 그녀의 인터뷰 내용에서 지속가능성 경영의 진정성을 엿볼 수 있다.

— 업계 전체가 환경 브랜드를 파악할 필요가 있다. 우리의 목표는 환경 발자국을 어떤 것으로 대체하는 것이 아니라 실제로 줄이는 것이다. 어떤 사업이라도 진정한 지속가능성을 실현하려면 자발적 규제를 포함한 모델이 필요하다. 우리는 완벽하지 않지만, 조달 루트를 개선하려고 항상 노력하고 있다.

또한 스텔라 매카트니는 유방암 대책도 활발하게 추진하고 있다. 2014년부터 유방암 의식 향상을 위한 품목을 특별히 디자인하거나 유명 모델을 기용한 란젤 컬렉션을 발표하였다. 패션과 사회 문제를 훌륭하게 융합한 대책을 추진하고 있다. 그리고 매출 일부를 '린다 매카트니 센터'라는 유방암 연구 및 치료시설에 기부하고 있다.

지속가능한 사회를 만들기 위해서 기업이 바뀌는 것만으로는 충분하지 않다. 소비 행동의 지속가능성도 높여야 한다. 이런 의무에서 현재 윤리적 소비가 주목받고 있다. 즉 자원고갈과 기후변화, 인권침해 등 사회적 과제에 소비를 통해 해결하려는 이타적 소비라고 말할 수 있다.

지속가능성 경영이 확산되면서 전 세계에서 윤리적 소비의식도 높아지고 있다. 리서치 기업 닐슨은 2015년 60개국 3만 명을 대상으로 소비의식을 조사하였다. 지속가능성에 배려하는 브랜드 상품에 추가 지출하려는 소비자는 2013년 50%에서 2015년 66%로 늘어났다. 특히 밀레니얼 세대의 73%는 추가 지출하겠다고 대답하여 장래 윤리적 소비시장이 확대될 것을 예고했다. 이렇게 많은 소비자는 일상 용품을 선택할 때 지속가능성 전략(브랜드 구축, 원재료의 배려, 환경관리, 사회적 과제 해결)을 주요 판단기준으로 하고 있다.

영국에서 윤리적 소비와 인증제도의 인지도가 높고 시장 규모도 크다. 윤리적 상품만을 취급하는 기업도 늘어났고, 기업의 윤리성을 감시하는 조직도 많다.

예를 들어, '윤리적 거래 이니셔티브ETI'는 노동자의 강제노동과 아동노동 등을 감시하고 윤리적인 노동환경을 기업과 거래업체에 요구

항목	전체 소비자	추가 지불 소비자
신뢰하는 브랜드·기업이기 때문에	62%	72%
신체와 정신의 건강증진에 기여하기 때문에	59%	70%
원재료가 신선/천연/유기이기 때문에	57%	69%
환경에 배려하는 기업의 제품이기 때문에	45%	58%
사회 가치 창조에 헌신하는 기업의 제품이기 때문에	43%	56%
환경에 배려한 패키지이기 때문에	41%	53%
자신의 커뮤니티에 공헌하는 기업의 제품이기 때문에	41%	53%
제품을 만든 기업의 환경과 사회적 대책의 광고 때문에	34%	45%

출처: 닐슨: Sustainability Imperative(2015. 10)

하고 있다. 이 단체는 윤리적 노동환경을 갖춘 기업에서 노동자의 결근과 사고가 감소하고, 윤리적 소비로 이어지고 있다고 생각한다. ETI는 2015년 노예노동과 인신매매를 금지하는 '현대판 노예 방지법Modern Slavery Act'을 제정하였다.

'국제소비자기구CI'는 지속가능한 소비를 장려하고 있다. 기업에게 가격과 안전성 외에 윤리적이고 환경에 배려한 가치관을 반영한 상품을 요구하고 있다. 지속가능한 소비를 위해 상품의 구매, 사용 방법과 폐기, 재이용 등 소비자의 선택에 필요한 정보를 제공하고 있다.

'SUMA 홀푸드'는 채식주의, 공정무역, 유기농, 윤리적 소비를 전문으로 하는 영국 최대의 자연식품 도매업자다. 거래업체와 거래할 때 거래업체의 윤리성(고용과 임금의 공평성, 노동자 보호)을 확인한 후에 거래를 결정한다. 또한 취급하는 상품의 윤리성과 조달 현장까지 조사하고 문제가 있으면 거래를 중지한다.

세계의 기업들에 대한 윤리경영을 평가하고, 이를 선정하는 국제 단체에 대한 관심도 높아지고 있다. 유럽과 미국의 글로벌 기업은 평가 단체에 적극적으로 참여하여 브랜드 가치를 높여가고 있다.

미국의 에티스피어 인스티튜드Ethisphere Institute(글로벌기업윤리연구소)는 2007년 설립 후 매년 '세계에서 가장 윤리적 기업'을 선정하고 있다. 2021년 3월 세계 22개국 47개 산업에서 135개 회사를 선정하였다. 수상한 상장기업의 주가지수는 최근 5년간 대형주와 비교할 때 7.1% 더 높았다. 이 연구소는 이러한 성과 차이를 '윤리 프리미엄'이라고 부른다. 기업이 윤리경영을 통해 그만큼 기업 가치가 높아졌다는 의미다.

이 단체는 독자적으로 개발한 윤리 지수Ethics Quotient에 따라 기업을 평가하고 선정한다. 평가점수는 기업윤리와 법령준수 프로그램(35%), 리더십과 평판(10%), 지배구조(15%), 환경과 사회적 임팩트(20%), 윤리문화(20%) 5개 항목을 평가하여 선정한다. 윤리적 경영 기준을 제시하고, 성실하게 실천하는 기업을 선정한다.

영국의 비즈니스 정보제공업체 '로이터 이벤트Reuters Events'는 '책임 있는 비즈니스상Responsible Business Awards'을 운영하고 있다. 기업이 지속가능성을 다양한 사업영역에 반영하고, 수익으로 이어지고 있는지를 실증하여 기업의 책임 있는 사업을 장려하고 있다. SDGs, 순환 경제, 사회적 임팩트, 생물다양성 등 다양한 분야에서 기업의 다양한 사례를 평가하고 시상한다. 2021년에는 15개 분야의 사례에서 수상기업을 선정하였다.

필자는 한국 기업은 이러한 국제적 시상제도에 적극적으로 응모하길 기대한다. 공신력 있는 국제적 시상제도에 도전하면서 지속가능성 경영의 체질을 강화하고, 글로벌 기업과 교류할 수 있는 장점이 있다. 수동적으로 ESG를 평가받기보다 공격적이고 선제적인 지속가능성 경영을 통해 시장을 선도하는 한국 기업이 많아지길 기대해본다.

소비자에게 나쁜 평판은 위험하다

이제 환경과 사회 문제에 윤리성이 없는 기업은 위험에 처할 가능성이 크다. 회사가 판매하는 제품, 생산 프로세스, 나아가 공급망 전체에서도 윤리성이 없다고 평가될 경우 소비자에게 선택받지 못하고, 실적도 크게 악화될 수 있다. 지금까지 법률을 위반하면 행정 기관이 개선을 요구하였지만, 이제는 소비자 단체가 나서서 기업에게 문제해결을 요구하고 있다.

예를 들어, 미얀마 등에서 인신 매매된 노동자를 이용한 태국의 사업자로부터 조달한 물고기를 고양이 음식의 원재료로 사용한 네슬레를 대상으로 2015년 미국의 소비자는 로스앤젤레스 연방재판소에 집단소송을 제기하였다. 스위스 ESG 리스크 컨설팅업체 '렙리스크RepRisk'는 2016년 소매업자에게도 책임이 있다는 분석을 발표했다. 이러한 사례에 대응하기 위해 월마트는 2025년까지 규정한 가이드 라인을 따르는 수산업자에게 수산물을 조달한다는 방침을 발표했다.

영국의 최대 식품매장 '테스코Tesco'는 2016년 14세의 소녀가 캠페인 웹사이트 change.org에 '테스코는 닭장의 계란 처리를 중지하라'라는 글을 올렸다. 이 글에 28만 명이 동의한 것을 계기로 테스코는 2025년까지 닭장의 계란 판매를 중지하기로 결정했다.

또한 영국의 의류업체 '버버리Burberry'는 2017년 1년 동안 2,860만 파운드의 팔고 남은 상품을 소각 처분한다고 연차 보고로 발표하였다. 그러나 이러한 기업 행동은 브랜드 가치를 지키려고 자원을 소모하는 문제로 여겨져 불매운동으로 발전하였다. 이에 대해 버버리는 팔고 남은 상품의 폐기를 취소하고 재사용 대책을 강화하겠다고 발표하였다.

이런 소비자 비판의 영향력을 크게 의식하고 적극적으로 대응하는 기업이 있다. 세계적인 동물보호단체 '페타PETA, People for the Ethical Treatment of Animal'는 오랫동안 모피를 취급하는 브랜드와 소매 기업에게 모피 사용의 폐지를 요구하였지만, 이제서야 많은 브랜드가 점차 모피 폐지에 참여하고 있다. 페타는 가구와 자동차에도 모피 사용 폐지를 요구하고 있다. 이에 테슬라는 2020년 이후 생산 차량에 어떤 동물 가죽도 사용하지 않겠다고 발표하였다.

2019년 영국의 환경보호 운동단체 '익스팅션 리벨리온Extinction Rebellion(멸종 저항)'은 1년에 걸쳐 신제품 의복을 구매하지 말자는 '보이콧 패션' 캠페인을 전개하였다. 이 캠페인은 영국 내외로 확산되면서 패션 업계에 비판의 목소리가 높아졌다. 2019년 8월 프랑스에서 개최된 G7 정상회담에서 명품기업인 케링 그룹을 비롯한 세계의 패션 관련 업체 32개 회사가 협력하여 환경보호 대책을 추진하는 '패션 협정'에 서명하였다.

한편, 온실효과가스 배출량이 많은 비행기를 타지 말자는 '플라이트 셰임Flight Shame' 운동이 유럽 전역에서 확산되고 있다. 2019년 UBS 은행이 4개국(영국, 미국, 독일, 프랑스)의 6,000명을 대상으로 실시한 조사에서 5명 중에 한 명은 1년 전보다 비행기 이용을 줄였다고 대답했다. '국제항공운수협회IATA'의 CEO는 2019년 9월 개최된 회의에서 이러한 운동의 확산을 우려하며, 환경대책을 강화할 것을 강조했다.

　실제로 네덜란드의 KLM 항공은 비행기를 타지 말자는 캠페인에 앞장서고 있다. 이 회사 광고의 짧은 CM 속에 흥미 있는 내용이 들어 있다. 항공회사이면서 고객에게 "비행기를 타지 말고, 열차로 이동할 것"을 제안한 것이다. 업무상 출장을 가는 사람들은 항공사에서 가장 중요한 고객이다. 이런 고객들에게 진정 만나서 대화할 필요가 있는지 묻고, 비행기 대신 열차로 이동할 것을 제안한다. 그리고 비행기를 선택할 때 짐을 줄이거나 탄소 배출 감소를 생각해달라고 고객에게 부탁한다. KLM 항공은 승객에게 '책임 있는 항행flying Responsibility'을 강조하고 있다.

PURPOSE BEYOND PROFIT

PART 4

퍼포스 경영을
배우다

CHAPTER
13

지속가능성 경영의 중요성

글로벌 메가트렌드를 인식하라

현재 많은 글로벌 기업은 지속가능성 경영을 진지하게 실천하고 있다. 미국의 실리콘 밸리에 있는 애플과 구글 등 하이테크 기업은 눈앞의 이익뿐만 아니라 사회를 좋게 만드는 일에도 경쟁하고 있다. 이들 기업의 경영자는 경제적 이익이 아니라 사회적 미션 실현을 진지하게 생각하며, 사회적 가치 창출을 위해서라면 환경 변화에 대응하면서 유연한 경영을 하고 있다.

이들 하이테크 기업은 사회적 가치 창출에 매진하면서 많은 이익을 내고 있다. 세상을 좋게 만들고 싶다는 사회적 미션에 높은 뜻과 강한 사명감, 그리고 열정을 갖고 성실하게 수행해왔기 때문일 것이다. 즉 사회변혁이라는 높은 뜻을 경영의 원동력으로 하고 있다는 점이다.

PwC 컨설팅은 2019년 기업이 직면하는 5개의 메가트렌드로 급속

급속한 도시화 진행	아시아, 아프리카에서 도시 인구 증가, 농촌에서 도시로 인구 이동 가속화
기후변화와 자원부족	이상기상, 해면상승으로 전통적인 방식으로 농업, 어업, 수렵이 어려움
인구구조의 변화	선진국에서 고령화, 신흥국에서 유능한 인재가 부족하여 노동력 조달의 글로벌화
세계경제의 전환	신흥시장의 성장과 규모 확대에 따라 신흥국간 무역과 투자를 통한 연계가 가속화
테크놀로지의 발달	전혀 새로운 사업분야가 창출되고, 세계의 제조업과 바이오테크 산업은 규모와 형태가 격변함

출처: PwC(2019), 필자 재구성

한 도시화의 진행, 기후변화와 자원 부족, 인구구조의 변화, 세계경제력의 전환, 테크놀로지의 발달을 제시하였다. 이 5가지 트렌드 모두 기업의 지속가능성과 크게 관련되어 있지만, 그중 기후변화와 자원부족 문제는 기업의 생존과 직결된 중대한 과제다.

기후변화와 자원부족과 관련된 미래의 모습을 구체적으로 살펴보자. 각종 국제기관의 조사자료를 보면, 인구 증가로 인해 2030년까지 에너지 수요는 2012년에 비해 50%, 취수량은 40%, 식료 수요는 35% 증가할 것으로 예상된다. 에너지 수요에 의한 온실효과가스 배출량이 증가하고, 이상 기후 현상이 크게 증가하고, 기후 패턴이 변한다. 그 여파로 2050년까지 북위 35도 이남에서 물 부족 사태에 빠지고, 2060년에는 아프리카에서 식료생산량은 최대 3분의 1 감소할 것으로 예상된다. 식료와 물 분포의 변화에 따라 자원을 둘러싸고 정치적 긴장도 높아질 것이다.

　기후변화에 대응하기 위한 직접적 규제, 세제와 인센티브 등 간접적 규제도 강화되는 등 비즈니스 환경은 크게 바뀔 것이다. 또한 에너지 부족과 자원부족에 대응하기 위한 새로운 산업이 탄생하고, 기존의 사업구조에 변혁이 일어날 것이다.

　이러한 환경에서 현재 경제 글로벌화가 빠르게 진행되고 있고, 한 국가의 GDP를 훨씬 능가하는 기업도 다수 존재하고 있다. 지속가능한 사회를 만들기 위해 기업에 대한 사회의 요구와 기대는 점점 커지고 있다. 인구가 증가하면서 한정된 자연자본을 어떻게 효과적으로 활용하고, 세계의 많은 국가와 지역에 사는 시민들의 생활 수준을 어떻게 높여갈 수 있을까? 세계는 지금 기업에게 혁신적인 해결책을 내놓기를 기대하고 있다.

　기업을 둘러싼 이해관계자의 니즈 변화에 따라 기존의 법령준수, 위험관리, 적극적인 정보공시, 효율적 조업 대책만으로 부족한 시대가 되었다. 이제 사회는 기업 활동과 사회·환경문제에 통합적 대응을 요구하고 있다. 이런 대응 방법은 기업의 지속가능성 경영이라고 말할 수 있다. 지속가능성 경영이란 인구동태 변화, 기후변화와 자원고갈 등 자연환경과 사회시스템 변화를 전제로 기업이 장기적으로 성장하기 위한 전략을 수립하고 실행하는 대책이다.

　이렇게 기업의 지속가능성 경영의 중요성이 커지고 있지만, 기업의 대응 현상은 다양하다. 사회의 요청과 기대에 적극적으로 대응하고, 사업 전략을 변혁하는 기회로 삼는 회사도 있지만, 아직도 글로벌 경쟁기업의 대응을 살피면서 마지못해 최소한으로 대응하는 기업도 많다.

지속가능성 경영의 4가지 유형

PwC 컨설팅은 지속가능성 경영대책을 추진하는 기업의 모습을 사건형, 외부 요청형, 미래 지향형, 퍼포스 미션 추구형의 4가지 유형으로 구분하고 있다. 당신의 기업은 어떤 유형에 해당하는가? 4가지 유형의 특성을 하나씩 살펴보자.

첫째, 사건형이다. 사람과 마찬가지로 뭔가 큰 사건을 계기로 기업은 경영형태를 바꾸는 경향이 있다. 사건형의 기업은 석유유출, 아동노동의 발각, 환경 NGO로부터 환경오염의 항의와 비판 등으로 사회에서 나쁜 평판을 받으면 각성하고 새로운 경영대책을 발표한다.

1990년대 나이키는 아동노동의 발각으로 매출이 대폭 감소한 기업으로 유명하다. 국제 NGO는 인도네시아와 베트남에 있는 나이키의 공장에서 어린 소녀들이 저임금과 강제노동, 일상적인 성폭행에 노출된 것을 적발했다. 세계적인 불매운동이 확산되어 매출은 5년간 약 14조 원의 손실을 내었고, 연결 매출액의 26%가 줄어들었다.

사실, 많은 기업은 아동노동 문제와 관계가 없다. 미국 노동성 조사에 따르면, 현재도 세계 76개국의 148개 품목이 아동노동과 강제노동으로 생산되고 있다. 카카오, 코튼, 커피 등 농산물에 한정되지 않고, 자동차와 컴퓨터에 이용되는 리튬이온 전지의 원료인 코발트, 화장품의 원료인 마이카mica도 이들 품목에 포함된다.

회사와 관계가 없다고 방관하는 사이에 공급망에서 인권침해에 관여하고, 외부에서 고발당하고 나서 대응을 서두르는 기업도 적지 않다.

2016년과 2017년 국제 NGO '앰네스티 인터내셔널'은 코발트의 아동노동 실태를 고발하는 보고서를 발표하여 세계적인 주목을 받았다. 2019년 미국을 대표하는 애플, 구글, 마이크로소프트, 테슬라를 대상으로 코발트 채굴 현장의 아동노동에 관한 손해배상을 촉구하는 소송을 제기하였다. 리튬이온 전지를 사용한 제품을 전 세계에서 판매하는 이 기업들은 아동노동을 강제한 광산을 지원한 것으로 취급되었다.

이렇게 공급망에서 아동노동과 인권 문제 등 환경과 사회에 악영향을 주는 사건이 언론에 보도되면 실적이 악화되고 기업 가치는 크게 훼손된다. 소비자의 불매운동과 거래 중지에 따른 매출 감소, 벌금과 소송 대응에 따른 비용도 크게 늘어난다. 이런 배경에서 최근 대기업이 거래기업에 환경과 인권에 관한 조달기준의 준수를 요구하는 경우가 많고, 그 기준에 미치지 못하면 대형거래를 상실할 가능성도 있다. 또한 ESG 투자관점에서 부적합한 투자철수, 고발에 따른 브랜드 훼손, 인재 손실 등으로 기업 가치가 손상된다.

사회 과제에 관심이 높은 밀레니얼 세대와 Z세대를 끌어들이기 위해서도 이런 문제를 사전에 방지할 필요가 있다. 이런 사건이 일어나면 기업은 이미 터진 위험에 초단기적으로 손상을 최소한으로 막으려고 대응할 것이다.

둘째, 외부 요청형이다. 지속가능성 경영 시대에 정부와 지역, 투자자, 소비자 등 다양한 이해관계자의 니즈는 크게 변하고 있다. 이해관계자는 기업에게 더욱 많은 것을 요청하고 있다. 그러나 환경과 사회적 과제에 수동적으로 대응하고 행동하는 기업도 많다. 현재 한국의 많은 기업은 이렇게 외부 이해관계자의 요청에 불가피하게 대응하는 유형일 것이다.

외부 요청형에 해당하는 기업은 가능한 아무것도 하고 싶지 않지만, 외부의 압력에 따라 최소한의 비용으로 브랜드 가치가 떨어지는 위험을 막으려고 한다. 또한 환경과 사회를 둘러싼 장기적 변화에 대응하려고 하지 않는다. 아무것도 하지 않거나 형식적으로 대처하면서 가까운 장래에 외부의 비판을 받지 않기 위해 의식적으로 노력한다. 사건형에 비해 시간을 멀리 내다보고 대처하지만 위험에 대응하여 단기적으로 대응한다는 점은 공통된 문제다.

CSR 경영에서 자주 등장하는 컴플라이언스compliance란 용어는 '법령준수'로 번역되지만, 본래 사회의 요청에 따라 조직의 목적을 실현하는 것(사회적 요청에 적응)을 의미한다. 컴플라이언스의 원어(라틴어) 'Complere'는 '채운다'는 의미고, 'Compliance'는 유연성과 조화로 번역되고 있다.

실제로 'Compliance'는 1667년 밀턴의 실락원에서 '모든 것을 충족시키는 이상의 여성'을 표현하기 위해 사용된 언어로 남녀의 정신적 관계를 나타내는 언어로 사용되었다. 부드러운 부부관계나 연인관계를 생각하면 '준수'라는 말이 친숙하지 않다는 것을 알 수 있다. 강요의 요청에 따르는 것이 아니라 상대의 기분을 어떻게 받아들이냐는 대화 능력을 기대한다는 점을 생각해야 한다.

법령과 위험 요소는 그 시대의 사회적 기대와 가치관을 규범화, 문서화한 것에 지나지 않는다. 사회의 환경과 가치관이 빠르게 변하는 시대에는 법령과 기준 자체가 환경 변화에 맞춰 충분히 적응할 수 없다. 법령준수에 얽매이면 잠재적 위험에 직면하여 큰 문제를 일으킬 가능성이 있다.

앞으로 기업은 스스로 솔선하여 사회적 기대를 포착해야 한다. 주어진 것을 지키려는 수동적 대응에서 솔선하여 사회적 기대를 파악하고, 해결 방법을 모색하고, 행동하는 실천적 대응 자세로 바뀌어야 한다. 법률과 규정은 사회의 변화에 대응하여 형태를 바꾸는 사회적 생물이라고 말할 수 있다. 사회의 기대와 가치관 변화를 수용한다는 점에서 컴플라이언스와 CSR의 본질은 같다.

셋째, 미래 지향형이다. 외부 환경의 장기적 변화에 따라 일어나는 위험과 기회를 이해하고, 기업의 사업 전체를 새로운 변화에 적응시키려는 유형이다. 이 유형은 길게 보고 위험뿐만 아니라 시장 기회도 인식하고 있다. 또한 위험도 외부에서 비난받는 위험이 아니라 환경과 사회의 훼손에 따른 위험을 이해하고 있다는 점도 크게 다르다. 미래 지향형 기업은 장기적인 관점에서 환경과 사회의 동향을 고려하고, 솔선하여 주체적으로 지속가능성 경영을 추진한다.

예를 들면, 독일의 화학업체 'BASF'는 환경과 사회에 공헌하는 기업이 장기적으로 성장할 수 있다고 생각한다. 이 회사는 '지속가능한 성장(경제적 성공, 환경보전, 사회적 책임의 균형적 성장)을 위해 화학으로 좋은 관계를 만든다'는 목표를 제시하고, 공급망 전체를 포함하는 경제·환경·사회에 임팩트를 금전적 가치로 평가하는 'Value to Society(사회에 대한 가치)'라는 툴을 개발하였다. 이 정보는 경영 전략, 사업 포트폴리오 전략, 대규모 프로젝트 등의 의사결정, 연구개발, 경영 간부의 보수 결정 등에 이용되고 있다.

네덜란드의 화학업체 'DSM'은 국영 석탄채굴 기업으로 시작했지만, 시대에 맞춰 항상 진화해왔다. 현재 사료와 영양식품, 의류용 소재, 환경부담이 적은 플라스틱과 수지 등을 제조하는 생명과학과 물질 과학 회사로 사업을 변혁해왔다.

이렇게 미래 지향형 기업은 환경과 사회의 변화에 맞춰 사업을 역동적으로 변혁하고 있다. BASF, DSM 외에도 점점 더 많은 기업이 미래 지향형 기업에 합류하고 있다.

넷째, 퍼포스·미션 추구형이다. 이 유형의 기업은 사내외에 내걸고 있는 미션 자체가 환경과 사회에 관련된 과제를 해결하는 것이다. 기업 경영자가 사회적 과제를 해결하겠다는 강력한 신념을 갖고, 리더십을 바탕으로 사업을 추진하는 유형이다.

예를 들면, 미국 대형 자동차업체 '테슬라Tesla'는 창업 초기에 '가능한 한 빨리 대중시장에 고성능 전기자동차를 도입하여 지속가능한 운송 수단의 출현을 가속화한다'는 미션을 제시하였다. 식물 유래의 인공육을 제조하는 '임파서블 푸드Impossible Foods'는 '동물에서 식료를 만들지 않도록 하여 세계의 식료시스템을 지속가능하게 만든다'는 미션을 제시하였다. 육류, 어류, 유제품을 식물로 대체하고, 동물의 이용으로 일어나는 지구온난화와 생물다양성의 파괴를 막겠다는 사고다.

이 회사는 기술 투자를 확대하고, 문제해결을 위해 과학자를 모으는 '임파서블 인베스티게이터' 프로그램을 추진하고 있다. 임파서블 인베스티게이터 프로그램은 과학자에게 미션 범위 내에서 새로운 연구프로그램 개발을 요구하고 있다. 식물 유래의 우유와 스테이크, 어류를 최적화하는 단기적 전략에서 식물성 단백질, 다른 소재의 공급망을 대폭 개선하는 장기적인 아이디어까지 어떤 것도 가리지 않고 있다.

주력상품인 임파서블 버거는 이미 동물 유래의 식품을 대체하고 있다. 2019년 4월 미국의 패스트푸드 기업 버거킹은 식물성 대용육을 사용한 햄버거 '임파서블 와퍼'를 판매하기 시작했다. 햄버거의 겉모양뿐만 아니라 식감과 맛도 진짜 햄버거와 같아 화제가 되었다.

파타고니아는 1990년대에 '최고의 상품을 만들고, 환경에 주는 불필요한 영향을 최소화한다. 그리고 비즈니스를 수단으로 환경위기에 경종을 울리고, 해결을 실천한다'는 미션 선언문을 만들었다. 이 미션은 2018년 '우리는 고향인 지구를 지키기 위해 비즈니스를 한다'로 발전했다. 이전의 사업이념에는 어떻게How 환경위기 대책을 실행할 것인지를 제시했다면, 새로운 이념에는 그 이유Why만 제시하고 있다. 그것은 앞으로 직원들이 그 수단How를 생각하도록 배려한 것이다.

현재 대부분 회사는 CSR 부문 등 일부 부서만 환경문제에 대처하고 있다. 그러나 파타고니아에서는 인사, 경리, 영업 부문 등 부서에 상관없이 모두가 환경과 사회 문제의 해결에 대응하고 있다. 앞서 언급한 기업 이념의 선언문에도 직원 개개인이 스스로 생각하고 행동하라는 사고를 지시하고 있다. 또한 파타고니아의 직원뿐만 아니라 다른 모든 조직에서 당사자 의식을 갖고, 대처해달라는 메시지가 함축되어 있다.

미국의 타일 카펫 판매업체 '인터페이스Interface'는 1994년 '2020년까지 환경부담을 제로로 한다'는 미션을 제시하고 경영을 변혁해왔다. 놀랍게도 인터페이스는 이 미션을 회사 전체에서 적용하여 경쟁우위를 창출하고, 세계 최고 점유율을 유지하고 있다.

1994년 창업자 레이 앤더슨Ray Anderson이 환경보호 운동가 폴 호켄Paul Gerard Hawken의 저서, 《비즈니스 생태학The Ecology of Commerce》을 접한 것이 인터페이스의 운명을 바꾸어 놓았다. 이 책의 핵심 내용은 이렇다. "비즈니스를 하는 것은 지구에서 자원을 착취하고, 생태계에 손상을 주는 것이다. 이를 지속하면 최종적으로 사업 활동 자체도 할 수 없다. 이 때문에 기업은 이 문제를 해결할 책임을 지고 있다."

이 내용에 충격을 받은 앤더슨은 인터페이스를 지속가능하고, 생태계를 손상하지 않는 회사로 만들기로 결심하였다. 앤더슨은 원료로서 또는 가공할 때 대량으로 석유 자원이 필요한 카펫의 제조공정을 점검하는 등 환경부담을 줄이는 대책을 시작했고, 2020년까지 지구환경에 미치는 부담을 제로로 하는 목표를 내걸고, 회사 전체의 추진대책을 발표하였다.

이렇게 퍼포스·미션 추구형 기업에서 모든 사업은 미션을 실현하기 위해 존재하고, 기업 이념과 미션에 공헌하는지가 경제적 채산성과 대등할 정도의 중요성을 갖고 있다.

기업은 사건형에서 외부 요청형 또는 미래 지향형으로, 외부 요청형에서 미래 지향형으로 변천해 나가는 사례가 많다. 예를 들어 기업의 갑작스러운 불상사로 주가가 떨어지고, 불매운동으로 매출이 감소한 기업 중에는 환경과 사회의 중요성을 인식하고, 미래 지향형 기업으로 변하는 기업도 있다. 하지만 아직 많은 기업이 외부 요청형에 머물러 있고, 일부 선진기업은 미래 지향형으로 힘차게 이행하고 있다.

다시 강조하지만, 기업은 환경과 사회 과제 해결의 중요성을 인식하

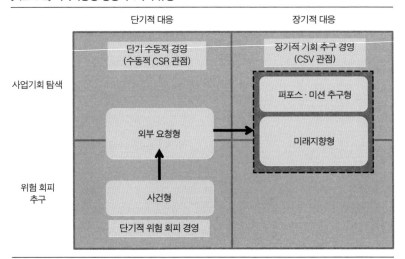

출처: PwC(2021), 필자 재구성

고, 이를 기반으로 지속적으로 성장하는 전략을 세워야 한다. 외부의 압력과 요청에 불가피하게 수행하는 지속가능성 경영에서 빨리 탈피해야 한다. 기업의 퍼포스를 중심으로 미래를 지향하는 경영으로 이행해야 한다. 장래의 꿈을 실현하는 경영을 통해 장기적 성장과 기업 가치를 높여나가는 경영 자세가 필요하다.

다음부터 장기적인 관점에서 지속적인 성장을 실현하는 미래 지향형과 퍼포스·미션추구형 기업의 혁신 사례를 하나씩 살펴보기로 한다.

사업 포트폴리오를 전환하다

필립스, 헬스케어 산업으로 과감한 전환

네덜란드 기업 '필립스Philips'는 1990년에 큰 손실을 내면서 적자경영 상태였다. 그러나 세계적인 고령화 추세에 따라 건강을 새로운 사업 기회로 보고 헬스케어와 테크놀로지를 성장 영역으로 설정하고, 사업 포트폴리오 전환을 추진했다. 2011년 취임한 CEO 프란스 판 후텐Frans van Houten은 헬스케어 기업으로 전환을 선언하고 사업변혁을 시도하였다. 그 후 10년이 지난 2020년 필립스 매출의 대부분을 바로 헬스케어 사업이 차지하고 있다.

현재 필립스는 헬스테크의 리더를 추구하면서 '필립스 6.0'이라고 표현한다. 1891년 창업 이래 사회환경 변화에 맞춰 사업 확대와 사업 포트폴리오 점검 등 지금까지 5단계에 걸쳐 현재 6단계에 이르고 있다는 의미다. 필립스는 오랜 기간에 걸쳐 다양한 사업변혁을 경험하면서도 사업의 근간에는 항상 기업 이념 '당신에게 가장 가까운 혁신Innovation and You'이 확고하게 유지되었다. 즉 '우리는 항상 사회에 필요한 혁신을 제공한다'는 기업 이념을 지침으로 변혁을 시도하였고, 그 방향이 흔들리지 않는다면 사업 형태는 문제가 되지 않았다.

헬스케어 영역에서 쌓은 강점과 칫솔과 면도기 등 가전 분야에서 축적해온 디지털 기술을 통해 건강한 생활, 예방, 진단, 치료, 홈케어까지 헬스케어를 둘러싼 사회 과제에 대해 모든 솔루션을 제공하고 있다. 헬스콘티뉴이라고 부르는 건강에서부터 예방, 진단, 홈케어의 프로세스까지 혁신을 창출하고 있다. 이를 위해 160개 이상의 기업, 대학, 지자체와 제휴하여 새로운 프로젝트를 추진하고 있다.

필립스는 현재 '혁신을 통해 세계를 더 건강하고 지속가능하게 한다'는 미션을 제시하고 있다. 이를 근거로 2012년 '2025년까지 30억 명의 생활을 향상시킨다Lives Improved'는 목표를 달성하기 위해 나아가고 있다. '사람의 생활 향상Lives Improved'을 구체적으로 실현하기 위해 반도체 사업에서 철수하고, 조명사업의 분사화를 단행하고, 헬스케어와 의료기구에 경영 자원을 집중시켰다. 환경에 부담을 주지 않고, 건강한 생활을 보내도록 이노베이션을 선도하는 기업으로 변혁을 시도하였다. 그 결과 매출 규모는 2012년 약 159억 유로에서 2019년 약 194억 유로로 성장하였다.

또한 유엔이 제시한 2030년의 지속가능개발목표SDGs에 공헌하기 위해 새로운 목표를 발표하였다. 필립스는 실행계획으로서 헬스케어와 예방 등 경제적으로 지속가능한 헬스케어를 제공하는 목표를 내걸고 있다. 의료를 충분히 받지 못하는 사람에게 싼 가격으로 헬스케어를 받도록 대처하고 있다. 매년 평균 6%로 목표 대상을 확대하고, 혜택을 받지 못하는 4억 명에게 헬스케어에 접근할 수 있도록 하고, 30억 명의 생활 향상에 공헌하기로 했다.

중장기 경영 계획은 조직의 목표에 대한 진정성을 보여주고, 과제 해결을 위한 큰 변혁을 일으키는 데 중요한 역할을 한다. 그만큼 급변하는 사회환경 속에서 비즈니스 형태도 빠르게 바뀌고 있다. 비즈니스 내용이 바뀌면 당연히 지속가능성에 관한 중장기 목표에도 영향을 줄 수 있다. 필립스가 이러한 변화에 유연하게 대응한 것은 '사람의 생활 향상'을 전략의 핵심에 두었기 때문이다. 필립스는 전략을 달성하기 위한 목표를 수치로 상세하게 설계하여 외부에 발표하고 있다. 그 목표 수치는 객관성을 입증하기 위해 제3자 보증도 받고 있다.

이렇게 사회 측면에서 지속가능성 목표를 수치로 정밀하게 계산하여 공시하는 기업 사례는 많지 않다. 이런 필립스의 대책은 사업변화에

[자료 4-3] **필립스의 공동창조센터**

출처: 필립스 홈페이지(www.philips.co.jp)

유연하게 대응하고 투명성을 높이는 데 큰 도움이 될 수 있다.

필립스는 미션을 실현하기 위해 순환 경제에도 적극적으로 대응하고 있다. 매년 병원 용기를 4만 톤, 개인용 건강기구를 20만 톤 이상 시장에 내놓고 있는 기업으로서 사회적 책임을 의식하고 있다. 그 책임을 수행하기 위해 2020년 3개의 야심적 목표를 설정하였다. 먼저, 매출액의 15%는 순환 경제에 근거한 솔루션에서 창출하는 것이다. 그리고 제조과정에서 나오는 쓰레기의 90%는 리사이클하고, 매립 쓰레기를 제로로 하는 대책이다. 세 번째는 사용한 대형기구의 자원을 효과적으로 이용하는 대책이다. 2025년까지 모든 의료기구를 효과적으로 이용할 수 있는 대책을 추진하고 있다.

DSM, 생명과학 기업으로의 변신

현재 'DSM'은 사람과 지구의 지속가능성에 공헌할 수 있는 분야로 영양과 건강, 기후와 에너지, 자원과 환경경제에 집중적으로 사업을 추진하고 있다. DSM은 상당히 일찍부터 지속가능성 분야에서 구체적인 사업 성과를 올려 지속가능성 경영의 선구자로 널리 알려져 있다.

DSM은 오랜 역사를 통해 경영의 변혁을 지속해왔다. 1929년 DSM은 네덜란드산 석탄 경쟁력이 없어지자, 석유화학 사업에 진출했다. 2000년 중동과 중국 등 신흥국가는 대규모의 석유화학 콤비나트(기업집단)를 운영하기 시작했다. 당시 DSM 경영진은 진지하게 생각했다. 이대로 네덜란드에서 석유화학 회사를 지속한다면 회사와 사회를 위해 좋은 것인지에 대해 스스로 물었다. 그리고 매출의 대부분을 차지하지만, 환경부담이 큰 석유화학 사업을 장기적으로 추진하기 어렵다고 결단을 내리고 회사를 매각했다.

이런 결단은 회사의 모든 능력을 사회적 과제 해결에 사용하기 위한 최선책이라고 생각한 것에서 비롯되었다. 그 대신 네덜란드 최대 바이오테크 기업과 스위스 의약품업체 로슈Roche의 비타민 사업, 그리고 와인 케미컬 사업을 매수하여 생명과학 회사로 변신했다. 이렇게 사회적 과제의 변화에 맞춰 대담하게 사업 포트폴리오를 바꾼 기업은 거의 없을 것이다.

10년 전부터 DSM은 회사의 능력을 충분히 사용하여 사람과 지구의 지속가능성 향상에 공헌하는 것을 목적으로 하고 있다. 이노베이션과 지속가능성을 기업 이념과 전략의 중심에 두는 퍼포스 주도형 기업이 된다는 사고에 근거하여 대폭적인 사업 포트폴리오를 변혁하였다. DSM은 세상을 위해 기업으로서 능력을 최대한 활용하여 좋은 임팩트를 줄 수 있는지를 중시하고 있다. 현재 영양, 헬스케어, 지속가능성 분야에서 퍼포스 주도형Purpose-led, 과학 기반Science-led의 기업이 되기 위해 사업의 매수와 매각을 통해 사업 포트폴리오 개혁을 추진하고 있다.

DSM은 환경 변화에 따라 사업혁신을 추진해왔지만, 지속가능성 경영은 2008년부터 본격적으로 추진하였다. 2008년 새로 취임한 CEO 페이케 시베스마Feike Sijbesma는 사업이 성공해도 그때 사회가 실패한다면 성공한 것이 아니라는 신념을 갖고 있었다. 그는 지속가능성 사고를 회사에 침투시키기 위해 '사람, 지구, 이익People, Planet, Profit', '좋은 일을 하면서 성장한다Doing Well by Doing Good'는 슬로건을 제시하였다. 지속가능성을 DSM 경영 전략의 핵심에 두고, 사람과 지구에 좋은 일을 하며 동시에 이익을 내는 사업을 지속하겠다고 선언하였다. 이 3P에 근거하여 지속가능성과 세계가 안고 있는 중요한 사회적 과제를 해결하는 것이 DSM 사업의 원동력이다.

사실, 지구와 사람에게 좋은 것을 사업목적으로 하고, 이익도 올릴 수 있다면 비즈니스의 힘으로 지속가능성을 영속적으로 추진할 수 있다. 이와 같은 생각으로 DSM은 과거 10년 이상 꾸준히 실천해왔다. 쉬운 일은 아니었지만, 직원들의 공감을 얻어 지금까지 성공을 거두었다.

DSM 브랜드는 다음 세대에게 풍요로운 생활을 약속하고 있다. 그 약속은 기업 활동, 제품, 이노베이션을 통해 생활을 더욱 좋게 만드는 것을 의미하고 있다. 예를 들면, 유엔 WFP(세계식량계획)와 협력하여 숨겨진 기아로 고통받는 1,000만 명 이상을 위해 미량 영양소 믹스미 MixME 영양패키지를 활용하고 있다.

현재 DSM이 판매하는 전체 제품의 94%는 에코 대응 제품이다. 에코 대응 제품은 우수한 기능과 가격 혜택이 있고, 동등한 제품보다도 탄소

[자료 4-4] **2030년까지 DSM 식품 관련 분야의 사업 전략**

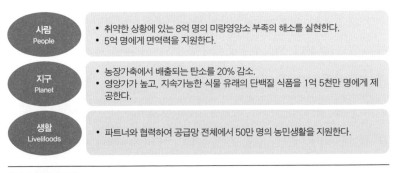

출처: DSM 홈페이지

배출량도 낮게 설계되어 있다. DSM은 제조 프로세스를 다시 만들고, 공급망 전체에서 더 효율성이 높고 폐기물량의 감소에 대처하고 있다.

DSM은 경제적 측면에서도 지속가능성을 높이고 있다. DSM의 많은 에코 대응 상품은 비용 효율 측면에서도 매우 우수하다. DSM은 40억 명으로 추정되는 'BOP Bottom of Pyramid'의 사람들을 지원하기 위한 지속가능 비즈니스모델을 계속 찾고 있다.

'DSM 애니멀 뉴트리션&헬스'는 이러한 과제에 대처하여 획기적이고 전략적 이니셔티브 '우리는 해낼 수 있다We Make It Possible'는 미션을 제시하고 있다. 세계의 축수산업에 강력하고 실현 가능한 변혁을 유도하고 인류에게 밝은 미래를 가져올 솔루션을 제공하겠다는 야심찬 미션이다.

회사의 CEO는 다음과 같이 말한다. "DSM은 퍼포스 지향과 성과 추구를 중기 경영 계획에 반영하고 있다. 지금까지 지속가능성이라면 남의 일로 여기고, 장래 세대의 문제로 받아들였다. 그러나 현재 대처할 수 없는 문제가 따로 정해진 게 없다. DSM은 축수산업을 지속가능하게 할 수 있다고 믿는다. 축수산업에 종사하는 사람은 인간다운 생활을, 전 세계 모든 사람에게 충분한 동물성 단백질을 제공하고, 축수산업의 환경부담을 줄이는 것이 우리의 과제다. 사업 미션We Make It Possible 은 DSM에게 가장 중요한 고객과 소비자, 지구환경에 대해 구체적이고 현실적인 솔루션 제공을 약속하고 있다."

DSM은 모든 사람의 생활을 풍요롭게 하는 것을 지향하고 있다. 이해관계자와 사회 전체에 대해 경제적·환경적·사회적 가치를 창출하고, 회사의 제품과 솔루션을 제공하여 세계에서 가장 중대한 과제를 해결하고 있다. 현재 DSM은 영양, 건강, 지속가능한 생활 분야에서 비타민 등 미량 영양소를 비롯한 식품과 화장품, 동물사료용 원료, 자동차와 전자제품 등에 이용되는 고기능재료 등의 사업을 추진하는 글로벌 사이언스 기업으로 성장했다.

2020년까지 CEO 페이케가 재임하던 기간에 DSM의 기업 가치는 3배가 늘어났다. DSM과 관계회사의 연간 매출 규모는 100억 유로이고, 직원 수는 약 2만 3,000명이다. 매출의 65% 이상은 유럽 이외에서 나오고 있다.

2018년 ESG 투자의 대표적인 지표인 다우존스 지속가능성 월드 지수DSWI에 15년 연속 선정되었다. 또한 2016년부터 포춘지가 발표하는 '세계를 바꾼 기업'에 DSM은 2018년까지 3년 연속 선정되었다. 2017년에는 애플, 노바티스 등 쟁쟁한 대기업을 제치고 2위를 차지하였다.

오스테드, 석유회사에서 재생 가능 에너지 기업으로

덴마크 기업 오스테드Orsted는 1972년 설립되어 국영 석유·가스회사로 운영되었다. 2000년대부터 전력 사업을 추진하였다. 2008년 이해관계자의 반대 목소리에 귀를 기울이고 사업변혁을 추진하였다. 화석연료는 장래성이 없다고 판단하고 재생 가능 에너지 기업을 지향하여 해상풍력 발전을 장래의 성장사업으로 결정하였다. 2040년까지 에너지 공급의 85%를 재생 가능 에너지로 하는 비전을 내걸고 개혁을 추진하였다.

이렇게 장기적인 관점에서 새로운 비전을 갖고 사업변혁을 추진한 결과 오스테드는 해상풍력 발전 분야에서 세계 최대기업이 되었다. 당초 2040년으로 설정한 재생 가능 에너지 비전은 2019년에 달성하였다. 목표보다 무려 21년 앞당겨 달성한 것이다. 매출 규모는 2009년 약 8조 5,000억 원에서 2019년 약 10조 5,000원으로 비약적으로 성장했다.

오스테드는 2030년 신재생 가능 에너지 프로젝트를 통해 생물다양성 순수이득 효과Net Positive Impact를 실현하는 목표를 추진하고 있다. 잠재적 생물다양성의 손실을 보완하기 위해 적극적 조치를 취한 결과 프로젝트가 생물다양성에 대해 상대적으로 긍정적 영향을 가져올 경우 이득 효과Positive Impact가 발생한다는 발상이다.

오스테드는 이미 재생 가능 에너지 업계에서도 가장 경험이 풍부한 환경전문가팀을 구축하고 프로젝트가 생물다양성에 주는 잠재적 영향에 대처하고 있다. 지금까지 네덜란드의 볼세레 1&2 주변의 대서양에 생식하는 대구를 지키기 위해 인공 산호초 설치, 영국의 웨스터모스트

[자료 4-5] **오스테드 그린에너지 비중 전망**

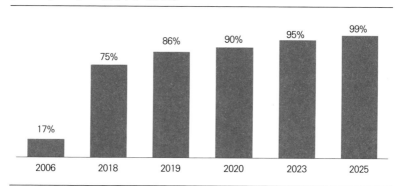

출처: 오스테드 홈페이지

러퍼에서 갑각류의 생식지 모니터링, 북대서양 참고래의 보호 프로그램 등을 추진해왔다.

앞으로 신규프로젝트를 개발할 때 해양과 육상 풍력 발전, 태양광 발전과 에너지 저장, 재생 가능 수소 등 재생 가능 에너지 사업과 그 주변 지역에서 자연생태계, 생식지, 종種의 순수이득Net Positive에 공헌할 수 있는 대책을 추진할 계획이다.

이를 위해 오스테드는 '과학 기반 감축 목표 네트워크Science Based Target Network'라는 이니셔티브가 주최하는 기업 인게이지먼트 프로그램에 참여하고 있다. 자연과학에 근거하여 목표를 개발하고, 생물다양성, 토지, 물, 해양에 영향과 의존관계를 측정하기 위한 툴과 가이드라인을 2030년까지 도입할 계획이다. 이니셔티브는 경제시스템을 변혁하고, 공기, 물, 토지, 생물다양성, 바다 등 공공영역을 보호하기 위해 설립되었고, 현재 많은 NGO, 비즈니스협회, 컨설팅기업의 전문가들이 활동하고 있다. 2050년까지 물, 육지, 생물다양성, 해양에 관한 과학적 목표를 도입할 계획이고, 기후에 관한 과학적 목표설정 개발에 착수하고 있다.

오스테드의 비전은 그린 에너지만으로 가동하는 세계를 창조하는 것이다. 이러한 비전을 실현하는 대책으로 2021년 2월 오스테드는 재생 가능 수소 프로젝트 'H2RES 재생 수소 실증사업'에 투자를 결정하였다. 이 프로젝트는 해상풍력에너지를 사용하여 재생 가능 수소를 생산한다. 2021년 후반에 최초의 수소 생산을 전망하고 있다. 'H2RES 재생 수소 실증사업'은 오스테드 최초의 재생 가능 수소 프로젝트로서 본격 가동될 전망이며, 그린 에너지 대책의 새로운 시대가 열릴 것으로 보인다.

순위	회사	순위	회사
1	넷플릭스(미국)	6	알리바바(중국)
2	어도비(미국)	7	오스테드(덴마크)
3	아마존(미국)	8	인트위트(미국)
4	텐센트(중국)	9	핑안(중국)
5	마이크로소프트(미국)	10	DSB 그룹(싱가폴)

출처: 오스테드 홈페이지

오스테드는 2021년 캐나다 미디어·투자조사회사 '기업 전사Corporate Knights'가 선정하는 '세계에서 가장 지속가능한 100개 기업' 순위에서 가장 지속가능한 에너지 기업으로 선정되었다. CDP 기후변화 리포트는 오스테드를 기후변화 대책의 A리스트 기업으로 인정하고 있다. 2020년 직원은 6,311명, 수익은 71억 유로다.

웨이스트 매니지먼트, 폐기물을 자원으로 새로운 가치 창출

웨이스트 매니지먼트Waste Management는 미국과 캐나다에 고객을 가진 북미 최대의 쓰레기 수집과 폐기물 처리 업체다. 폐기물 처리 서비스는 주로 매립지 건설과 유지를 둘러싼 광범위한 규제 때문에 진입장벽이 높은 특징이 있다. 따라서 미국에서 매립지는 수십 년간 신설되지 않고 있고, 업계의 진입장벽이 높다. 웨이스트 매니지먼트는 250개 이상의 매립지를 소유하고 있다.

웨이스트 매니지먼트는 쓰레기 운송업자를 매수하여 폐기물 회수사업을 통합하는 전략으로 성장하였다. 최근 순환 경제와 같이 환경 배려 운동이 확산되면서 폐기장에 보내는 쓰레기양을 제로로 하는 목표를 추진하는 기업도 등장하였다.

웨이스트 매니지먼트는 이런 변화를 기회로 인식하고, 기업의 퍼포스를 재정의하였다. 즉 쓰레기를 처리하는 회사에서 '폐기물에서 가치를 찾아내는 혁신적인 방법을 모색하는 기업이 된다'는 목적을 갖고 개혁을 추진하였다. 쓰레기 배출감소 대책을 추진하기 위해 컨설팅 부문을 설립하였다. 민간투자를 자원회수 시설에 충당하고, 리사이클 가능한 재료를 분별하는 고도 기술을 갖춘 시설을 만들었다.

폐기물을 에너지로 전환하는 프로젝트 수는 100개가 넘고, 클린 에너지를 110만 세대에 공급하고 있다. 웨이스트 매니지먼트는 매립된 쓰레기 산에 묻은 파이프를 통해 쓰레기가 부패하면서 나오는 가스(매립지 메탄가스)를 전력으로 전환하여 50만 세대에 공급하고 있다. 가정에서 나오는 쓰레기가 대부분 에너지원이고, 쓰레기장은 수익을 내는 비즈니스가 되었다.

이렇게 웨이스트 매지니먼트는 폐기물을 매립하는 회사에서 폐기물을 자원으로 가치를 창출하는 회사로 재탄생하였다. 회사의 자원을 활용하여 시대변화에 적응한 것이다. 회사의 다양한 이해관계자의 이해를 넘어 큰 변화를 일으키는 일은 쉽지 않다. 그렇다고 시대변화에 역행할 수 없는 게 현실이다.

웨이스트 매니지먼트의 매출 규모는 2009년 118억 달러에서 2020년 152억 달러로 크게 성장하였다. 주가도 최근 크게 상승하였다. 견고

7,744,197	3,358,832	1,381,865	996,799	615,853
Paper	Mixed Organics	C&D/wood	Fly ash	Glass
502,459	384,404	32,122	14,123	15,030,654
Plastic	Metal	E-waste/lamps	Oil	Total materials recycled

출처: 웨이스트 매니지먼트 홈페이지

한 배당과 강력한 시장점유를 배경으로 최근 10년간 주가는 4배 이상 상승하였다.

고객 변화에 대응하다

유니레버, 순환 경제를 비즈니스 모델로 삼다

유럽은 2015년 12월 지속가능한 경제성장 전략으로서 '순환 경제 패키지'를 채택하였다. 이를 계기로 네덜란드, 핀란드, 프랑스 등 많은 국가와 지자체가 순환 경제 실현을 위한 로드맵을 수립하고 있다.

수많은 글로벌 기업이 순환 경제의 사고에 근거하여 비즈니스 모델을 점검하고 있지만, 구체적으로 어떤 형태로 추진하면 좋을지 모르는 경우가 많다. 이에 지속가능성 선진기업으로 알려진 대형 소비재 기업 유니레버의 대책은 참고가 될 것이다.

사실, 유니레버는 유럽의 소비재 기업으로서 네슬레와 쌍벽을 이루는 회사다. 1884년 '비위생에서 생명을 지킨다'는 비전을 담은 비누 사업이 시초였다. 그 당시 유니레버의 퍼포스는 '청결한 생활을 당연하게 Make Cleanliness Commonplace'였다.

마이클 포터가 CSV 논문이 발표되기 1년 전 유니레버는 2010년 환경부담을 줄이고, 사회에 공헌하면서 비즈니스를 성장시키는 사업 전략 '유니레버 지속가능한 삶 계획USLP, Unilever Sustainable Living Plan'을 수립했다. 지속가능성과 사업 성장을 양립시킨 유니레버는 순환 경제라는 큰 조류를 비즈니스 모델에 포함하여 성장과 혁신의 추진력으로 활용하고 있다.

유니레버가 추진하는 순환 경제 대책의 기반은 '지속가능한 삶을 당연하게Make Sustainable Commonplace'라는 단순하고 명확한 퍼포스다. 매일 세계 190개 국가에서 약 25억 명이 사용하는 제품을 제공하는 유니레버에게 지구와 사회의 지속가능성은 회사의 지속가능성을 의미한다. 이 퍼포스를 실현하기 위해 유니레버는 2010년 'USLP'를 수립한 것이다. 'USLP'는 '건강한 생활', '환경부담 감소', '경제발전'이라는 3개의 약속을 제시하고, 9개 중점대책과 50개 이상의 구체적인 수치 목표를 설정하고 있다.

USLP의 첫 번째 약속은 10억 명 이상의 건강한 생활에 공헌하는 것이다. 그중에서 가장 큰 위력을 발휘한 것이 '라이프보이Lifebouy'라는 비누였다. USLP에서 아시아, 아프리카, 남아메리카에 10억 명에게 올바른 손 씻기 캠페인으로 위생적 습관을 익히도록 하는 목표를 제시하였다. 2019년 말까지 13억 명까지 도달하여 1년 일찍 목표를 달성하였다.

두 번째 약속은 환경부담을 절반으로 줄이는 것이다. 그 대상은 온실효과가스, 물 자원, 폐기물이다. 유니레버에게 물 자원 대책이 가장 어려운 문제였다. 제조과정에서 물 소비량은 전체의 3분의 1에 불과하지만, 소비자가 이용하는 과정에서 그 두 배의 양을 소비하기 때문이다.

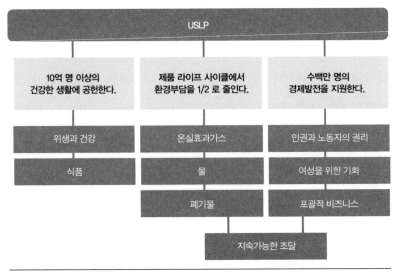

출처: 유니레버 홈페이지

유니레버는 적은 물로 씻을 수 있는 샴푸 등을 개발하였지만, 소비자에게 홍보활동도 중요한 대책이다.

세 번째 약속은 '수백만 명의 경제발전을 지원하는 것이다. 인권 문제에 대응, 소규모 농가 지원이 기본대책이었다. 또한 여성의 활동 지원대책도 타의 추종을 불허할 정도다. 회사 내 여성 관리직 비율은 51%, 사내외 234만 명의 여성 활동을 지원하고 있다. 여성의 커리어 지원에 한정하지 않고, 직원의 일하는 방식도 선진적이고 파격적인 대책을 추진하고 있다.

결과적으로 'USLP'는 유니레버에게 많은 성과를 가져왔다. 환경부담을 크게 줄였고, 다양성을 확보하고, 우수한 인재를 끌어들이는 데도 성공했다. 폴만이 재직한 10년간 여성 관리직의 비율이 37%에서 과반

수로 늘었고, 이사회도 여성이 절반을 차지하고 있다. 단순히 여성을 할당제로 채우지 않고, 누구나 존중받고, 경의를 갖고 대우받아야 한다는 사실을 전 직원이 받아들였기 때문에 달성한 것이다. 다양한 조직이 높은 성과를 낸다는 신념을 갖고 평가제도를 포함한 포용적 프로그램을 구축한 것도 성공 요인이었다.

폴만은 장기적 기업 가치를 높이는 관점에서 분기 결산 보고서도 폐지하였다. 주가는 일시적으로 8% 하락했지만, 폴만은 장기적 관점에서 비즈니스 재구축을 위해 필요하다고 판단하고, 그 의지를 굽히지 않았다.

폴만은 많은 기업의 CEO를 만나면 '당신 회사의 퍼포스는 무엇입니까' 하고 물어본다. 경영자가 퍼포스를 당당하게 말할 수 없다면 애당초 그 회사는 존재할 필요가 없다고 강조한다. 폴만이 장기적 관점에서 퍼포스를 기점으로 하는 경영은 다양한 효과를 냈다. 의사결정이 더 장기적이고 전략적 관점에 맞춰 수립되었고, 직원의 자세도 크게 바뀌었다. 직원은 맡은 업무가 생활에 더 좋은 변화를 가져온다는 것에 높은 자긍심과 동기를 갖고 업무에 종사하였다.

유니레버의 퍼포스 경영은 기존의 글로벌 기업보다 훨씬 선진적이었다. 확고한 퍼포스 경영은 장기적 성과로 나타났다. 폴만이 재직 중에 1주당 이익은 3배 정도 성장했다.

현재 유니레버는 '지속가능한 생활을 당연하게Make Sustainable Living Commonplace'라는 퍼포스를 중심에 두고, 퍼포스를 가진 기업, 브랜드, 그리고 인재는 성공한다는 3가지 방침을 명확하게 제시하고 있다. 유니레버에게 퍼포스는 모든 전략의 중심에 있고, 비즈니스의 성장을 이끄는 요소라고 말할 수 있다.

폴만에 이어 취임한 CEO 앨런 조프Alan Jope도 퍼포스 경영을 강조하고 있다. 단순히 이익보다 우선하지 않고, 퍼포스를 이익 창출의 원동력이라고 생각한다.

유니레버는 '건강한 생활' 목표를 이미 앞당겨 달성하는 등 USLP 목표의 대부분을 순조롭게 추진하였다. 다만, 세계의 심각한 플라스틱 쓰레기 문제에 대해 유니레버는 '환경부담 감소' 분야에서 폐기물 패키지 대책을 강화하고 있다. 폐기물은 2010년 단계에서 '2020년까지 제품 사용에 관련된 폐기를 2분의 1로 한다'는 목표를 제시하였다. 실제로 제조공정에서 생산량 1톤당 폐기물은 97% 줄었고, 거의 쓰레기 제로가 되었다. 이런 플라스틱 문제의 대책으로 2017년 USLP에 폐기물에 관련된 새로운 목표를 추가했다. 즉 '2025년까지 플라스틱 패키지를 100% 재사용 가능, 리사이클 가능, 퇴비화 가능'으로 설정한 것이다.

유니레버는 2010년 수립된 USLP 목표를 기반으로 2025년까지 야심적인 목표를 2개 추가하였다. 그 목표를 달성하기 위해 유니레버는 순환 경제 모델을 사업에 통합하는 순환 경제 사고를 중시하고 있다. 제품설계의 점검, 업계 차원에서 변혁, '정부 및 행정기관과 협력, 소비자와 협력, 새로운 기술과 이노베이션, 비즈니스 모델 창출이라는 5가지 분야에서 플라스틱 패키지의 순환 경제를 실현하기 위해 노력하고 있다.

케링, 환경부담을 측정하는 시스템을 개발하다

프랑스 기업 케링Kerring은 패션과 장식품 등을 제공하는 럭셔리 기업이다. 최근 사업 포트폴리오를 럭셔리 분야에 집중시키고 있다. 케링은 새로운 시대의 소비자는 신뢰성과 투명성을 요구하고, 젊은 세대는 지속가능성을 지향하고 있다는 사실을 잘 이해하고 있다. 지속가능성은 윤리적으로 필요하고, 혁신과 가치 창출의 원동력으로 인식하고 지속가능성 경영을 적극적으로 추진하고 있다.

케링은 제품의 신뢰성과 투명성을 높이기 위해 그룹의 사업 활동이 환경에 주는 부담을 측정하는 혁신적인 '환경손익계산EP&L'이라는 툴을 개발하였다. 이 툴을 활용하여 공급망 전체에 걸친 탄소 배출량, 물 사용량, 대기오염, 수질오염, 토지이용, 폐기물량을 측정하고, 사업 활동을 통한 다양한 환경부담을 정량화하여 비교하고 있다. 환경부담 지표를 기업 경영에 적극적으로 반영하고 회사의 여러 이해관계자에게 제품의 환경부담을 알기 쉽게 보여주고 있다.

케링은 2020년 7월 생물다양성에 관한 전략을 발표했다. 2025년까지 생물다양성 순수이득 효과를 실현하기 위한 목표를 개발하였다. 세계 공급망 전체에서 생물다양성의 손실을 최소한으로 억제하고, 플러스로 하기 위한 대책이다. 생물다양성의 악화를 막고, 건전한 토양을 유지하고 지속가능한 환경 재생형 농법의 추진, 탄소 흡수에 빼놓을 수 없는 글로벌 생태계를 보호하려는 것이다.

구체적으로 생물다양성에 관한 전략은 공급망의 원재료 생산까지 거슬러 올라가 2025년까지 생산에 필요한 토지 면적의 약 6배에 해당하

[자료 4-9] 케링의 환경 손익 계산

	End of life	Use phase	TIER 0 Stores, warehouses, ces	TIER 1 Assembly	TIER 2 Manufacturing	TIER 3 Raw material processing	TIER 4 Raw material production	TOTAL IN MILLIONS
AIR EMISSIONS								10% €50.2
GHGs								35% €183.7
LAND USE								31% €160.3
WASTE								7% €34.2
WATER CONSUMPTION								7% €33.8
WATER POLLUTION								10% €53.7
TOTAL IN MILLONS	0.2% €0.9	12% €61.3	10% €52.5	5% €28.0	8% €43.5	9% €44.0	56% €285.7	100% €515.9

2020년 각 공급망의 환경부담을 제시함

출처: ENVIRONMENTAL PROFIT & LOSS(EP&L) 2020 Group Results

는 토지를 재생·보호하는 활동이다. 생물다양성의 보전, 탄소 흡수 및 고정, 생식환경을 개선하는 프로그램을 통해 2025년까지 공급망이 있는 지역에서 100만 헥타르의 농지와 방목지를 환경 재생형 농업으로 전환할 방침이다. 또한 그 대책을 지원하는 기금 '케링 자연 펀드Kering for Nature Fund'도 설립하였다. 이 기금으로 환경부담이 많은 가죽, 코튼, 캐시미어, 울 등 원재료에 중점을 두고, 패션업계의 원재료 생산의 형태를 바꾸고, 자연생태계와 조화하는 농법으로 전환할 계획이다.

BNP 파리바, 지속가능성 금융을 선도한다

BNP 파리바는 2002년 최초로 사회적 책임투자SRI 펀드를 설립했다. 이후 경제, 직원, 환경과 사회에 관한 지속가능개발목표를 제시하고, '고객이 필요할 때 요청에 따른다'는 기업의 퍼포스를 전략의 중심에 두고 지속가능 금융사업을 의욕적으로 추진해왔다. BNP 파리바는 지속가능성 분야에서 리더로서 역할을 다하기 위해 '지속가능개발사업 협의회WBCSD' 등 다양한 이니셔티브에 참여하고 있다.

2019년 11월 더 의욕적인 탈석탄화력 계획을 세우고, 2020년 5월 2030년까지 EU와 OECD, 2050년까지 세계 전체에서 탈석탄화력을 완료한다는 계획으로 개정하였다. 이 계획에는 석탄 채취부터 설비, 전문거래업, 발전사업까지의 발전용 석탄에 관련된 모든 공급망이 포함된다. 즉 화력발전소를 계획하고 있는 전체 사업자에게 대출을 중지하기로 결정했다.

BNP 파리바는 투명성과 보고 강화도 중시하고 있다. 파리협정의 목표에 맞춰 BNP 파리바의 사업 활동을 제시하는 TCFD(기후 관련 재무 공시 태스크포스)의 보고서도 가장 먼저 발행하였다. 최근 설립된 TNFD(자연자본 관련 재무 공시 태스크포스) 등 국제적 이니셔티브에 적극적으로 헌신하고 있다.

BNP 파리바는 해양 보전에 대한 헌신에 이어 '포세이돈 원칙Poseidon Principles'에 서명하였다. 포세이돈 원칙은 해운 관련 포트폴리오를 기후변화 문제에 근거하여 평가·발표하기 위한 글로벌 기구를 만들려는 금융기관 최초의 협정이다.

2019년 재생 가능 에너지로 전환하기 위해 159억 유로의 대출 목표를 달성하였고, 2021년까지 연간 180억 유로로 늘리는 새로운 목표를 설정하고, 금융상품과 솔루션 제공을 통해 사회에 좋은 영향을 미치는 전략을 착실하게 실천하고 있다.

BNP 파리바는 정보지 유로머니Euromoney의 2020년 최우수상 부문에서 '서유럽 기업책임 최우수 은행'으로 선정되었다.

지속가능성 친화형 기업

파타고니아, 비즈니스를 수단으로 지구환경을 개선한다

파타고니아Patagonia의 독창적인 경영 방식과 기업 자세는 세계의 유명한 기업과 하버드대학교 등에서 사례학습 대상으로 소개되고 있다.

1973년 창업 이래 건강한 지구를 지향하고, 비즈니스를 수단으로 하는 창업자 이본 쉬나드Yvon Chouinard의 경영 철학은 매출과 이익보다 지구환경을 지킨다는 자세로 일관해왔다. 등산가였던 쉬나드는 자연을 파괴하고, 쓰고 버리는 등산용품 제작을 포기하고, 반복해서 사용할 수 있는 제품을 제작하였다.

그 정신이 파타고니아의 품질관리에 뿌리내리고 있다. 자연환경과 제작부터 유통, 판매까지 종사하는 모든 사람에게 높은 품질을 지향하고 있다. 즉 고객이 파타고니아의 상품을 오랫동안 사용하는 것에 초점을 두고 있다. 손질과 수리를 통해서 오랫동안 사용하면 제작과정에서 에너지와 탄소 배출량이 줄어들고, 지구를 위한 최선의 방법이라는 이념을 실현하고 있다.

어패럴 산업은 매년 1억 톤의 탄소를 대기에 방출하고 있다. 의복의 제조와 운송, 착용과 폐기는 지구에 중대한 영향을 미치고, 소비패턴이 계속 성장하면서 탄소 배출량은 더욱 증가하고 있다. 파타고니아는 의류 제조과정에서 일어나는 나쁜 영향을 줄이기 위해 세계의 수많은 파트너와 긴밀하게 협력하고 있다. 지금까지 환경에 대한 나쁜 영향을 줄이기 위해 소재와 공정을 많이 변경해왔다. 또한 세계적인 의류업체로서 처음으로 1994년 오가닉 코튼을 제품에 사용하기 시작했고, 1996년 모든 코튼 제품을 오가닉 코튼 100%로 대체하였다.

그런 대책은 외부의 요구에 따른 것이 아니라 스스로 옳다고 믿고 수행한 것이다. 파타고니아는 스스로 높은 사업 수준을 수행하고, 업계에서도 가장 어려운 문제를 파트너와 함께 진지하게 대처하고 있다.

파타고니아는 오랫동안 버진 코튼을 사용하는 제품 모두에 유기농 코튼을 채택하고, 리사이클 원료 사용을 늘리는 등 사업 전체에 걸쳐 환경 영향을 줄이기 위해 주도적으로 헌신해왔다. 거래업체에도 최고의 환경수준을 충족할 책임을 묻고 있다.

파타고니아의 정신은 2011년 〈뉴욕타임스〉에 내보낸 광고 '이 재킷을 사지 마세요Don't Buy This Jacket'라는 콘셉트에 잘 나타나 있다. 재킷 한 장을 만들 때 에너지는 그만큼 환경을 파괴하기 때문에 정말로 필요한지 생각하면서 소비할 것을 촉구하였다.

파타고니아는 장기간에 걸쳐 탄소 배출량을 줄이기 위해 다른 회사보다 앞서 환경에 배려한 혁신적인 기술을 개발하였다. 이익을 희생해서라도 환경보호 활동에 1억 4,500만 달러를 투자하였다. 현재 환경과 사회적 책임을 충실히 수행하는 기업임을 증명하는 '비코프'의 인증도 받고 있다.

파타고니아는 최고의 제품을 만들고, 환경에 영향을 최소한으로 억제하기 위해 철저한 검증을 통해 환경목표를 설정하고 있다. 2025년까지 공급망을 포함한 사업 전체에 탄소 중립을 달성한다는 목표를 제시하고 있다. 이 목표를 위해 탄소 배출량의 감소, 효과적인 재생 가능 프로젝트와 자연의 해결책에 투자할 방침이다. 또한 2025년까지 모든 어패럴 제품에 재생 가능 소재 또는 리사이클 소재만을 사용할 계획이다.

2020년 파타고니아의 신임 CEO 라이언 겔러트Ryan Gellert는 "파타고니아가 없었다면 세계는 더 좋은 장소가 되었을 것입니다. 지구에서 받기만 할 뿐 우리는 제대로 보답하지 못하고 있습니다."라고 말했다. 파타고니아의 이념에 근거하여 겸손한 발언으로 보인다.

제시한 기업 이념과 같이 파타고니아는 비즈니스를 수단으로 지구의 환경개선을 위해 활동하는 모범적인 기업이다. 기업의 사회 과제 해

[자료 4-10] 파타고니아 'Worn Wear' 프로그램

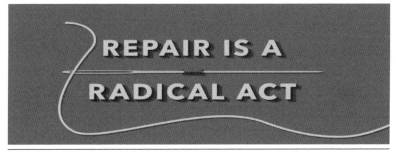

출처: 파타고니아 홈페이지

결과 경제성장은 반비례한다는 통념에 정면으로 도전하고 있는 혁신적인 기업이다.

인터페이스, 미션 제로 비전을 달성하다

미국의 타일 카펫 제조업체 인터페이스Interface는 1994년부터 사업 활동을 통한 환경부담을 제로로 한다는 '미션 제로' 대책을 추진해왔다. 장기적 관점에서 추진한 선도적 대책을 성공적으로 추진한 결과, 2017년에 '세계에서 가장 지속가능한 기업' 3위에 선정되었다.

인터페이스가 지속가능성 경영에 착수한 계기는 창업자의 환경문제에 대한 높은 위기의식이었다. 인터페이스는 초기부터 CEO 직할의 팀을 만들고, 지속가능성 경영으로 전환하였다. 이런 조직적인 실천 대책으로 경영층은 지금도 지속가능성 경영의 필요성을 확고하게 믿고 있다.

지속가능성팀은 환경을 배려한 상품이 고객에게 좋은 이유를 사내외에 전파하는 역할을 한다. 이 지속가능성팀은 영업과 판매, 홍보에 가까운 조직으로 환경부담을 줄이고, 어느 정도 재생 가능 에너지로 바꾸었는지 목표 달성에 관한 보고서를 내고 있다. 지속가능성 업무 담당 직원은 지속가능성 대책을 하나의 영업 지원대책으로 생각하고 있다. 그들은 회사의 제품이 환경을 좋게 만들면 매출도 올릴 수 있다고 생각한다. 이런 적극적인 사고 때문에 판매와 영업 부문은 지속가능성 대책을 고객에게 이해시키며 매출을 늘리고 있다.

창업자 앤더슨이 제시한 '미션 제로'는 2020년 이전에 거의 달성되었다. 처음에 실현 불가능하다고 생각했던 목표가 인터페이스를 지속가능성 경영의 선도기업으로 만들었다. 그리고 2016년 다시 직원과 고객 등 이해관계자의 의견을 청취하고 새로운 비전 '정상적인 기후를 회복한다Climate Take Back'를 제시하였다. 업계의 리더답게 이 비전은 세계에 호소하는 목표를 담고 있다. 구체적으로 필리핀과 카메룬 해안에 버려진 어망을 회수하여 리사이클 하는 '네트워크스' 등 지역 사회에 공헌을 프로젝트에 포함하고, 사회 과제 해결을 강화하고 있다.

인터페이스는 이탈리아의 섬유회사, 필리핀의 어촌지역, 런던의 동물학회와 연계하여 폐기된 어망으로 타일 카펫을 만드는 '네트워크스' 프로젝트를 추진해왔다. 폐기된 어망이 바다를 떠다니면 해양생물을 포획하고, 그 생명을 빼앗아 생태계에 악영향을 주는 심각한 문제가 있다. 이 프로젝트는 해양생물의 생태계 보호 목적도 있지만, 필리핀 어촌지역 주민들이 소득확보로 연결되는 고용을 창출하는 효과도 있다.

인터페이스는 비전을 사내외에 적극적으로 전파하고 전체 직원이 공유하고 있다. 담당 부서가 독자적으로 갑자기 지속가능성 콘셉트를 제시하지 않고, 조금씩 정보를 제공하며 직원이 친숙하게 하여 실천력을 높여나가고 있다. 예를 들면 2017년 발표한 비전을 반복해서 설명하면서 서서히 직원에게 전파하였다. 본사의 담당자가 직접 설명회를 개최하거나 지속가능성 전문가가 경영자와 간부들에게 지속가능성을 학습할 수강 기회도 마련하였다. 또한 매년 한 번 전체 직원의 회의에서 지속가능성에 관련된 주제를 논의하고 있다.

이러한 기회를 활용하여 직원은 기후변화 문제의 배경을 확실히 이

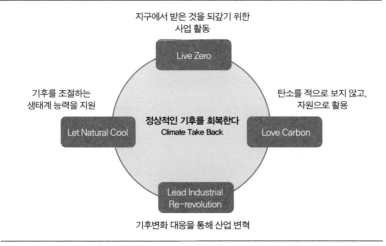

출처: 인터페이스 홈페이지, 필자 재구성

해하고 있다. 직원은 사업 활동을 통해 부정적 임팩트를 제로로 하고, 긍정적 임팩트를 준다는 의미를 이해하고, 각자의 업무에서 실천하고 있다.

H&M, 외부에 쓰레기를 만들지 않는 시스템 개발

패션업계는 환경부담이 높은 업종으로 알려져 있다. 그중에서도 패스트 패션 브랜드의 대형업체 H&M은 최근 지속가능성 경영에 주력하고 있다. 2030년까지 모든 제품의 소재를 리사이클 또는 지속가능한 방법으로 조달된 소재로 한다는 목표를 제시하고 이미 57%의 소재를 변경하였다. 지속가능성과 품질을 양립하기 위해 새로운 기술 솔루션과 이노베이션을 통한 대책을 추진하고 있다.

H&M은 2020년 10월 의복에서 의복으로 리사이클 시스템 '루프 Looop'를 도입하였다. 루프는 불필요한 의류에서 새로운 패션 아이템으로 다시 만드는 서비스다. 물과 화학약품을 이용하지 않고 환경부담을 줄이고, 사용한 의류에서 새로운 옷을 재생하는 기술을 개발하여 제공하는 서비스다. '루프'는 콘테이너에 투입한 의복을 세척하고 재단한 후에 새로운 실로 꿰매어 새로운 아이템으로 만드는 혁신적인 작업이다.

작업은 5시간 정도 걸린다. 새로 제조되는 아이템의 강도를 유지하기 위해 불필요한 의류에 지속가능하게 조달된 순자원도 추가되지만, 그 사용량은 최소한도로 한다. 루프에서 물과 화학약품은 전혀 사용하지 않기 때문에 최초의 의복을 제조하는 것보다 환경부담을 크게 줄일 수 있다.

H&M은 패션의 '쓰레기와 유해 물질을 외부에 발생하지 않는다' 확고한 목표를 제시하고, 지금까지 순환경 제품 제조에 대처해왔다. 이 서비스는 낡은 옷도 가치가 있고, 폐기되지 않아야 한다는 것을 시각적으로 호소하고 있다. 스톡홀름의 점포에 방문한 고객은 루프가 가동하고 있는 현장을 생생하게 볼 수 있다.

루프는 단순히 기업 이미지를 높이는 일시적 캠페인이 아니라 2030년 목표를 달성하기 위한 전략적 투자다. 소비자에게 계속 선택받는 존재로 남기 위해 진지하게 대처하는 기업의 진정성을 엿볼 수 있다. 이제 패션업계를 넘어 모든 업계에서 지속가능성 대책을 본업으로 대처해야 하는 시대가 도래하였다.

출처: H&M 홈페이지(https://about.hm.com)

올버즈, 모든 제품의 탄소 발자국을 공개한다

신발계에 '애플'로 불리는 올버즈Allbirds는 주식 평가액 1,000억이 넘는 유니콘이다. 전 뉴질랜드 축구대표팀 선수 팀 브라운Tim Brown과 바이오 테크놀로지 전문가 조이 즈윌링거Joey Zwillingrer가 파트너를 맺고 2016년 창업한 이색적인 회사다. 지금까지 누적 1억 4,000만 달러의 자금을 조달하고, 세계 주요 도시 20개의 점포에서 신발과 의류를 판매하고 있다. 스니커즈에서 시작하여 2020년 6월 언더웨어를 판매하기 시작했고, 앞으로 판매할 상품 종류를 확대할 예정이다.

올버즈는 자연 유래의 소재를 사용한 제품을 통해 지속가능한 미래에 공헌하는 자세를 명확히 보여주고 있다. 올버즈는 '비즈니스의 힘으로 기후변화를 역전시킨다'는 퍼포스를 제시하고 있다. 제품의 라이프 사이클 전체에서 배출되는 탄소량(탄소 발자국)을 제로로 하는 활동에 힘을 쏟고 있다. 제품 소재부터 폐기에 이르기까지 전체 공급망에서 탄소 발자국을 측정하는 툴을 개발하였다. 천연소재와 리사이클 소재를 사용하여 배출되는 탄소를 상쇄하고, 탄소 중립을 지향하고 있다. 올버즈는 기업의 사회적 책임수행을 보여주기 위해 2020년 4월부터 모든 제품에 탄소 발자국을 수치로 표시하고 있다.

올버즈의 제품은 쾌적하면서 세련된 디자인 외에 자연환경도 배려하고 있다. 기능성이 높은 운동화는 석유 유래의 소재가 아니면 만들 수 없다는 상식을 깨고, 올버즈는 천연소재의 고기능 성능의 운동화를 만들고 있다. 2016년 샌프란시스코에서 설립된 올버즈는 통기성과 발수성이라는 기능성을 해치지 않고서도 유칼립투스, 사탕수수 등 천연소재를 사용한 신발을 제조하고 판매까지 한다.

또한 독자적 기술을 오픈 소스로 공개하고, 다른 기업이 활용할 수 있도록 하였다. 많은 기업이 올버즈의 기술을 사용하여 소재 자체의 수요가 늘어나고 있다. 예를 들어, 아디다스는 올버즈가 개발한 툴을 사

[자료 4-13] **제품의 라이프사이클 단계별 배출량 측정과 공표**

단계	설명	울 운동화의 탄소 발자국 (2021년)	
소재	• 소재 조달에서 배출량을 줄이기 위해 울, 트리, 슈가 등 천연자료 사용	원재료	+5.9kg CO2e
제조	• 가치관을 공유하는 파트너와 협력하여 효율적으로 제조하여 배출량을 대폭 감소	제조	+1.1kg CO2e
운송	• 공장에서 배송 센터, 그리고 세계의 고객까지 모든 운송 과정에서 탄소 발자국이 발생	운송	+2.1kg CO2e
세탁	• 소중하게 신어도 세탁이 필요함. 올버즈 제품은 세탁기로 통세탁할 수 있지만, 그때도 탄소가 배출됨	사용	+0.1kg CO2e
		폐기	+0.7kg CO2e
폐기	• 대부분 제품은 최종적으로 매립지로 보내지고, 대기 속에 탄소를 방출함	**합계**	**+9.9kg CO2e**

출처: 올버즈 홈페이지(https://allbirds.jp/pages/footprint)

용하여 아디다스 제품의 제조과정에서 발생하는 탄소 발자국을 측정하고, 소재 조달, 생산설비, 물류 등 공급망 전체 공정에서 탄소 배출량을 감소하고 있다.

올버즈는 지속가능성을 실현하기 위해 여러 기업과 협력을 중시하고, 경쟁기업이라도 적극적으로 협력한다. '비즈니스의 위력으로 기후변화를 역전시킨다'는 거대한 배에 다양한 이해관계자를 태우고 항해하고 있다. 올버즈는 지속가능성을 경영의 핵심으로 삼고 있다. 비코프를 인증받은 기업으로서 사회적 책임을 충분히 수행하고 있다는 것을 보여주고 있다.

제품의 높은 기능성과 세련된 디자인으로 큰 인기를 얻은 올버즈는 창업 5년 만에 세계 40개 이상의 국가로 진출할 정도로 성장했다. 미국 시사주간지 〈타임〉은 2020년 11월 올버즈의 제품을 '2020년 최고의 발명품'으로 선정하였다.

퍼포스에 집중하여 성장하는 기업

레모네이드, 사회 공헌 사업전략으로 보험의 상식을 파괴한다

2015년 보험업계의 상식을 깨고, 진정 사회에 필요한 보험 형태를 새롭게 선보인 스타트업이 등장했다. 레모네이드Lemonade는 지금까지 '보험에 관한 모든 것을 잊으라'는 슬로건을 내걸고, 인공지능과 행동경제학을 독특하게 조합하여 수백 년 이어온 보험업계의 상식을 뿌리째 파괴하고 있다.

테크놀로지 전문가로서 창업한 다니엘 슈레이버Daniel Schreiber는 '보험을 필요악에서 소셜 굿으로 전환한다'는 퍼포스를 내걸었다. 지금까지 보험회사는 혁신의 대상이 아니었고, 약 100년에 걸쳐 테크놀로지에 의해 거의 영향도 받지 않았다. 중요한 사회적 역할을 하는 보험산업은 이해관계로 대립하고, 투명성이 부족하여 대중에게 부정적으로 인식되었다. 보험사기는 그런 대표적인 심각한 증상이었다. 보험고객은 언제나 보험회사가 이익을 확보하려고 보험금을 낮게 지급하려 한다고 의심하였다.

무엇보다 창업자는 대중에게 투명성을 확보하고 이익 상충 문제를 극복하는 것이 보험사업의 중요한 과제로 생각했다. 이에 레모네이드는 일정한 수수료를 받은 후 지급되지 않은 보험금을 회사에 쌓아두지 않고, 비영리단체에 기부하는 구조인 '기브백Giveback'을 만들어 고객의 의심을 해소하였다.

기브백Giveback의 사회 공헌 구조는 가입자가 납입하는 보험료 중 25%를 분리하고, 운영비용과 재보험을 위해 사용된다. 나머지 75%가 보험금 지급을 위해 준비금으로 축적된다. 축적된 자금 중에 보험금을 지급하고 남은 금액은 모두 사회 공헌을 위해 기부한다. 보험금 지급액이 준비금보다 많을 경우, 재보험에서 지급되기 때문에 레모네이드의 추가 부담은 발생하지 않는다.

보험 가입자는 가입할 때 기부하고 싶은 자선단체를 미리 지정한다. 가입자가 낸 보험료의 75%는 동일한 보험 비영리단체를 지정하고 있는 다른 가입자의 자금과 합산되어 축적되고, 매년 6월에 각각의 비영리단체에 기부된다. 가입자는 기부단체를 한 번 변경할 수 있다. 기부받는 비영리단체의 활동 분야는 의료, 복지, 교육, 환경보전 등으로 다양하다. 레모네이드의 고객 수는 2021년 말 100만 명을 돌파했고, 기브백의 총액도 230만 달러(2017년 이후 4,232% 성장)를 넘어 총 65개 비영리단체에 기부되었다.

레모네이드의 주요 고객층은 스마트폰을 자주 사용하는 젊은 층이다. 젊은 층을 겨냥하여 매우 단순한 디자인의 브랜드를 사용하고 있다. 회사의 앱도 AI를 구사한 사용자 기반의 유저인터페이스ui로 전혀 스트레스를 받지 않고 보험을 선택부터 지급, 기부 대상의 선정까지 순조롭게 진행할 수 있다.

테크놀로지의 효율화를 통한 값싼 보험료, 스마트폰으로 최적화된 고객 체험, 기부를 통한 사회 공헌 3가지 요소가 레모네이드의 성장을 견인하고 있다. 지금까지 테크놀로지 기업은 프러덕트와 고객 체험을 경쟁 기반으로 하는 경우가 많았다. 레모네이드는 그 외에도 기업의 사회적 책임수행을 통해 또 하나의 차별화를 시도하고 있다는 점에 주목해야 한다.

[자료 4-14] 레모네이드의 기브백 성장 추이

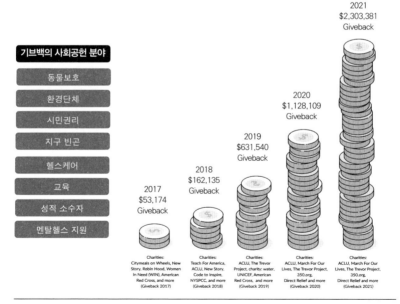

출처: https://www.lemonade.com/giveback

이러한 사회적 공헌구조 때문에 레모네이드는 설명 책임과 투명성 등 사회적 기준을 충족하는 지속가능한 기업에 수여하는 비코프 인증을 받고 있다. 2020년 환경보호 활동과 개발도상국에 물 지원, 교육지원, 신형코로나 대책 등으로 112만 8,000달러를 기부하였다.

코토팍시, 빈곤 문제해결을 통해 성장한다

2017년 하버드 비즈니스 스쿨에서 '사회 선善을 통한 성장 경영Managing Growth for Good'이라는 주제로 토론회가 열렸다. 그 사례는 아웃도어 브랜드 '코토팍시Cotopaxi'였다. 세계 최고의 MBA 과정에서 '사회가 더 좋아지기 때문에 기업이 성장한다'는 주제로 토론하였다.

코토팍시는 '도구를 통해 사회를 좋게 한다Gear for Good'를 퍼포스로 제시하고 있다. 질 높은 아웃도어 기어를 통해 '빈곤으로 고통받는 사람들을 구제한다'는 미션을 갖고 있다. 코토팍시는 '좋은 일을 한다Do Good'를 기점으로 사업 성장과 함께 사회에 공헌하는 것을 지향하는 브랜드다. 환경과 사회에 배려한 사업 활동을 하고, 설명 책임과 투명성에 관한 엄격한 기준을 충족한 비코프 인증 기업이다.

코토팍시는 지속가능성을 배려한 제품 제조부터 수리와 회수, 리사이클에도 대처하고 있다. 공급망을 배려하여 공장의 건전한 노동 조건에 적극적으로 투자하고 있다. 또한 연 매출액의 1%를 재원으로 한 코토팍시 재단을 만들고, 세계 6개국의 NPO 활동 등 42개의 이니셔티브에 후원금을 내고 있다.

특히 코토팍시는 세계의 빈곤 문제 해소에 주력하고 있다. 창업자 데이비스 스미스Davis Smith는 4살 때 도미니카로 이주하였고, 어린 시절 중남미에 살면서 같은 세대 아이들의 빈곤을 경험했다. 같은 세대의 아이들이 발을 벗은 채 구걸하는 모습을 목격하고 강렬한 인상을 받았다. 그 후 브라질과 에콰도르 등 남미를 돌아다니며 캠프와 섬 생활의 아웃도어에 열정을 쏟았다. 그리고 세상을 더 좋은 변화를 일으키고 싶다고 생각했다.

펜실베니아 대학교에서 MBA를 취득한 후 빈곤 문제해결을 수단으로 도전한 것이 코토팍시의 창업이었다. 자신이 잘 할 수 있는 아웃도어 분야와 어릴 적 가슴에 안고 있던 빈곤 문제해결이라는 꿈을 융합하여 새로운 비즈니스 모델을 만들어냈다.

코토팍시는 필리핀 등에 생산지를 두고, 고용을 창출하고 있다. 로고웨어와 티셔츠는 모든 페어 트레이드 인증 공장에서 제조한다. 노동의 정당한 대가를 생산자에게 지급하고, 물품 대금과 별도로 지급되는 장려금이 직접 생산자에게 환원되는 '페어 트레이드 인증 프로그램'에도 참여하고 있다. 상품을 구매한 사용자는 현지 노동자의 자립 촉진과 빈곤 격차 해소에 기여할 수 있다.

코토팍시가 판매하는 백의 대표적인 컬렉션 '델 디아Del Dia', 어패럴의 '테카Teca'에는 리퍼포스Repurpose 소재를 활용하고 있다. 리퍼포스란 별도의 목적을 위해 재사용한다는 의미다. 다른 회사는 대량 생산하는 공정에서 나온 제품을 본래 버리지만, 이를 재사용하여 높은 품질의 재료로 다른 목적을 갖도록 하고 있다.

델 디아 컬렉션은 필리핀 공장에서 일하는 직인職人 개개인의 감각에 따라 배색을 결정하면서 봉제한다. 이것 때문에 모든 상품은 유일무이의 컬러 패턴이 된다. 점포에서 마음에 드는 색깔이 나와도 내일 그 색이 없을 수 있다. 자신만의 독특한 백으로 한 기간에 한 번의 만남을 즐기는 브랜드다.

코토팍시는 상품을 판매하는 데 그치지 않고 체험을 통해 고객에게 사회 공헌 의식을 갖도록 의도한 '퀘스티발Questival'을 운영하고 있다. 퀘스티벌이란 퀘스트(모험)과 페스티벌(축제)를 조합한 명칭의 이벤트로 코토팍시의 사회 공헌에 중요한 역할을 하고 있다.

코토팍시는 디지털 네이티브 브랜드로 점포보다 디지털로 고객과 연계하고 있다. 또한 제품의 구입뿐만 아니라 이벤트에 참가하도록 하여 고객과 강력한 연계를 구축한다. 대형 이벤트와 고객 체험, 높은 사회적 공헌 의식 때문에 밀레니얼 세대와 Z세대의 고객은 코토팍시의 비즈니스를 지지하고 있다. 사회적 책임과 사업의 양립을 젊은 고객과 함께 이루어 가는 새로운 기업 형태를 만들고 있다.

가오, '키레이 라이프스타일' 중심의 ESG 경영 전략

가오花王는 130년에 걸쳐 사람의 생활에 다가가서 풍요로운 생활문화를 실현해왔다. 사람의 풍요로움에 기여한 이 전통적인 기업은 최근 지속가능한 사회를 만들기 위해 혁신적인 대책을 추진하기 시작했다. 2019년 4월 가오는 소비자의 니즈가 높아지는 지속가능한 생활을 '키레이 라이프스타일'로 설정하고, 이를 실현하기 위한 ESG 전략 '키레이 라이프스타일 플랜Kirei Lifestyle Plan'을 수립하고, 19개의 중점대책을 추진하고 있다. 2020년 12월 발표한 가오의 중기 경영 계획 'K25'에서도 '풍요롭고 지속적인 사회를 향한 길을 걷는다'를 비전으로 제시하고, 지속적인 사회 공헌과 사업 성장의 양립을 지향하고 있다.

이렇게 가오는 생활용품 분야의 최고기업으로서 모범적인 ESG 경영을 실천하며, 외부에서 좋은 평가를 받고 있다. 2019년 일본 IR 협회가 주최하는 'IR 우량기업 2019'에서 'IR 우량기업상'을 수상했다. 2020년에는 환경성이 주최하는 'ESG 파이낸스 어워드'의 환경 지속가능성 기업 부문에서 금상을 수상했다. 그 밖에서도 여러 시상제도에서 수상을 독차지하고 있기 때문에 다른 기업도 기회를 주기 위해 응모를 자제해달라고 할 정도다.

가오가 외부에서 좋은 평가를 받는 충분한 이유가 있다. 2019년부터 가오의 CEO는 ESG 대책을 경영의 핵심에 두겠다고 선언하고, 구체적인 대책으로 '키레이 라이프스타일 플랜'을 발표했다. 가오의 홈페이지에는 '키레이 라이프스타일'을 다음과 같이 설명하고 있다.

— 키레이 라이프스타일이란 모든 것에 배려심이 충만한 것이다. 자신의 생활이 청결하고 충만할 뿐만 아니라 주변의 세계도 그렇게 되는 것이 중요하다. 키레이 라이프스타일이란 마음의 풍요로운 생활이 오늘뿐만 아니라 앞으로 지속된다고 안심할 수 있는 것이다.

— 일상생활 속에서 설령 작은 것이라도 올바른 선택을 하고, 자기답게 살아가기 위해, 가오는 이러한 키레이 라이프스타일이 무엇보다 중요

하다고 생각하고 있다. 따라서 결코 타협하지 않고, 올바른 길을 걸어가고 있다. 전 세계 사람들의 마음이 풍요로운 생활을 위해 우리는 혁신과 창조에 계속 도전한다.

키레이 라이프스타일 플랜은 4개의 축으로 구성되어 있다. '자신을 위해', '사회를 위해', '지구를 위해'라는 3개의 방향에 따라 각각 4개씩 실행계획을 제시하고 있다. 3개의 방향에는 2030년까지의 달성 목표를 선언문 형태로 표명하고 있다. 이 플랜을 달성할 때 '정도를 걷는다'를 약속하고, 7가지 실행계획도 제시하고 있다. 모든 대책을 키레이에 연계하여 일관성 있는 실행계획으로 구성되어 있다. 마지막에 대책의 실행을 위해 다음과 같은 3가지 결의를 보여주고 있다.

① 지금까지의 형태를 근본적으로 바꾼다.

　기존의 기법을 습득하는 것으로는 한계가 있고, 해결하기 어려운 과제도 있다. 다른 관점에서 도출된 과제에 도전할 필요가 있다.

② 폐기까지 책임을 진다.

　제품개발부터 제조 및 판매로 끝나는 것이 아니라, 그 앞의 폐기까지 책임을 지고, 리사이클 기술의 연구, 환경에 배려한 제품을 설계한다.

③ ESG 본질을 연구하여 사회에 임팩트를 준다.

　본질 연구에 의해 발생하는 이노베이션 '키레이 이노베이션'으로 사업영역을 확대한다.

쾌적한 생활을 자기답게 보내기 위해

QOL 향상 · 청결하고 아름답게 보내는 습관 · 유니버설 프라더크 디자인 · 보다 안전하고 보다 건강한 제품

2030년까지 전 세계 사람들 중 10억 명을 목표로 보다 마음이 풍요로운 생활에 공헌한다. 더 청결하고, 건강하게 안심하고 나이를 들면서 자기답게 살아갈 수 있도록 한다.

배려가 있는 선택을 사회를 위해

지속가능한 라이프스타일 추진 · 퍼포스 주도의 브랜드 · 생활을 바꾸는 이노베이션 · 책이 있는 원재료 조달

2030년까지 보다 활력과 배려가 있는 사회를 실현하기 위해, 모든 가오 브랜드가 적어도 의미 있는 선택을 소비자가 할 수 있도록 제안한다.

보다 건강한 지구를 위해

탈탄소 · 쓰레기 제로 · 물 보전 · 대기와 수질오염 방지

2030년까지 모든 가오 제품이 전체 라이프 사이클에서 과학적으로 탈탄소 범위 내의 환경 발자국이 되도록 한다.

정도를 걷는다

실효성 있는 기업 지배구조 · 철저한 투명성 · 인권존중 · 수용성과 다양성 있는 직장 · 직원의 건강증진과 안전 · 인재개발 · 책임 있는 화학물질관리

나의 키레이 라이프스타일

출처: 가오 홈페이지

가오는 일찍부터 ESG에 대응하여 몇 가지 대책을 추진해왔다. 그중 대표적인 대책이 'ESG 라운드 테이블'과 '키레이 워크숍'이다. 2018년부터 실시한 'ESG 라운드 테이블'은 전체 경영 간부가 모여 ESG 전체 방향을 논의하는 자리다. ESG와 관련된 외부 전문가를 초빙하여 CSV에 관한 글로벌 동향을 경청하고, CEO는 ESG 경영 방향을 참석자에게 명확하게 전달한다.

'키레이 워크숍'은 다양한 사업 부문에서 선발된 최고의 인재가 모여 4시간 동안 브레인스토밍을 실시하는 모임이다. 참석자는 개인(자신과 가족·동료들), 커뮤니티(사회 전체), 지구(미래의 자녀들) 3가지 주제를 논의한다. 예를 들어, 브랜드와 사회 임팩트가 높은 과제, 앞으로 회사에서 관심을 가져야 할 과제, 2050년을 전망할 때 추가하고 싶은 과제에 대해 자유롭게 의견을 제시한다.

워크숍은 참여자의 의견 발표로 끝나지 않는다. 그다음 제시한 과제를 실현하기 위해 각 사업부가 수행할 역할, 과제수행에 어떤 장벽이 있고, 어떻게 극복해나갈지 토론한다. 이 워크숍을 통해 '키레이 라이프스타일'의 청사진을 만든다. 보통 대부분 기업에서 업무에 관련된 일부 부서만 참여하여 만드는 경영 비전이나 전략 수립과 전혀 다른 진지한 모습을 볼 수 있다.

가오는 매년 키레이 플랜의 진척 상황을 발표하고 있다. 2020년은 코로나 감염증 확대로 사회에 많은 영향이 있었지만, 가오의 ESG 활동은 오히려 가속화되었다. 일본에서 소독액의 생산능력을 30배 증강하는 등 급증하는 위생제품의 니즈에 신속하게 대응하였다.

2020년 가오의 ESG 대책은 CDP가 평가하는 기후변화, 삼림, 물 분야에서 'A 리스트'라는 최고 평가를 받았다. 또한 세계의 대표적인 사회적 책임투자SRI 지표인 다우존스 지속가능성 세계지표DJSWI의 구성 종목에 7년 연속 선정되었다. 미국 에티스피어 인스티튜드가 수여하는 '세계에서 가장 윤리적인 기업'에도 15년 연속 선정되었다. 이 분야의 수상은 임원 보수를 평가하는 KPI와 연계되어 있다.

본업에서 사회 과제를 해결하는 CSV 기업

네슬레, CSV 경영의 원조

누가 뭐래도 네슬레는 CSV 경영의 원조다. 일찍부터 사회적 가치의 중요성에 눈을 뜬 네슬레는 CSV에 가장 적극적이고 모범적으로 대처하였다. 네슬레는 2000년부터 세상의 빈곤 감소와 건강한 생활의 사회 과제 해결을 추진하고 있다. 2015년 SDGs가 발표되기 15년 전부터 건강산업에 주력하기 위해 피자와 아이스크림 사업을 매각하고, 유, 아동 영양식품과 의료 식품기업을 매수해왔다.

네슬레는 마이클 포터 교수가 '공유가치 창조'라는 논문을 발표하기 전 2006년에 벌써 외부 보고서에 CSV라는 용어를 사용했다. 네슬레는 마이클 포터 교수의 CSV 모델을 실현한 혁신적인 선도기업이라는데 이론異論이 없을 것이다. 마이클 포터는 CSV라는 새로운 이론을 만든 것이 아니라 네슬레의 선도적 경험을 정리하여 새로운 모델을 만든 것

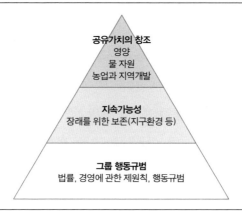

출처: 네슬레 홈페이지

이다. 네슬레는 마이클 포터의 정보정리 능력과 전파력을 적극적으로 활용하여 세상에 CSV 경영의 참모습을 보여주었다.

네슬레의 홈페이지에 있는 '사회 피라미드'는 네슬레가 지향하는 전체 CSV 경영을 한눈에 파악할 수 있다. 이 피라미드는 3층으로 구성되고 있다. 맨 아래층에는 컴플라이언스, 2층에는 지속가능성, 3층에는 공유가치의 창조가 있다. 즉 법률과 지역 사회의 규범에 따르고, 기업으로서 행동규범을 지키는 컴플라이언스는 모든 사업 활동의 토대가 된다. 사업 활동의 기본을 지킬 때 사회 가치를 창조할 수 있다는 의미다.

컴플라이언스 위에는 지속가능성이 있다. 장기에 걸쳐 공유가치를 창출하기 위해서는 자연환경과 자원 보존 등 지속가능성 대책을 추진해야 한다. 다시 정리하면, 장기에 걸쳐 사회 가치를 창출하려면 먼저 기본적인 컴플라이언스를 지키고, 이를 기반으로 지구환경과 자연자본을 보전하는 활동을 통해 CSV 경영이 실현된다는 깊은 의미가 들어 있다.

그런데, 네슬레는 지속가능성과 CSV를 분리하고 있다. CSV의 토대이지만, 환경보전 그 자체는 네슬레의 본업이 아니기 때문이다. 본업은 음식을 통한 신체의 건강과 마음의 건강이다. 어디까지나 본업을 통해 사회 가치와 경제 가치의 양립을 CSV로 설정하고 있다.

네슬레는 영양, 물 자원, 농업·지역개발 3개 분야를 CSV의 핵심축으로 삼고 있다. 이 3개 분야는 네슬레의 사업 활동과 밀접한 관계가 있다. 주주와 사회 모두에게 가치가 있고, 네슬레가 사업을 통해 가치를 최대화할 수 있다는 관점에서 3개 분야를 선택했다.

네슬레의 강력한 거버넌스 구조는 치밀하게 설계된 네슬레의 CSV 경영 체계를 뒷받침하고 있다. CEO가 의장을 맡은 '네슬레 사회위원회Nestle in Society Board'는 사내 임원으로 구성된다. 분기별 미팅을 개최하고, 사업 전체가 CSV 방향에 따라 추진되는지 감사한다. 또 회장과 CEO의 CSV 과제 설정에 대해 자문하는 'CSV 자문위원회'는 12명의 외부 전문가로 구성된다. 이 자문위원회는 매년 한 번 경영 간부, 개최국의 정부 관계자, 거래업체 등이 한자리에 모이는 CSV 글로벌 포럼에 출석한다. 또 CSV 대책이 우수한 기업에 수여하는 '네슬레 대상'을 선정하는 역할도 한다.

네슬레는 이해관계자별로 제공할 가치를 구체적으로 제시하고 있다. 소비자, 거래업체, 경쟁사, 직원, 지역 사회와 정부, 주주를 핵심 이해관계자로 파악하고, 사회 가치, 경제 가치, 지식 가치라는 3가지 제공 가치를 명시하고 있다. CSV 경영의 관점에서 경제 가치와 함께 사회 가치를 제시한 것은 당연하지만 중간에 지식 가치를 두고 있다는 것에 주목할 필요가 있다. 소비자에게 영양과 건강에 관한 정보를 제공하거

구분	사회 가치	지식 가치	경제 가치
소비자	스마트 그린 상품의 제공	영양과 건강에 관한 지식 제공	소비자에게 가치 있는 느낌을 창출
거래업체	안정적인 작물관리와 가축의 건강관리 등 지속가능 프로세스 정비	농민에게 지식제공, 식품의 밸류체인 개선	원료와 패키징 업체에게 경제가치 제공
경쟁사	노동과 환경기준의 개선	영향과 경쟁을 통한 지식의 전달, 식품산업 전체의 효율 향상	가격과 비용 감소 압력을 통한 경쟁사의 생산성 향상
직원	공공과 직장에서 안심, 안전, 건강의 보장	직원 교육 실시	직원과 가족에게 일과 소득의 확보
지역사회, 정부	지역개발과 자원의 지속가능한 이용	자녀의 건강에 관한 커뮤니티 교육 제공	세금, 인프라 등의 제공
주주	연기금 등 ESG를 중시하는 주주에 대한 주주가치 향상	생태계 전체의 가치 향상에 관여하는 자본시장의 이해를 높여 주주가치 향상	주주가치 향상

출처: CSV 경영(2019), 필자 재구성

나 거래업체에 농업기술을 가르치는 것을 지식 가치로 생각하고 있다.

여기에서 지식 가치는 기업의 기술과 스킬, 인재, 브랜드 등에 해당할 것이다. 회사에서 가치창조의 원천이 되고, 가장 중요한 무형자산을 핵심에 두고 CSV 경영을 추진해야 한다는 의미가 있다.

CSV 경영을 추진하면서 네슬레의 업적도 크게 늘어났다. 기업 가치는 1997년 약 60조 원에서 2020년 시점에서 300조 원까지 늘어났다. 세계의 기업 가치 순위에서 1998년 시점의 38위에서 2020년 13위까지 크게 올라갔다. 애플, 알파벳, 아마존 등 미국의 IT 기업이 비약적 성장을 생각할 때 식품 제조업체로서 세계적 기업의 반열에 들어 있다는 것은 참으로 대단한 일이다. 그것도 사회 가치를 높이면서 동시에 기업의 경제적 가치도 높였다는 점에서 위대한 기업으로 칭찬받아 마땅하다.

네슬레가 적극적으로 CSV를 실천하는 이유는 뭘까? 네슬레의 상황을 보면 알 수 있다. 세계 최대의 식품업체로서 자연과 지구 전체를 생각할 수밖에 없다. 네슬레는 세계에서 가장 많은 커피콩을 소비하고, 카카오콩을 가공하고, 음료수를 판매하는 기업이다. 기후변화로 콩을 수확할 수 없다면 네스카페를 만들 수 없다. 물 자원이 고갈되면, 페리오와 산페레그리노를 판매할 수 없다. 지구환경의 미래는 네슬레의 업적과 바로 직결되어 있다. 이런 의미에서 지구 전체의 과제를 네슬레의 경영과제로 파악하고 대처하고 있는 것이다.

무엇보다 네슬레가 CSV 경영으로 전환한 것은 당시의 CEO 피크 브라베크Peak Brabeck의 리더십 때문이었다. 브라베크는 다보스 회의의 회원으로 참여하여 세계의 물과 수자원의 위험을 계속 호소해왔다. 그는 물 부족이 인류에 미치는 위험을 방치하면 2050년 수자원의 고갈로 곡물 생산량이 3분의 1로 감소한다고 주장했다. 기업의 이익만을 생각한다면 그렇게 적극적인 발언과 태도를 보이지 않았을 것이다. 병 음료수를 판매하는 네슬레가 수자원의 중요성을 말하면 비판받을 것이 뻔했기 때문이다. 그래도 브라베크는 지구의 미래를 진심으로 걱정하며 세계에 경종을 울렸다.

상장기업인 네슬레의 CEO는 건강기업으로 전환하기 위해 주주를 설득해야 했다. 장기적인 성장전략이라도 단기적으로 비용이 증가하고, 사업재편 과정에서 이익이 감소할 가능성도 있다. 이에 네슬레는 마이클 포터 교수를 IR 역할로 활용하였다. 그리고 CSV 사고를 세계에서 확산시켜 새로운 경영 시스템을 만들고 네슬레를 선구자로서 설정하는 데 성공하였다. 치밀하게 정교하게 설계된 새로운 CSV 경영 시스템은 이렇게 탄생하였다.

최근 네슬레는 식물육肉에 주력하고 있다. 이 사업영역에서 미국의 '비욘드 미트Beyond Meat'와 '임파서블 푸드Impossible Food'가 채식주의자를 대상으로 크게 성장하고 있다. 영국의 세계적인 시장조사업체 '유로모니터 인터내셔널'에 따르면, 2024년 세계의 식물육 시장 규모는 227억 달러로 2019년에 비해 약 20% 증가할 전망이다.

식물육의 장점은 지구를 배려한다는 점이다. 가축 생산에는 사료와 물 자원이 많이 사용되고, 생육 과정에서 많은 탄소를 배출한다. 현재 지구에서 배출되는 탄소 배출량에서 가축 산업이 무려 15%를 차지하고 있다. 이에 반해 식물육은 지구환경에 부담을 크게 줄일 수 있다.

네슬레는 2017년 식물 기반의 냉동식품 제조업체 '스위트 어스Sweet Earth'를 매수하였다. 2019년부터 어섬 버거Awesome Berger라는 브랜드로 시장에 진출하고 있다. 2020년 5월 중국에 공장을 세우고 아시아에 처음으로 식물육 생산을 시작할 방침이다.

노보 노디스크, 눈에 보이지 않는 가치 추구

노보 노디스크Novo Nordisk는 당뇨병 치료약 인슐린에 특화하여 세계 최고의 점유율을 유지하고 있다. 노보는 CSV 경영으로 유명하지만, 실제로 CSV에 저항감을 갖고 있다. 기업 가치를 수단으로 하고 진정한 목적은 경제 가치에 있다고 생각하기 때문이다. 노보는 순수하게 환자의 일,

사회의 일을 100년 앞까지 내다보고 생각하고 있다. 경제 가치는 어디까지나 지속가능한 사회 가치를 실현하기 위한 수단에 지나지 않는다고 생각한다. 즉 수단과 목적이 분명한 CSV 경영과 다른 사고를 갖고 있다.

노보는 1997년 제정한 경영 이념 노보 노디스크 방식NNW에 따라 트리플바텀라인TBL이라는 기업 이념을 실천해왔다. 이 개념은 경제 가치 외에 환경과 사회라는 3가지 목표를 추구한다는 사고다. 트리플바텀라인은 2004년 노보의 정관에 포함하여 지배구조 관점에서도 실효성을 담보하고 있다. 노보는 구체적으로 지구Planet, 사람People, 이익Profit이라는 3P로 제시하고 있다. 그리고 3P 외에 또 하나의 'P Patient(환자)'를 핵심에 두고 있다.

이러한 4P의 바탕에는 또 하나의 'P Purpose'가 존재하고 있다. 즉 노보는 '가능한 약품을 많이 파는 것' 아니라 '환자를 돕는 것'을 창업의 목적으로 하고 있다. 이 목적에 따라 당뇨병이 중증화하는 것을 막고, 당뇨병과 합병증으로 고통받는 사람이 적도록 당뇨병 예방 활동을 적극적으로 추진하고 있다.

그 결과 노보의 ROE(주주자본이익률)는 80%로 경이로운 실적을 보이고 있다. 동시에 사회 과제 해결을 통해 지속가능성 경영에서 높은 평가를 받고 있다. 경제 가치와 사회 가치를 양립하는 CSV 경영의 대표적인 사례다.

노보의 성장요인 중 하나는 세계적으로 당뇨병이 증가하고 있다는 점이다. 세계의 경제발전으로 식생활이 개선되면서 당뇨병은 계속 늘어나고 있다. 경제성장 자체가 노보의 성장동력이다. 노보의 사업 전략이 인슐린 판매에서 당뇨병 케어 사업으로 진화한 것도 성장요인이다.

　세계 각국에서 당뇨병 환자를 줄이지 않으면 의료비가 증가하여 재정을 압박할 수 있다. 이런 중대한 사회 과제를 해결하려면 처음부터 당뇨병을 앓는 사람을 줄이는 것이 최선이다. 따라서 노보는 식사와 운동, 심리적 케어까지 생활 전체를 지원하는 당뇨병 예방 플랜을 구축하였다.

　특히 당뇨병 환자의 증가로 고민하는 중국 정부와 함께 예방 활동을 적극적으로 추진하였다. 이러한 예방 활동으로 경제적 이익이 나오지 않지만, 중국 정부와 의료전문가의 신뢰를 받아 노보의 인슐린 공급이 증가하고 있다. 노보는 의료 관계자의 교육, 환자의 계몽 활동, 보건 시스템의 점검 등 장래 시장 확대의 교두보가 되는 인프라 구축에 장기적 시간대를 갖고, 단기적 이익보다 우선하여 대처하였다. 그 사이에 서서히 공장을 확대하고 현지화를 통해 고용 확대에도 기여하였다.

　이렇게 노보가 중국 시장에서 성공한 비결은 장기적 시간대를 갖고 중국의 당뇨병 치료를 바꾼다는 전략 때문이었다. 즉 노보의 제품에 의한 치료환자 수와 매출액, 신규고용자 수 등 눈에 보이는 가치를 추구하고, 동시에 교육 계몽, 인프라 구축, 환경 대응으로 사회적 신뢰 확보 등 눈에 보이지 않는 가치를 창조하였다. 지금 중국에서 성공모델은 인도와 방글라데시에서도 파급되어 사회 가치와 경제 가치의 양립을 계속 모색하고 있다.

　현재 세계에 당뇨병 환자는 4억 명이고, 2040년 6억 명을 넘을 전망이다. 그만큼 모든 국가에서 의료비 부담은 늘어난다. 새로운 당뇨병 환자를 줄이고, 당뇨병 환자에게는 최고의 약품을 제공하는 것이 중요한 대책이다. 이것이 의료비 증가를 막고, 회사의 퍼포스를 실현하는 방법이다.

현재 노보는 투자자에게 재무 분야보다 환경과 사회 분야에 관한 질문을 더 많이 받고 있다. 많은 투자자가 장기에 걸쳐 지속적인 성장과 번영을 중시하고 있기 때문이다. 기업의 지속적 성장의 열쇠는 제품을 사는 소비자가 쥐고 있다. 투자자는 이런 소비자의 행동을 주목하고 있다. 그런 소비자는 현재 사회적 책임을 경시하는 기업의 제품에 대해 불매운동을 추진하고 있다. 기업은 이런 소비자 행동 변화를 주목하며 변하고 있고, 투자자도 응시하고 있다.

노보는 무엇보다 눈에 보이지 않는 '브랜드 가치'를 중시한다. 모든 이해관계자의 관점에서 어떤 모습으로 있어야 할지 목표를 수립하고, 실제로 어떻게 보이고 있는지 항상 모니터링하고 있다. 단기적으로 기업 브랜드 유지와 향상은 비용이 발생하지만, 장기적으로 사업 성장을 위한 투자로 생각하며 적극적으로 대처하고 있다.

노보는 유니레버와 네슬레와 같이 주주에게 편중되지 않고, 기업 고유의 높은 퍼포스를 세상에 내세우고 독자적인 지속가능성 경영을 계속 추진해가고 있다.

타타그룹, CSV 경영으로 인도의 경제 인프라를 선도한다

인도에는 국가 경제를 견인하는 3대 재벌, 타타Tata, 리라이언스Reliance, 비를라Birla가 있다. 그중에 타타그룹은 유일하게 분열하지 않고 계속 성장하여 연결 매출이 최고 수준을 자랑하고 있다.

타타그룹은 100개 이상 기업에서 66만 명의 직원이 세계 100개 이상의 국가에서 사업을 추진하고 있다. 식품에서 전력발전, 연구개발에서 소매업까지 타타그룹은 거의 모든 산업에 진입하고 있다. 20년 이상 견고하게 매출이 증가하고 있고, 2017년 그룹의 매출 규모는 6조 7천억 루피(약 107조7천억 원)다.

타타그룹의 원조는 1868년 뭄바이에서 설립된 면 무역회사였다. 이 회사가 계속 성장하며 사업을 다각화하였다. 19012년 타타스틸은 인도 처음으로 1일 8시간 노동을 도입하였다. 1920년 유급 휴가제도, 1934년 이익분배상여제도 등 근대적 복리후생 도입 등 이미 100년 전부터 직원을 중시하는 모습을 보여주었다.

창업자 잠세트지타타는 산업부흥으로 인도를 발전시키는 것을 사명이라고 생각했다. '기업에게 지역 사회는 단순히 이해관계자가 아니다. 지역 사회에 공헌이 존재 목적 자체다'라는 창업자의 말은 지금도 타타그룹의 신념으로서 계승되고 있다.

1991년 취임한 5대째 회장으로 라탄 타타는 기업이 이익의 최대화를 초월한 높은 목적에 따라야 하고, 모든 이해관계자에게 최적의 혜택을 제공해야 한다는 경영 철학을 갖고 있다. 라탄 회장은 75세 퇴임하기까지 22년간 매출을 17배 성장시켰다. 철강업체 '코러스', 고급자동차 브랜드 '재규어 랜드로버' 인수 등 사업 확대도 적극적으로 추진하고 있지만, 항공과 통신사업 등 경제성장의 인프라를 담당하며 인도를 대표하는 CSV 기업으로서 인정받고 있다.

타타그룹의 지배구조는 일반적인 기업과 다르다. 지주회사 '타타 선즈'가 타타 모터스와 타타스틸 등 100개 사를 산하에 두고 있다. 그룹 자선단체인 타타 트러스트는 지주회사 타타 선즈의 주식 66%를 소유 하고, 매년 이익에서 나오는 거액의 배당을 농촌과 빈곤층을 위한 학교 건설, 무상 의료, 문화 등 사회 공헌 활동에 쓰고 있다.

타타그룹은 부정이 횡행하는 인도 경제계에서 뇌물을 일절 거부하 고 있다. 또한 정치헌금 금지와 특정 정당을 지지하지 않는 방침을 정 해두고 있다. 이러한 경영 방침에 대해 라탄 회장은 "나는 단기적인 이 익 추구를 요구하지 않는다. 장기적인 관점에서 사회 전체의 발전에 기 여하는 것이 기업의 존속으로 이어진다고 확고하게 믿고 있기 때문이 다"라고 말한다.

타타그룹의 핵심 기업 '타타 모터스'는 2009년 세계에서 가장 싼 '나 노'라는 국민차를 개발하였다. 나노를 개발한 일화가 있다. 라탄 회장 이 비 오는 날 네 명의 가족이 한 대의 오토바이를 타고 가는 위험한 장 면을 목격한 것이 계기였다. 라탄 회장은 국가적 수치로 생각했다. 그 리고 서민들이 안전하게 이동할 수 있고 값도 싸고 인도의 교통 사정 에 적합한 새로운 개념의 차량을 인도사람의 손으로 개발해야겠다고 결심했다.

이렇게 탄생한 나노는 10만 루피(약 165만 원)의 싼 가격으로 출시되 었지만, 기대만큼 잘 팔리지 않았다. 상품의 이노베이션에 성공적이었 지만, 세계에서 가장 싸다는 이미지만으로 마케팅 효과가 없었다. 그러 나 사회 가치를 추구하려는 진정한 기업의 모습은 높이 평가할만하다. 본업에서 사회 과제를 해결하려는 타타그룹은 다른 산업에서도 CSV를 실천하며 인도 경제를 이끌어가고 있다.

재직시절 라탄 회장의 연봉은 약 2억 원이었다. 그는 승용차를 직접 운전하고, 출장도 혼자서 훌쩍 떠날 정도로 소박한 스타일을 좋아했다. 은퇴 후에는 "자선단체를 통해 사회봉사를 하고 싶다. 남은 인생을 인도의 서민을 위해 받칠 수 있다면 그것만큼 행복한 일은 없을 것이다."라고 밝혔다. 그의 진정한 경영 자세는 인생관에서도 잘 드러나고 있다.

현재 인도의 수상 나렌드라 모디Narendra Modi는 인도의 경제부흥을 이끌고 있다. 대기업은 이익의 2%를 사회 가치 향상에 충당할 것을 의무화하였다. 이 자금으로 CSV를 추진하는 스타트업이 계속 늘어나고 있다.

직원 참여형 문화로 성장하는 기업

세일즈포스, '오하나' 정신으로 지역과 함께 성장한다

'가팜GAFAM(구글, 애플, 페이스북, 아마존, 마이크로소프트)'은 미국을 대표하는 기업들로 세계의 기업 가치에서 10%를 차지하고 있다. 그러나 퍼포스 경영관점에서 세일즈포스는 이들 기업과 어깨를 나란히 하는 가치 있는 기업이다. 이 회사는 CRM(고객관계관리) 소프트웨어를 클라우드에서 구독 서비스를 제공하고 있다.

세일즈포스는 주력 서비스를 통해 고객 기업의 지속가능성 대책을 지원하고 있다. 2019년 9월 개발한 '세일즈포스 지속가능성 클라우드 SSC'는 고객 기업의 환경자료를 신속하게 제공한다. 지속가능성 경영에서 중요한 과제로서 떠오른 과학적 근거를 제시하는 기반을 마련한 것이다.

창업자 마크 베니오프는 하버드비즈니스리뷰HBR가 발표하는 지속가능성 경영을 실천하는 CEO에 이름을 올리고 있고, 2019년 세계 2위를 차지하였다. 하지만 베니오프는 포춘의 '세계에서 가장 일하기 좋은 직장Best Place to Work in the World'에서 1위 수상을 더 자랑스럽게 생각한다. 실제로 직원의 96%가 세일즈포스에서 일하는 것을 자랑스럽게 생각하고 있다.

세일즈포스는 높은 급여와 멋진 오피스 제공보다 문화와 이념을 가치로 두고, 계속 실천하면서 직원에게 매력을 높이고 있다. 글래스도어의 조사에 따르면, 직장을 선택할 때 가장 중시하는 요소는 급여보다 기업의 문화와 가치관이었다. 급여는 중요한 요소이지만 급여의 차이가 직장에서 행복감을 높여주지 않는다는 것을 알 수 있다.

일하기 좋은 직장의 근간에는 '오하나Ohana' 문화가 자리 잡고 있다. 오하나는 하와이 말로 '가족'을 뜻한다. 베니오프가 창업 이전 하와이 여행 중에 현지인과 교류할 때 경험한 오하나 정신에 감동하여 기업문화로 만들었다. 오하나는 혈연관계를 넘어 그 구성원이 인정하는 모든 사람까지 가족으로 생각하는 확장적 가족 개념이다. 직원은 물론 각 관계자는 오하나라고 부르고, '트레일블레이저의 오하나'로서 혈연관계를 넘어 가족으로 협력을 중시하고 있다. 본사 61층은 오하나 층으로 직원과 지인은 누구라도 들어가 이용할 수 있어 샌프란시스코의 관광 명소가 되었다.

세일즈포스는 직원, 거래업체, 고객, 지역 등 관련된 모든 사람을 커뮤니티의 일원으로 생각하고 있다. 세일즈포스는 창업 이래 20년간 오하나 문화를 중심에 두고 다양한 이해관계자와 협력하며 더 좋은 세계를 만드는 경영을 해왔다. 오하나 문화 아래 4개의 핵심 가치, 즉 신뢰,

혁신, 고객 성공, 평등이라는 가치관을 실천하고 있다.

특히 세일즈포스는 어느 기업보다 먼 미래를 내다보고 이노베이션을 추진하는 기업이다. 창업 4년째 세일즈포스를 방문한 스티브 잡스는 베니오프에게 "뛰어난 CEO가 되고 싶다면 미래를 의식하고 예측해야 한다"고 조언했다. 이후 세일즈포스는 사람과 AI가 원활하게 연계하는 미래에 가장 많은 투자를 하고 있다. 세일즈포스의 '아인슈타인'이라는 AI는 계속 진화하고 있다. 또한 세일즈포스는 CEO 직할의 최고평등책임자를 두고 있으며, 인종적 평등과 공정성을 실현하기 위한 설치된 특별팀은 성평등과 인종 문제, 임금 평등의 과제에도 적극적으로 대처하고 있다. 베니오프는 직장의 평등은 기업의 완전하고 지속가능한 가치를 창출하는 열쇠라고 확고하게 생각한다.

오하나 문화를 체현하는 또 하나의 프로그램으로 '1-1-1 모델(1% 맹세)'이 있다. 이 모델은 회사 제품의 1%, 매출의 1%, 노동시간의 1%를 지역 사회에 제공하는 것이다. 예를 들어, 직원은 자녀용 프로그래밍 체험, 키즈 코딩 등의 다양한 교육을 제공하고 있다. 이런 교육은 간접적으로 기업 가치 향상에 크게 기여하고 있다. 먼저 지역 사회를 중요한 가족으로 대우하여 오하나 문화를 조직 자산으로 연계하는 효과가 있다. 직원들이 보유한 스킬을 활용하여 더 좋은 사회를 만드는 데 활용하면서 이타주의 정신이 강한 밀레니얼 세대에게 일하는 보람을 느끼도록 하고 있다. 고객 자산을 높이는 효과도 있다. 사회 공헌 모습에 공감하는 고객이 늘어나고 브랜드 가치가 상승하기 때문이다.

세일즈포스가 개발한 '1% 맹세'는 이후 세계적인 운동으로 성장하였다. 이 운동에 참여한 기업은 주식, 이익, 제품. 직원 업무시간의 1%

인재
업계, 학력, 문화적 적합성이 아니라, 능력과 스킬에 따라 고용과 승진을 판단한다.

봉사
봉사활동과 기부를 통해 조직의 인종평등과 정의를 촉진한다.

구매
항상 다양한 협력업체를 확보하고, 이를 기반으로 점검하고 구매한다.

방침
인종평등과 정의를 해치지 않도록 정책담당자에게 공공제도의 재편을 요구한다.

출처: https://www.salesforce.com/jp

를 사회에 환원하는 것을 서약하고 있다.

직원은 '봉사 휴가' 제도(연간 7일의 유급휴가)를 활용하여 국내외 지역사회에서 봉사활동을 추진하고 있다. 봉사활동에 참여한 최고 100명의 직원에게는 회사에서 비영리단체에 1,000만 원 상당의 기부금을 제공할 단체를 선택할 권리를 준다. 이 때문에 직원끼리 봉사활동 시간을 더 많이 확보하려는 경쟁이 벌어지고 있다. 2020년까지 500만 시간의 봉사활동과 89%의 참여율, 4억 달러의 기부는 직원의 열정을 단적으로 보여주고 있다.

신입사원은 근무 첫날에 오리엔테이션을 받은 후에 바로 지역 홈리스 합숙소, 공립학교와 병원에서 봉사활동을 한다. 일반기업의 오리엔테이션과 크게 다른 이런 모습에 대해 베니오프는 세일즈포스의 기업문화에서 가장 중요한 부분'이라고 강조한다. 오하나 문화 아래 개척자로서 적극 외부의 지역 사회로 향하라는 메시지가 담겨 있다.

세일즈포스는 매력적인 기업문화를 실천하고, 그 성과를 지역 사회에 환원하고 있다. 기업이 지역의 문제에 도전하고, 지역과 함께 성장하는 기업의 참모습을 세일즈포스가 직접 보여주고 있다.

2019년 베니오프가 쓴《트레일블레이저Trailblazer》는 세일즈포스의 기업문화를 생생하게 보여주고 있다. 트레일블레이저는 미지의 땅을 개척하는 선구자라는 의미가 있다. 다른 사람을 위해 더 좋은 세계를 만드는 사람이라는 의미가 강하다. 베니오프는 비즈니스 리더가 진정한 트레일블레이저가 되려면 단기적 관점(1~5년)에서 벗어나 적어도 20~50년, 나아가 100년 앞을 내다볼 줄 알아야 한다고 강조한다. 이해관계자를 배려하고 후세대를 위해 더 좋은 세상을 만드는 것이 트레일블레이저의 역할이라고 말한다.

베니오프는 직원, 고객, 투자자 등 이해관계자가 어떤 철학을 갖고 사업을 하는지 알고 싶어 한다는 점을 강조한다. 즉 퍼포스를 묻는 이해관계자에게 적극적으로 대응해야 한다는 의미에서 세일즈포스는 퍼포스를 경영의 핵심에 두고 있다. 세일즈포스는 사람들과 지구의 행복을 가장 우선하고, 창조성의 성과를 활용하는 것을 퍼포스로 제시하고 있다. 구체적으로 지구사회에 공헌, 성 소수자LGBTQ의 차별금지, 기술의 윤리적 활용 등을 본업의 핵심과제로 대처하고 있다. 베니오프는 자타가 인정하는 '소셜 액티비스트 CEO'로서 경영자는 사회를 바꿀 책임이 있다고 선언하고 확고하게 행동하고 있다.

호리바제작소, 재미있고 즐겁게 일하며 가치를 창조한다

호리바제작소堀場製作所는 일본 최초의 벤처기업으로 알려져 있다. 약 50개의 계열사를 갖고 세계에 분석과 측정시스템을 제공하는 선도적 기업이다. 계측기술을 바탕으로 자동차 계측, 환경과 프로세스, 반도체, 의료, 과학의 5개 시스템 영역으로 사업을 확장하고 있다. 특히 자동차 엔진의 배기가스 측정장치는 세계 시장의 80%를 차지하고 있다.

호리바의 사업 규모는 2,000억 엔을 넘고, 해외사업과 직원도 전체의 60%를 넘는다. 2014년 일본 경제산업성이 인정하는 '글로벌 틈새 톱기업GNT 100'에 선정되었다. 해외에서 성장하는 이유는 독특한 기업문화 때문이다.

호리바는 다양한 국적과 조직이 같은 목적을 향해 갈 수 있도록 임직원의 교류를 늘려왔다. 각 국가의 임원을 매년 두 차례, 교토의 본사로 불러 회의를 하고, 함께 일본요리를 즐긴다. 이런 글로벌 인사교류를 통해 해외 경험이 풍부한 일본 직원의 30%, 임원의 90% 이상이 글로벌 경험을 갖고 있다.

전 세계 직원이 일체감을 느낄 수 있도록 사시社是 '재미있고 즐겁게Joy &Fun'를 사가社歌로 만들어 '한 회사One Company' 사고를 확산하고 있다. 미국, 프랑스 등 전 세계의 직원이 이 노래를 부리며 동료 의식을 높이고 있다. 이 노래는 호리바의 젊은 직원이 작곡가와 가수를 찾아 제작하였다.

호리바의 사시는 전 세계의 직원이 공유하고 있다. 홈페이지에 사시의 진정한 의미를 소개하고 있다.

— 항상 일하는 보람을 갖고 일에 몰입하여 인생의 가장 좋은 시기를 보내는 회사의 일상을 자신의 힘으로 재미있고 즐겁게 하여 건전하고 많은 결실을 얻는 인생을 보내려는 적극적인 바람을 담고 있다. 이를 위해 회사는 재미있고 즐겁게 일할 수 있는 무대를 제공한다. 따라서 직원이 재미있고 즐겁게 일하면 발상력과 상상력이 커지고, 효율성도 증가하여 기업 가치가 높아진다. 그 결과 고객, 주주, 거래업체, 그리고 사회와 윈윈 관계를 구축할 수 있다.

직원이 사시의 이념을 통해 자기실현을 하도록 호리바는 '5가지 생각'을 갖고 실천하도록 장려하고 있다.

① 누구도 생각하지 못한 것을 하고 싶다.
② 특기를 연마하고 싶다.
③ 자신의 업무와 회사를 누군가에게 전하고 싶다.
④ 사람과 지구에 도움이 되고 싶다.
⑤ 세계를 무대로 일하고 싶다.

또한 호리바는 2017년 사시의 정신을 실천하기 위해 '스테인드 글래스Stained Glass 프로젝트'라는 다양성 대책에 힘을 쏟고 있다. 직원 개개인을 색과 형체, 크기도 다른 아름다운 스테인드 글래스의 한 조각으로 생각하고 프로젝트의 명칭을 정한 것이다. 전담 조직 '스테인드 글래스 프로젝트 추진실'은 경영층, 현장의 직원, 그룹 인사부를 연계하여 프로젝트의 실효성을 높이고 있다.

또한 직원 개개인이 강점과 개성을 발휘하여 더 강한 조직(슈퍼드림팀)을 실현하기 위해 세 개의 목표를 제시하고 있다. 첫째, 다양성으로 호리바의 경쟁력을 높인다. 둘째, 다음 세대의 리더와 다양한 일 방식의 롤모델을 창출한다. 셋째, 일 방식의 근본적인 개혁으로 생산성을 높인다. 일하기 쉽고, 일하는 보람을 높이기 위해 직원에게 재량을 주고, 성장을 실감하고, 자율적으로 커리어를 쌓을 수 있도록 하고 있다.

호리바제작소는 '가치창조 사이클'을 제시하고 있다. 사시를 핵심에 두고 그 아래에 조직 기반으로 '최첨단 측정하는 기술로 행복한 미래사회의 실현에 공헌한다'는 퍼포스와 이를 실현하기 위한 6가지 구조가 있다. 6가지 구조는 슈퍼드림팀, 독자성이 넘치는 제품과 서비스, 지속가능한 공급망, 지배구조 구축과 견고한 내부통제, 사내외의 이해관계자와 대화, 사회참여와 개인의 성장이다.

또한 경영 자원으로서 조직, 인재, 기술, 고객이라는 4개의 자산을 기반으로 5번째의 브랜드 자산을 증식하는 구조를 설정하고 있다. 5개의 무형자산을 융합하여 5개의 사업을 성장시켜 나가는 모델이다.

호리바제작소는 글로벌 기업이지만, 교토기업의 독자적 DNA를 중시하고 있다. 일본의 교토에는 세라믹 필터의 대명사 교세라, 일개 연구원이 노벨상을 받은 시마즈제작소, 무라타제작소, 게임기의 닌텐도, 와콜, 오므론, 일본전산 등 개성 있고 세계 최강의 기업들이 많다. 호리바 그룹 CEO 호리바 아츠시堀場厚는 그의 저서《교토기업이 독창적이고 좋은 업적을 내는 이유》(2011년)에서 교토기업이 강한 이유는 오랜 전통에서 이어지는 직인 문화에 뿌리박은 4개의 공통점이 있다고 주장한다. 즉 다른 사람을 흉내 내지 않고, 눈에 보이지 않는 것(자산)을 중시하

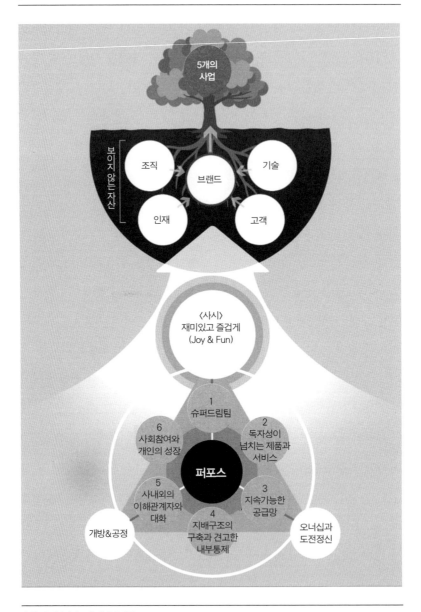

출처: 호리바제작소 홈페이지 제공

는 점, 사업을 한 세대에 끝내지 않고, 계승하려는 사고, 순환과 균형이라는 사고가 성공 요인이다.

글로벌로 경영이 확대될수록 '우리는 어떤 존재인가'에 대한 답변을 더욱 명확히 제시하고 있다. CEO 호리바 아츠시는 글로벌 차원에서 배우고, 일하면서 기업의 원점을 깊이 탐구하고 있다.

오므론, 기업 이념을 사업 활동에서 실현하는 TOGA 제도

오므론Omron의 기업 이념은 '우리의 일로 우리의 생활을 향상하고, 더 좋은 사회를 만들자'이다. 기업 이념 아래에 '우리가 소중히 하는 가치관Our Value'으로 '소셜니즈의 창조', '끊임없는 도전', '인간성 존중'이 있다. 오므론은 1990년에 기업 이념의 체제를 제정한 후 시대변화에 맞춰 기업 이념을 바꾸어왔다. 더 좋은 사회를 만든다는 사회적 책임을 수행하는 공기公器로서 기업의 역할을 이해하고 있기 때문이다.

오므론에서는 사업영역이 있고 기업 이념이 있는 것이 아니라, 기업 이념이 사업영역을 창출하는 관계에 있다. CEO 야마다 요시히토山田義仁는 기업 이념에 근거하여 사업영역을 결정하는 논리는 다음과 같이 설명한다.

— 오므론은 기업 이념 경영을 하고 있기 때문에 사업영역을 한정하지 않는 특징이 있다. 더 좋은 사회를 만드는 것이 테제이고, 기술 기반을 공통으로 한다면 사업영역은 달라져도 좋다. 사업영역은 기본적으

로 확장되는 것이지만, 오므론에서는 그 사업영역이 진정 기업 이념에 합치되는지를 철저히 의논하고 좁혀간다. 이때 기업 이념이 구심 역할을 한다.

이러한 배경에서 오므론의 기업 이념은 '더 좋은 사회'가 무엇인지 구체적으로 제시하지 않고 있다. 모든 직원은 스스로 항상 '더 좋은 사회'가 무엇인지 계속 탐색해 나가라는 의미다. 기업 이념을 제창하는 것만으로 좀처럼 행동으로 연계되지 않는다.

따라서 오므론은 기업 이념을 일상적인 업무에서 주체적·창의적으로 실천하도록 회사 내에 성공적으로 전파하고 있다. 단순히 CSR이 아니라 전체 사업 활동에서 사회적 과제를 해결하고, 사회적 책임 수행을

[자료 4-20] **오므론의 경영 자세**

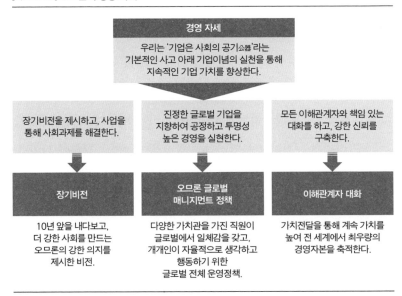

경영 자세
우리는 '기업은 사회의 공기公器'라는 기본적인 사고 아래 기업이념의 실천을 통해 지속적인 기업 가치를 향상한다.

장기비전을 제시하고, 사업을 통해 사회과제를 해결한다.	진정한 글로벌 기업을 지향하여 공정하고 투명성 높은 경영을 실현한다.	모든 이해관계자와 책임 있는 대화를 하고, 강한 신뢰를 구축한다.
장기비전	**오므론 글로벌 매니지먼트 정책**	**이해관계자 대화**
10년 앞을 내다보고, 더 강한 사회를 만드는 오므론의 강한 의지를 제시한 비전.	다양한 가치관을 가진 직원이 글로벌에서 일체감을 갖고, 개개인이 자율적으로 생각하고 행동하기 위한 글로벌 전체 운영정책.	가치전달을 통해 계속 가치를 높여 전 세계에서 최우량의 경영자본을 축적한다.

출처: 오므론 홈페이지, 필자 재구성

통해 기업 가치를 높여나가고 있다.

기업 이념에 따라 사회 과제를 발굴하고 업무에서 해결한다

말만으로 사람은 실천하지 않는다. 기업 이념을 실현하려면 일상 업무에 실천해야 한다. 오므론은 2012년부터 기업 이념의 실천 대책으로서 'TOGAThe Omron Global Awards'를 추진하고 있다. TOGA란 모든 글로벌 조직이 1년에 걸쳐 일상적인 업무를 통해 기업 이념을 실천하고 그 성과를 표창하는 제도다.

TOGA는 지식 관리구조 'SECI 모델'에 따라 설계되었다. SECI 모델이란 히토쓰바시대학 나노카 이쿠지로野中郁次郎 교수가 개발한 것으로 개인이 가진 암묵지를 표출시켜 조직공통의 지식으로 만들어가는 구조다. 즉 개인이 가진 지식과 경험 등 암묵지를 형식지로 바꾸어 조직

[자료 4-21] **TOGA에 적용한 SECI 모델**

	암묵지	암묵지	
암묵지	**공동화** Socialization 공동의 체험을 통해 암묵지를 이전하는 프로세스	**표출화** Externalization 개인의 암묵지를 언어화 하고 동료와 공유하는 프로세스	형식지
암묵지	**내면화** Internalization 새로 얻은 형식지를 학습으로 체득하는 프로세스	**연결화** Combination 다른 형식지를 조합하여 새로운 지식을 창출하는 프로세스	형식지
	형식지	형식지	

출처: https://www.brains-tech.co.jp, 필자 재구성

전체에서 공유·관리하고, 이를 조합하여 새로운 지식을 창출하는 프레임이다.

이러한 SECI 모델을 적용한 TOGA에서는 전체 직원이 기업 이념에 따라 실천 과제를 선언하고, 팀으로 협력하여 해결하고, 성과를 공유하고, 널리 알리는 활동이다. TOGA를 통해 조직 내는 물론 지역과 직종을 넘어 사회적 과제, 고객과 사회에 대한 가치창조에 대해 서로 대화할 기회를 가질 수 있다. 전 세계에 있는 오므론의 직원은 매년 다양한 사회적 과제 해결을 선언하고, 실천하여 사회에 공헌하고 있다.

TOGA를 활성화하기 위해 전 직원이 공유하고, 전파하는 대책도 추진하고 있다. 매년 5월 회사 창립일에 맞춰 팀 단위로 모든 직원이 업무를 통해 다양한 형태로 기업 이념을 실천한 사례를 대화하는 장도 마련하고 있다. CEO가 세계 각지의 경영 간부와 대화하는 '기업 이념 전도사 대화'라는 프로그램도 운영하고 있다. 이는 CEO가 일상 업무에서 기업 이념 실천의 중요성과 실천 사례를 주제로 강의하고, 참여자들은 서로 기업 이념의 실천 사례를 공유하고 실천 대책에 관한 의견을 교환하는 프로그램이다.

TOGA의 개최 비용과 표창 상금은 회사 전체의 예산으로 운영되지만, 실제 활동은 일상적 업무이기 때문에 업무관리와 활동에 필요한 예산은 각 회사(부문)에서 부담한다. 제도 시행 초기에는 이벤트 성격의 대책이었지만, 2015년부터 회사 차원에서 더 사업과 밀접하게 관련된 활동으로 발전하고 있다. 단순히 회사 내에서 기업 이념의 실천 대책을 넘어 사회적 과제 해결에 도전해보고 싶다는 열정과 공감이 회사 밖으로 전파되고 있다. 현재 오므론과 함께 사회적 과제 해결에

이해한다	배운다	인식한다	탐구한다	공유한다
사내홍보 (글로벌 공유 커뮤니케이션 미디어)	이념교육 (계층별 교육)	기업이념 전도사 대화 사장과 대화의 장 (The KURUMAZA)	이념 다이어로그 (동료와 함께 기업 이념과 자신의 업무의 관련성에 대해 서로 대화하면서 이념을 업무로 연계)	Founder's Day (창업 기념일)
이념 전파수단 (이념영상, 책자, 카드, 사례 등)	The Global Academy (시니어 리더를 위한 선발교육)			
	설립자의 창업기념관			

TOGA The Omron Global Award
업무를 통한 이념의 실천을 공유하고, 전 직원이 이념실천을 위로 칭찬하는 장

출처: 오므론 홈페이지

도전하려는 파트너 기업도 늘어나면서 그만큼 TOGA의 과제 수도 늘어나고 있다.

TOGA는 2012년 첫해 참가자 2만 828명, 선정과제 2,481건이었으나, 2020년 참여자는 5만 1,033명, 실천과제는 6,461건으로 증가하였다. 2020년까지 전체 참여자는 37만 9,463명, 과제 수는 4만 3,866건이었다.

황폐한 지역에서 태양광 발전 사업을 추진한 TOGA 활동 사례

TOGA의 구체적인 활동 사례를 살펴보자. '오므론 필드엔지니어링OFE'은 2014년 재생 가능 에너지를 지역에서 생산하여 지역에서 소비地産地消하는 비즈니스를 추진하기로 결정했다. 정부의 재생 가능 에너지 보급 정책이 효과가 있어 태양광 발전 등의 재생 가능 에너지는 널리 보급

되었지만, 그 비즈니스 모델을 둘러싸고 대자본이 지역에서 수익을 올리려고 한다는 의심을 받고 있었다. 이에 'OFE'는 재생에너지 프로젝트가 지역발전으로 이어지는 자체 생산하고 소비하는 비즈니스 모델을 결정했다. 그런 사업 프로젝트의 추진 배경에는 사회 과제를 해결하고 더 좋은 사회를 만든다는 기업 이념이 반영되었다.

프로젝트를 추진할 때 미야지富津 시의 황폐화된 경작방기지가 사회적 문제가 되고 있다는데 착안하였다. 즉 경작방기지를 태양광 발전의 사업지로 활용하면 지역에 재생 가능 에너지를 공급할 뿐만 아니라 사회적 문제도 동시에 해결할 수 있다고 생각했다. 그러나 경작방기지의 황폐화를 막을 수 있어도 오므론에 직접 수익이 발생하지 않기 때문에 비즈니스로서 의문시되는 사업이었다. 그런데도 오므론은 기업 이념에 따라 그 프로젝트를 수행하도록 승인하였다.

경작방기지를 확보하는 데 소유권자의 동의를 얻어야 하는 힘든 과정을 겪었고, 약 100명의 소유권자와 임대계약을 체결하는 작업은 결코 쉽지 않았다. 그러나 지자체의 협력을 받아 열정적으로 프로젝트 목표를 달성하였다. 지역의 황폐화된 토지를 활용하여 태양광 발전 사업을 하고 지역에 사업수익을 환원하고, 동시에 사회적 문제를 해결한 것은 더 좋은 사회를 만든다는 오므론의 기업 이념의 발로였다.

또 하나의 오므론 그룹 계열회사 'OAX'는 멕시코에서 차량 전자부품을 개발하는 업체다. 'OAX'는 높은 이직률이라는 중대한 과제를 안고 있었다. 2016년 이직률은 6.25%로 연간 정규직의 75%가 직장을 바꾸었다. 직원의 정착률을 높이기 위해 'OAX'가 주목한 것은 기업 이념 중 '인간성 존중'이었다.

'OAX'는 이직 원인을 분석한 결과 직원을 조직에 끌어들이는 프로젝트가 필요하다고 생각했다. 그리고 기업 이념 '인간성 존중'이 그 해결책이라고 생각하여 리더 육성을 위한 '인재 육성 프로젝트', 신입사원이 조직에 친숙하기 쉽게 하는 '온보딩 프로젝트', 자신의 사회적 가치를 실감하기 위한 '소셜 프로젝트'를 실시했다.

비숙련 노동자를 위한 세심한 교육 프로그램은 조직에 공헌은 물론 중요한 사회 공헌 활동이다. 소셜 프로젝트는 SDGs와 관련지어 그 사회적 의의를 직원에게 명확히 제시하였다. 또한 직원과 그 가족을 대상으로 하는 프로그램도 강화하였다. 이러한 프로젝트를 통해 활기찬 직장 분위기로 전환되고 직원의 회사에 대한 만족도도 높아졌다. 결과적으로 이직률은 9.65%에서 4.66%로 대폭 감소하였다. 'OAX'의 이런 이직률 개선대책은 2017년 TOGA의 골드상을 수상하였다.

오므론은 TOGA를 기점으로 모든 직원이 사회적 과제에 적극적으로 대응하도록 지원하고 있다. 오므론의 기업 이념은 구체적인 활동을 제시하지 않고 있다. 그러나 추상적인 기업 이념에 따라 전 직원이 지금까지 총 4만 3,866건의 프로젝트를 추진했다. 이렇게 TOGA는 최초의 예상을 넘는 수준으로 성장하였다.

TOGA는 사회적 과제 해결이 목적이기 때문에 창의성을 발휘하기 쉽고, 단기적인 이익을 내지 않아도 좋다는 운영방식이 성공 요인이었다고 CEO는 말한다. 그러나 그런 TOGA의 운영방식은 장기적으로 볼 때 오므론의 업적상승에도 크게 기여하고 있다. 직원과 경영층이 대화를 통해 추상적인 기업 이념이 일상 업무에서 실천되고 회사 밖에서 새로운 파트너와 연계 구조를 만들고 있다. TOGA 제도는 조직을 한 방향으로 결집하고 경제적 가치 실현을 넘어 사회적 가치도 창출하고 있다는 점에 주목해야 한다.

브리지스톤, '우리의 공헌방식'으로 사업과 연계하다

일본 타이어 제조업체 브리지스톤Bridgestone은 해외의 매출 규모가 80%를 넘는 국제적인 기업이다. 세계 26개국에 약 180개의 생산거점이 있고, 150개 이상의 국가에서 사업을 추진하고 있다.

브리지스톤의 사업 미션은 '최고의 품질로 사회에 공헌'이다. 기업이념을 글로벌 차원에서 실현하기 위해 2017년 '우리의 공헌방식Our Way to Serve'이라는 개념을 CSR 기본방침으로 설정하였다. 그리고 구체적인 과제로서 모빌리티Mobility, 개개인의 생활People, 환경Environment을 중점영역으로 설정하고 글로벌 그룹 전체가 공유하고 있다. 무엇보다 지속가능성 대책을 간단명료하게 표현하여 어떤 영역에서 무엇을 해야 하는지 명확히 하고 있다.

브리지스톤은 '우리의 공헌방식'의 추진체제를 사업과 연계하고 체계화하여 지속가능성 사고를 경영의 핵심에 반영하고 있다. '우리의 공헌방식'을 기점으로 지역에서 주체적인 행동, 글로벌 차원에서 경영체제와 연계하고 있다.

'우리의 공헌방식'을 중심으로 사업추진

브리지스톤의 지속가능성 경영의 추진체제는 각 사업 단위와 지역 대

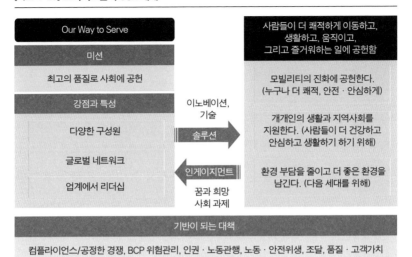

출처: 브리지스톤 홈페이지

표자, 모빌리티, 개개인의 생활, 환경 3개의 중점영역, 기반 영역별로 설정된 워킹그룹의 대표자로 구성된 '글로벌 CSR 위원회', '글로벌 품질경영 위원회'로 구성되어 있다. 이들 조직의 대책은 정기적으로 경영층에 보고된다. 글로벌 CSR 위원회는 '글로벌 EXCO'라는 CEO로 구성된 경영집행 회의에 연간 3~4회 추진과제의 우선순위, 지속가능성의 전략 입안 등 글로벌 전체의 CSR 대책의 기본방침을 보고한다.

브리지스톤은 지금까지 본사의 담당 부문이 중심이 되어 CSR 활동을 지시하고, 할당된 목표 달성을 촉진하는 기존의 CSR 운영의 문제점을 극복하고 있다. 사회 공헌을 외치는 기업 이념은 단순한 제목이 아니고, '우리의 공헌방식'이라는 기본방침에 따라 전 직원이 주체적으로 책임을 실천할 수 있는 운영구조로 구축되어 있다. '우리의 공헌방식'은 추상적인 기업 이념을 구체적인 활동으로 옮기도록 장려하고, 개별 직원이 방향을 잃지 않고 주체적 활동하도록 안내하고 있다. 이러한 CSR 운영구조를 통해 브리지스톤은 글로벌 차원에서 유연하고 체계적으로 CSR을 실현하고 있다.

사회 공헌 활동을 장려하는 표창 제도

브리지스톤의 '우리의 공헌방식'은 단계적으로 조직에 전파하고 있다. 먼저 초년도인 2017년에 운영방침의 인지도를 높이고, 2018년 운영방침과 개별 직원의 일상 업무와 관련성과 필요한 역할을 깊이 이해하는 대책을 추진하였다. 그리고 2019년부터 본격적으로 CSR 활동을 실천하도록 계획하였다. '우리의 공헌방식'은 사회적 책임을 주체적·창의적으로 수행하는 프로그램으로서 전체 조직에 전파되고 실천하는 데 많은 시간이 걸린다는 것을 고려한 대책이다.

또한 브리지스톤은 '우리의 공헌방식'를 전파시키기 위해 지역별 독립성을 존중하고 있다. 일본에서는 E러닝을 활용하여 전 직원의 이해를 넓히고, 직장마다 핵심 인재를 선발하여 워크숍을 개최하여 깊이 이해하도록 지원했다.

기업 이념에 따라 제정된 CSR 운영방침은 직원들에게 실천 활동을 명확히 안내하는 역할을 하고 있다. 2008년 그룹 전체의 직원이 '우리의 공헌방식'에 근거하여 주체적인 사회 공헌 활동을 장려하기 위해 '브리지스톤 그룹 표창 제도'를 마련하여 우수한 활동 사례에 대해 표창하고 있다. 표창 부문은 '우리의 공헌방식'에 근거하여 기업 활동 전반Achievement, 모빌리티Mobility, 개인의 생활People, 환경 Environment, 기반 영역 Management Fundamentals 5개로 구성되어 있다.

이 표창 제도는 기업 이념에 따른 사회 공헌 활동에 대한 전 직원의 의식을 높이고 일체감을 조성하고 있다. 표창 제도를 통해 직원의 개별 활동 사례를 공유하고, 본업과 동시에 사회적 과제 해결에 적극적으로 대처하고 있다. 직원이 실천하는 사회적 과제 해결 대책을 조직이 지원하여 활동의 질을 높이고, 우수한 활동을 평가하고 조직에서 공유하고 있다.

보통 기업의 CSR 활동의 모습은 본사에서 일방적으로 지시하고, 직원들은 경직된 분위기에서 수동적인 자세로 대응하는 구조다. 하지만 브리지스톤에서는 직원이 사회적 과제를 자신의 문제로 이해하도록 도와주고 일상 업무의 과제로 해결하도록 장려하고 있다.

수상자 선발은 지역 예선과 전체회사의 심사 두 단계로 구성된다. 2018년 294건이 참여하여 그중에 30건의 대책이 지역 예선을 통과했고, 최종적으로 7건의 활동 사례가 수상하였다(그중 모빌리티 1건, 개개인의 생활 2건, 환경 1건).

모빌리티 분야에서는 운송사업자를 위한 안전 운행, 경제성, 환경부담 감소를 실현하기 위해 디지털 툴을 개발한 사례가 선발되었다. 개개인의 생활 분야에서는 인도에서 학교 건설과 건강 진단 실시, 교통안전 교육을 제공하여 지역 사회와 신뢰 관계를 구축한 사례, 아르헨티나에서 농촌지역의 학교 직원과 거래처가 협력하여 식음료 등 물자를 기부한 사례가 수상했다. 환경 분야에서는 휘발성 유기화합물voc을 포함하지 않는 콘베어 벨트용 재료를 개발한 호주의 사례가 수상했다.

이런 표창 제도는 사회와 기업에서 긍정적인 효과를 내고 있다. 사회에서 기업 브랜드 가치를 높이고, 브리지스톤의 오퍼레이션 향상 등 본업의 활동에도 크게 기여하고 있다. 또한 표창을 통해 회사 내에 인지도가 확산되고 전 직원들 사이에 활동 내용이 공유되어 직원의 동기부여를 높이고 있다. 모범적인 활동 사례가 전파되면서 그룹 전체의 사회공헌을 촉진하고 있다.

2018년 '지역 사회와 신뢰 관계 구축과 공영'이라는 활동 사례가 개개인의 생활 부문에서 표창을 받았다. 타이어 공장이 있는 인도의 푸네 지역에서 학교 건설과 건강진단, 교통 안전교육을 지원하였고, 이를 통해 그 지역 사회와 장기적 신뢰 관계를 구축했다는 것이 표창의 이유였다.

이 활동 사례는 인도네시아 푸네 지역에 공장건설에 따른 지역주민과 발생한 분쟁 대책으로 나온 것이다. 2018년 브리지스톤의 공장건설로 인해 푸네 지역의 주민이 살던 집과 경작지를 잃을 상황이었다. 그 지역주민들은 지역 정치가와 단체와 연합하고, 비판적인 언론의 도움으로 브리지스톤은 지역 사회와 심각하게 대립하였다.

이러한 국면을 타개하기 위해 브리지스톤은 지역주민의 성장과 발전을 위해 지원활동을 결정했다. 지역주민에게 다가가서 기대하고 있는 것, 현재 지역의 안전과 교육, 고용, 건강 등의 과제를 이해하고, 그들을 포용하면서 문제해결을 시도하였다. 지역주민 중에서 잠재 능력이 높은 사람을 선발하여 창업 스킬을 익히도록 지원하였다. 브리지스톤은 주민을 직접 고용하지 않고, 지역주민의 가능성을 높이면서 지역 사회 전체를 발전시키는 계획을 추진했다. 프로젝트를 통해 지자체와 연대를 강화하고, 지역주민을 착취하는 반사회적 세력에 대해서도 엄격한 태도를 보였다.

이러한 포용적 대책으로 지역주민 1,400세대가 혜택을 받는 수원水原이 확보되었다. 지역 사회에 학교를 건설하고, 건강증진 활동을 추진하는 성과를 올렸다. 푸네의 공장건설 작업, 타이어 운반, 물 반입 등의 일자리가 생기면서 100명 이상의 신규 고용이 창출되었다.

마루이 그룹, 사회 과제 해결에 참여하는 기업문화 구축

현재 마루이 그룹은 시대와 소비자의 변화에 맞춰 소매와 금융이 일체가 된 독자적 비즈니스 모델을 추진하고 있다. 최근 본업과 전략적으로 시너지를 창출하면서 애니메이션과 영화 등 콘텐츠 사업으로 진화하는 등 업계에서 매우 혁신적인 회사로 알려져 있다.

마루이 그룹의 미션은 '모든 사람이 행복을 느낄 수 있는 포용적이고 풍요로운 사회를 함께 만든다'이다. 이 미션은 모든 이해관계자와 함께 가치를 창출하는 '공창 지속가능성 경영'에도 잘 반영되어 추진되고 있다. 마루이 그룹은 고객, 주주, 투자자, 직원 거래업체, 지역 사회 외에 미래세대도 중요한 이해관계자로 생각한다. 폭넓은 이해관계자와 관계 속에서 소매사업과 핀테크 사업에서 가치창조 활동을 지향하고 있다. 마루이 그룹에서 지속가능성 대책은 사회 공헌뿐만 아니라 경영 활동 및 경영 전략과 밀접하게 연계되어 있다.

특히, 이해관계자와 함께 가치를 창조하는 '공창 지속가능성 경영'을 실현하기 위해 포용-Inclusion이라는 사고를 도입하고 있다. 포용을 경영 활동에 포함하기 위해 4개의 중점 과제, 즉 고객의 다양성과 포용, 일의

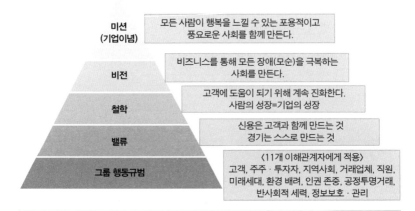

미션
(기업이념)
모든 사람이 행복을 느낄 수 있는 포용적이고
풍요로운 사회를 함께 만든다.

비전
비즈니스를 통해 모든 장애(모순)을 극복하는
사회를 만든다.

철학
고객에 도움이 되기 위해 계속 진화한다.
사람의 성장=기업의 성장

밸류
신용은 고객과 함께 만드는 것
경기는 스스로 만드는 것

그룹 행동규범
〈11개 이해관계자에게 적용〉
고객, 주주·투자자, 지역사회, 거래업체, 직원,
미래세대, 환경 배려, 인권 존중, 공정투명거래,
반사회적 세력, 정보보호·관리

출처: 마루이 그룹 홈페이지

포용, 환경의 포용, 공창 경영의 거버넌스를 설정하고 있다.

마루이 그룹의 지속가능성 대책은 사회적 가치관을 중시하고 전직을 모색하는 젊은 세대의 공감을 얻고, 우수한 인재를 확보하는 효과가 있다. 투자자에게 호의적인 인상을 주고, 각종 인덱스에 포함되거나 다양한 표창을 받고 있다. 그리고 안정적인 주가에도 어느 정도 기여하고 있다.

마루이 그룹에서 지속가능성 대책은 우선순위가 높고, CEO가 솔선하여 관여하고 있다. CEO는 마루이 그룹이 발행하는 공창 경영 보고서, 공창 지속가능성 보고서 작성 회의에도 참여하고, 많은 지면을 할애하여 CEO 인터뷰, 외부 전문가와 대담을 게재하고 있다. 또한 '마루이 IR 데이'라는 이벤트를 마련하여 기관투자자를 대상으로 포용 경영 실태를 적극적으로 설명하며, 지속가능성 대책을 경영 활동에 적극적으로 반영하고 있다.

공인 프로젝트에 직원 공모 제도 운영

마루이 그룹에서는 지속가능성 대책에 관심 있는 직원은 누구나 지원하는 공개 참여방식을 도입하고 있다. 일찍부터 직원의 주체적 참여를 유도하기 위해 자발적 지원방식을 조직문화로 추진하였다. 이렇게 자발적 지원방식을 도입한 대책을 '공인 프로젝트'라고 부른다. 공인 프로젝트를 통해 직원의 공헌하고 싶은 욕구를 기업 경영에서 활용하고 있다. CEO는 지속가능성 대책을 '누구나 참여하고 싶은 것'으로 인정하고, 직원이 가능한 자발적으로 능력을 발휘할 수 있는 환경을 만들고 있다. 다양한 프로젝트 주제에 대해 관심이 높은 사람을 선발하고, 정밀한 심사를 통해 그중에서 더 관심이 높은 사람을 선발하고 있다.

공인 프로젝트를 추진하는 직원은 정기적으로 일상 업무에서 떨어진 장소에서 활동에 집중할 수 있도록 배려하고 있다. 선발된 직원은 업무시간에 모여 함께 정해진 프로젝트를 추진한다. 프로젝트는 1년간 실시하고 수시로 미팅을 개최한다. 또한 참여직원의 소속 관리자를 지원조직에 포함하여 조직에서 협력을 얻으며 프로젝트를 추진하도록 지원한다.

이렇게 마루이 그룹은 프로젝트 참여자의 주체성과 창의성을 보장하며 사회적 책임경영을 추진하고 있다.

그동안 다양한 공인 프로젝트가 추진되었지만, 2018년 마루이 그룹이 '일의 포용' 대책으로서 추진한 건강경영 프로젝트에 특히 많은 직원이 관심을 보였다. 건강경영은 인사부가 담당하는 회사도 많고, 적극

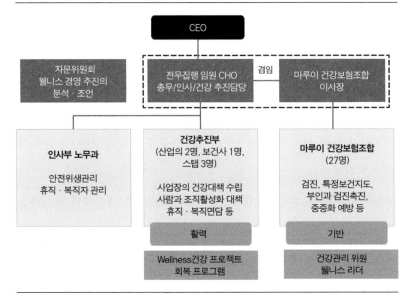

출처: 마루이 그룹 홈페이지

적인 노무관리의 차원에서 추진하는 경우가 많다. 이런 문제는 CSR 활동 중에서 중요한 과제 중 하나다. 예를 들면, GRI 스탠더드에서 매니지먼트 접근방식에 관한 GRI 1103, 노동안전 위생에 관한 GRI 1403 중에 노동자의 건강에 관한 항목을 제시하고 있다. 이렇게 건강경영은 조직 매니지먼트와 지속가능성 대책으로서 두 가지 측면이 있는 중요한 대책이다.

이런 배경에서 마루이 그룹은 직원의 질병 예방, 활기찬 생활을 지원하면 생산성이 높아지고, 궁극적으로 기업 가치가 향상되고 사회에도 도움이 된다는 건강경영을 도입하였다.

건강경영 프로젝트에도 자발적 지원방식으로 참여할 직원을 선발하였다. 이 프로젝트에는 정원의 5배 이상의 직원이 지원하였다. 보고서 과제를 통해 선발된 직원은 월 1회 전국에서 모여 하루 동안 건강추진에 관한 학습과 대화의 기회를 가진다. 참여직원이 프로젝트의 추진 욕구를 더욱 구체화하기 위해 정기적으로 전문지식을 제공하고 있다. 이런 기회를 활용하여 활동 수준을 높이고, 조직이 해결하려는 사회 문제를 더욱 명확하게 이해할 수 있다.

또한 건강증진 프로젝트에 참여직원은 사업소의 건강관리 추진 리더로서 역할을 하고 있다. 의료 전문가가 조직 전체의 프로젝트 방향을 제시하고, 참여직원은 그 방향에 따라 주체적으로 대책을 실행한다.

이렇게 마루이 그룹은 포용을 주제로 직원의 주체성을 살리면서 이해관계자를 회사의 비즈니스 활동에 적극적으로 포함하고 있다. 본업과 관련된 사회적 과제를 설정하고 자발적으로 참여한 직원이 주도적으로 실행하는 기업문화를 만들고 있다.

PURP⊕SE
BEYOND
PROFIT

PART 5

ESG 경영체제를
구축하라

CHAPTER
20

30년 후 회사의 미래를 그려보라

무형자산이 기업 경쟁력의 원천이다

앞에서 살펴보았듯이, 글로벌 선진기업은 퍼포스와 미션에 근거하여 지속가능성을 경영의 핵심에 두고 사업 전략을 추진하고 있다. 이들 기업은 본업과 사회 공헌 활동을 분리하지 않고, 사회 가치와 경제 가치를 양립하는 비즈니스 모델을 구축하고 있다. 단기적 수익에 집착하지 않고 중장기적 관점에서 수익력을 높이는 전략을 추진하여 성공적으로 기업 가치를 높여가고 있다.

앞으로 점점 더 많은 기업이 본격적으로 지속가능성 경영의 대열에 참여할 것이다. 기존의 비즈니스 모델을 근본적으로 재검토하고, 지속가능성에 대응한 사업구조로 변혁을 시도할 것이다. 사회 과제를 해결하고 동시에 경제적 이익을 확보하는 신규사업을 창출하는 비즈니스 모델을 수립하고 장기적 관점을 갖고 지속가능성 경영을 추진하는 경영 자세는 기업의 일상적인 현상이 될 것이다.

지금 한국 기업은 글로벌 환경을 장기적 관점에서 바라보고, 현재의 사업구조를 전면적으로 점검해야 할 시점에 있다. 지금의 글로벌 조류가 일시적인 것이 아니라 장기적, 구조적 변화라는 점을 생각해야 한다. 예를 들어, 한국 기업은 기후변화 위기, 테크놀로지 발달과 산업재편, 저출산과 고령화 등 경영을 둘러싼 수두룩한 과제에 직면해 있다. 이런 경영과제는 단기적 대응으로 해결할 수 없고, 장기적이고 근본적인 대책을 요구하고 있다. 따라서 장기적인 환경 변화에 초점을 두고 경영체제 자체를 재점검하고 근본적인 변혁을 도모할 필요가 있다.

경영의 패러다임이 근본적으로 다른 시대에는 기업의 퍼포스와 사업 미션도 환경에 맞춰 재정립해야 한다. 먼저 기존의 퍼포스와 사업 미션을 시대에 맞는 사회 가치를 지향하는지 점검하고 이해관계자와

[자료 5-1] 지속가능성 시대의 기업 경영 변화

구분	지금까지	앞으로
퍼포스/미션/비전	• 회사(경영자)는 어떻게 되고 싶은가	• 퍼포스 관점이 출발 • 사회적 의의 • 직원에게 가치
밸류/비즈니스 모델과 전략	• 사회의 제약조건을 해결하여 수익을 올리는 사업도 있음	• 사회에 근본적인 가치제공이 장기적으로 사업 가치를 높임
조직기능과 사업 프로세스	• 현장의 영업 기능을 중시 • 자료 정리와 확인 기능을 중시	• 사회에 필요한 가치를 창출하는 기능이 더 중시됨
필요한 인재/능력	• 추진력과 끈기를 중시 • 자료를 정확하게 대량으로 만드는 능력을 중시	• 사회에 필요한 가치를 창출할 수 있는 인재를 중시함

출처: EY(2021), 필자 재구성

협력하는 체제를 구축해야 한다. 퍼포스를 사업 전략에 반영하고 사회 가치를 구체적으로 실현하기 위한 조직기능과 사업 프로세스를 정비해야 한다. 기업의 퍼포스와 미션을 충분히 이해하고 경제적 가치와 사회적 가치를 양립할 수 있는 인재를 육성하거나 영입하는 노력도 중요하다.

비재무 가치를 높이는 경영

기업이 장기적 구조변화에 대응할 때 비재무 요소(무형자산)의 중요성이 높아지고 있다는 점을 인식해야 한다. 최근 ESG와 같은 비재무적 요소는 기업의 장기적 경쟁력의 원천으로서 더 중요한 경영 자원이 되고 있다. 그 배경으로 급속한 기술혁신, 사회적 과제에 대한 높은 관심, SNS 활용과 네트워크의 진전, 빅 데이터의 발달 등을 열거할 수 있다. 이런 환경에서 기업은 제품의 생산과 공급에 머무르지 않고, 개인의 니즈에 맞는 제품을 제공할 수 있게 되었다.

또한 '그린 경제'를 요구하는 사회적 요청에 부응하려면 기업은 고유의 무형자산을 전략적으로 활용해야 한다. 개발도상국의 기업과 가격경쟁에서 이기기 어려운 상황에서 무형자산을 활용하여 높은 부가가치를 내는 경영으로 전환해야 하는 상황이다.

이렇게 급속한 환경 변화 속에서 경영자는 기존의 비즈니스 모델에서 탈피하는 관점을 갖고, 지속가능한 비즈니스 모델을 구축하기 위해 새로운 무형자산에 투자할 필요가 있다. 미국 기업의 경우 기업 가치에 차지하는 무형자산의 비율은 절반을 넘고 있다. 이에 비해 한국 기업은 아직도 유형자산이 차지하는 비율이 크다.

기업은 사회적 요청을 넘어 중대한 위험관리, 나아가 기업의 장기적 생존방식으로서 비재무 가치를 높이는 경영을 추구해야 한다. 지금도 비재무 요소를 경시한 기업에서 각종 산업재해나 노동문제가 비일비재하게 발생하고 있다. 예를 들어 사업 활동으로 공해와 환경오염이 발생할 경우, 그 원인이 되는 기업에 대해 피해자의 배상책임과 원상회복의 의무가 생긴다. 이런 위험은 환경 외에 사회 문제와 거버넌스 영역에서도 발생할 가능성이 있다. 따라서 기업은 위험관리 차원에서 이런 비재무 위험을 사전에 면밀하게 파악하고, 줄이기 위한 대책을 세워야 한다.

흔히 환경과 사회 문제의 대책은 '배려' 차원에서 머무는 경향이 있다. '배려'에는 환경과 사회 문제를 사업으로 대처하자는 긍정적인 메시지가 들어 있다. 물론 배려 자체는 나쁘지 않지만, 목적이 배려뿐이라면 실적이 악화될 때 위험 대응 비용이 줄어들지 않는다.

무엇보다 중요한 것은 회사에 영향을 미치는 사업적 위험이 무엇인지 파악하고, 위험이 발생하지 않도록 일정한 비용을 투입하고, 억제하는 대책이 필요하다. 기업이 사업적 위험을 평가할 때 본업에 관련된 것도 있고, 피하고 싶은 것도 있다. 정부도 경제의 중심에 있는 기업에 강제적 규제를 강화하기 어렵다.

하지만, 글로벌 과제로서 온난화 문제는 절박하고, 대응하지 않을 경우, 장래에 막대한 손실 비용이 발생할 가능성이 있다. 또한 소비자는 환경부담이 높은 사업의 제품과 서비스를 멀리하기 때문에 기업은 경쟁에서 뒤처질 것이다. 기후변화에 대한 글로벌 규제가 강화되면 정부도 기업을 바꾸기 위한 정책을 강화할 수밖에 없다. 기업이 선제적으로 환경과 사회적 위험에 대처하지 않으면 본업의 지속가능성이 지속되기 어려울 것이다. 결국 변화를 받아들이고, 직면하는 환경과 사회적 위험을 억제하기 위해 비용을 최소화하는 대책 마련이 지속가능성을 높이는 방법이다.

이렇게 예상되는 미래를 생각하고 비재무 위험에 적극적으로 대처하는 기업은 투자자에게 자금도 모으고, 사업 기회도 생길 가능성이 높아진다. 위험관리를 지원하는 새로운 비즈니스 등 시장도 확대될 수 있다. 결과적으로 환경과 사회의 비재무 위험에 대응하는 새로운 사업이 전개되고 시장이 확대되는 선순환 구조가 이어질 수 있다. 경영패러다임의 전환점에서 기업은 그런 거시적 흐름을 피하지 않고 정면으로 돌파할 필요가 있다.

기업은 사업 활동의 구조와 구매 프로세스에서도 비재무 위험에 대처해야 한다. 즉 기업이 구매하는 제품과 서비스도 환경을 배려하고, 가격과 스펙에 나타나지 않는 환경과 사회 측면의 가치를 중시해야 한다. 예를 들어 용기와 포장에 재생 플라스틱을 사용하고 있는지, 공급망에서 노동환경이 적절하고 관리되고, 고용 창출과 교육에 공헌하고 있는지 엄밀하게 살피고 대책도 마련해야 한다.

앞에서 언급했듯이, 기업은 환경 배려에 머물지 않아야 한다. 환경 배려형 제품이라고 해서 비용을 고려하지 않으면 제품가격이 크게 높아질 가능성이 있다. 환경에 좋은 제품이라도 가격이 비싸면 소비자는 멀리할 수밖에 없다. 환경과 사회의 비재무 위험을 측정하고, 그 위험을 억제하기 위한 적절한 비용을 파악하여 위험을 줄이고, 이익을 유지하도록 해야 한다. 이것이 바로 지속가능성 경영의 토대가 된다.

기업은 환경과 사회 측면의 대책과 프로세스를 시장과 소비자에게 적극적으로 호소해야 한다. 소비자에게 제공하는 제품이 어떻게 사회에 공헌하고 있는지, 회사의 대책을 통해 장래 어떤 모습을 지향하고 있는지 보여주어야 한다. 기업의 대책과 제품 스토리를 전달하면 소비자도 기업이 대처하는 환경과 사회적 가치를 공유할 수 있을 것이다. 소비자와 가치관을 공유할 때 제품과 서비스의 시장가치는 높아질 수 있다. 이렇게 지속가능성 경영을 진정성 있게 실행할 수 있는 우수한 경영자가 앞으로 한국 기업에 많아지기를 기대해본다.

장기적 전략으로 변화에 대응하라

지금까지 기업의 관행처럼 추진된 3~5년 앞을 내다보고 위험과 기회에 대응하는 경영 방식으로는 장기적 변화에 대응할 수 없다. 지금 해외 선진기업은 10~30년 후 기업이 사회에 존재하는 바람직한 모습을 그리고, 장래 모습에 도달하기 위해 단기적 전략을 실천하는 경영 방식을 도입하고 있다(백 캐스팅 기법이라고 함, 자료 5-2 참조). 이에 비해 대부분의 한국 기업은 길어야 3년~5년의 중장기 경영 계획을 세워 사업을 추진하고 있다. 그 배경 중 하나는 경영자의 임기에(2~4년) 맞춰 단기적 경영실적을 평가하려는 것이다. 또 경영 환경 변화가 빨라 장기적 사업 전략을 세워도 자주 변경할 수밖에 없다는 논리도 작용하고 있다.

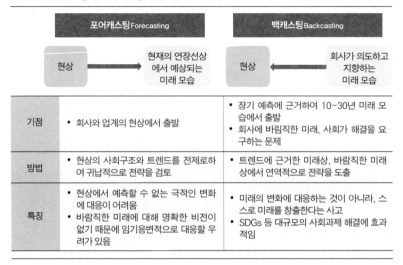

	포어캐스팅 Forecasting	백캐스팅 Backcasting
기점	• 회사와 업계의 현상에서 출발	• 장기 예측에 근거하여 10~30년 미래 모습에서 출발 • 회사에 바람직한 미래, 사회가 해결을 요구하는 문제
방법	• 현상의 사회구조와 트렌드를 전제로하여 귀납적으로 전략을 검토	• 트렌드에 근거한 미래상, 바람직한 미래상에서 역역적으로 전략을 도출
특징	• 현상에서 예측할 수 없는 극적인 변화에 대응이 어려움 • 바람직한 미래에 대해 명확한 비전이 없기 때문에 임기응변적으로 대응할 우려가 있음	• 미래의 변화에 대응하는 것이 아니라, 스스로 미래를 창출한다는 사고 • SDGs 등 대규모의 사회과제 해결에 효과적임

보통 중장기 경영 계획은 여러 사업 부문이 현재 추진사업의 연장선에서 사업계획을 수정·보완하고, 종합적으로 정리한 것이다. 이런 경영 계획은 현재의 연장선상에서 해결책을 찾고 있다는 증거다. 현재의 연장선상에서 생각하기 때문에 장래에 파괴적 변화에 충분히 대응할 수 없다. 비즈니스의 전제가 바뀌는 구조변화에 대응하려면 기존사업을 넘는 새로운 사업, 사업 포트폴리오를 전면적으로 검토하고, 사업모델을 근본적으로 재구축할 필요가 있다. 기존사업의 관점에서 벗어나 장기적으로 사업 전체의 변화를 예상하고, 전체 경영 계획에 따라 각 사업 분야의 역할을 검토해야 한다.

코로나 쇼크로 인해 경영 환경이 크게 변했다. 코로나 쇼크를 통해 우리는 VUCA 시대에 불과 6개월 앞조차 예측할 수 없다는 사실을 알았다. 하물며 현재 파괴적이고 구조적 환경 변화 속에서 3~5년의 경영 계획은 혁신과 성과를 창출하기에는 너무 짧다. 예측할 수 없는 급격한 변화가 일어날 때는 너무 길고, 사업 기반의 구조적 변화에 대응하려면 너무 짧은 기간이다. 따라서 이런 환경에서 기업은 과거와 현재의 연장선상에서 미래를 그릴 수 없다. 완전히 새로운 사업을 생각하고, 사업 모델을 변혁하고, 사업 전체에서 적용하고 실현하려면 적어도 10~30년의 장기적 시간대를 설정해야 한다.

아마존도 흑자를 내기까지 약 10년의 세월이 걸렸다. 지금 유행하는 구독경제 서비스도 성장 국면에 들어가려면 사용자와 데이터 축적량이 일정 수준을 넘어야 한다. 앞으로도 몇 년 동안 적자나 저수익 경영을 견뎌내야 한다. 이런 아마존의 경영 상태를 3~5년의 잣대로 판단하면 폭발적인 성장을 보지 못하고, 장래성 있는 사업을 망칠 수 있다.

그보다 30~50년 앞을 내다보는 것이 현명한 방법이다. 그러나 10~30년이라는 장기적 시간대로 과거와 현재의 연장선상에 없는 새로운 미래상을 그리고, 근본적인 경영혁신을 추구하는 경영자는 많지 않다. 3~5년의 시간대에 갇혀 훨씬 먼 미래의 세상을 바라보지 못하는 것이다.

멀리 내다보는 기업은 본질적으로 무엇을 변혁하고 싶은지 큰 그림을 그릴 수 있다. 보통 사람들은 멀리 떨어진 미래를 그리는 것을 공상과학 이야기쯤으로 여긴다. 경영자는 20~30년 후에는 이미 은퇴하기 때문에 자신과 아무런 상관이 없다고 생각한다. 그런 경영자는 3~5년의 재임 기간 중 그럭저럭 좋은 실적을 내어 연임할 것만 생각한다. 이렇게 미래를 향한 큰 퍼포스가 없는 기업은 지속가능성 경영을 지향할 수 없다.

그러나 현재 입사한 20대의 인재는 30년 후에 50대가 된다. 그렇게면 앞날의 이야기가 아니다. 후세대를 위해 지금부터 기업 경영에 책임을 지고, 비전을 그리고, 실천해야 한다. 그리고 장래를 책임질 경영 인재를 육성해 나가야 한다.

회사 고유의 퍼포스를 실천하라

현재 지속가능성 대책을 경영의 핵심에 두고 추진하는 기업이 늘어나고 있고, 그 추진방식도 차이가 있다. NPO와 소셜 벤처는 애초부터 이익 확대를 생각조차 하지 않는 조직이다. 최근 화제가 된 임팩트 투자도 이에 해당한다. 이들 기업이 사회 과제를 해결하려는 모습은 칭찬받아 마땅하다. 하지만, 조직에 수익을 창출하는 메커니즘이 없다면 계속해서 사회에 큰 임팩트를 낼 수 없다. 결국 한 때의 선의善意로 끝날 가능성이 있다.

성장을 중시하지 않는 기업도 있다. 비코프를 인증받은 기업이 이 유형에 해당한다. 예를 들어, 파타고니아는 성장지향 경영이 사회악을 초래한다는 확고한 신념을 갖고 있다. 이런 기업은 진정성 있게 환경과 사회 문제에 대처하고 사회 과제를 해결한다. 그렇다고 위험을 감수하며 다양한 사회적 과제 해결을 통해 세상을 크게 바꾸려는 뜻은 없다. 환경과 사회에 가능한 폐를 끼치지 않고, 신중하게 사업을 하는 우량기업이다. 진심으로 지속가능성 경영을 표방하는 기업이 여기에 해당할 것이다.

한편, 단순히 좋은 회사와 달리 활기찬 회사를 지향하는 기업이 있다. 진화형으로 알려진 틸Teal 기업은 생명체와 같이, 자율적인 조직이면서 생태계의 일원으로서 모든 이해관계자와 관계를 맺고, 환경과 사회위험에 대응하고, 더 좋은 사회를 만들려고 한다. 무엇보다 시대에 앞서 자발적으로 진화해나간다. 구글, 리쿠르트 그룹, 퍼스트 리테일링 그룹 등이 좋은 사례다. 이들 기업은 세상의 사회적 과제를 해결하기 위해 위험을 계속 감수하려고 한다.

또한 이들 기업은 퍼포스를 기점으로 사업 활동을 추진하고 있다. SDGs 항목 중 사업과 관련된 분야에만 집중해서 좋은 ESG 평가를 받기 위해 사업을 하지 않는다. 기업 고유의 퍼포스를 계속 일관되게 경영에 실천하면서 세상을 바꾸어 나간다. 예를 들어, 퍼스트 리테일링 그룹은 '의복을 바꾸고, 상식을 바꾸고 세계를 바꾼다'는 퍼포스를 50년 동안 실천하고 있다.

현재 국내외 많은 기업이 CSV 경영을 추진하고 있다. 필자는 해외의 수많은 CSV 경영의 추진사례를 탐구하였고, 의외로 성공한 기업이 적지 않다는 사실을 알았다. 앞 장에서 그중에 일부 성공기업의 사례를 소개하고 있다. 그러나 안타깝게도 CSV 경영을 제대로 실천하지 않는 기업이 대부분이다. 그 이유 중 하나는 SDGs 관점에 사로잡혀 사회 과제를 찾는다는 점이다. 대부분 기업이 CSV 경영을 추진하기 전에 SDGs 항목이 회사의 사업과 관련이 없는지부터 확인한다.

국제적으로 객관적인 지표인 SDGs에서 본업과 관련성을 찾는 것은 당연하다. 하지만, 이렇게 객관적인 지표에서는 기업 본연의 미래 모습을 찾는 데 한계가 있다. 그보다 먼저 기업이 무엇을 위해 존재하는지,

무엇을 하고 싶은지 주관적인 관점에서 출발해야 한다. 많은 벤처기업이 사업을 시작할 때 이 질문에서부터 출발한다. 기업은 자신만의 존재 의의를 반복해서 물을 때 더 올바른 선택지를 가질 수 있다.

하지만, 현재 사업이 문어발처럼 다각화된 대기업에서는 퍼포스가 명확하지 않다. 사업 부문마다 퍼포스는 고사하고 조직문화에 큰 차이가 있다. 직원은 거대한 기계속에 하나의 부속품에 불과하고, 퍼포스를 실천하기 어려운 환경이다. 회사 홈페이지에 거창한 문구를 내걸고 있지만, 실제로 진정성 있게 CSV 경영을 실천하지 않는 사례가 많다. 구호는 난무하지만 실제로 겉과 속이 다른 경영을 하고 있다.

초성장을 위한 야심적 변혁 목표MTP

그렇다면 해결책은 무엇일까? 먼저 기업의 궁극적인 퍼포스를 납득할 때까지 의논하는 것이다. 이것을 백일몽Daydream 세션이라고 부른다. 모든 제약을 넘어 직원들이 회사를 통해 진정 만들고 싶은 미래의 꿈을 그려보는 자리다. 미국 실리콘밸리에서는 이것을 '야심적 변혁 목표 MTP,Massive Transformative Purpose'라고 부른다. 백일몽 세션은 과거의 창업정신을 회고하는 것이 아니라 비연속적 미래를 지향한다. 원점으로서 퍼포스에 날개를 달아 멀리 높은 곳으로 올라가는 상상력이 필요하다. 마치 아이들의 순수한 상상력과 같다. 구글에서는 달을 향하는 원대한 퍼포스라는 의미에서 '문샷Moon Shot'이라고 부른다. '달 탐사선의 발사'라는 의미가 있지만, 단순히 생각만 하지 않고, 불가능할 것 같은 혁신적인

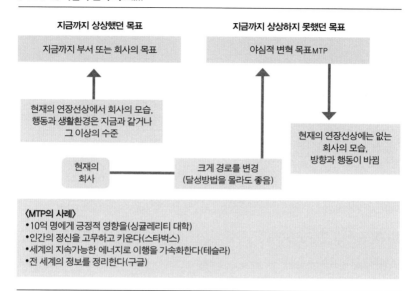

[자료 5-3] **야심적 변혁 목표**MTP

지금까지 상상했던 목표　　　　　지금까지 상상하지 못했던 목표

지금까지 부서 또는 회사의 목표　　　　야심적 변혁 목표MTP

현재의 연장선상에서 회사의 모습,
행동과 생활환경은 지금과 같거나
그 이상의 수준

현재의 연장선상에는 없는
회사의 모습,
방향과 행동이 바뀜

현재의
회사

크게 경로를 변경
(달성방법을 몰라도 좋음)

〈MTP의 사례〉
• 10억 명에게 긍정적 영향을(싱귤레리티 대학)
• 인간의 정신을 고무하고 키운다(스타벅스)
• 세계의 지속가능한 에너지로 이행을 가속화한다(테슬라)
• 전 세계의 정보를 정리한다(구글)

프로젝트를 실제로 추진하는 것을 말한다. '문샷'의 동양적 개념은 북
극성이라고 말할 수 있다.

　MTP를 설정하는 워크숍은 퍼포스 확산에 효과적인 방법이다. MTP
는 기본적으로 초超장기 관점에서 미래를 생각하는 것이다. 공상과학과
관련된 서적과 영화를 보는 것도 좋은 방법이다. 누구나 2050년에는
일상적으로 로봇과 함께 생활할 것이고, 대부분 가상 세계에서 보낼 것
으로 예측한다. 이런 미래에 무엇을 할 수 있을지, 어떤 가치를 창출할
수 있을지 상상해보는 것이다.

　또한 과거에 어떤 위기가 있었고, 어떻게 극복했는지 확인해본다. 극
적인 변화의 순간에는 기업의 사고가 가득 차 있다. 마치 역사가가 과
거의 중대한 사건에서 역사적 의미와 교훈을 찾는 것과 같다. 이렇게

과거로 생각을 돌리는 것도 새롭고 비약적 발상에 도움이 된다.

또한 '어떤 일을 한다면 가슴이 뛸까?', '우리 회사만의 가치는 무엇인가?', '어떤 일을 실현할 수 있을까?'라는 관점이 필요하다. 진지한 MTP 워크숍을 통해 나오는 결과물은 SDGs 콘셉트와 같은 것이 아니라, 기업이 도달하고자 하는 미래의 순수한 꿈이다. 이런 워크숍에는 연령과 성에 제한을 두지 않고 다양한 직원이 모일 때 좋은 결과를 얻을 수 있다. 특정 연령과 성으로만 구성된 동질적인 직원의 발상으로는 비연속적 미래 모습은 만들어지지 않는다. 관리자보다 일반직원으로부터 풍부하고 생생한 미래를 향한 아이디어가 나올 가능성이 많다.

앞에서 언급했듯이, 현재 비즈니스 세계에서 퍼포스 매니지먼트, 퍼포스 브랜딩, 퍼포스 마케팅 등 퍼포스 경영이 인기다. P&G에서 글로벌 마케팅을 담당했던 짐 스텡겔은 2011년 그의 저서 《그로우Grow》에서 언급한 것이 대표적인 사례다. 그는 사회적 의의를 퍼포스로 제시한 50개의 브랜드가 대표적인 상장기업의 4배 성장률을 달성하고 있다고 주장했다.

퍼포스 경영은 최고의 성장전략으로 인식되고 있다. 미국 실리콘밸리에서 스타트업이라도 '실현 불가능하게 보이는 목표Moon Shot', '야심적 변혁 목표MTP', '조직의 자율적 진화Evolutionary Purpose' 등 다양한 퍼포스 개념은 경영개혁, 사업 이노베이션, 조직 변혁 등 광범위한 영역에 강력한 영향을 미치고 있다.

특히 그중에 실리콘밸리에서는 MTP라는 용어가 널리 제창되고 있다. 그 MTP라는 용어는 실리콘밸리에서 '싱귤래리티대학교Singularity University'의 창업자 살림 이스마일Salim Ismail이 창안한 개념이다. 이스마일은 책《기하급수 시대가 온다Exponential Organization》에서 기하급수적으로 성장하는 100개 이상의 기업(비약형 기업)을 조사한 결과, 하나의 필요조건과 10개의 충분조건이 있다는 사실을 발견하였다. 비약형 기업ExO이란 가속적으로 진화하는 기술을 바탕으로 새로운 조직 운영 방법을 구사하고, 경쟁사와 비교하여 적은 투자와 인력으로 엄청난 가치(적어도 10배 이상)와 영향을 창출하는 기업을 말한다.

그중에 하나의 필요조건이 바로 MTP였다. 이스마일은 MTP가 없는 한 초성장을 실현할 수 없다고 말했다. 이스마일은 MTP에 대해 이렇게 말한다.

— MTP는 조직의 핵심이 되기 때문에 조직의 목표를 제시하고 있다. 비약형 기업이 과거에 발표한 보고서를 보면, 그 당시에 황당무계한 설립이념이 쓰여 있다. 바로 이것이 MTP다. 한 번 크게 성장할 수 있어도 비즈니스 모델은 바로 진부화되기 때문에 항상 큰 목표를 갖는 것이 중요하다.

이스마일은 세계를 더 좋은 곳으로 바꾸기 위해 MTP의 효과를 이렇게 강조한다.

— 다음 세대의 기업은 단지 이익을 얻기 위해 상품과 서비스 제공에 주력하지 않고, 세계에 좋은 영향을 주는 근본적인 목표를 두고 활동하고 있다. 현재 가장 큰 비즈니스 기회는 세계가 직면하는 가장 중요한 과제 해결 방법을 찾으면서 발견할 수 있다. MTP는 기업의 야심과

MTP
• 목표가 있음 • 풍부한 자원과 연결되어 있음 • 대규모 • 변화를 일으킴 • 세상의 모습을 그리고 있음 • 간결 • 사람의 마음을 움직임 • 야심적 • 유익

SCALE	IDEAS
• 온 디멘드형 인재 조달 • 커뮤니티와 클라우드 • 알고리즘 • 외부 자산의 활용 • 사회적 관심	• 인터베이스 • 데슈보드 • 실험 • 자립형 조직 • 소셜 기술

출처: 《기하급수 시대가 온다》, 필자 재구성

핵심이 되는 존재 의의가 반영되어 있고, 당신이 단기간에 어렵더라도 언젠가 세계에 일으키고 싶다고 생각하는 변화가 확실히 나타난다. MTP는 행동을 촉진하고, 당신과 다른 사람을 의미 있고 긍정적인 변화로 이끌 수 있는 감정적 유대관계를 형성한다.

'줌인 줌아웃' 사고의 관점으로 보라

우리는 카메라의 위치를 고정시키고, 어떤 피사체에 줌 렌즈를 가깝게 (줌인, zoom-in) 또는 멀리(줌아웃, zoom-out) 조정하면서 사물의 모습 더욱 섬세하게 촬영할 수 있다. 단지 시야의 범위를 조정하면서 동시에 가까운 곳과 멀리 있는 곳을 바라볼 수 있다.

소프트뱅크 회장 손정의는 '줌인 줌아웃' 사고의 중요성을 매우 생생하게 표현하고 있다. "가까이에서 보면 뱃멀미한다. 100킬로 앞 먼 곳을 보면 경치는 선명해진다." 즉 우리는 멀리 바라보면 발이 걸려 넘어지지 않는다.

기본적으로 '줌인 줌아웃' 사고는 사물을 원근의 두 가지 관점으로 보는 것이다. 가령 30년 후의 초장기(2050년)를 응시하면서 초단기(매일 또는 매월)의 파동을 확실히 포착하는 것이다. 하지만 대부분 기업은 길어야 3~5년을 겨냥하고 있다. 이러한 경영 방식에는 한계가 있다.

그럼 어떻게 준비해야 할까? 기업은 퍼포스에 따라 열정적으로 미래를 만들어 나가야 한다. 퍼스널 컴퓨터의 아버지로 알려진 앨런 케이 Alan Kay는 "미래를 예측하는 방법은 미래를 발명하는 것이다"라는 명언을 남겼다. 스티브 잡스는 생전에 "팩pack이 있는 곳으로 가지 않고, 지금부터 팩이 향하는 곳으로 가라"는 말을 즐겨 사용하였다. 이 말을 한 사람은 캐나다의 유명한 아이스하키 선수 웨인 그레츠키Wayne Gretzky다. 팩이 있는 곳은 모두가 모여들기 때문에 순식간에 레드오션이 된다. 그러나 그레츠키는 누구도 가지 않는 장소로 미끄러져 가서 그곳에서 팩을 차지한다.

스탠포드대학교의 찰스 오라일리Charles O'Reilly 교수는《리드 앤 디스럽트Lead and Disrupt》라는 책을 썼다. 오라일리 교수는 기업에서 현업(심경, 토양을 깊게 파는 작업)과 신규사업(탐색)이라는 두 가지 경영 방식이 필요하다고 말한다. 상식적인 말이지만, 현실적으로 대부분 기업은 현업과 신규사업을 분리하여 대응하고 있다. 그러나 실제로 현업을 펼쳐보면 신규사업이 있고, 신규사업도 착수하는 순간 현업이 된다. 현업을 깊이 파헤쳐 보면, 비로소 기업에 유익하고 새로운 사업 기회와 발상이 쏟아져 나온다.

줌아웃 사고가 응시하는 곳은 과거의 연장선상이 아닌 뉴노멀이다. 과거의 데이터로 분석하는 빅데이터는 도움이 되지 않는다. 기업이 스스로 미래에 뜻을 두고, 만들어 갈 수밖에 없다. 기업이 스스로 제시한 나침반에 의존해서 미래를 향해 나아가야 한다.

줌인 줌아웃 사고가 탄생한 배경은 미국 딜로이트 싱크탱크Deloitte Center for the Edge가 실리콘밸리의 IT 기업을 대상으로 실시한 경영실태 조사였다. 이 조사에서 세계에 큰 임팩트를 주는 이노베이션을 창출하는 기업은 10년 단위의 연구개발과 사업개발에 대한 장기적 헌신과 동시에 시시각각 변하는 기술과 시장환경에 단기적으로 기민하게 대응한 것으로 나타났다. 구체적으로 말하면, 10년 이상을 전망하면서 1년 미만의 현상에도 세심하게 응시한 것이다.

먼저 줌아웃(장기) 시점에서 업계와 사회의 미래 모습(10~20년)을 그리고, 그 달성할 전략을 수립한다. 줌인(단기) 시점에서 장기비전에 임팩트를 줄 가능성이 많은 대책을 필요 최소한의 자원으로 단기적(6~12개월)으로 실행한다. 이렇게 장기와 단기의 양극을 왔다 갔다 하면서 경영 계획을 정교화하는 것이다. 단기대책에서 얻는 성과와 통찰력을 활용하여 장기비전을 수정하고, 장기비전의 수정사항은 바로 단기계획에 세분화한다. 이렇게 끊임없이 반복하여 장기와 단기가 유기적으로 연결하면서 유연하고 적절하게 불확실성에 대응할 수 있다.

일본전산은 '줌인 줌아웃' 사고로 경영하는 대표적인 기업이다. 나가모리 시게노부永守重信 회장은 창업 당시 직원 3명밖에 없었지만, 장래 50년간에 1조 엔의 매출 목표를 발표했다. 놀랍게도 그 원대한 목표는

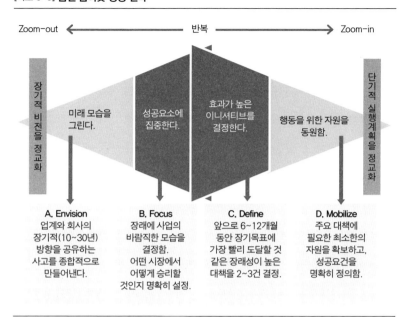

출처: Zoom out/zoom in, Deloitte Insights(2018)

2015년에 달성했다. 회사에 장기계획은 있어도, 중기계획은 없다. 이렇게 나가모리 회장은 창업 시점부터 장단기 환경 변화를 전망하고 위기를 성장 기회로 바꿔 왔다.

나가모리 회장은 초장기와 초단기를 조합하여 사물을 보며 경영하고 있다. 사회경제의 장기적인 파동과 동시에 단기적인 변화를 동시에 적절하게 포착하고 있다. 이 두 방향을 표리일체로 하여 긴밀하게 연계하면서 기업을 비약적으로 성장시켰다. 일본 히토츠바시대학교 교수이자 컨설턴트인 나와 타카시名和高司는 이런 사고방식을 원근복안遠近複眼 경영이라고 부른다. 수십 년 앞의 모습을 그리고, 실현하기 위해 지금 무엇을 해야 하는지 생각하는 것이다. 먼 미래를 포착하는 눈으로 비전을 그리고, 작은 변동을 포착하여 가까운 미래를 예측하고, 조직과 사업구조를 끊임없이 진화시켜 나간다.

나가모리 회장은 먼저 먼 미래를 포착하는 관점에서 중장기의 파동을 항상 생각하고, 호불황은 반드시 반전하는 것을 전제로 하고 있다. 기술혁신이 견인하는 콘트라디에프 파동(약 50년 주기), 건설투자가 원인이 되는 쿠즈네츠 파동(20~30년의 파동), 설비투자의 변동이 초래하는 주글라 파동(약 10년 주기)이라는 3가지 주기를 전제로 회사의 미래를 그리고 있다.

일본전산은 창업 시점에서 50년 계획을 세우고, 2020년 다시 제2차 50년 계획을 세웠다. 또한 30년 후의 2050년에 초점을 두고, 인형 로봇을 작동하기 위해 소형 절전형 모터를 연구개발하고 있다. 창업자는 글로벌 금융위기 후 10년이 지난 2019년은 힘든 해가 될 것을 예상하고, 고정비 감소를 지시하였다. 즉 50년 앞, 30년 앞, 10년 앞이라는 미래에서 백 캐스팅하여 전략을 세우고, 일찍부터 착수하고 있다.

나가모리 회장은 지난 5년 전부터 2030년 매출액 10조 엔이라는 장기목표를 전제로 세상에 다가오는 큰 파고(탈탄소화, 디지털데이터 폭발 등)에 따라 미래를 포착하고 있다. 그는 ESG, SDGs라는 말을 일절 사용하지 않는다. 외부에서 객관적인 용어로 쓰는 말을 싫어한다. 빌려온 말은 사람들에게 자극을 주기 어렵기 때문이고 말한다.

나가모리 회장은 가까운 곳도 잘 보고 있다. 세밀한 수치를 주간 단위로 세밀하게 점검하며 변화를 살핀다. 또한 중요한 경영변화에 직면할 때 이치를 따지기 전에 실행하고 실패에서 배우고, 다시 도전한다.

2050년까지 경영 비전을 수립하라

경영 환경 변화가 빠르고, 산업구조가 근본적으로 변하는 시대에 경영자는 기업의 존재 의의와 비전을 더 명확히 하고, 장래의 경영 전략을 제시해야 한다. VUCA 시대는 아무리 치밀하게 분석해서 경영 계획을 수립했더라도 그 전제가 변해버린다.

오히려 10~30년 앞의 미래를 대충 예측하고, 회사의 존재 의의에 근거하여 세상에 창출할 가치, 실현하고 싶은 꿈과 비전을 직원, 고객 등 이해관계자와 공유하는 것이 바람직한 방법이다. 장래 도달할 비전은 정확하기보다 납득할 수 있도록 구체적인 전략을 경영자가 스토리를 갖고 말할 수 있어야 한다. 직원과 고객 등 이해관계자는 경영자가 제시하는 비전을 공감하고 이해할 때 성공적인 개혁의 열쇠가 된다.

예를 들면, 2020년 3월 일본의 대형건설사 세키스이積水 하우스는 30년 비전을 발표하였다. 처음에는 2030년까지 10년 비전을 검토했지만, 기존 중기계획의 연장선상에 머무를 수 있다고 판단하여 2050년까지 경영 비전을 확장하였다. '우리 집을 세계에서 가장 행복한 장소로 한다'는 글로벌 비전을 내걸고, 주거를 기점으로 하드·소프트·서비스를 융합하고, 고객, 직원, 사회의 행복을 최대화하는 대책을 추진하고 있다.

장기비전을 실현하기 위한 '플랫폼 하우스 구상'은 인생 100세 시대의 행복을 지원하는 플랜이다. 행복을 건강, 연계, 학습 3가지 요인으로 나누고, 거주자의 데이터를 활용하면서 장기간에 걸쳐 서비스를 지원한다. 건강영역에서 2020년 12월부터 세계 최초로 재택의 응급질환 조기 대응 네트워크HED-Net 실증 실험을 실시하고 있다.

2018년 기업으로서 처음으로 행복을 연구하는 '주거생활연구소'도 설립하였다. 이 연구소는 살면 살수록 행복한 주거생활을 테마로 다양한 연구를 하고 있다.

세키스이 하우스는 지속가능성 경영에 적극적으로 대처하고 있다. 단순히 미사여구가 아니라 기업 가치 향상을 위한 핵심 대책으로 추진하고 있다. 환경대책으로 탈탄소 사회의 대책으로서 단독주택과 집합주택을 대상으로 넷제로 에너지 하우스Net-Zero Energy House를 추진하고 있다. 또한 지역 활성화 사업, 육아 휴업 제도 실시, 거버넌스 체제 강화, 임원 보수제도 개혁, ESG 대화 등 다양한 지속가능성 대책을 실시하고 있다. 무엇보다 전원이 참여하는 ESG 대화는 ESG를 깊이 이해하고, 내부에서 창의적인 조직문화를 조성하기 위해 CEO는 직접 직원들과 대화하며 실천 의식을 높이고 있다.

장기비전에 사회 과제를 반영하라

이제 기업은 장래의 비즈니스에 사회 과제를 포함해야 한다. 먼저 사업을 추진하기 전에 장기적 관점에서 사회 과제를 해결하는 미래 모습을 그려보아야 한다. 미래를 예측하는 것이 아니라 먼저 회사가 지향하는 미래의 사회 모습을 그리고, 그것을 실현하기 위해 회사가 무엇을 해야 할지를 찾는 것이다. 회사의 강점을 점검하기 위해서도, 지속적인 사업 모델을 검토하기 위해서도 필요한 작업이다.

이때 폭넓은 사회적 과제를 대상으로 검토하고, 이를 비즈니스로 만들려는 관점이 필요하다. 이를 위해 어디에서 싸우고, 어떻게 이길지 전략적 관점에서 시장을 냉정하게 바라봐야 한다. 먼저 미래에 회사가 존재감을 드러낼 수 있는 영역에 초점을 두고, 10~20년 후 거기에 도달하기 위해 지금 무엇을 해야 할지 생각한다. 관련된 영역의 스타트업에 투자하거나 필요한 능력을 갖춘 외부의 다른 기관과 협력하는 등 필요한 대책도 찾아야 한다. 장기를 내다본 눈으로 현상을 응시하고, 지금 해야 할 것을 명확히 설정한다. 줌아웃과 줌인을 반복한다. 기존의 상품과 시장에만 집착하지 않고, 사회 과제라는 새로운 경영관점을 추가하여 미래를 지향해 나가야 한다.

사회적 과제를 해결하는 것은 본업의 경쟁력을 확보하고, 이익을 최대화하기 위해서도 필요하다. 지금 세계에 복잡한 사회 과제가 수두룩하고, 국가와 지자체만으로 해결할 수 없는 상황이다. 복잡한 사회 과제는 국가와 기업이 따로 분리하여 해결하기 어렵다. 이런 시대에 기업이 사업상 이익만 추구한다면 사회에서 존립 기반 자체가 위험해지고, 비즈니스도 존속하기 어렵다.

다른 관점에서 보면, 사회 과제 해결은 거대한 블루오션이다. 사회과제 대응에 실패하면 몇조 원의 경제적 손실이 발생하고, 사후에 국민의 세금으로 충당해야 한다. 만약 기업이 비즈니스로 그 과제를 해결한다면 몇조 원의 사업 기회로 변한다. 기존 시장이 성숙해지면서 새로운 상품과 서비스는 금방 진부화되고 있다. 따라서 기업은 공공분야만으로 해결할 수 없는 사회 과제를 둘러싼 거대한 시장에서 새로운 기회를 탐색할 필요가 있다.

또한 사회 과제를 해결하기 위해 외부의 힘을 활용해야 한다. 즉 이해관계자와 관계를 재정의해야 한다. 공공분야의 사회 과제는 한 기업만으로 대응할 수 없다. 사회 과제가 존속한다는 것은 기존의 대책에 한계가 있다는 의미다. 따라서 기업은 선도적으로 공공분야와 비영리단체, 다른 기업, 다양한 기술과 노하우를 가진 개인과 종횡무진으로 연계하여 사회 과제 해결에 도전해야 한다.

기업이 공공분야와 연계하려면 단기적인 이익을 우선하는 사업 논리에 얽매이지 않고, 장기적 관점을 갖고 줌인 줌아웃 사고를 발휘해야 한다. 그렇다고 이익을 내지 않아도 좋다는 뜻이 아니다. 사회 과제를 해결하면서 기업으로서 존속하기 위해 수익을 창출하는 양극의 관점을 병행해 나가야 한다.

CHAPTER
21

장기적으로 도달할 북극성을 찾아라

회사가 지향하는 미래 모습을 그려보라

지속가능성 시대에는 경영자는 변화를 예측하고, 사전에 대비해야 한다. 단기적 변화에 사로잡히지 않고, 앞에 있는 장기적 변화를 이해하고, 도착지점을 그리는 것이다. 단기적 변화의 파고를 헤쳐 나가면서 기업이라는 거대한 선박을 북극성으로 이끌어 가야 한다.

실제로 지속가능성 경영을 추진하는 글로벌 기업은 30년 후의 미래를 그려보고, 10년 후의 사업 포트폴리오를 매년 검토하고 있다. 어느 글로벌 의료기구업체는 30년 후의 도달지점을 그리고, 매년 사업계획을 갱신하고 있다. 장기적 구조변화를 파악하고, 북극성을 지향하는 경영을 실천하고 있다. 북극성을 설정한 후에 단기적 변화의 파고를 넘어가면서 북극성을 향해 가는 기업도 있다. 그러나 북극성을 계속해서 탐색하는 기업도 많다.

지속가능성 경영이란 사회와 기업의 지속가능성을 높이기 위해 환경과 사회에 배려하면서 지속적으로 성장하며 기업 가치를 높이는 사업방식이다. 다시 말해 기업은 지금까지 환경과 사회에 주는 나쁜 영향을 최대한 억제하여 장래의 위험을 줄이고, 환경과 사회와 공존하면서 지속적으로 성장하는 새로운 사업 형태를 말한다. 실제로 앞에서 소개한 글로벌 선진기업은 새로운 사업 형태를 장기목표로 설정하여 미래지향적 경영을 실천하고 있다. 장기적 관점에서 사회적 과제를 해결하는 것이 유망한 블루오션이라는 점을 알고 있기 때문이다.

그럼, 먼 장래에 인류는 어떤 모습일까? 유엔과 글로벌 환경 NGO가 발표한 각종 보고서는 2050년 지구의 모습을 구체적인 통계로 잘 보여주고 있다. 이들 통계자료는 국제적 싱크 탱크와 협력하여 공들여 만든 것이기 때문에 크게 신뢰할 만하다.

먼저, 2050년 세계의 인구는 약 100만 명으로 증가할 전망이다. 개발도상국의 1인당 GDP도 증가하면서 자원수요는 크게 확대될 것이다. 구체적으로 에너지 수요는 2018년에 비해 50% 늘어나고, 물 수요는 2000년에 비해 55% 늘어난다. 식료는 2010년에 비해 50% 이상 늘어난다. 한정된 지구자원에 대한 수요가 폭발적으로 늘어나면서 지구촌 경제는 지금과 상당히 다른 모습이 될 가능성이 크다.

예를 들면, 앞으로 인구증가에 따라 소고기의 수요는 증가할 것이다. 수요 증가에 따라 축산도 증가한다면 대량의 온실효과가스 배출을 피할 수 없다. 소고기 생산량을 늘리면서 온실효과가스를 계속 배출한다면 규제당국과 소비자 단체의 비난을 받거나 압력도 거세질 것이다. 이런 상황은 농산물 산업에 한정되지 않고, 산업 전체에서 일어날 것이다. 스마트폰 터치패널이나 각종 IT 기기의 디스플레이에 빛을 투과시키면서 전기를 잘 통하게 하는 투명 전극 소재 인듐주석산화물ITO은 현재 기준으로 채굴한다면 불과 14년의 공급량밖에 남아 있지 않다.

이렇게 한정된 지구의 자연자본은 계속 고갈되고 있다. 지금까지 자연자본이 경제성장과 밀접한 관계가 있다는 점에서 자연자본의 감소는 기업 경영에도 중대한 변화를 줄 것으로 전망된다. 예를 들어, 세계경제포럼이 발표한 '새로운 자연경제 보고서 2020 New Nature Economy Report 2020'에 따르면, 세계 GDP 총액의 절반 이상에 해당하는 약 44조 달러가 자연자본에서 발생한다. 자연환경에 플러스 경제로 전환하면 2030년까지 연간 약 10조 달러의 부가가치가 발생하고, 약 4억 명의 고용이 창출된다고 분석하고 있다.

이 보고서는 자연자본에 크게 의존하는 산업으로 농업과 축산업, 식품, 건설업, 전력과 에너지, 금속 등을 들고 있다. 자연자본이 감소·악화 되면 많은 산업과 업종에서 이익이 감소하고, 부가가치를 창출할 기회도 상실할 것이라고 지적하고 있다.

기업 활동으로 인해 고갈되는 자연자본에 대한 글로벌 규제는 더욱 강화되고 있다. 2020년 7월 발족된 TNFD(자연관련 재무정보공시 테스크포스)는 기업 활동의 자연자본에 대한 위험과 기회를 평가하고 외부에 공표하려는 국제적 이니셔티브. 이 조직은 자연자본이 기업 활동에 주는 영향과 사업 활동이 자연자본에 주는 영향을 평가하고, 기업에 위험 관리와 목표설정을 요구할 계획이다.

이러한 세부 계획을 실천하기 위해 2020년 9월 62개의 금융기관, 기업, 정부 등으로 구성된 비공식 작업조직이 설립되었다. TNFD는 자연자본 전체를 대상으로 2022년 중반까지 정보공시 프레임워크를 구축하고, 신흥국과 선진국 시장에서 프레임워크를 시험한 후에 2023년 공표할 예정이다.

사업 활동에 따른 생물다양성에 미치는 영향을 분석·평가하는 기업이 거의 없다. 그러나 앞으로 투자자는 생물다양성·자연자본은 기후변화와 함께 중요한 ESG 대책으로 평가할 것으로 보인다. 최근 유럽 최고의 투자은행 '크레딧 스위스Credit Suisse'가 발표한 보고서 '생물다양성에 관한 투자자 행동 조사Unearthing Investor Action on Biodiversity'는 투자자의 관심을 잘 보여주고 있다. 설문조사에 대답한 투자자의 84%는 생물다양성의 손실을 우려하고 있고, 55%는 앞으로 2년 내 생물다양성에 대책이 필요하다고 생각하고 있다.

기업은 TNFD 등 국제이니셔티브, 다양한 이해관계자에 대응하는 관점에서 정량 평가 방법을 검토하고 정보를 수집해야 한다. 일부 글로벌 기업은 일찍부터 자연자본의 사용과 사업 활동의 정량적 평가를 통해 사업 위험을 최소화하고 있다.

세계 최대의 화학기업 다우 케미컬Dow Chemical은 자연자본이 사업 활동에 미치는 영향을 금액으로 환산하여 정량 평가하는 '자연자본 평가Valuing Nature' 시스템을 개발하였다. 이 회사는 사업투자, 부동산투자, 연구개발 등의 사업상 의사결정에서 이 평가기법을 적용하여 자연자본이 부주의하게 훼손되지 않도록 사업을 철저히 관리하고 있다. 2016년 자연자본 평가기법을 활용하여 2025년까지 10억 달러(순현재가치)를 창출한다는 목표를 세웠다. 다우 케미컬은 2020년 9월 목표금액의 50%를 달성했다고 발표했다.

기업이 자연자본을 효율적으로 활용하는 대책만으로 사회의 지속가능성을 높일 수 없다. 부족한 자연자본을 효과적으로 활용하는 순환형 사회를 구축해야 한다. 이를 위해 에너지는 양에서 질로 전환하고, 광물자원은 채굴에서 리사이클, 대체로 방향을 돌릴 수밖에 없다.

이러한 과제를 실현하려면 기술에 의한 혁신, 비즈니스 모델·시장구조의 변혁이 불가피하다. 현재 미국과 유럽에서 기업이 주도적으로 순환형 경제로 이행하면서 새로운 사업 기회를 발견하고, 비즈니스 모델을 바꾸고 있다. 순환형 경제로 이행하면서 선진기업은 위험관리와 동시에 새로운 수익 기회를 창출하고 있다.

현재 사업 활동의 환경부담을 파악하라

지금까지 대부분의 기업 활동은 외부불경제를 창출하였다. 외부불경제 External Diseconomies란 시장거래에 의하지 않고 기업이 직접적 또는 부수적으로 제3자(환경과 사회)에 의도치 않게 부작용을 주는 것이다. 다시 말해, 기업은 사업 활동으로 환경과 사회에 악영향을 주면서 회사의 비용에는 반영하지 않고 외부불경제를 무시한 채 단기적 이익을 추구할 수 있었다. 기업이 환경을 파괴하고 훼손하며 수익을 내도 훼손된 환경은 자연의 자정작용으로 회복되거나 정부가 처리해주었다.

그러나 현재 외부불경제는 지구의 자정작용 능력을 넘어섰다. 기업의 이런 외부불경제는 부메랑이 되어 기업의 목을 조이고 있다. 기업은 외부불경제로 수익을 얻고 있지만, 제품의 원재료는 고갈되고 가격은 상승하고 있다. 지구환경의 심각성을 이해하고 위기의식을 가진 이해관계자는 기업의 지속가능성 대책을 더욱 강화하도록 요구하고 있다.

최근 기관투자자 등이 기업에 ESG 대책을 강하게 요구하는 것은 외부의 비용을 기업 활동과 시장으로 끌어들이려는 의도다. 규제당국은 외부불경제를 억제하기 위한 법률을 강화하고, 환경과 사회단체의 압력은 커지고 있다. 의식이 높아진 소비자는 환경을 오염시키거나 사회적 문제(인권, 노동안전 등)를 일으킨 기업을 비판하고, 불매운동을 벌이고 있다. 이렇게 기업은 환경과 사회 문제를 소홀히 하면 브랜드에 치명적인 영향을 받을 수 있다.

외부불경제의 전형적인 사례가 기업 활동으로 발생하는 공해 문제다. 예를 들어, 광산회사는 채굴을 위해 자연을 파괴한다. 이전에는 공해를 발생시키지 않으면 광산 부지는 그대로 방치되었다. 그러나 이제 회복 비용을 시장가격에 반영할 것을 요구하고 있다. 광산뿐만 아니라 제지의 원료에서 삼림인증제도FSC, 식용류(팜유)의 생산에서 지속가능한 팜유를 위한 원탁회의RSPO 등 환경파괴를 막으려는 국제적 규제가 늘어나고 있다. 당연히 환경을 파괴하지 않고 생산하려면 기술 개발이 필요하고, 비용이 든다. 즉 기업은 외부불경제를 회사의 비용으로 내부화하는 등 외부불경제의 빚을 지불해야 하는 상황에 있다.

환경뿐만 아니라 사회 측면에서도 외부불경제의 내부화는 중요한 문제다. 그중에 페어 트레이드는 국제적으로 주목받고 있다. 국제 NGO는 저임금과 아동노동을 감시하고, 시장에서 정당한 가격과 그 이익을 노동자에게 환원하도록 요구하고 있다.

지금까지 기업이 얻은 이익은 공급망(협력업체)의 아동노동과 저임금

노동 등으로 만들어진 것일지도 모른다. 또는 심각하게 환경을 훼손하는 화학물질로 단기적으로 낮은 가격으로 생산된 원재료에 의존하여 얻은 이익일지도 모른다. 기업은 원재료 조달, 가공과 생산, 물류, 판매 등 밸류체인 전체에서 외부에 불이익을 떠밀고 있지 않은지 철저히 점검해야 한다. 글로벌 수준에 맞춰 개선대책을 추진하고, 새로운 이익 창출 구조를 만들어 나가야 한다.

글로벌 기업 중 아동노동과 저임금에 관계가 없다고 무시한 결과 큰 손실을 본 사례도 많다. 회사의 사업 활동이 부당노동에 의존하고 있다는 정보가 SNS에 폭로되고, 불매운동으로 이어지면 주가는 폭락할 가능성이 있다. 기업의 환경파괴는 한계를 넘어 원재료가 조달되지 않을지도 모른다. 우리는 글로벌 경제체제에서 공급망에서 발생하는 환경과 사회에 물의를 일으키고 엄청난 손실을 입은 사례를 흔히 볼 수 있다.

기업의 외부불경제를 구체적으로 측정하는 국제이니셔티브의 정책도 강화되고 있다. 특히 기업 활동이 환경부담을 측정한 정량적 정보도 공개되고 있다. 자연자본 연합Natural Capital Coalition은 2013년 '위험에 처한 자연자본Natural Capital at Risk'이라는 보고서를 통해 세계 최초로 기업 활동의 외부불경제를 정량화하였다. 자연자본 연합(현재 사회·인적자본 연합과 합병 후 '자본연합'으로 명칭을 변경함)은 자연자본 회계를 전파하고, 국제기준을 만들기 위해 환경 NGO, 환경학자 등이 2012년 설립한 단체다.

자연자본 연합이 발행한 보고서에 따르면, 세계의 제1차 산업(농림어업, 광업, 석유, 가스)과 가공업(시멘트, 철, 제지, 석유화학)의 외부불경제(외부비용)는 7.3조 달러였다. 이 수치는 세계 경제 생산액의 13%를 차지하였다. 그중에 외부불경제를 초래하는 요인 100개의 합계액은 연간 4.7조

달러였고, 전체 제1차 산업 관련 생산액의 65%로 추정되었다. 외부불경제의 발생금액은 온실효과가스(38%), 물 사용(25%), 토지 사용(24%), 대기오염(7%), 수질오염(5%), 폐기물(1%) 순으로 나타났다.

영국의 컨설팅회사 트루코스트Trucost는 기업 활동에서 발생하는 환경부담과 자연자본의 이용에 따른 외부불경제를 조사하고 있다. 외부불경제의 분석자료는 온실효과가스, 물 사용, 대기오염 등으로 분류하여 산출되고 있다. 트루코스트는 한 기업의 독자적인 자연자본 사용량부터 공급망 전체의 사용량까지 외부불경제의 금액을 계산하고 있다. 기관투자자는 이 자료를 활용하여 동일한 업종에 있는 경쟁기업과 비교하거나 투자 판단을 결정하고 있다.

그레이트 리셋 시대, 비즈니스와 지속가능성을 융합하라

코로나 이후 그레이트 리셋Great Reset이 전개되고 있다. 그레이트 리셋이란 현재의 사회 전체를 구성하는 다양한 시스템을 일단 모두 리셋하는 것을 말한다. 다양한 문제를 해결하기 위해 지금까지 당연하게 여겼던 시스템을 백지로 돌리고, 전혀 새로운 구조를 처음부터 만들어가는 것이다. 그레이트 리셋은 글로벌 금융위기의 불황 속에서 미국의 사회학자 리처드 플로리다Richard Florida가 그의 저서의 제목으로 사용하여 주목을 받았다.

최근 세계적인 미증유의 코로나 유행으로 지금까지 사회경제 시스템으로는 대응할 수 없다는 점에서 다시 주목받고 있다. 최근 세계경제

포럼wEF은 더 공평하고 지속가능한 사회를 실현하기 위해 그레이트 리셋을 제창하고 있다. 코로나 바이러스로 침체된 경제 상황에서 단순히 회복되는 것이 아니라 더 좋은 사회로서 경제회복을 외치고 있다. 현재 각국 정부는 그레이트 리셋을 적극적으로 지원하고 있으며, 그 영향으로 선진국의 기업은 외부불경제를 적극적으로 내부화하고, 새로운 기업 가치를 판단하는 기준이 널리 확산되고 있다.

그렇다면 코로나 쇼크 이후 기업은 어떻게 새로운 가치를 창출해야 할까? 지금까지 주목하지 않았던 환경과 인권 등 비재무 분야가 기업 가치를 좌우하는 중요한 판단기준이 되었다는 점을 인식해야 한다. 이제 기업은 전체 사업 활동에서 비재무적 분야를 대상으로 어디에서 무엇을, 언제까지, 어떻게 대응할지 구체적이고 세밀한 스토리를 설정해야 한다. 막연히 기존의 경영 방식의 관행에 젖어 거대한 흐름을 명확하게 인식하지 못하면 이해관계자의 기대에 부응하지 못하고 거센 사회적 비판에 직면할 것이다. 기업은 빠르게 전개되는 지속가능성 분야에서 위험과 기회를 인식하고 대응해야 한다.

먼저 기업은 외부불경제를 최소화하는 대책이 시급하다. 외부불경제를 창출하지 않도록 하는 근본적인 대책을 생각하고, 사업 활동에 외부불경제를 포함해도 이익을 내는 방법을 찾아내야 한다. 그렇지 않으면 장래 정부의 규제가 강화되고, NGO, 소비자에게 압박을 받고 신용이 크게 떨어지는 위험을 감수해야 한다.

하나의 기업만으로 환경과 사회 문제를 전부 해결할 수 없다. 기업이 선행해서 외부불경제의 최소화 대책을 추진하면 단기적으로 손실이 발생할 수도 있다. 그렇더라도 기업은 독자적으로 가능한 범위에서 외부불경제를 최소화하기 위해 노력해야 한다. 한 기업의 진정한 대책만으로도 환경위험을 조금이라도 줄일 수 있기 때문이다.

또한 기업은 강화되는 법률과 규제에 사전에 대비하는 것이 유리하다. 이런 글로벌 규제는 선진국을 넘어 개발도상국까지 계속 확산되고 있다. 기업은 사업 활동을 계속 유지하려면 관련된 이해관계자와 적극적으로 협력해 나가야 한다. 현재 많은 소비자는 환경과 사회를 배려하는 제품과 서비스를 희망하고 있다. 친환경 제품과 서비스는 앞으로 기업에 장기적 성장영역이 될 수 있다는 점을 인식해야 한다.

위기에는 위험과 기회가 동시에 존재한다. 위험 속에 숨어 있는 기회를 빠르게 이해하고, 환경·사회와 공존하면서 이익을 내는 사업 형태를 찾아내야 한다. 환경 변화에 맞춰 새로운 비즈니스 모델로 변혁하고 이노베이션을 창출하는 기업은 미래를 선도할 것이다.

다시 강조하지만, 기업은 환경 변화에 대응하여 외부불경제를 내부화하고, 새로운 기업 가치 평가 기준에 맞춰 적극적으로 대응해야 한다. 무엇보다 앞으로 기업은 본업과 지속가능성을 철저히 융합시켜나가야 한다. 지금까지 본업과 지속가능성을 분리하여 운영하는 방식은 한계가 있다. 두 가지 요소가 트레이드오프 관계에 있을 때는 기업은 외부 환경의 변화에 대응하기 어렵고, 투자자를 비롯해 이해관계자의 기대와 요청에도 대응할 수 없다. 본업과 지속가능성을 융합하여 생각하고, 두 요소를 트레이드온의 관계로 전환해야 한다.

물론 이런 대책은 간단히 이루어질 수 없다. 그렇지만 기업은 작은 성공체험을 조금씩 쌓아가면서 조직 변혁을 추진해야 한다.

본업과 지속가능성을 어떻게 융합할까? 먼저 세상에 대의大義, Why를

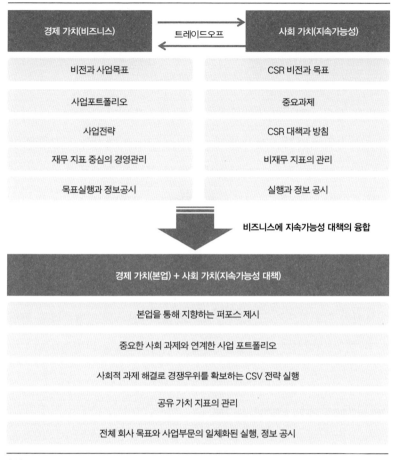

출처: NewsPicks studios

내세워야 한다. 즉 앞으로 한 기업으로서 세상에서 존재하는 이유를 명확히 제시하는 것이다. 그리고 대의를 위해 어디에서 싸우고, 어떻게 이길 것인지를 스토리로 생각해야 한다. 대의는 기업의 퍼포스지만, 이것이 현재의 사업과 연계되지 않는 경우가 많다. 퍼포스를 기점으로 어떻게 싸울지에 해당하는 것이 사업 포트폴리오를 재편하는 것이다.

예를 들면, 사업영역을 탈탄소와 순환 경제라는 사회 과제 해결로 정의하는 사례도 있다. 그리고 비즈니스 모델과 사업 전략도 CSV의 관점에서 검토한다. 이 프로세스를 반복해서 생각할 때 전체의 스토리가 탄탄해진다.

싸울 장소는 지금까지의 관점을 바꿀 필요가 있다. 지금까지 기업은 기존 시장에서 타깃 고객의 과제 해결을 시장으로 파악하고, 그중에 기능, 품질, 가격을 중심으로 기본적으로 한 회사의 독자적 능력으로 싸웠다. 그러나 지금부터 사회 과제 해결이라는 영역으로 시장이 확대된다. 독자적으로 싸우는 것은 한계가 있다. 정부와 지자체, NGO/NPO, 때로는 다른 기업과 제휴하여 새로운 시장을 창출할 필요가 있다.

그중에서 기존의 기능과 품질, 가격 외에 이해관계자의 공감을 불러일으키는 사회적으로 큰 대의를 제시하고, 시장에서 경쟁우위를 확립할 수 있는 강력한 룰을 만들 수 있다면 시장지배력을 가질 것이다.

[자료 5-7] 이해관계자와 협력하여 사회 과제 해결

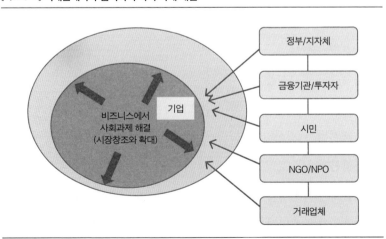

순환형 비즈니스 모델로 전환하라

현재 기업이 기후변화를 무시할 수 없을 만큼 지구환경은 중대한 상황에 있다. 지금 기업은 단지 투자자에게 적극적으로 기업 가치를 제시하였지만, 앞으로 일반 시민에게도 기업 가치를 제공해야 할 상황이다. 탄소 배출량이 많은 제품을 만드는 기업에 추가적 관세가 부과되고, 제조과정에서 사용하는 자연자본, 공급망 전체에서 일으키는 환경과 사회 문제까지 소비자에게 전달될 것이다. 이런 기후변화와 자원고갈 대책에 대응하여 기업은 정보를 계속 수집하고, 전략적으로 비즈니스를 생각할 필요가 있다.

한국은 기후변화 영향을 받기 쉬운 국가다. 에너지와 자원의 자급률이 매우 낮고, 수입 관련 비용이 높기 때문에 세계의 탄소 중립화가 추진되면 한국 기업의 국가경쟁력은 떨어질 우려가 있다.

따라서 한국 기업은 탄소 중립화 대책으로 순환 경제에 대응해야 한다. 순환경제란 인구증가에 따른 자원고갈 등으로 낭비 없이 합리적으로 자원을 계속 사용하는 개념이다. 해외에서 수입한 물건을 국내에서 순환시켜 새로운 자원을 창출하는 순환 경제를 구축한다면 한국 기업의 경쟁력은 높아질 것이다.

예를 들면, 플라스틱은 계속 리사이클 할 수 있다. 또한 물건이 파괴될 때 수리하여 계속 사용하고, 버전업시키는 것도 순환 경제의 비즈니스 모델이 된다.

지금까지 리사이클은 사용하지 않았던 물건을 순환시켜도 그 가치는 변하지 않았다. 그러나 현재는 업리사이클 방법으로 빵조각으로 맥

대책	세부내용
순환형 설계	제품의 경량화, 대체상품 등 재사용할 수 있는 설계, 재사용하기 쉬운 디자인
자원 이용 효율화	제조공정의 원재료, 자원의 최적 이용, 폐기물 최소화
서비스화	제품의 서비스화, 쉐어링
수리/재사용	수리, 재사용으로 제품의 수명 장기화
재제조/리사이클 (협력)	밸류체인에서 타사와 협력한 재제조 및 리사이클
재제조/리사이클 (회사 자체)	밸류체인에서 회사 자체에서 재제조 및 리사이클
순환형 조달	리사이클 소재, 바이오 기반의 소재 등 활용

출처: PwC(2020)

주를 만드는 등 리사이클을 통해 새로운 가치를 부여하고 있다.

망가진 부품을 수리해서 업데이트하는 것을 '리퍼비스refurbish'라고 한다. 물건을 오래 사용하도록 수리 단계에서 고객과 접점을 만드는 비즈니스도 나오고 있다. 또한 최근 디멘드 체인Demand Chain이 기후변화의 대응 전략 차원에서 거론되고 있다. 이것은 수요를 중심으로 생산 프로세스를 구축하는 것이다. 즉 소비자에게 얻을 수 있는 정보를 중심으로 상품개발, 생산과 공급계획, 유통, 판매체제 등을 통합적으로 편성하는 시스템을 말한다. 디멘드 체인에 순환 경제의 사고를 융합시키면 수요를 파악하면서 환경에 배려한 제품을 제공할 수 있다.

디멘드 체인을 구축할 때 고객정보를 얻는 IT 기술이 중요하다. 어패럴 업계에 이런 흐름이 침투하고 있다. 대량 폐기 문제가 심각한 상황에서 페트병으로 구두를 만드는 등 업계 동향을 참고할 필요가 있다.

시민은 좋은 품질의 물건을 길게 사용하는 습관을 구축하고, 기업은 순환형 비즈니스 모델로 전환해야 한다. 거기에 디멘드 체인을 결합하여 상승효과를 겨냥한다면 좋은 비즈니스 기회가 될 수 있다.

지속가능성을 위한 성장영역을 찾아라

기존 사업모델을 근본적으로 점검하라

지속가능성 경영 시대에 기업은 생존 문제로서 장기적으로 지향할 사업 방향을 점검해야 한다. 기업이 30년 후 사회에 존재하는 바람직한 미래 모습을 위해 지금부터 무엇을 해야 하는지 진지하게 생각하는 것이 지속가능성 경영의 출발점이다.

먼저, 기존 사업영역의 비즈니스 모델을 근본적으로 점검해야 한다. 대기업은 다양한 사업 부문이 존재하고, 사업 활동마다 환경과 사회에 미치는 문제의 양상은 다르게 나타난다. 예를 들면, 스타벅스에게 환경은 커피콩이고, 사회는 커피콩의 생산자가 된다. 지구온난화 문제는 스타벅스의 사업 활동에 심각한 영향을 줄 수 있다. 앞으로 커피콩의 생산지와 생산량은 줄어들고, 커피콩을 안정적으로 조달하기 어려워질 것으로 보인다. 스타벅스에게 사업 활동의 핵심 요소는 양질의 커피콩을 대량으로 안정적·장기적으로 조달하는 것이다. 20~30년 동안 커피콩을 조달하려면 지금부터 대책을 추진해야 한다.

스타벅스는 장기적 대책으로 2016년~2019년 20억 달러 이상의 지속가능 채권을 발행하였다. 단순히 CSR 활동 차원에서 커피콩 생산자를 지원하려는 것이 아니다. 장래에 기업생존이 달려있는 사업 기반을 확고히 유지하기 위한 장기적 투자전략이었다. 스타벅스는 커피콩 생산의 절반 이상을 차지하는 소규모 농가를 적극적으로 지원하고 있다. 커피공 생산 농가에 저금리 대출을 제공하고, 생산된 커피콩도 적정한 가격으로 구입하는 등 공정거래를 하고 있다.

또한 윤리적 조달 프로그램을 꾸준히 지원하는 '농가지원센터'를 주요 생산지역에 설치하고 있다. 기후변화로 인해 생산지역의 큰 변화가 예상되면서 미리 다음 세대의 생산자를 육성하여 품질이 좋은 커피콩을 안정적 장기적으로 조달하려는 대책이다. 이런 대책을 통해 커피 농가와 우호적인 관계를 형성하면 소비자에게 좋은 이미지를 주고, 브랜드 가치와 고객의 충성도는 높아진다. 즉 장기적으로 안정된 공급망과 강인한 브랜드를 구축하는 것이 스타벅스의 핵심 전략이 될 것이다.

애플은 장래 모든 제품과 패키지를 100% 리사이클 된 소재와 재생이 가능한 소재를 사용하는 것을 목표로 순환 경제를 도입하고 있다. 환경에 의존하지 않는 순환형 상품을 만들고, 완전히 새로운 미래 사업의 형태를 구축하는 것이 장기적인 핵심 전략이다.

한편, 주조회사는 물에 의존하는 산업으로서 사업 활동이 물 부족에 큰 영향을 준다. 주조회사가 물을 과도하게 사용하면 생산에 사용하기 위한 물이 없어지고, 결과적으로 사업 활동을 못하게 된다. 즉 기업이 스스로 목을 조이는 형국이 된다. 주조회사는 원재료인 곡물 생산에 이용되는 물을 포함해 밸류체인 전체에서 물 사용량(가상 물)을 수치로 제시하는 움직임을 보인다.

다음에 소개할 하이네켄Heineken과 디아지오Diageo는 사업 활동에서 의존하는 물이라는 환경을 지키고, 장기적인 사업을 계속 유지하는 비즈니스를 구축하는 것이 생존 전략이 될 것이다.

네덜란드의 맥주회사 하이네켄은 과거 10년간 맥주 1리터당 생산에 사용하는 물을 5리터에서 약 3.5리터로 줄였다. 2030년까지 3.2리터로 줄이고, 물 스트레스가 높은 지역에서는 2.8리터까지 줄일 계획이다.

영국의 주조회사 디아지오는 조니워커와 기네스, 스미노프 등을 대상으로 밸류체인 전체에서 물 사용량과 탄소 배출량을 웹사이트에 공개하고 있다. 조니워커를 보면 위스키 25밀리리터당 15리터의 물을 사용하고, 그중에 91%는 원재료의 생산에 사용되고 있다. 또한 위스키 25밀리리터당 30그램의 탄소량이 배출된다. 탄소 배출량은 제조공정에서 32%, 원재료 생산에서 29%, 병에 담은 공정에서 24%로 구성되어 있다. 2030년까지 물 스트레스가 높은 지역에서 물 사용량의 40%를 줄이고, 회사 전체에서 30% 감소 목표를 제시하고 있다.

한편, 서비스 산업에서는 인적자원은 기업의 지속성을 유지하는 핵심 원천이다. 직원은 일상적 사업 활동에서 능력과 스킬을 발휘하여 기업 가치를 높이는 귀중한 자원이다. 직원의 능력을 최대한 끌어내려면 직원과 수직적 주종관계보다 서로 협력하는 이해관계자로 인식해야 한다. 직원 개개인이 자신의 가능성을 살리고 자기답게 일할 수 있도록 지원해야 한다. 직원의 개성과 인권, 다양성, 가능성을 존중하지 않는 기업은 사회에 큰 외부불경제를 창출하고 있는 것과 같다.

유럽 최대의 소프트웨어업체 SAP는 직원의 전문성과 지적 자산을 기업 가치의 원천으로 생각하고 있다. 그 이념에 근거하여 어플리케이션을 이용하여 직원의 웰빙을 촉진하고 몰입도를 높이고 있다. 직원의 행복도와 몰입도가 높으면 생산성이 높아지고, 이노베이션이 일어나는 선순환 경영을 추진하고 있다. SAP는 직원을 대체할 수 없는 가능성 자원으로 인식하고, 직원의 웰빙 증진을 비용이 아니라 투자로 생각한다. SAP의 장기적 핵심 전략은 이노베이션의 원천인 직원과 더욱 긴밀하고 좋은 협력관계를 만들고, 이노베이션을 창출하는 것이다.

결과적으로 기업이 지속적으로 성장하려면 환경과 사회에 관련된 기존 사업영역을 근본적으로 점검하고 스스로 목을 조이는 구조를 단절해야 한다. 앞으로 환경·사회와 공존하면서 장기적으로 계속 성장할 수 있는 사업 기반을 강화해 나가야 한다. 환경과 사회적 과제에 관련된 사업적 위험을 회피할 것이 아니라 오히려 성장 기회를 찾고 새로운 제품과 서비스를 개발하여 성장 기반을 구축해야 한다.

새로운 비즈니스 모델, 신상품을 검토하라

이제 기업은 제조·판매하는 모든 제품과 서비스가 환경과 사회에 어떤 영향을 주는지 점검해야 한다. 지금까지 고객에게 호평받은 제품과 서비스가 환경에 나쁜 영향을 주는 사례가 많았다. 이런 기업은 상품과 서비스를 개선하거나 새로 개발해야 할 것이다. 환경과 사회에 대

한 부담 때문에 별도의 제품과 서비스를 만든다는 것은 기업에 큰 부담이다. 어떤 기업은 회사의 전통과 가치관에 맞지 않는다고 부정할지도 모른다.

그러나 지속가능성의 관점에서 기업의 사업 활동을 바라보는 이해관계자의 눈을 의식해야 한다. 글로벌 경영 환경의 구조적 변화를 이해하고 기존의 사업모델을 건설적으로 비판하고, 원점에서 다시 생각할 필요가 있다. 기존의 사업모델을 근본적으로 재검토하고 창조와 파괴로 대처할 때 기업은 진화할 수 있다.

공급망 전체의 환경부담 감소에 대응하라

럭셔리 기업 케링은 환경 회계로 유명하다. 케링은 '럭셔리와 지속가능성은 동일하다'는 신념으로 지속가능성을 항상 전략의 핵심으로 생각하고, 외부불경제를 철저하게 감소하는 대책을 추진하고 있다.

케링은 2012년부터 환경 손익계산EP&L을 도입하여 직접적 사업 활동과 공급망 전체에 걸쳐 환경부담을 측정하고 모든 브랜드에서 사업의 환경부담을 화폐로 환산하여 발표하고 있다. 케링 그룹과 밸류체인 전체에서 발생하는 외부불경제를 명확히 보여주고 있다.

이런 환경 손익계산은 제품 디자인, 조달기업의 결정, 제조의 연구개발에 큰 도움이 되고 있다. 2020년부터 대상 범위를 소비자의 럭셔리 제품의 사용과 제품수명까지 확대하였다. 1차 조사 결과를 보면, 소비자의 제품 사용과 수명은 환경부담 전체의 12%를 차지하였다.

케링 그룹의 2020년 환경 손익은 2019년에 비해 절대 치에서 7% 감소하였다. 지속가능한 원재료 조달과 제조 프로세스의 효율화 대책이 효과를 낸 것이다. 결과적으로 2015년에 비해 환경부담은 33% 줄었고, 2025년까지 40% 감소 목표를 향해 가고 있다.

2020년 환경 손익분석에서 밸류체인 전체의 환경비용이 총액 5억 1,590만 유로였다. 그 내용은 보면 90%가 밸류체인에서 발생하고, 점포와 창고에서는 10%였다. 특히 원재료 생산이 56%로 압도적으로 높은 비중을 차지했다.

케링은 일찍부터 원재료의 환경부담을 수치로 보여주고, 환경부담이 적은 오거닉 코튼을 사용하는 대책을 추진해왔다. 2020년 환경부담을 주는 피혁 사용을 줄이기 위해 버섯 소재의 가죽을 개발하는 업체와 제휴하였다. 식물 버섯의 균사체를 이용하는 버섯 소재 가죽은 소가죽을 대체하는 새로운 소재로서 주목받고 있다.

현재 패션 시장은 환경과 사회를 배려하는 상품을 구매하려는 소비층이 증가하고 있다. 케링 그룹은 소비시장의 변화에 맞춰 선진적인 환경 손익계산에 근거하여 사업의 외부불경제를 줄이면서 패션과 럭셔리 제품을 제공하고 있다.

환경부담을 구체적인 수치로 보여주고, 사회와 소비자를 계몽하고, 동시에 효과적인 소재와 신상품을 개발하는 성장전략을 추진하고 있다. 케링은 다른 기업은 진입하지 않는 시장에 발을 내딛고 있다. 환경 배려와 신소재 개발 등 선진적 대책을 통해 럭셔리 업계의 리더로서 큰 부가가치를 창출하고 있다. 환경에 좋은 일을 하는 것이 아니라 새로운 비즈니스를 찾아 성공하는 모범사례를 보여주고 있다.

자동차 업계의 환경부담 대응과 교훈

국제에너지기관IEA에 따르면, 자동차 산업이 전 세계 탄소 배출량의 18%를 차지하고 있다. 유엔, NGO, 정부, 시민 등 다양한 이해관계자는 환경파괴에 대해 대책을 요구하고, 규제를 강화하고 있다. 이러한 이해관계자의 요청에 따라 일찍부터 자동차 업계는 장기간에 걸쳐 엔진 개량과 차체 경량화 대책으로 연비를 낮추어왔다. 또한 자동차 대형업체는 파리협정에 따른 탄소 배출 감축을 기본이념으로 삼고 있다.

그러나 파리협정에 따라 각국의 정부와 자동차 업계가 합의한 탄소 배출 감소대책을 실시해도 자동차의 탄소 배출량은 장기적으로 완만하게 증가하고, 감소하지 않는다. 개발도상국의 인구증가와 활발한 경제활동으로 앞으로 수십 년간 자동차 수요도 증가하기 때문이다.

이런 요인 때문에 자동차 업계는 전기자동차와 연료전지 자동차를 개발하게 되었다. 보스턴 컨설팅은 기후변화 목표를 달성하려면 2030년까지 신차에서 전기자동차EV 비율을 적어도 70~90%로 높여야 한다고 주장한다. 환경 NGO도 EV화에 적극적으로 찬성하고 있다. 이렇게 자동차 업계는 이해관계자의 규제와 비판에 대응하여 기존의 사업을 추진해왔다.

하지만, 자동차 업계의 탄소 배출 제로 목표를 방해하는 걸림돌이 많다. 100% EV화 목표를 선언한 업체는 일부에 지나지 않는다. EV 이행 과정에서 수익을 확보할 수 없는 시장환경이 정비되지 않는 것을 우려하고 있기 때문이다. 충전 인프라도 자동차 업계의 배출량 제로를 가로막는 문제다. 이 밖에도 화석연료로 주행하는 중고차 폐기, 배터리의 생산과정에서 배출량 감소, 재생 가능 에너지의 저장시스템 구축 등 해결할 과제가 많다. 급속한 EV화 추진으로 수많은 노동자의 실직도 잠재된 문제다.

자동차의 배출량 대부분은 제조과정이 아니라 전기, 가솔린, 디젤 등 연료에서 발생한다. EV의 배터리 제조과정도 중요한 배출원이다. 실제로 전기자동차 배터리를 제조할 때 배출되는 탄소 배출량은 의외로 많다. 폭스바겐의 EV 'ID.3'은 제조단계의 배출량이 디젤차의 약 2배라고 한다.

실제 조사 결과를 보면, 내연기관의 경우 차 한 대당 폐기까지 이용과 주행에 따른 탄소 배출량은 2만 1,400킬로그램, 연료 제조는 4,210킬로그램, 차량과 부품 제조는 4,973킬로그램이다. 이에 비해 전기자동차는 이용과 주행 시에 탄소를 전혀 배출하지 않지만, 배터리 제조를 포함한 공급망의 배출량은 1만 9,374킬로그램이다. 이 배터리에서 배출되는 탄소 배출량 감소가 중요한 과제로 남아 있다.

또한 화석연료를 사용하는 많은 중고차는 아프리카 등 개발도상국으로 수출되고 있다. 수출된 중고차는 장기간에 걸쳐 폐차되면 거대한 쓰레기로 변한다. 엄청난 폐차 쓰레기는 아프리카에서도 감당하기 어려울 것이다. 따라서 자동차 업계는 전기자동차 배터리의 외부불경제를 감소하고, 자동차 차체의 순환 경제화를 추진할 필요가 있다.

앞으로 자동차 업계는 외부불경제의 원인을 근본적으로 차단하는 대책이 필요하다. 외부 규제에 대응하여 일단 기존의 상품과 서비스의 개선대책으로 대응하더라도 외부불경제의 원인을 근본적으로 차단하지 않으면 한계가 있기 때문이다. 사전에 상품과 서비스의 이노베이션을 추진하고 전혀 새로운 기술과 상품을 창출해 나가야 한다.

퍼포스로 사업 포트폴리오를 설정하라

코로나 쇼크를 계기로 사회는 더욱 엄격한 기준으로 CEO의 경영대책을 바라보고 있다. 글로벌 컨설팅 기업 KPMG의 '글로벌 CEO 조사 2020'에 따르면, CEO의 79%는 기업의 퍼포스를 재평가해야 하는 상황을 인식하고 있다. 퍼포스를 재점검하고 중요한 사회적 과제에 대처하고 있다. 뉴노멀 시대에 성공하기 위해 인재 확보와 육성, 고객 니즈 파악과 대응, 사회 공헌 등 모든 이해관계자의 니즈에 대응하여 신뢰를 받고, 이를 경영기반으로 해야 할 필요성이 증가하고 있다. 즉 단기적 주주에 대한 경제적 이익뿐만 아니라 장기적 관점을 갖고 모든 이해관계자를 위해 경영해야 하는 시대가 도래하였다.

코로나 쇼크는 기업의 사업 형태에 큰 영향을 미치고 있다. 앞으로 기업의 과제는 코로나 사태에 대한 단기적 대응을 피하고, 장기적으로 가장 가치를 창출하는 분야에 대책과 투자를 집중하는 것이다. 뉴노멀을 향해 기업은 더욱 지속가능한 비즈니스를 창출하고, 널리 사회를 좋게 하기 위해 도전해야 한다. 단기적인 이익보다 장기적인 가치에 초점을 두고 비즈니스를 하려면 보다 지속가능하고 포괄적인 경영 방식에 초점을 둔 퍼포스를 충실하게 실천하는 경영이 필요하다.

퍼포스에 근거하여 장기적인 관점에서 경영자는 귀중한 경영 자원을 핵심 사업과 장래 성장 투자에 집중할 필요가 있다. 이를 위해 사업 포트폴리오를 전환하고, 필요한 사업재편의 의사결정도 중요한 문제다.

지금 사업 포트폴리오를 전환해야 하는 이유는 뭘까? 먼저 환경 변화에 따라 조직력의 변혁이 필요하다. 유사시의 대응요법으로서 대책이 아니라 중장기적인 사업구조 개혁으로 지속적인 성장성과 경쟁력을 확보하는 대책이 필요하다. 그런 의미에서 사업 부문의 독자적 전환이 아니라 조직력 변혁의 관점에서 사업 포트폴리오를 전환해야 한다. 지금까지는 기업은 각 사업별로 수익성과 성장성 등을 평가하고 주력 사업을 생각했다. 그러나 지금부터는 예를 들어 DX를 포함한 비즈니스 모델로 신규사업 진출을 겨냥한 사업 포트폴리오를 고려해야 한다. 기업 전체가 장래 지향할 방향을 정하고, 그에 따라 필요한 역량을 갖춰야 한다.

지속적인 성장 투자의 여력도 확보해야 한다. VUCA 시대에 기존의 비즈니스 모델에 큰 변혁이 요구되고 있다. 장기적으로 생존하고 계속 성장하려면 경쟁우위로 이어지는 성장 투자를 지속해야 한다. 지속적인 성장투자 여력을 창출하려면 기존사업의 선택과 철수, 사업 대체의 필요성이 커지고 있다. 성장 투자를 생각할 때는 적어도 20~30년 앞을 내다보고, 재무적 지표 외에 ESG 등 비재무적 관점에서 의사결정을 내려야 한다.

장기적인 사업 포트폴리오를 전환할 때 기업의 퍼포스를 축으로 중장기적으로 어떤 기업이 되고 싶은지 생각해야 한다. 퍼포스에 근거하여 주력할 성장영역과 보유한 경영 자원을 효율적으로 활용하여 기업 가치를 최대화할 수 있는 분야를 선택한다. 앞으로 20~30년 앞을 내다보는 장기적 관점에서 기업의 퍼포스를 의식하고 사업 포트폴리오의 장래 모습을 그려보는 것이 중요하다. 중장기 사업 포트폴리오를 선택할 때 ESG 관점에서 환경과 사회를 배려한 새로운 비즈니스를 생각해야 한다.

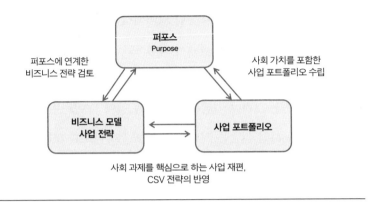

사업 포트폴리오를 전환하고, 중장기에 걸쳐 기업 가치를 높이기 위한 대책도 중요하다. 중장기적 지속가능성 대책에 대한 이사회의 감독 기능을 강화하여 기업 가치를 높이도록 해야 한다. 퍼포스를 중심으로 사업 포트폴리오를 전환한 모습을 이해관계자에게 적극적으로 공개하고 대화를 추진하는 노력도 중요하다.

외부불경제를 최소화하는 상품과 서비스를 검토하라

네덜란드의 종합화학업체 DSM은 엔지니어링과 플라스틱에 관련된 기존사업 전체에서 2030년까지 바이오와 리사이클 소재를 이용한 제품 개발을 추진하고 있다. DSM은 10년 이상 연구를 거쳐 소의 트림에 포함된 메탄을 약 30% 줄이는 사료 첨가물을 개발하고, 2019년 7월 EU에 판매 허가를 신청하였다.

앞으로 인구증가에 따라 소고기 수요가 늘어나고, 축산으로 배출되는 온실효과가스도 증가하면서 축산업에 대한 압력이 커질 것을 전망한 대책이다. 특히 소의 트림으로 배출되는 메탄가스는 다른 가축보다 몇 배나 많다. DSM은 주요 고객인 소 사육 농가에서 메탄가스를 감소하려는 니즈를 파악하고, 신제품 개발에 착수한 것이다.

세계 대형석유화학업체 사우디기초산업공사SABIC는 순환 경제 형태의 사업으로 재생 소재와 식물 유래의 바이오 소재를 추진하는 이니셔티브 '트루서클TRUCIRCLE'을 추진하고 있다. 이 회사는 플라스틱 폐기물을 높은 온도로 열분해 유화하고, 그 기름을 통상의 원유 대체원료로 활용한 폴리프로필렌polypropylene의 생산기술을 개발하였다. 다른 플라스틱에도 열분해할 수 있기 때문에 고품질의 플라스틱만을 분별·추출하는 시간이 필요 없고, 이전 공정의 비용도 줄일 수 있다.

사우디기초산업공사의 재생 폴리프로필렌 소재는 2020년 11월 세계 최대 애완동물용 식품업체 마즈Mars의 식품 포장재에 사용되었다. 플라스틱 폐기 문제가 심각한 환경에서 고객의 재생 소재로 이행을 지원하는 대책이다.

금융기관은 기후변화에 대응하는 기업에 투융자 자금을 지원하고 있다. ING는 고객 기업의 변혁을 촉진하는 방법을 제공하고, 선제적으로 대응하고 있다. 현재 세계의 많은 기업이 2℃ 미만 기후 시나리오에 대응하기 위한 설비투자에 대한 압박을 받고 있다.

이에 ING는 고객 기업의 현재 상황과 2℃ 시나리오와 괴리를 파악하는 시스템을 개발하였다. 이 시스템을 사용하면 고객 기업의 현재 상황과 계획이 2℃ 시나리오에서 요구하는 기술 변혁과 얼마만큼 괴리가 있는지, 언제까지 얼마나 변혁해야 하는지 파악할 수 있다. 그리고 설비투자가 필요한 기업에게 인게이지먼트하면서 고객 기업이 막연하게 인식한 과제를 시스템으로 보여주고, 새로운 설비투자의 수요를 발굴하고 있다. 이렇게 ING는 체계적인 접근방법으로 고객 기업의 대응 실태를 파악하고, 동시에 투자자금도 지원하면서 기업의 지속가능성 경영을 지원하고 있다.

DSM, SABIC, ING 사례를 보면, 고객 기업의 환경문제에 대한 대응을 지원하는 새로운 비즈니스를 개발하여 성장하고 있다. 즉 환경과 사회 문제를 해결하기 위해 고객 기업에 새로운 솔루션을 제공하는 사업 영역에 장래 성장 가능성이 있다는 것을 의미한다.

퍼포스에 맞는 조직체계를 갖춰라

회사의 목표를 설정하라

지속가능성 경영을 추진하려면 비전과 전략 등 지향할 북극성을 정해야 한다. 그러나 비전과 전략만큼 중요한 것은 실행구조를 만드는 것이다. 도달지점(목표)을 향해 언제까지 어느 정도 나아갈지(회사 목표설정), 도달지점을 행해 나가는 구체적인 방법, 구체적인 성과를 점검하는 대책 등이 필요하다.

보통 기업에서 CSR 활동과 대책은 연도 단위로 추진하는 경우가 많다. 장기적 관점에서 추진할 과제가 연간 예산과 업무에 얽매어 있으면 추진하기 어렵다. 애당초 업무 자체가 장기적 관점이 요구되지 않는 것도 있다. 높은 전문성이 필요한 업무에 2~3년마다 순환보직제도로 담당자를 교체하는 것도 문제다. 경영자와 CSR 추진 담당자가 단기간에 바뀌면 전임자의 업무를 부정하거나 추진전략도 자주 바뀔 수밖에 없다. 회사의 CSR·CSV 활동을 과학적·전략적으로 어떤 목표와 프로세스에 따라 성과를 내려고 해도 기업의 정치적 판단에 달려 있고, 실행 자체가 어렵다. 상사와 경영자의 벽을 넘는 것이 과학적이고 전략적 목표를 실천하기보다 어렵다고 호소하는 업무 담당자도 있다.

이렇게 조직체제와 사업 운영방식의 문제 때문에 CSR·CSV 활동은 장기적 관점에서 일관성 있게 추진하기 곤란한 점이 있다. 연도별로 지속가능성 대책을 관리하는 방식에서 벗어나 더 장기적 관점에서 기업 가치를 최대화하는 방향으로 사업을 추진해야 한다.

최근 ESG 경영 비전을 제시하고 장기적 전략과 목표를 추진하려는 기업이 늘어나고 있다. 장기적 관점이라도 3년 정도 계속 적자가 나도 좋다는 투자자는 없다. 최근 투자자는 엄격하게 투자를 판단하면서 상장기업은 장기적으로 ESG에 헌신할 것을 요구하지만 단기적인 이익도 요구하고 있다.

장기적 관점의 의의는 미래를 위해서라면 지금 손해를 봐도 좋다는 것이 아니다. 장기적 관점과 목표 때문에 현재 더 좋은 의사결정을 내릴 수 있다는 점이다. 즉 2050년 목표가 훌륭하더라도 매년 적자를 내도 괜찮다는 것이 아니라 현재의 의사결정을 최적화하기 위해 앞을 내다본다는 의미가 강하다. 장래의 목표가 명확할수록 지금의 의사결정이 목적 달성에 초점을 두게 된다. 무엇을 얻고 무엇을 잃는지의 발상이 아니라 일거양득의 발상이 필요하다.

경영에 '지속가능성 사고'를 반영하면 지금은 중요하지 않지만, 장래에 회사에 큰 영향을 미치는 위험을 발견할 수 있다. 예를 들면, 기후변화는 이미 10년 전부터 중요한 과제였다. 30년 전에도 세계의 연구기관이 경종을 울렸지만, 기업은 일찍부터 대응하지 않았다. 바꾸어 말하면 앞으로 지속가능성 위험 대책은 5~10년 후에 전 세계에서 법제화로 진행되는 사회 과제가 될 가능성이 높다. 이제부터라도 미리 조금이라도 대응할 것인지 아니면 문제가 커진 후에 감당하기 어려울 때에서야 손을 쓸 것인가?

장기적 관점이 중요하더라도 목표 달성 연도를 반드시 2050년으로 정할 필요는 없다. 장기적 관점을 중시하는 투자자도 중간목표로서 2030년까지의 계속 실천하기 위한 전략, 구조, 조직체제를 요구한다. 장기적 목표를 선언하는 것만으로 투자자는 납득하지 않는다. 투자자 등 이해관계자는 중장기적으로 구체적인 실행계획과 실천을 요구하고 있다. 누구나 목표를 선언할 수 있지만 실효성이 담보되지 않으면 이해를 얻기 어렵다.

"지금까지 10년을 회고하고, 앞으로 10년을 어떻게 하고 싶은가?" 기업 경영자는 이 질문에 어떻게 대답할 것인가? 경영자의 확고한 의지가 없다면 말할 수 없다. 10년이면 사회는 크게 변한다. 현재 시점의 강점이 영원한 강점이 되지 않는다. 세상에 영원하고 절대적인 것은 없다. 그렇다면 앞으로 10년을 어떻게 생각해야 하는가? 회사가 통제할 수 있는 목표에 집중해야 한다. 통제할 수 없는 것에 주력하는 것은 전략이 아니다. 2050년의 지속가능성 목표도 중요하지만, 우선 2030년의 목표에 집중하고, 그 중간목표로서 2025년도 시야를 두고 경영해야 한다.

5~10년 전부터 이미 부각 된 사회 과제가 지금의 큰 이슈가 되는 점에 주목해야 한다. 지속가능성에 대응을 미룰수록 늦어지고, 기업 가치는 훼손될 수 있다.

그럼, 지속가능성 경영 목표는 무엇인가? 통상 회사의 목표는 구체적으로 언제까지 어느 정도 도착지점에 다다를지 제시하는 것이다. 지속가능성 분야의 목표를 세우는 기업사례를 보면 대개 3가지 방법을 사용한다. 즉 톱다운방식으로 야심적 목표를 설정하는 방법, 업계 상황을 보면서 평균 정도의 목표를 설정하는 방법, 현재 대책의 연장선상에서 목표를 설정하는 방법이다.

야심적 목표 설정이란 기업의 모든 자원을 활용하여 최대한 의욕적으로 달성하고자 하는 큰 목표다. 야심적 목표를 설정한 기업은 장래 이루고 싶은 목표에 강력한 의지를 표명하고, 주변을 선도하면서 목표를 향해 가고 있다. 지금까지 지속가능성 경영의 선도기업으로 알려진 애플, 필립스, BASF, 인터페이스 등이 대표적인 기업이다.

애플은 '100% 리사이클'을 전제로 하는 순환 경제와 탄소 중립을 지향하는 목표를 추진하였다. 필립스는 2025년까지 수익의 25%를 순환형 제품과 서비스, 솔루션에서 창출하고, 공급망에 있는 100만 명 직원의 생활을 향상하고, 환경발자국을 감소한다는 목표를 설정했다. BASF는 환경보호와 사회적 책임, 경제적 성공 3가지를 동시에 수행한다는 목표를 설정했다. 인터페이스는 지구에서 빼앗은 모든 것을 갚는다는 전제로 비즈니스를 수행한다는 목표를 설정했다. 영리적 기업으로서 환경과 사회적 책임을 수행하면서 동시에 이익을 실현하는 목표를 제시하고 있다.

이들 기업은 의욕적인 목표를 제시하여 이노베이션을 촉진하고, 경쟁우위를 추구하고 있다. 목표가 크기 때문에 도달하는데 장애물도 많다. 그러나 그런 장애물을 극복하는 가운데 미지의 영역에서도 방향감각을 갖고, 다양한 위험을 관리하는 대책이 필요하다.

동종업계의 현황을 살피고 따르는 팔로워 전략도 있다. 글로벌 환경 관련 법률과 규제가 어떻게 추진되고 있는지, 이에 경쟁업계는 어떻게 대응하고 있는지 살피면서 필요한 최소한의 대책을 추진하는 것이다. 현재 많은 대기업이 ESG 경영을 표방하고 있지만, 대부분이 팔로워 전략을 채택하고 있는 것으로 보인다. 독자적인 퍼포스에 따라 지속가능성 목표를 의욕적으로 설정하고 도전하는 기업은 매우 드물게 보인다. 대부분 외부 현황을 판단하고, 지속가능성 경영 비전과 ESG 추진 조직 구축 등을 제시하고 있지만, 여전히 실행 목표는 소극적이고 조심스럽게 대응하는 모습이다.

기업은 앞으로 환경과 사회적 책임에 대한 외부 압력이 더욱 높아진다는 것을 명심해야 한다. 다른 회사의 동향을 살피며 최소한의 대응은 장래 위험의 씨앗을 뿌리는 것과 같다. 지금은 국내기업의 대응 수준에 맞출 것이 아니라 글로벌 이해관계자의 요구 수준을 고려해야 한다. 현상에 적당히 안주하다 보면, 시간이 지날수록 회사 실정과 외부 이해관계자의 요구 수준 사이에 괴리가 점점 커질 수 있다. 어느 시점에서 감당하기 어렵고 큰 의욕적 목표를 세울 수밖에 없는 상황이 올 수도 있다.

다시 언급하지만, 기업은 지속가능성을 둘러싼 외부 환경의 구조적 변화를 이해해야 한다. 당연히 점점 거세지고 있는 외부의 압력을 생각해야 한다. EU와 미국 등 글로벌 규제상황, 정부의 ESG 대책, 소속된 산업과 업종의 대응 상황 등을 충분히 분석하고, 장기적 관점에서 대책을 마련해야 한다. 팔로워 전략을 취하면서도 외부 환경 변화를 세심하게 살피면서 목표 수준을 점차 올리며 달성하는 대책을 추진해야 한다.

급변하는 외부 환경에서 현재의 대책을 보완하는 정도의 목표를 제시하는 기업도 있다. 이런 기업은 장래에 직면할 지속가능성 경영에 관심조차 없고, 현재 방식에 안주하고 있다. 파괴적인 환경 변화가 일어나고 있는 세계에서 기존의 대책을 넘어 새로운 발상이 필요한 시점이다.

현재 대부분 국가는 글로벌 조류에 대처하여 탈탄소 대책에 강한 의욕을 보인다. 기업이 생존하기 위해 탈탄소밖에 없다는 점을 강조하고 기업에 야심적인 목표를 요구하고 있다. 하지만 야심적 목표를 정하고 있는 기업은 매우 적다. 다시 강조하지만, 기업은 새로운 경영패러다임에서 방향을 점검하고, 회사가 장래에 있고 싶은 모습을 정해야 한다. 있고 싶은 모습에 도달하려면 현재 시점부터 발전 전략을 수립하는 백캐스팅 기법으로 중장기 목표를 생각해야 한다.

목표에 도달할 방향을 설정하라

목표지점을 안내하는 지도는 중요하다. 회사의 지속가능성 경영이 어떻게 장래 재무적 성과에 영향을 주는지 방향을 구체적으로 제시할 필요가 있다. 구체적으로 어떤 변화가 어떤 방향에 따라 환경과 사회, 경제적 가치(재무적 성과)에 영향을 주는지 파악해야 한다. 여기에는 두 단계가 있다. 하나는 기업의 사업 활동이 외부의 환경과 사회에 어떤 영향을 주는지 생각하는 단계다. 또 외부불경제를 차단하려는 기업 활동이 회사의 재무 상태(비용과 소득 등)에 어떤 영향을 주는지 생각하는 단계가 있다.

기업의 지속가능성 경영 활동은 단순히 환경과 사회에 좋은 일을 하는 것이 아니다. 장기적으로 수익을 창출하여 재무 상태에 반영하는 구조를 생각해야 한다. 장기적인 수익은 한정된 자원배분을 통해 비재무 요소를 유지·증강하는데 달려 있다. 따라서 기업은 환경과 사회에 미치는 임팩트를 특정하여 한정된 자원을 배분해야 하는 영역, 우선순위를 매겨서 대응해야 하는 영역을 설정해야 한다.

먼저 사업 활동이 외부 환경에 어떤 영향을 주는지 파악하는 자동차 업계의 사례를 살펴보자. 예를 들어, 자동차가 배출하는 질소산화물을 줄이면 공기가 깨끗해지고, 폐병 환자가 줄어든다. 폐병 환자가 줄어들면 의료비도 감소한다. 즉 기업의 질소산화물 배출을 억제하는 자동차를 생산·판매하면 결과적으로 폐병 환자와 의료비 감소는 환경과 사회에 대한 임팩트다.

또한 수익을 내면서 사회에 긍정적 임팩트를 내려면 사업 활동이 어떻게 재무 가치를 높이는지(비용감소, 수익증가) 검토할 필요가 있다. 즉 회사의 재무성과에 미치는 임팩트를 생각해야 한다. 탄소 중립을 내세우는 국가에서 탄소를 대량 배출하면서 사업을 하고 있다면, 앞으로 탄소세의 대상이 되고, 비용 증가로 이어진다.

예를 들어, 애플, 폭스바겐은 전 세계의 NGO, 소비자 단체로부터 강한 압력을 받고 있다. 이들 글로벌 기업에 부품과 재료를 납품하는 협력업체도 환경과 사회적 배려에 대한 강한 압력을 받는다. 따라서 환경 부담이 낮은 상품을 개발하여 납품업체의 니즈에 대응할 수 있다면 장래 매출이 늘어날 가능성이 있다. 이렇게 환경과 사회에 배려하는 경영

방식은 탄소세 등 규제에 의한 비용 증가, 신규시장 개척으로 매출 증가의 형태로 임팩트가 발생하고 수익에 영향을 미친다. 예를 들면 탄소세 도입이 예상되는 지역에서 탄소 배출 감축 대책은 사전에 규제에 대응하면서 기업의 평판을 높일 수 있다. 결과적으로 새로운 그린 시장을 확보하여 매출을 높일 수 있다.

이러한 의미에서 기업은 조달력, 인적 자산, 지적 자산, 사회관계 자산, 자본력에 어떤 영향을 주는지 임팩트를 검토할 필요가 있다. 기업의 다양한 사업 활동이 6가지 자본에 어떤 영향이 있는지 파악할 때 해야 할 사업 활동, 하지 않아야 할 사업 활동을 판단할 수 있다. 무엇보다 사업을 해야 하는 이유를 이해해야 한다. 명확한 이유가 있는 사업을 추진할 때 위험이 적고, 그 사업 활동에 자원을 배분하여 성장을 촉진할 수 있다.

KPI를 공개하는 용기 있는 경영 전략

네슬레는 CSV에 선진적인 기업으로 알려져 있다. 네슬레는 영양, 농업, 지역개발, 수자원이라는 주력사업 외에 지속가능성과 컴플라이언스를 포함한 5개의 중요과제에 KPI(핵심성과지표)를 설정하고 있다. 또한 KPI를 더욱 구체적인 행동 목표로 연계하고 있다. 네슬레는 영양과 건강에 배려하여 개량된 제품의 수, 교육받은 농업종사자의 수 등 구체적이고 정량적인 지표를 제시하고 있다. 이것은 CSV 사업에 대한 네슬레의 각오와 진정성을 명확히 보여주고 있다.

KPI를 설정하고, 외부에 발표하는 것은 매우 의미 있는 일이다. 네슬레는 선언하고, 실행하고, 달성하고, 점검할 필요가 있으면 주저 없이 수정하여 CSV 경영을 한다.

CSR·CSV 경영을 발표하고, 사회 공헌 활동을 외부에 호소하는 것은 어느 기업도 할 수 있다. 하지만 KPI를 설정한 기업은 거의 없다. 홈페이지나 보고서에서 사회를 좋게 한다고 강조하지만, 실행을 담보하는 구체적인 대책이나 KPI는 보이지 않는다. 또 회사 내에서 의논하고는 있지만, 외부에 발표하지 않는다. 그렇게 해서는 지속가능성 대책이 제대로 추진되지 않는다.

이해관계자에게 가치를 주는 KPI를 설정하라

최근 지속가능성 보고서에 KPI를 보고하는 기업이 늘어나고 있다. 그러나 목표가 없는데 KPI가 정해져 있는 기업이 많다. 목표가 모호하여 KPI를 정할 수 없는 경우도 있다. 그 내용도 추상적인 측면이 적지 않고, 정량화하기 쉬운 항목만 KPI로 정한 기업도 있다. 이런 기업은 이해관계자를 위한 KPI보다 외부에 회사의 노력하는 모습을 보여주려고 KPI를 설정한 측면이 엿보인다. 기업 상황에 유리한 정보만 공시한다면 이른바 '○○○워싱'으로 비난받을 수 있다.

KPI는 이해관계자에게 가치를 제공할 수 있어야 한다. KPI는 진정으로 가치 창출에 공헌하고 있는지 측정할 수 있어야 한다. 상관관계가 있는 숫자라도 인과관계를 증명할 수 없다면 KPI로서 의미가 떨어질 수밖에 없다. 또한 회사의 부문별로 KPI가 서로 연계되지 않고, 오히려 이익이 상반되는 경우도 있다.

예를 들면 영업 부문은 매출 달성을 위해 재고품을 줄이지 않으려고 한다. 반면에 구매 부문은 현금흐름을 개선하기 위해 재고를 줄이려고 한다. 이렇게 같은 회사에서 다른 KPI를 갖고 일하고 있는 경우도 있다. 지속가능성 사업 활동의 KPI도 조직의 긍정적인 임팩트를 내고 있는지, 다른 부문과 이익이 상반되는 항목이 없는지 확인해야 한다.

지속가능성 대책은 하나의 부문에서 완결되는 것도 있고, 여러 부문에 걸쳐 있는 것도 있다. 무엇보다 우리 회사가 왜 수치를 지향하는지, 수치가 사회, 조직, 직원에게 어떤 의미와 가치를 갖고 연결되어 있는지를 이해하고 공유할 필요가 있다. 수치 목표를 달성하면 어디의 누가 좋아할지 목적을 말할 수 있는 목표가 진정 의미 있는 KPI라고 말할 수 있다. 경영자와 CSV 추진담당자는 KPI가 부문 최적이 되지 않고, 이해관계자와 사회의 요청과 기대에 합치되는지 확인해야 한다.

사회에 미치는 임팩트를 측정하는 기업

기업은 지속가능성 경영 목표에 대한 KPI를 설정할 때 중요한 대책의 현재 상태, 달성도를 측정하고, 올바른 방향으로 가는지 검증할 수 있다. 기업은 비재무 대책의 KPI를 설정할 때 ISO26000, GRI 등 국제규격에서 제시한 항목의 KPI(탄소, 물, 원재료, 직원, 지역 사회, 인권 등의 지표)를 이용하고, 그 다음으로 회사의 독자적인 KPI를 설정하고 있다. 현재 대부분 선진기업도 일반적으로 사용되는 KPI를 이용하고 있다.

최근 많은 글로벌 기업은 조직의 위험과 기회를 확인하고, 의사결정에 활용하기 위해 비재무 정보를 정량화하여 평가하고 있다. 선진기업은 중요한 비재무 정보를 파악하고, 측정·평가할 뿐만 아니라 의사결정에도 반영하고 있다. 투입한 자원에 대한 결과물output, 성과outcome까지 지표를 설정하고 측정하는 기업도 많다.

또한 일부 선진기업은 임팩트 차원의 독자적인 KPI를 만들어 외부 불경제를 지표로 설정하고 있다. 환경과 사회에 대한 임팩트는 중장기에 걸쳐 사업환경의 변화에 영향을 미치고, 장래 회사가 이용할 수 있는 자본에도 변화를 초래한다고 인식하기 때문이다. 사회에 대한 부정적 임팩트(비용)과 긍정적 임팩트(이익)를 정량적으로 평가하여 사회와 공유가치를 보여줄 수 있고, 다양한 의사결정과 커뮤니게이션에도 활용하고 있다.

예를 들면, 종합화학업체 BASF는 경제적 성공 외에 환경보전, 사회적 책임을 종합적으로 평가하는 시스템 'Value to Society'를 이용하고 있다. 사회적 과제에 책임을 수행하는 것은 장기적 자원의 이용가능성과 시장경쟁력 확보로 이어진다고 판단하여 사업 활동, 제품이 미치는 외부 환경에 대한 임팩트를 지표화하고, 부정적 임팩트를 최소화하고, 긍정적 임팩트를 최대화하고 있다. 즉, KPI를 경영 전략과 다양한 프로젝트의 의사결정에 활용하고 있다.

스위스 제약회사 노바티스Novartis는 'FES Impact Valuation'을 개발하여 임팩트를 측정하고 있다. 이것은 경제Financial, 환경Environmental, 사회Social에 대한 임팩트를 정량화하고, 금액으로 환산한다. 경제 분야에서 GDP와 고용에 공헌도를 측정하고, 환경 분야에서는 기후변화, 에너지, 물, 폐기물 등에 관한 환경부담 감소가 어느 정도의 가치를 창출하고 있는지를 금액으로 환산한다. 사회 분야에서는 인재 육성, 노동환경 위생, 생활자금 등의 사회 가치를 금액으로 환산하고, 의약품의 사회

가치를 산출한다.

유럽의 어느 금융기관은 직원을 가장 중요한 자원으로 설정하고, 인재의 가치창조 모델을 만들고, 자원투입(업무시간, 스킬, 노력 투자 등)과 성과의 가치(급여, 능력과 지식개발, 웰빙 향상, 건강 상태 등)를 지표로 설정하고, 이들 지표를 개선하는 경영을 추진하고 있다.

이들 기업은 부정적 임팩트는 최소한으로 줄이고, 긍정적 임팩트를 증가시켜 사회와 공생하고, 이해관계자의 신뢰를 얻고, 지속적 성장을 지향하고 있다. 또한 임팩트를 금전적 가치로 평가하여 재무 정보와 통합하고, 의사 결정에 활용하고 있다.

최근 임팩트 평가를 위한 대책이 지속적으로 논의되고 있다. 2019년 8월 독일의 BASF, SAP, 도이치은행, 노바티스 등이 주도하여 '밸류 밸런싱 연합회 Value Balancing Alliance'를 발족하였다. 이 이니셔티브는 기업이 환경과 사회에 초래하는 가치를 다차원적으로 산출하는 모델을 개발하고 있다.

외부불경제가 큰 기업일수록 규제강화, 비난 등의 위험에 노출될 가능성이 높다. 그러나 외부불경제를 축소하고 내부화하여 긍정적 가치를 창출한다면 경쟁력을 확보할 수 있다. 외부불경제가 큰 업계의 기업이라면 조기에 경쟁우위를 확보하려면 독자적인 KPI를 설정하여 사회 과제에 대응할 필요가 있다.

기업은 재무지표와 동일하게 비재무지표 달성에 철저히 대응해야 한다. 단기이익에 눈을 팔지 않도록 해야 한다. 이익은 늘어나지만 사회에서 신뢰를 잃거나 안정적, 장기적 원재료 조달 능력이 훼손될 수 있는지 면밀하게 점검해야 한다. 재무지표와 동시에 비재무 KPI의 양립은 쉽지 않은 작업이다.

KPI의 모니터링 결과를 공개하라

지속가능성 경영의 모니터링은 목표 달성만을 위한 것이 아니다. 목표 설정, 모니터링, 결과를 공개하여 투자자와 NGO 등 이해관계자와 커뮤니케이션에도 활용할 수 있다. 기업은 KPI 달성 상황을 모니터링하여 목표 달성까지 어느 정도 진전하고 있는지 확인하면서 목표를 지향할 수 있다. 장기전략을 보여주면서 이해관계자에 대한 설득력을 높이고, 투자자의 이해를 높일 수 있다면 자금조달에도 유리하다.

또한 모니터링 결과를 공개하여 다양한 이해관계자와 커뮤니케이션을 통해 지속가능성 조류를 기업 경영에 빠르게 반영할 수 있다. 대개 사회 과제에 대한 문제와 환경의 지속가능성 대책의 요구는 NGO의 동향에서 발단되는 경우가 많기 때문이다. 지구환경의 지속가능성에 대한 의식이 높아지는 상황에서 늦게 대응하는 것은 기업에 비용 증가와 위험으로 이어질 수 있다. 따라서 모니터링 결과를 공개하고, NGO 등 외부단체와 보고서를 통해 적극적으로 커뮤니케이션하고, 글로벌 트렌드를 파악하고 새로운 경영 전략에 반영해 나가야 한다.

미국과 유럽의 선진기업은 글로벌 조류를 사전에 파악하고, 주도적으로 NGO와 커뮤니케이션하며, 사회 과제에 선제적으로 대응하고 있다. 유니레버도 그런 기업 중 하나다. 유니레버는 2010년 'USLP'를 가치 창출 모델로 수립하였다. 환경부담을 줄이고 사업의 성장전략으로서 건강한 생활, 환경부담의 감소, 경제발전 3개 분야에서 9개의 중점대책, 50개 이상의 수치 목표를 설정하였다. 진도 상황을 매년 공개하고, 시대의 요청에 맞춰 중점대책과 달성할 항목과 수치를 점검하였다. 또한 선정된 USLP에 관련된 지표는 독립된 제3자의 보증을 받고 있다.

또한 경영자는 NGO와 커뮤니케이션을 하고 지적사항을 사업모델의 변혁에 반영하고 있다. 이렇게 지속가능성에 관한 정보와 동향을 일찍 파악하고, 중요과제를 선정하고 경영 전략을 수립·점검하고 있다. 기업책임위원회는 USLP의 진도, 달성 상황, 잠재적 위험을 모니터링하고 있다. 이 위원회는 목표 달성까지 모니터링과 평판에 영향을 주는 트렌드 변화를 감지하고, 적절한 커뮤니케이션을 하고, 얻은 정보를 경영 전략에 피드백하고 있다.

일본의 섬유업체 테이진은 사회 과제와 회사의 강점을 연계하여 환경가치 솔루션, 안심·안전·방재솔루션, 저출산 고령화·건강지향 솔루션의 3개 영역에서 매출을 75% 이상으로 하는 목표를 제시하고, 5개의 중요과제를 선정하고, KPI를 설정하고 있다. KPI의 모니터링 상황을 통합보고서에 공개하고 있다. 이 보고서는 GRI 스탠다드를 참고로 재무적 지표와 동일한 비중을 갖고 있다. 중요과제를 선정할 때 외부 전문가로서 NPO와 커뮤니케이션하고 있다.

앞으로 기업은 지속가능성 경영에서 사회 과제를 기점으로 경쟁할 것이다. 경쟁에서 승리하려면 모니터링 결과를 검증하고, 신속하게 사업에 피드백하는 체제를 갖춰야 한다. 모니터링은 단순히 목표까지 수치를 파악할 뿐만 아니라, KPI 달성 상황을 분석하고 수집한 외부 정보를 활용하여 사업모델을 수정하는 체제를 갖춰야 한다. 요약하면 모니터링은 목표까지 달성 상황을 파악하고, 사회의 조류를 정기적으로 사업에 반영하는 역할을 한다는 점에 유의해야 한다.

추진할 조직을 구축하라

지난해부터 많은 회사에서 지속가능성 경영을 외부에 선언하고, 먼저 신속하게 전담 조직부터 만들고 있다. 지속가능성 경영, ESG, CSR 등 다양한 명칭을 붙인 전담부서가 회사의 ESG 관련 전략과 방침을 점검하고, 각 사업부의 실행을 지원하고 있다. 지속가능성 대책의 본질과 시대의 조류를 이해하고 진정성을 갖고 추진하는 기업도 늘어나고 있다.

하지만 대부분 회사의 경영 계획과 분리하여 지속가능성 대책을 수립하여 추진하고 있다. 비재무 요소의 KPI를 제대로 설정하지 못하고 좌절하는 사례도 많다. 지속가능성 경영을 실천하려면 기존의 조직체제를 점검해야 한다. 목표관리와 평가시스템, 인센티브 대책을 점검하고 전체 조직 차원의 장기전략으로 추진할 수 있도록 해야 한다.

경영층이 지속가능성 경영 목표를 세웠더라도 목표를 실천하는 것은 조직이다. 경영자가 ESG 경영 방침을 선언하더라도 조직이 움직이지 않으면 목표를 실행하기 어렵다. 경영자가 강력한 의지를 천명하고, 각종 대책을 지시하지만, 관리자가 움직이지 않는 조직도 적지 않다. 관리자가 환경과 사회의 현상, 장기적인 외부 환경 변화와 사업 관련성을 충분히 이해하지 못하기 때문이다. 설정한 KPI를 실행하기 위한 인센티브가 없는 점도 문제다. ESG 경영 방침이 각 사업부의 전략과 연계되지 않은 것도 또 하나의 원인이다.

회사의 각 사업부는 고유의 업무 특성에 따라 환경과 사회에 관련된 사업을 추진할 수 있다. 이런 사업은 ESG 경영 전략과 연계하여 추진하면 기대 이상의 성과를 거둘 수 있다. 하지만 사업부 차원의 지속가능성 대책을 추진하기 위한 평가시스템과 인센티브가 없다면 새로 발굴한 사업은 부담이 되고 조직적으로 추진하기 어렵다.

해외기업의 사례를 보면, 경영진의 지시에 따라 사업부는 사회적 과제를 해결하는 획기적인 사업을 발굴하여 큰 성과를 내는 경우도 있다. 문제는 장기적으로 지속할 수 있는 조직체제가 갖춰지지 않았다는 점이다. 아무리 좋은 사업 아이디어가 있어도 사람도 예산도 없다면 그 대책에 소극적일 수밖에 없다. 결국 정해진 기간에 수익을 낼 수 없다면 사업이 더 이상 진척되지 않는 사례도 많다.

이러한 문제는 어느 조직에나 존재한다. 무엇보다 장기적 구조적 변화를 내다보고, 지속가능성 요소를 경영에 반영하는 구조를 만들고, 관리자가 깊이 이해할 수 있도록 지원해야 한다. 또한 지속가능성에 관한 KPI와 평가제도를 기본적인 업무평가에 반영하여 직원의 실천을 자극해야 한다. 개별 사업을 계속해서 육성하는 대책도 마련해야 한다.

미래의 시나리오를 그려라

최근 경영 계획을 수립할 때 미래의 시나리오를 그리는 기업이 많다. 그러나 현재 큰 환경 변화를 초래한 코로나 사태에서 미리 준비한 시나리오 덕분에 위기를 피했다는 회사는 없는 것 같다. 팬데믹 발생은 이전부터 세계에서 예언된 것이었지만, 미래에 대비하는 경영체제를 구축하지 않았기 때문이다.

시나리오 플래닝이란 미래에 일어날 수 있는 복수의 미래 시나리오를 그리고 회사가 어떻게 대처해야 할지를 제시하는 기법이다. 산업구조의 변화와 재편, 국제정세의 변화, 자연재해 등 언제 일어날지 예측하기 어렵지만, 장기적으로 충분히 발생할 수 있는 불확실성 요소에 다양한 요소를 결합하여 미래 모습을 그리는 것이다. 실제로 일어나지 않는 환경 변화에 근거하여 미래 모습을 그리기 때문에 당연히 그 모습은 현재 모습과 비연속적이다.

3~5년의 경영 계획은 기존지식에 근거하여 미래를 예측한 것이다. 즉 과거, 현재와 일직선으로 연결된 장래의 예측이다. 시나리오 플래닝의 미래상과 근본적으로 다르다. 시나리오가 외부 환경 분석으로 현상유지를 목적으로 한다면 유연성 있는 전략 수립에 도움이 되지 않는다.

회사의 미래 모습을 찾기 위해 사업에 큰 임팩트를 주는 불확실성에 주목해야 한다. 세계를 바꿀 가능성이 있는 변화에 대비하려면 극단적으로 다른 미래 모습을 동시에 그리고, 각각의 시나리오에 대응한 준비를 해야 한다. 임팩트란 미래의 변화가 시장에 미치는 영향력이다. 예를 들어 장래에 기업을 둘러싸고 온실효과가스가 증가하여 지구의 기후가 변하고, 자연재해가 발생하고, 인구증가로 물이 부족한 구조적 변화가 예상된다. 이런 환경과 사회 문제를 해결하기 위한 규제강화, 기술혁신도 기업에 영향을 줄 수 있는 요인이다. 기업은 장기적으로 시장에 임팩트를 주는 구조변화를 이해하고 나서 장기적으로 도달할 지점을 설정해야 한다.

불확실성이란 미래의 변화가 실현될 가능성이다. 기후변화와 급격한 자연재해 등 장기적으로 발생할 구조적 변화를 예상할 수 있어도 이런 문제가 언제 어느 정도의 규모로 일어날지는 알 수 없다. 만약 장기적인 신기술 개발로 환경부담이 없는 반영구적인 에너지원을 확보할 수 있다면 장기적 구조변화의 시나리오는 크게 바뀔 수 있다. 불확실성이 높은 것은 대책 실시에 따른 위험이 따르지만, 다른 회사가 인식하지 못할 가능성이 있다.

경영이란 계속 변하는 환경에서 장기적으로 기업 가치를 계속 높이는 것이다. 변화 속도가 빠르고 장래의 불확실성이 높아진 시대에 과거의 성공체험에 얽매여 대응이 늦어지면 생존이 위험해진다. 이를 방지하려면 불확실성을 가정한 복수의 미래 시나리오를 준비하고, 환경 변화에 맞춰 민첩하게 전략을 업데이트하는 시나리오 플래닝이 도움이 된다.

장기적인 경영 상태를 상시로 전망하고, 구조적 변화가 예상보다 일찍 또는 늦게 진행되는지, 그 방향을 바꾸는 이벤트는 없는지 점검해야 한다. 그런 변화를 계속해서 점검하고, 경영에 즉시 반영해 나가야 한다. 즉 기존의 사업모델을 유지하기 위해 공급망을 바꿀지, 사업 포트폴리오를 점검할지, 또는 전략에 맞춰 신규사업에 투자할 것인지 구체적인 대응이 필요하다. 하나의 시나리오에만 의존하지 않고 유연하게 대응하는 체제를 갖춰야 한다. 시나리오를 수립해도 계속해서 모니터링하지 않고 방치하면 가치를 상실한다. 언제라도 사용할 수 있도록 계속해서 모니터링해야 한다.

기업은 미래의 장기적 변화에 전체 조직원이 이해하도록 하는 대책도 필요하다. 경영진과 관리자가 먼저 장기적 변화를 명확하게 이해하고, 조직 전체가 일체가 되어 일하는 기반을 구축해야 한다.

예를 들어, 어느 글로벌 석유업체는 장기적인 외부 환경 변화에 대한 징후를 계속 점검하고, 그 정보를 경영진에게 피드백하는 구조를 갖추

[자료 5-10] **시나리오 플래닝의 6단계**

① 시장을 정의한다.
② 환경 변화요인을 점검한다.
③ 임팩트와 불확실성을 정리한다.
④ 미래 시나리오를 그린다.
⑤ 시나리오와 비즈니스 모델을 연계한다.
⑥ 정기적으로 점검한다.

[자료 5-11] **미래 시나리오 플래닝**

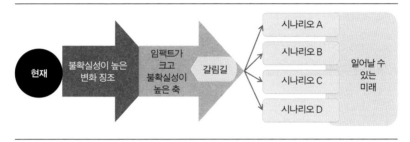

고 있다. 다양한 정보에 근거하여 수십 년 앞에 일어날 수 있는 미래를 계속 그려보고, 그런 시나리오에 대비할 수 있는지 경영진을 압박한다. 장래 시나리오를 경영 판단에 활용할지는 경영진에게 달려 있다. 그러나 경영진이 장기적인 환경 변화와 비즈니스의 관계를 깊이 이해하고, 진정성 있게 대응하기까지는 오랜 세월이 걸렸다고 한다.

어느 글로벌 기업은 30년 후의 세계를 계속 그려본다. 앞으로 달성할 매출 목표를 위한 것이 아니라, 미래 모습에 근거하여 10년 후의 사업 포트폴리오를 검토하는 대책이다. 즉 기업 경영과 관련된 장래의 변화징후를 계속 파악하고, 미래 상황을 그려보고, 궤도를 계속 수정하는 구조를 만들고 있다.

세계는 포스트 코로나를 향해 경제활동을 재개하기 시작했다. 포스트 코로나 시대에 기업을 둘러싼 환경은 과거와 똑같지 않을 것이 분명하다. 이러한 불가역적인 환경 변화에 대해 복수의 전략에 따라 실행하는 경영 방식이 점점 더 요구되고 있다. 만일의 경우를 대비해 다른 시나리오로 원활하게 이행하고, 기업 가치를 계속해서 높여가는 대책이 필요하다. 격변하는 세계에서 시나리오 플래닝을 올바로 이해하고, 장기적 전략구축에 도입할 필요가 있다.

KPI와 평가제도를 연계하라

탄소 배출 감축과 직원 만족도의 달성도 등 지속가능성 대책의 성과를 임원 보수에 반영하는 기업이 늘어나고 있다. 이미 유럽에서 ESG 대책의 인센티브를 주기 위해 ESG 지표와 연동한 임원 보수제도를 도입한 회사가 많다. 예를 들어, 현재 FTSE 100대 기업 중에서 45%가 정량적인 ESG 목표를 설정하고, 달성도를 임원 보수에 반영하고 있다.

미국 기업에서도 최근 이런 움직임이 확산되고 있다. 일본에서도 2021년 9월 현재 'TOPIX 100' 기업 중에 20% 이상이 임원 보수의 평가항목에 ESG 업적을 반영하고 있다. ESG 대책을 구호로만 외치지 않고, 진정성 있게 대처하는 모습을 외부에 보여주고, 대책의 실효성을 높이려는 취지다. 실제로 2020년 12월 '윌리스 타워스 왓슨Willis Towers Watson'의 글로벌 조사에 따르면, 임원과 경영 간부의 78%가 'ESG 성과 향상은 재무성과에 중요한 공헌 요소'라고 대답하였다.

현재 업계를 묻지 않고, 상장기업이 경쟁력을 확보하고, 사내외에서 존경을 받으려면 ESG 대책을 적극적으로 추진해야 한다. 앞으로 금융 규제 당국이 금융기관의 기후변화 문제 등에 본격적으로 대처할 경우, 임원 보수 지급방식은 하나의 판단자료가 될 가능성이 있다.

지속가능성 대책의 KPI를 설정해도 평가제도와 연계되어 있지 않다면 어느 임직원도 진지하게 ESG 경영과제를 추진하지 않을 것이다. ESG 지표를 임원 보수에 연동하여 평가할 경우, 지속가능성 경영에 대한 기업의 언행일치를 알기 쉽게 보여줄 수 있다. 따라서 선진기업은 지속가능성에 관한 KPI와 평가제도를 연동하여 실행력을 높이고 있다. 이들 기업은 KPI를 달성하면 실제 수익으로 연결될 것이라고 확신을 갖고 있기 때문이다.

예를 들면, 다논Danone은 2021년 9월 취임한 CEO의 업적연동보수 중에 20%는 환경과 사회에 관한 목표 달성에 따른 보수를 설정하였다. 20%는 직원의 인게이지먼트(10%)와 기후변화에 대한 목표 달성(10%) 으로 구성되고, 목표 달성에 따라 0~40%의 보수가 연동되어 있다.

프랑스 대형은행 BNP 파리바는 지속가능성 금융서비스 회사를 지향하기 위해 임원 보수의 10%를 연동급으로 하고 3개의 지속가능성 지표와 연계하고 있다. 3가지 지표는 기후변화 문제와 사회적 과제에 대한 실적, 3년마다 CSR 목표, 비재무 평가기관의 순위다.

세계 최대의 낙농업 협동조합 '프리슬란드 캄피나Friesland Campina'는 '세계의 더 좋은 번영, 농가의 좋은 생활, 지금과 미래 세대'를 퍼포스로 정하고 있다. 세계의 더 좋은 번영을 위해서 회사에서 정한 양질의 영양기준을 충족하는 상품 비율, 농가의 좋은 생활을 위해 낙농 개발

프로그램을 수강한 지역 농가의 수, 지금과 미래 세대를 위해서 제휴한 낙농가의 온실효과가스 배출 등을 KPI로 설정하고, 경영층의 보수와 연동하고 있다.

유니레버는 2018년 관리직 보수의 28%를 다음과 같은 3개의 지속 가능성 경영의 성과와 연동하고 있다. 첫째, 2020년까지 사람의 건강 과 복지개선에 관해 10억 명 이상의 사람들을 지원한다. 둘째, 2030년 까지 회사 비즈니스를 성장시키면서 제품을 제조하고 사용할 때 환경 부담을 절반으로 줄인다. 셋째, 2020년까지 회사의 비즈니스를 성장시 키면서 수백만 명의 생활 향상을 지원한다.

또한 영국의 석유회사 'BP'는 2021년 연차 상여의 평가지표로서 '지 속가능한 배출량 삭감'이라는 환경지표(15%)를 설정하고 있다. 이외에 이사의 성과(주식 보수)의 평가지표로서 '탄화수소 비즈니스', '저탄소 발 전·에너지' 지표(40%)를 설정하고 있다. 미국의 월트디즈니는 임원의 업적연동 상여에 '다양성과 포용성'에 관한 지표를 반영하고 있다.

지속가능성 대책의 성과를 직원까지 확대한 회사도 있다. 세계적인 산업용 효소 기업 노보자임스Novozymes는 전체 임직원의 보너스 20%를 지속가능성 분야의 KPI 달성과 연동하고 있다.

이탈리아의 전통 있는 최대의 보험회사 제네랄리Generali 그룹은 부문 과 직원 개인의 업적에 ESG 요소를 포함하여 종합적으로 평가하고, 개 인의 보수와 승격을 연동시키고 있다. 경제와 재무적 업적, 효율과 비 즈니스 변혁, 직원의 독려라는 3가지 관점에서 직원의 개인적 목표와 KPI를 설정하고 평가한다. ESG 투자를 중시하는 제네랄리 그룹은 비 재무 업적의 평가 비율을 전체의 25%로 설정하여 재무와 비재무 업적을 동시에 높이도록 유도하고 있다.

ESG 요소 등 지속가능성 KPI를 보수와 승급과 연동하여 사회와 이해관계자에 대한 책임을 수행하는 동기를 유발하고 있다. 직원의 환경 보존과 사회 공헌 의식을 높이고, 환경과 사회활동을 부문의 일상 업무에 반영하고, 최종적으로 제네랄리 그룹 전체의 환경과 사회활동을 효율적으로 촉진하고 있다.

기업은 사회적 과제의 임팩트를 그려보고 KPI를 설정해야 한다. 치밀하게 설정된 KPI를 달성하면 수익으로 이어진다고 확신을 갖고 경영진의 KPI와 보수평가제도를 연동해야 한다.

하지만, 실제로 KPI와 평가제도를 연동하는 기업은 아직 적고 시행착오를 겪고 있다. 산업과 업계, 사업모델, 사업추진 국가에 따라 중시하는 비재무 요소는 다르다. 같은 업계라도 10년 이상의 장기목표를 생각할 때 추진대책은 크게 다를 수 있다. 따라서 기업은 독자적 KPI를 설정하고 재무성과로 연계하는 대책을 추진해야 한다.

ESG 성과지표를 임원의 보수와 연동할 때 각종 법규제 대응, 구체적인 보수설계 방법 등 검토할 사항이 있다. 무엇보다 ESG 성과지표에 대해 이해관계자의 공감을 얻으려면 평가의 투명성 확보, 자의성 배제, 업적과 연동 대책 등을 고려해야 한다.

평가의 투명성을 높이기 위해 자의성을 배제한 자료에 근거하여 보수액을 평가해야 한다. 예를 들어 오므론은 '다우존스 지속가능성 지표 DJSI'에 근거하여 평가하고, 가오는 장기 인센티브의 KPI 일부에 국제적으로 윤리적 기업으로 선정되는 성과를 반영하고 있다. 가오는 2007년 이후 15년 연속 미국의 싱크 탱크 '에티스피어 연구소Ethisphere Institute'

가 발표하는 '세계에서 가장 윤리적인 기업World's Most Ethical Companies'에 선정되었다. 아시아와 일본에서 유일한 기업이다.

현재 일부 선진기업만 이렇게 투명한 평가 방법을 도입하고 있다. 일반기업에서 평가의 투명성을 갖추려면 ESG 대책의 평가 기준과 평가 방법, 결정 프로세스를 미리 명문화하고, 사외이사 등 외부 전문가의 점검을 받는 것이 좋다.

또한 임원의 업무 실행력을 높이기 위한 대책이 필요하다. ESG 지표는 추상적인 측면이 있기 때문에 임원의 행동을 촉진하지 않으면 KPI 개선으로 이어지기 어렵다. 따라서 일정 기간 ESG 지표를 KPI로 설정하여 운용한 후에 보수에 반영하는 대책이 바람직하다.

임원 보수 중에 어느 정도의 비율을 ESG 지표에 연동할 것인지도 중요하다. ESG 지표와 연동하는 보수 비율을 공개하는 기업도 늘어나고 있다. 비율이 너무 적으면 동기부여가 떨어지고, 너무 많으면 의사결정을 왜곡할 가능성이 있다. 먼저 적은 비율부터 시작하여 조정해나가는 방식이 현실적일 것이다.

ESG 대책을 어느 정도의 기간으로 평가할지도 논의해야 한다. 보통 ESG 대책은 단기적 성과로 나오기 어렵기 때문에 중장기 업적연동보수인 주식 보수 부분에 반영하는 사례가 많다. 이런 경우 임원의 중도 퇴임 등을 예상하여 규정을 만들어야 한다.

앞으로 ESG 투자가 확대되면서 임원 보수에 ESG 지표를 반영하는 기업은 크게 늘어날 것이다. 기업은 투자자에게 보여주기 위한 대외용이 아니라 실질적으로 지속가능성 경영을 추진하기 위한 대책으로서 ESG 지표를 임원 보수제도에 반영할 필요가 있다.

사업 부문별 CSV 사업을 발굴하라

기업은 각 사업 부문이 보유한 기술과 시장과 관련된 지속가능한 신규 사업을 찾을 수 있다. 그러나 대부분 기업은 이런 사업 기회를 발굴하지 못하고 있다. 사업 대상을 찾을 수 없다면 사람과 자금도 배분할 수 없다. 이렇게 지속가능성 경영의 씨앗을 뿌리지 않으면 장래 기업의 성장 가능성은 줄어들 수밖에 없다.

지속가능성 경영의 가능성에 눈을 뜬 기업은 사업영역과 관련된 사회 과제 해결을 신규사업 분야로 설정하고 CSV 경영을 추진하고 있다. 기업이 새로운 CSV 사업을 추진하려면 먼저 사회 과제를 바라보는 사고를 바꾸어야 한다. 기본적으로 고객이 있고 수요가 있기 때문에 사업을 하는 것이 올바른 마케팅 관점이다. 하지만 CSV 사업을 추진할 때는 때로는 고객이 생각지 못한 본질적인 욕구를 포착하고, 어떻게 하면 더 좋은 사회를 만들고, 어디에서 사회 가치를 창출할지를 생각해야 한다.

또한 사회 과제의 이면에 있는 대의大義를 생각해야 한다. 환경, 고령화, 건강이라는 사회 과제는 모든 기업의 사업영역과 관련이 있다. 이러한 사회 과제를 추진할지는 기업의 대의로 결정된다. 구글은 사회 과제를 찾을 때 '인류에게 매우 크고, 반드시 해결해야 하는 문제'를 기준으로 설정하고 있다. 인류 차원까지 생각하지 않더라도 모든 사업의 주변에는 해결해야 할 수많은 사회 과제가 있다.

예를 들어 '네슬레 일본법인'은 다양한 사회 과제를 사업화하여 성공을 거두었다. 2007년부터 '공유가치창조 보고서'를 발행하고, 적극적으로 CSV 경영을 실천해왔다. 최근 '네스카페 커넥트'를 개발하여 고령화 문제를 해결하고, 수익도 창출하고 있다. 네스카페 커넥트의 특징은 커피머신(바리스타 아이)과 전용 태블릿을 세트로 하고, 커피머신에 말을 걸면 커피가 내려온다. 커피를 마신 시점에 지정된 특정 대상(자녀)에게 LINE 메시지가 자동적으로 발송되는 기능이 있다. 떨어져 사는 부모의 모습을 알고 싶어 하는 소비자 니즈를 파악하고 메시지 기능을 추가한 것이다. 고령자의 안부 서비스로서 커피머신을 활용한 매우 독특한 아이디어다.

네슬레 일본의 사례와 같이 CSV 사업을 추진할 때 현재의 사업과 주변 사업을 검토하고 공통성이 높은 영역에서 신규사업을 추진하는 것이 바람직하다. 본업에서 배양된 강점은 유사한 다른 사업영역에서도 통용될 확률이 높기 때문이다. 성장 분야이기 때문에 인연이 없는 신규사업에 진출하는 기업도 있지만 대부분 실패로 끝날 가능성이 크다. 갑자기 다른 영역으로 진출하지 않고, 기존의 기술과 시장에서 한 발짝 나아가서 회사의 본질적인 강점을 살려야 성공 확률이 높아진다.

후지필름은 고유의 강점(기술)으로 사업확장에 성공한 대표적인 기업이다. 후지필름은 디지털카메라의 보급으로 본업이 없어질 위기에 빠졌지만, 화장품과 의약품 사업으로 확장하여 성장 가도를 달리고 있다.

이러한 후지필름의 신규사업은 어떻게 탄생했을까? 후지필름은 본업의 강점을 살려 새로운 사업을 찾으려고 시장(종축)과 기술(횡축)을 조합하는 매트릭스를 사용하여 신규시장을 검토하였다. 처음에 신규기술을 적용하는 신규시장을 찾지 못하고 고전하였다. 이에 기술과 시장의 기존과 신규 사이에 인접하는 상한을 두는 매트릭스를 검토하였다. 새로운 영역을 찾기는 어려웠지만, 중간 영역에 해당하는 사업이 떠올랐

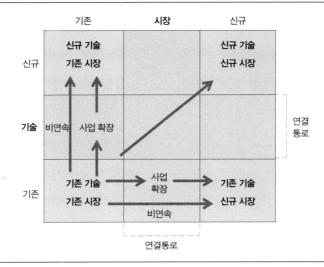

출처: CSV 경영 전략, 필자 재구성

다. 한 발짝만 내딛는 노력을 반복하면서 화장품과 의약품 사업 등 전혀 새로운 영역을 찾아내는 데 성공했다. 비연속적 성장은 어렵더라도 한 발짝씩 전진하면 크게 이룰 가능성이 있다는 의미다.

무엇보다 강점(기술)이 통용될 수 있는 신규사업을 목표에 두고, 기존사업과 시너지를 창출한 것이 성공 요인이었다. 기술이 통용되는 사업 분야란 유사한 사업만이 아니다. 필름과 화장품은 겉으로 보기에는 전혀 다른 분야이지만, 바탕에는 기술과 사업에 연속성이 있었다.

실제로 화장품과 사진필름 기술의 친화성은 매우 높다. 예를 들면, 사진필름의 주원료는 피부의 탄력을 유지하는 콜라겐이다. 그 밖에도 필름의 노후화를 방지하는 항산화 기술은 항노화에 적용할 수 있고, 사진필름 사업과 화장품 사업은 기술의 연속성이 있었다. 후지필름은 기술과 사업의 연속성을 살려 다른 분야로 사업을 확장하고, 시간을 두고 사업구조를 성공적으로 전환하였다.

후지필름은 후발 기업으로서 차별화를 시도하였다. 일반적으로 화장품은 아름다움 등 감성 가치를 호소하지만, 후지필름은 철저히 기능성을 호소하였다. 높은 기술력을 갖고 있었기 때문에 화장품 업에서도 경쟁력을 유지할 수 있었다.

회사 독자적으로 신규사업을 추진하기보다 외부의 지혜를 활용하는 것이 바람직하다. 이때 기업이 인식하지 못한 다양한 가능성을 발견하는 경우도 있다. 잘하는 안정된 영역에서 조금씩 다른 영역으로 나아가는 용기가 필요하다.

애플은 음악산업에 진출할 때 아이팟iPod과 아이튠즈iTunes로 세계 음악산업을 석권했다. 애플은 사업을 구상할 때 음악산업의 규제와 관행에 도전하면서, 'U2' 등 유명 아티스트까지도 직접 끌어들여 완전히 새로운 사업모델을 구상하였다. 음악산업과 규제의 보호보다 사회 전체에서 공유가치 창출을 중시하였다. 다른 업종, 다른 인종과 공유가치를 적극적으로 탐색하고, 협력하여 혁신적인 사업모델을 개발하였다. 즉 사회 과제 해결을 전제로 이노베이션을 추진한 것이다.

세계를 석권하는 거대한 사업을 지향하려면 3개의 장벽을 전제로 사업 범위를 정의해야 한다. 3개의 장벽이란 업계, 규제, 국경의 장벽을 말한다. 예를 들어 전자 회사가 절수節水형 식물 시장을 목표로 하는 사례에서 업계의 장벽을 넘는다는 것은 스스로 절수형 식물공장 사업자의 리더가 되어 회사의 공장 모델을 만들고, 사용하는 장치를 널리 제창하는 것을 말한다. 규제의 장벽을 넘는다는 것은 식물공장의 산업화 정책을 제언하고, 회사의 설비가 우위를 차지하는 정책을 선도하는 경우를 말한다. 국경을 넘는다는 것은 처음부터 물과 식량이 부족한 지역에서 세계의 최첨단 공장 사업자와 공동으로 사업을 추진하는 것이다.

실제로 신규사업을 개발하는 담당자는 업계를 넘는 사업을 구상해도 투자 의사 결정 프로세스 단계에서 경영자의 발상을 넘을 수 없다고 한다. 경영자는 더 현실적이고 단기에 일정한 규모의 매출이 발생하는 사업을 지향하기 때문이다.

이런 문제를 해결하려면 기업은 크게 육성할 사업을 선택하는 구조를 만들어야 한다. 크게 육성할 사업은 어떤 것일까? 그 사업은 정해진 지속가능성 경영 목표와 일치하고, 목표 달성을 위한 충분한 강점을 갖추고, 일정한 규모를 갖춘 시장이 출현할 가능성이 있는지 등의 기준으로 판단할 수 있다.

현재 사회 과제 해결 비즈니스 중에 사업 규모가 크지 않는 사례가 많다. 예를 들어 탈탄소에 기여하는 상품과 서비스는 이미 다수 존재하고, 큰 시장이 있다. 하지만 순환 경제 분야에서는 사업모델과 기술이 아직 확립되어 있지 않다. 글로벌 ESG 규제 동향을 보면 순환 경제 시장은 장래 큰 시장이 될 가능성이 크다. 순환 경제 시장에는 물질순환을 위한 소재 개발, 폐기물을 회수하여 재생·재사용, 처리와 관련하여 장기적으로 거대한 시장이 출현할 것으로 보인다.

경영자들은 지속가능성 경영에 대한 수동적으로 대처하는 경우가 많다. ESG 평가에서 크게 뒤처지지 않고, 그저 업계 평균 정도에 만족하려고 한다. 사회적 과제 해결을 신규사업으로 추진하려는 기업도 적다. CSV 사업은 비용이 들고, 단기간에 많은 수익을 낼 수 없다고 생각하기 때문이다.

그러나 이런 피상적인 장벽을 넘지 않으면 성장할 수 없다. 지속가능성 경영은 장기적 외부 환경 변화를 파악하고, 장기적 위험을 줄이고, 성장을 최대화하는데 자원을 배분하는 것이다. 먼저 장기적으로 자원을 배분할 사업 분야를 설정해야 한다. 다른 사업과 같이 3년 안에 수익을 낸다는 제약이 있다면 제대로 성장할 수 없다. 장기적 자원을 배분할 분야를 선정했다면 적극적으로 추진해 나가야 한다. 채산성이 없다고 3년 이내에 접어버리면 그동안의 투자는 모두 쓸모없게 된다. 애당초 장기적으로 육성하기로 결정했다면 강한 헌신과 책임을 갖고 장기적으로 추진해야 한다.

지속가능한 사업 분야를 육성하려면 재무적 KPI를 사용하지 않고, 예산도 충분히 배정하고, 사업담당자에게 사업추진에 대한 결정권도 주어야 한다. 장기적 목표를 달성하기 위한 비즈니스는 일반적인 사업보다 실패할 가능성이 크다. 실패를 허용하고 개선할 권한을 사업담당자에게 주어야 한다.

독립된 이노베이션 조직을 만들라

신규사업을 기존 조직에서 분리하여 추진하는 방법도 있다. 신규사업을 기존사업에서 독립하여 육성할 경우, 더욱 혁신적인 아이디어와 장기적 관점으로 추진할 수 있다. 독립된 조직을 만들어 지속가능성과 관련된 혁신적인 사업을 육성하는 사례도 적지 않다.

2018년 곤충과 수초를 원료로 하는 패스트푸드를 개발한 뉴스가 화제가 되었다. 아이디어를 내고 제품을 개발한 조직이 'SPACE 10'이다. SPACE 10의 특징은 이케아 본체에서 독립되어 있고, '인터 이케아 시스템 B.V'라는 자회사가 운영하고 있다. 본국 스웨덴과 떨어져 코펜하겐에 거점을 마련한 것도 독립성을 강화하려는 것이다. 어패류 유통센터를 개축하여 만든 연구소는 지하에 연구시설이 있다. 1층은 누구에게나 개방된 이벤트와 전시회를 개최하고 있다.

이 조직은 스웨덴 가구업체 이케아IKEA가 다음 세대의 지속가능한 생활을 탐색하기 위해 2015년 설립한 이노베이션 연구소다. SPACE 10의 미션은 거시적 트렌드에 근거하여 미래를 위한 솔루션을 창출하는 것이다. 프로젝트를 사업화하고 단기적 수익을 전혀 요구하지 않는다.

식량과 주거환경 영역에서 지속가능한 개발을 테마로 내걸고 수많은 첨예한 프로젝트를 추진하고 있다. 예를 들어 지하 시설 'The Farm'에서 수경재배에 관한 실험 프로젝트를 추진하고 있다. 보통의 재배 방법과 비교하여 소비하는 물을 90% 줄이면서 3배 일찍 성장하는 야채를 재배하고 있다. 이케아는 수경재배에 흥미를 갖고, 세계 최대의 실내농업을 추진하는 미국의 스타트업 에어로팜즈AeroFarms에 투자하였다.

SPACE 10은 외부와 협력을 지향하는 오픈 조직이다. 프로젝트마다 외부에서 전문가를 초빙하고, 적극적인 협력을 추진하고 있다. 창업 초기부터 '우리는 웹사이트가 아니다. 보지만 말고 적극적으로 참여해달라'고 호소하며 오픈 커뮤니케이션으로 이노베이션을 창출하고 있다.

전 세계에서 크리에이터, 디자이너, 엔지니어, 학생 등 다양한 배경을 가진 사람들이 모여 식량 위기, 기후변화, 주택문제 등 사회 과제를 해결하기 위한 프로젝트를 매일 추진하고 있다. 지속가능한 생활을 실현하기 위한 장래의 모빌리티, 인테리어, 식품 아이디어를 창출하려는 목적이다. 본체에서 독립된 조직으로 운영하기 때문에 단기적 이익에 얽매이지 않고 새로운 아이디어를 추구할 수 있다.

유니레버 파운드리Unilever Foundry는 2014년 설립한 이노베이션 조직이다. 조직은 마케팅 테크놀로지 분야에 특화한 스타트업을 지원하고 있다. 소비재에 대한 구매 행동이 극적으로 디지털로 전환되는 환경 변화에 대응하기 위한 수단으로서 스타트업과 협력을 비롯해 오픈 이노베이션을 추진한 것이다. 유니레버 파운드리는 외부 기업과 창구 역할을 하기 위해 설립되었지만, 현재도 가속화 프로그램을 개최하고, 유니레버 브랜드와 스타트업과 제휴를 적극적으로 추진하고 있다.

일본의 소니도 스타트업 가속화 프로그램을 운영하고 있다. 소니의 창업 노하우, 개발 환경을 제공하고, 신규사업의 창업부터 성장까지 포괄적으로 지원하는 프로그램이다. 회사의 사업육성에 한정하지 않고, 다수의 조직과 제휴하여 실시하고 있다. 2014년 출범 이후 15개의 신규사업을 탄생시켰다.

NEC는 창업가를 육성하고 스타트업을 지원하는 NPO와 제휴하여 2002년부터 'NEC 사회적 기업 창업 학원'을 운영하고 있다. 이것은 주로 ICT를 활용하여 사회 과제를 해결하려는 선구적 사회적 기업의 창업을 지원하는 6개월 프로그램이다. 2018년 3월 현재 60개 단체가 이 과정을 수료했고, 52개 단체가 다양한 지역 사회에서 활발하게 소셜 비즈니스를 추진하고 있다. NEC는 이들 사회적 기업가, 지자체, NPO와 제휴하여 소셜 이노베이션을 일으키고, 사회 과제를 해결하고 지역 활성화를 추진하고 있다. 앞으로 중소기업과 제휴를 추진할 계획이다.

특정 테마에 대해 기업벤처캐피탈cvc를 설립하고, 회사 밖의 작은 사업에 폭넓게 투자하는 방법도 있다. CVC는 기본적으로 사업회사가 펀드를 조성하여 벤처에 투자하고, 회사의 경영 자원을 활용하여 벤처를 육성하는 것이 목적이다. 최근 벤처기업과 오픈 이노베이션을 추진하기 위해 CVC를 설립하는 글로벌 기업이 크게 늘어나고 있다.

예를 들어 아마존은 2040년까지 탄소 중립 목표를 세우고, 2020년 20억 달러 규모의 기후변화 펀드를 설립했다. 이 펀드를 활용하여 기후 자동차 기업 리비안Rivian에 4억 4,000만 달러를 출자하고, 2030년까지 10만 대의 전동배송차를 발주할 계획이다. 마이크로소프트는 2020년 10억 달러 규모의 기후 이노베이션 펀드를 설립하고, 재생 가능 에너지 솔루션에 투자하는 벤처캐피탈 '에너지 임팩트 파트너즈'에 5,000만 달러를 투자하였다.

일본에서는 2010년 이후 IT와 제조업 외에 광고 방송업, 의료 헬스케어, 부동산, 교통, 유통소매업 등 폭넓은 업종에서 CVC를 설립하고 있다. CVC는 본업에 대한 사업의 시너지 효과를 창출(전략적 투자)하고, 투자 펀드로서 투자수익도 기대할 수 있다. CVC를 설립한 기업은 최첨단 테크놀로지 도입, 신규사업 창출, 교차판매를 통한 수익향상 등 사업상 시너지를 창출할 수 있다.

컨설팅업체 PwC는 CVC를 설립한 128개의 일본 기업을 조사하였다. 조사에 따르면, 약 85%의 기업이 본업의 시너지 창출하기 위해 CVC를 설립하였다. 이들 기업이 CVC에 대한 전략적 투자의 목적은 신규사업을 만들기 위한 주변 영역에 종자 개발, 기존사업의 강화(보완

제품과 서비스 도입), 경쟁력 있는 벤처기업 육성으로 나타났다.

오픈 이노베이션을 이용하여 지속가능성 과제를 해결하는 방법도 있다. 오픈 이노베이션이란 회사 밖의 조직이 가진 지식과 기술을 활용하여 제품개발과 기술혁신을 추구하는 개념으로 2003년 하버드대학 경영대학원 교수 헨리 체스브로우Heny Chesbrogh가 처음으로 제창하였다. 외부의 폭넓은 아이디어와 역량을 활용하는 장점이 있다.

예를 들어, 이탈리아의 전력회사 에넬Enel은 '혁신성Innovability'이라는 프로그램을 통해 이노베이션과 지속가능성을 동시에 추진하고 있다. 회사는 먼저 '오픈 이노바빌리티'라는 웹사이트를 활용하여 지속가능성 관련 과제, SDGs에 기여하기 위한 도전 분야를 선정하고, 아이디어를 클라우드 소싱한다. 모집된 아이디어는 철저히 검토하고 실현 가능성이 높다고 판단하면 투자한다. 이미 100개국 이상에서 7,000개 이상의 아이디어가 접수되었다.

유니레버는 2020년 지속가능성 전략을 달성하기 위해 오픈 이노베이션 대책을 시작했다. 다양한 조직과 개인이 자유롭게 아이디어를 온라인으로 제안할 기회를 마련하였다.

H&M 재단은 2015년부터 패션업계의 노벨상으로 불리는 '글로벌 변화 시상Global Change Award' 제도를 운영하고 있다. 패션업계에서 직선형에서 순환형 모델로 전환시키는 이노베이션을 지원하고 있다. 매년 해결책을 제시한 5개의 아이디어를 선정하고, 수상한 5개 조직에게 100만 유로를 지원한다. 또한 수상자는 상금뿐만 아니라 H&M 재단이 스웨덴 왕립공과대학KTH, 컨설팅 회사와 협력하여 제공하는 1년간 이노베이션 촉진 프로그램도 지원받을 수 있다. 예를 들어, 2020년 바이오

테크놀로지를 이용한 연구실에서 재배할 수 있는 코튼, 온실효과가스를 전환한 지속가능한 폴리에스테르가 수상 대상이었다.

P&G는 회사 밖의 기술과 인재를 적극적으로 활용하는 방침에 따라 소비자의 다양한 니즈를 충족하는 제품과 서비스를 만들고 있다. P&G는 주로 회사 밖의 아이디어를 활용하거나 회사 기술을 다른 회사에 라이센스하는 방법으로 오픈 이노베이션을 추진하고 있다.

P&G는 소비자 니즈의 데이터에 근거하여 고객 과제에 우선순위를 매기고, 더 중요한 과제를 해결하는 아이디어를 활용하고 있다. 이미 확립된 브랜드를 강화하기 위한 아이디어도 적극적으로 활용하고 있다. 웹사이트 'Connect+Develop'에서 현재 탐색하고 있는 개발 테마를 공개하고, 널리 아이디어를 모집하고 있다. 구체적인 아이디어로서 구강 케어와 미용, 패키지 등을 제시하고 있다. 또한 테크놀로지 기업가라는 기술 탐색 담당자를 두고 전 세계에서 소비자에게 제공할 신기술을 탐색하고 있다.

P&G는 보유한 전체 특허의 10%만 활용하고 있는 실태를 파악하고, 다른 회사에 기술을 라이선스 하기 위한 외부 네트워크 구축에 힘을 쏟고 있다. 2009년 일본의 식품업체 아지노모토는 P&G에서 골다공증 치료제 특허 및 상표 라이선스를 약 210억 엔으로 양도받는 계약을 체결하였다. P&G는 가정용품 업체 클로록스Clorox와 협력하여 조인벤처를 설립하였다. 클로록스는 경쟁기업이었지만, P&G는 기술 라이선스로 협력하여 벤처는 큰 성공을 거두었다. P&G는 스톡옵션 등으로 많은 이익을 확보하였다. 경쟁기업도 협력업체로 받아들이며 오픈 이노베이션을 실천한 사례다.

SDGs를 넘어 독자적 가치관을 추구하라

유엔의 SDGs는 인류 공통의 목표를 설정한 것이다. SDGs를 경영에 도입하여 사회 과제를 해결하는 것은 좋은 회사가 되기 위한 첫 번째 방법이다. 그렇지만, 지속가능성에 진정성 있게 대처한 선진기업은 일찍부터 SDGs에도 없는 새로운 가치를 세상에 제시하고 있다. 높은 선견력을 갖고 SDGs 규정을 넘어서고 있다.

예를 들면, 미국의 NPO '국가우주협회National Space Society'는 지구를 넘어 우주와 공생을 추구하고 있다. 이 단체는 단순히 사회에 중요한 과제보다 '사람들이 지구를 초월하여 번영하는 커뮤니티에서 살며 일하고, 우주의 방대한 자원을 이용하여 인간성을 개선한다'는 웅대한 비전을 갖고 있다.

일찍부터 SDGs를 넘어 독자적인 가치관에 따라 세상에 비전을 실현하려는 기업도 있다. 미쓰비시 케미칼홀딩스는 2010년부터 '카이테키KAITEKI'라는 독자적인 가치관을 제시하고 있다. 가오는 '키레이 라이프스타일'을, 패스트 리테일링은 'LifeWear'를 중심에 두고 세상에 비전을 제창하고 있다. 이들 기업의 가치관은 SDGs에 의존하지 않고 있다. 이들 기업과 같이 SDGs를 넘어 기업 고유의 숭고한 퍼포스와 가치관에 따라 독자적인 사업 전략으로 사회적 가치를 실현할 필요가 있다.

2020년 미쓰비시 케미칼은 중장기 비전(KAITEKI 비전 30)을 발표했다. 장기비전에 2050년에 있어야 할 모습으로서 '신新·탄소 사회'를 지향하고 있다. 비전을 실현하기 위해 탄소 회수·이활용, 케미칼 리사이클 등에 의한 탄소 순환을 2030년의 성장축으로 설정하고 있다. 탈탄소라는 안이하고 무책임한 세상의 흐름에 휩쓸리지 않고, 화학의 힘으로 올바른 미래를 개척하려는 회사 고유의 높은 퍼포스를 제시하고 있다.

양품계획은 '느낌이 좋은 생활' 실현을 퍼포스로 제시하고 있다. 홈페이지에는 '소비자와 생산자를 배려한 상품과 서비스를 무인양품으로 구체화하여 사람들이 기쁨, 아름다움을 전파하고, 사회에 공헌할 수 있다고 생각한다'고 독자적인 사고를 밝히고 있다. 양품계획은 SDGs가 등장하기 이전부터 '소비사회에 대한 안티테제'를 주제로 다양한 대책을 추진하였다. 단순히 SDGs에 열심히 대처한다고 호소하는 기업이 아니었다. 상품이 가진 의미와 제조한 배경을 전달하여 고객이 회사의 사고와 콘셉트를 이해하도록 돕고 있다.

양품계획은 SDGs를 기준으로 하지 않고, 독자적인 가치관에 따라 직원이 현장에서 실천하고 있는 '100개의 좋은 사례'를 5개 카테고리

[자료 5-13] **양품계획의 퍼포스와 100가지 대책 사례**

[퍼포스]

느낌이 좋은 생활

[테마: 100가지 좋은 일]

'무인양품은 사업활동을 통해 사람들에게 기쁨을 주고, 아름다움을 전파할 수 있다'는 가치관에 따라 직원 한 사람 한 사람이 자신의 입장에서 실천하고 있습니다. 소비자에게 도움이 되는 것, 사회에 도움이 되는 것, 많은 (100) 대책을 정리한 '100가지 좋은 일'의 사례를 소개합니다.

지구의 일을 생각한다.

지역사회와 연계한다.

소비자 관점에서 생각한다.

생산현장과 연계한다.

일하는 동료와 함께 생각한다.

출처: 양품계획 홈페이지

로 구분하여 보여주고 있다. 5개 카테고리를 한마디로 압축하면 '연계하고 함께 생각하는 것'을 중시하고 있다. 예를 들면, '지역 사회와 연계한다', '일하는 동료와 함께 생각한다'는 SDGs 관점을 넘어선 회사 고유의 가치관이 반영된 것이다.

원점에서 기업 고유의 스토리를 전파하라

기업이 무엇을 지향하고, 어떤 자세로 무엇을 제공하고 있는지 보여주는 일련의 스토리는 고객을 끌어들이는 위력이 있다. 먼저 일하는 직원을 감동시키는 위력이 있다. 직원은 고객에게 가치를 실현하는 주체다. 경영자는 직원이 회사의 경영 자세에 공감하고, 회사의 퍼포스를 자신의 것으로 생각하고 업무에 종사하도록 할 필요가 있다. 밀레니얼 세대는 사회 과제에 대응하는 회사에서 일하고 싶어한다. 직원은 자신이 일하는 회사가 사회 공헌하는 기업으로 명확히 인식할 때 자긍심이 높아지고, 업무의 생산성도 올라갈 것이다. 그런 기업은 당연히 기업 가치도 올라가는 선순환 구조가 만들어질 것이다.

이런 의미에서 기업이 CSV 경영을 적극적으로 도입해야 한다. 단기적인 ESG 평가에 대응하기 위해 수성의 CSR 활동만으로는 새로운 시장 기회를 놓치고, 경쟁에서 뒤처질 가능성이 있다. CSV는 단순한 사회 공헌에 끝나지 않고, 본업에서 사회 과제를 실천하여 수익을 내는 것이다. CSV 사업에서 얻은 이익은 재투자하고, 선순환하여 세상에 가치를 확대하는 것이 CSV의 본질적인 목표다. 본업의 사회 과제 해결에 만족하지 않고, 사회 속에서 점차 확장하고, 그 혜택을 더 많은 사람이 느끼도록 하는 것이 CSV의 본질이다.

유니레버와 네슬레는 CSV 경영으로 유명한 기업이다. 두 기업의 경영자는 CSV 경영을 실천할 때 창업 시점의 정신(목적이나 존재 의의)을 들추어보는 활동에 힘을 쏟았다. 네슬레는 분유로 아기를 구하고 싶다는 생각에서 출발했고, 유니레버는 비누를 통해 사회에 위생 관념을 갖게 하는 것을 중시하였다. 기업의 원점(출발점)을 점검하고, 시대에 맞춰 재해석하여 스토리를 만들었다.

창업정신은 회사의 원점이기 때문에 다른 회사에서 흉내낼 수 없다. 어느 회사도 그 출발점을 점검하고, 기업 고유의 스토리를 만들어 낼 수 있다. 창업 시점을 그리며 향수에 젖지 않고, 현재의 시각으로 다시 읽어내는 작업이 필요하다.

이렇게 진화된 경영을 하는 회사는 확고한 퍼포스를 중심으로 방향을 선회하는 능력을 갖고 있다. 퍼포스는 기업의 원점(존재가치)으로서 어느 시대에도 변하지 않는다. 좋은 회사는 항상 한쪽 발에 결코 흔들리지 않는 퍼포스를 두고, 나아갈 방향을 살핀다. 그리고 새로운 기회를 발견하면 다른 한 발로 크게 내딛는 능력을 갖고 있다. 이런 회사가 진정 CSV를 계속 실천할 수 있고, 기업 가치를 높일 수 있다.

이러한 기업 브랜딩을 만들려면 회사의 원점에 근거한 비전을 설정할 필요가 있다. 구체적으로 기업 고유의 정신을 발견하기 위한 워크숍을 실시하는 기업도 있다. 워크숍에서 임직원이 개인, 사회, 지구라는 3가지 관점에서 회사의 사업을 그려보고 토론하면서 회사 고유의 존재 의의를 발견하는 사례도 있다.

이렇게 만들어진 회사 비전과 슬로건 등은 경영자의 선언, 교육, 현장 참여 등의 방법으로 전파할 필요가 있다. 경영자가 명확한 비전을 회사 내외에 선언하고, 각 사업 부문의 담당자를 두어 현장에 전파하는 데 힘을 쏟아야 한다.

회사의 스토리와 전파할 내용은 동영상으로 알기 쉽게 만들어야 한다. 회사의 콘셉트를 구체적으로 보여주는 사례를 선택하고, 회사 특유의 스토리를 만들어 비주얼화하고, 이것을 인스타그램과 유튜브를 활용하여 전파한다. 네슬레의 웹사이트를 보면 각 현장에서 전파하는 내용을 담은 비디오가 많이 올라와 있다.

회사의 스토리를 외부 이해관계자에게 적극적으로 전파하는 대책도 중요하다. 현재 기관투자자와 NGO는 환경과 사회 문제에 강한 위기의식을 갖고 있다. 이들은 기업의 환경과 사회 과제 해결을 더욱 거세게 요구하고 있다. 이런 이해관계자에게 장기적 지속가능성 경영을 진지하게 설명하고, 이해를 구해야 한다. 지속가능 보고서나 통합보고서는 이해관계자와 대화하는 중요한 채널이다. 또한 IR 활동, 소비자 단체의 의견수용, NGO와 대화 등도 중요한 커뮤니케이션 방법이다.

이러한 외부 이해관계자와 커뮤니케이션이 전부가 아니다. 현재 기업은 다양한 국제 가이드라인과 ESG 정보공시 요구에 큰 부담을 느끼고 있다. 이해관계자와 커뮤니케이션을 중시하면서 모든 가이드라인과 정보공시 요구에 대응할 필요는 없다. 기업의 신념과 목적에 따라 한 방향으로 나가면서 일관성 있는 스토리를 계속 전파하는 것이 최선의 대책일 것이다. 기업의 신념에 공감하는 이해관계자들은 자연스럽게 모여들 것이다.

유니레버는 2010년 '유니레버 지속가능한 삶 계획USLP'를 제시하고 장기적 경영을 추진해왔다. 주주 기반에 장기적 관점을 가진 투자자가 많이 존재하고 있었기 때문이다. 무엇보다 분기 보고를 폐지하여 단기적 이익을 중시하는 투자자를 장기적 관점을 가진 투자자로 바꾼 것이 성공 요인이었다. 그 당시 유니레버의 CEO 폴 폴만은 장기적 전략의 중요성을 다음과 언급하였다.

— 우리는 장기적 관점을 중시하고 사업을 할 수 있는 환경을 만들었다. 분기 보고를 폐지하고, 예상 수익을 발표하지 않고 있다. 급여제도도 장기적 실적을 중시하는 방향으로 바꾸었다. 주주가치를 창출하는 것만이 기업의 책임이 아니다. 다른 모든 것을 희생하여 주주가치를 높이려는 근시안적 비전으로는 오래 지속되는 회사가 되지 못한다. 회사의 전략을 지탱하는 주주 기반을 끌어들여야 한다. 우리는 회사의 장기전략을 이해하는 주주를 적극적으로 찾고 있다.

노보 노디스크Novo Nordisk는 외부에서 요구하는 기준에 따라 정보를 공시하지 않고, 회사가 필요하다고 생각하는 정보를 관리하고, 공시하고 있다. 이 회사는 통합보고서 등 각종 매체를 활용하여 당뇨병 계몽을 통한 시장 창출 등 회사와 사회에 가치를 창출하는 대책을 기존의 공시 프레임워크와 가이드라인에 관계없이 그 배경과 의미를 포함하여 공시하고 있다.

PURPOSE BEYOND PROFIT

PART 6

퍼포스 브랜딩으로
성장하라

CHAPTER
24

퍼포스 브랜드를 내부에 공유하라

지속가능성 경영은 장기적으로 기업 가치를 높인다

기업은 빠르게 변하는 사회 니즈와 가치관을 파악하고 대응해야 한다. 많은 이해관계자가 기업의 사회적 역할을 강하게 요구하면서 최근 CSR·CSV를 경영 전략에 반영하는 기업도 대폭 늘어나고 있다. 이들 기업은 경제적 가치와 더불어 사회적 가치를 실현하고, 튼튼한 경영기반을 확보하면서 시대에 적합한 새로운 가치를 창조하고 있다. 투자자와 금융기관은 기업과 사회가 함께 상승 발전하는 경영 성과를 ESG로 평가하고 있다. 기업은 CSR·CSV를 통해 사회적 책임을 수행하고, 투자자는 기업의 CSR·CSV 활동의 결과를 ESG로 평가하고 있다.

기업은 지구환경과 사회 속에서 존재하고 있다. 지구와 건전한 사회가 없으면 사업 활동을 실현할 수 없다. 현대 사회는 기업에게 환경과 사회에 부정적인 영향을 억제할 것을 요청하고 있다. 최근 늘어나

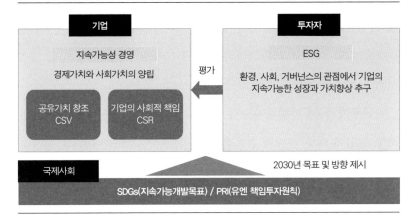

는 ESG 투자자는 환경과 사회에 해를 끼치는 위험한 회사에 투자하지 않고, 사회 가치를 실현하는 좋은 회사에 적극적으로 투자하려고 한다. 좋은 회사란 CSV의 본래 취지를 깊이 이해하고, 이를 경영 전략의 핵심에 놓고 실현하는 회사다.

투자자는 기업을 선별할 때 앞으로 그 기업에 투자하여 바라는 결과를 얻을 수 있는지를 살펴본다. 그리고 투자자는 기업에 지금까지 해왔던 과거 실적, 기업의 구조와 사업모델, 장래 전망 등을 요구한다. 기업은 투자자가 중시하는 장래 전망을 CSV 경영 전략을 통해 보여주어야 한다.

기관투자자의 역할도 커지고 있다. 최근 ESG 투자를 확대하는 기관투자자는 주주총회에 참석하여 주주로서 지속가능성 경영에 관한 의견을 기업에 전달하고 있다. 기업 경영 전반에 대해 이사와 감사의 독립성, 이사회의 역할 등을 면밀하게 검토하고, 일정한 기준에 따라 이

사선임이나 재임을 반대하고 있다. 또한 기업의 지속가능성 경영에 관한 현황을 파악하기 위해 건설적인 목적을 가진 대화(인게이지먼트)를 요구하고 있다. 이러한 대화는 중장기적인 운용수익을 개선하고, 동시에 기업 가치를 높이는 효과가 있다.

기관투자자 등 이해관계자의 요청에 따라 기업은 지배구조를 개선하고 경영에 대한 견제와 감독을 효과적으로 담보하는 대책을 실시하고 있다. 그리고 기본적인 CSR로 경영의 위험을 회피하고, CSV로 경제 가치와 동시에 사회 가치를 창출하고 있다. 기업은 적극적인 지속가능성 경영을 실현하면서 사회에서 좋은 평가를 받고 무형자산을 증가시킬 수 있다. 기업의 무형자산은 기업 가치에서 그 비중이 점점 더 커지고 있다. 지속가능성 경영을 통해 기업의 무형자산인 사회관계 자본과 자연자본이 보전·강화되면서 선순환 구조가 만들어지고, 장기적으로 기업 가치는 높아진다.

따라서 기업은 비재무 정보를 ESG 평가 기준 등에 근거하여 투자자에게 적극적으로 전달하고 평가받는 체제를 구축해야 한다. 기업의 CSR 부문은 경영층, IR 부문, 투자자에게 CSR·CSV 활동과 성과를 ESG 언어로 번역하여 비재무 정보를 전달해야 한다. 즉 경영에 CSR·CSV(사회 대응력) 대책을 반영하고, 환경과 사회의 비재무 정보를 ESG 요소로 바꾸어 이해하기 쉽게 전달하는 것이다. IR 부문은 회사의 장래성에 대해 재무 요소와 비재무 요소를 통합하여 전달하는 역할을 한다.

투자수익을 최대화하려면 위험을 피하고, 장래의 사업 기회를 살리는 기업에 투자해야 한다. 일찍부터 지속가능성 경영을 추진한 선진기업은 사회에서 신뢰받고, 좋은 평가를 받으면서 기업 가치를 높였다.

앞 장에서 필자는 지속가능성 경영으로 이해관계자에게 신뢰받고 기업 가치를 높이는 선진기업을 다수 소개하였다. 이런 선진기업 사례를 볼 때, 환경과 사회에 충분히 배려하면서도 기업은 더 우수한 업적을 올리고, 투자자는 그런 기업에 투자한다면 더 좋은 운용실적을 올릴 수 있다는 인식이 정착되고 있다. 투자 판단에 환경, 사회, 지배구조의 요소를 포함한 기법인 ESG 투자는 투자 세계에서 핵심 트렌드로 자리 잡고 있다.

지금 국내외 대형 기관투자자와 자산운용회사는 단기실적 중심의 투자에서 벗어나 ESG 관점에서 기업을 경영하도록 요구하고 있다. ESG 경영에서 좋은 성과를 내도록 유도하여 장기적인 운용실적을 내려는 움직임이 빨라지고 있다. 이렇게 장기적인 관점에서 지속가능성 경영을 실현하는 것은 주주가치와 배치되는 것이 아니다. 이제 기업은 환경과 사회에 배려하면서 사회 가치를 창조할 때 수익력을 높이고, 결과적으로 경제 가치(주주가치)도 높아질 수 있다는 사고를 기반으로 경영체제를 재편해야 한다.

퍼포스 브랜딩으로 이해관계자와 연계하라
- -

애플의 CEO 팀 쿡Tim Cook은 "환경과제에 과도하게 투자하지 말라는 주주 여러분, 주식을 팔아도 좋습니다. 여러분은 우리에게 필요한 주주가 아닙니다"라는 취지의 발언을 했다. 회사문화에 맞지 않는 사람들에게 이해관계자가 되어 달라고 할 필요도 없이 서로 헤어지자고 강력하게 말한 것이다.

일반적으로 브랜딩이란 고객이 대상이 될지 모르지만, CSR·CSV 경영에서는 다양한 이해관계자가 대상이기 때문에 좀 더 시야를 넓힐 필요가 있다. CSR 브랜딩을 추진하려면 필연적으로 이해관계자를 식별할 수밖에 없다. 예를 들면, 부품을 싸게 파는 거래업체라도 CSR 활동을 하지 않고 노동 조건도 개선하지 않는다면, 서로 맞지 않는 이해관계자와 위험한 거래가 성사될 가능성이 있다. 다른 거래업체를 찾을 때도 그런 확고한 판단기준으로 거래관계를 맺는다면 기업의 브랜딩이 된다. 이렇게 꾸준히 기업의 대의를 일관성 있게 관철시키는 퍼포스 브랜딩이 주목받고 있다.

퍼포스 브랜딩이란 상품과 서비스의 장점보다 기업의 사고를 전면에 내세우는 것이다. 이 때문에 브랜딩이면서 직접 이익으로 연결되지 않고, 상반되는 경우가 있다. 사회와 더 큰 공동체의 대의를 수행하거나 본업을 통해 사회에 기여하고 이해관계자를 모으는 것이다. 즉 사업활동의 사회성과 공공성을 포함하고, 또 사업 활동 자체가 이해관계자의 지지를 받도록 해야 한다.

어느 기업이나 이해관계자와 좋은 관계를 만들고, 이익을 내고 싶어한다. 이를 위해 일상적인 사업 활동에서 이해관계자가 사업(상품과 서비스)의 사회적 의의를 더 잘 이해하도록 알기 쉽게 전달할 필요가 있다. 퍼포스에 근거하여 만든 상품과 서비스를 충분히 전달하고, 이해관계자에게 피드백을 받을 필요가 있다.

예를 들면, 이해관계자는 제조업의 기술과 제품을 이해하기 어렵다. 그 업무를 담당하는 직원도 자신이 무엇에 공헌하고 있는지 이해하기 어렵다. 그러나 공급의 흐름, 성과, 임팩트의 사회적 측면을 보여준다면 쉽게 이해할 수 있고, 합리적인 의사결정을 내릴 수 있다.

기업으로서 사회에 대한 자세(퍼포스)를 제시하는 것은 이해관계자의 요청과 기대에 따르겠다는 헌신적 표현이다. 이해관계자는 그런 회사에 기대를 갖고, 신뢰할 수 있는 회사로 생각할 것이다. 기업을 둘러싼 이해관계자가 항상 사회를 좋게 하려고 계속 도전한다고 확신할 때 기업 가치는 올라간다. 즉 퍼포스 브랜딩은 업적과 기업 가치 향상과 관계가 있다. 퍼포스 브랜딩이 훌륭한 기업은 업적이 올라간다. 업적이 올라가면 브랜드력이 상승하고 퍼포스가 더욱 견고해진다. 반대로 브랜드력이 떨어지면 업적도 떨어지고, 업적이 떨어지면 브랜드력도 떨어질 수 있다.

경영자는 매년 퍼포스에 대해 논의하는 기업문화를 만들어야 한다. 지속가능성 경영은 장기적인 관점이 필요하고 정기적으로 퍼포스와 미션, 비전, 밸류에 대해 질문을 던질 필요가 있다. 회사가 세상에 존재하여 사회와 이해관계자에게 어떤 장점을 주고 있는가? 퍼포스 선언문을 만들거나 재점검하고, 회사 내외에 존재 의의를 호소해보자. 지속가능성 경영 전략을 검토하고 준비하는 단계에 있는 기업은 먼저 퍼포스부터 점검하길 바란다.

지속가능성 브랜딩 전략을 추진하라

격변하는 경영 환경에서 기업은 사회의 요청과 기대를 따라 새로운 가

치를 자기답게 창조하며 성장해야 한다. 선진 CSV 경영은 비즈니스와 사회 과제 해결을 양립하는 최선의 방법이다. CSV 경영에서 기업 이념, 사명감을 바탕으로 강점과 개성을 발휘한다면 경쟁력을 높일 수 있다. 이런 의미에서 CSR과 브랜딩을 융합하는 전략이 필요하다.

브랜딩이란 우수한 상품 브랜딩으로 고객충성도를 확보한다는 의미로 사용되는 경우가 많다. 그러나 CSR 관점의 브랜딩은 사회에 적합한 기업 브랜드를 구축하여 고객을 비롯한 모든 이해관계자에게 신뢰와 애착심을 높이는 것이다.

격변하는 경영 환경에서 기업은 지속가능성 브랜딩을 경영의 핵심에 두고 전략적으로 투자할 가치가 있다. 브랜딩을 바탕으로 기업의 강점을 발휘한다면 시대가 요구하는 새로운 경쟁력을 갖출 수 있다. 기업은 이해관계자에게 CSR 브랜딩으로 선택받는 시대가 되었다는 사실을 인식해야 한다.

CSR 브랜딩은 경제적 가치와 동시에 사회 과제를 해결하고, 회사의 강점으로서 경쟁우위를 창출하는 전략이다. 사업 전략에 CSR 요소를 융합시켜 회사의 강점과 특기를 살린 자원을 투입하고, 전략적으로 대처하는 것이다. 이를 통해 사회에서 신뢰와 존경을 받으면서 기업 브랜드 가치가 높아지고 기업 가치도 올라간다. 이런 전략은 지금 시대에 선택받고, 다음 세대에서도 계속 발전하기 위한 핵심 요소다.

기업의 지속가능성 경영의 브랜딩(CSR 브랜딩)은 경영 전략(사업 활동), CSR·CSV 활동, 회사의 브랜드(자기다움, 퍼포스)라는 3가지 요소가 융합되어 만들어진다. 먼저 경영 전략에 사회의 요청과 기대를 적극적으로 반영하고, 지속가능성 시대에 맞는 비즈니스로서 발전시켜나간다. 그

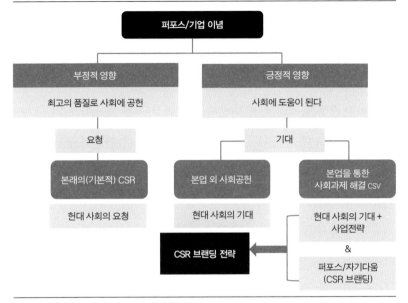

출처: 계속 선택받는 좋은 회사란(2019), 필자 재구성

리고 회사의 브랜드(퍼포스)를 매개로 하여 차별화하고 경쟁우위를 확보한다. 이 3가지 요소가 중복되는 중심 부분이 현대 글로벌 사회에서 요구하는 경쟁우위의 원천이라고 말할 수 있다. 3가지 요소가 각각 중복되는 부분은 다음과 같은 의미를 지니고 있다.

- 회사 브랜드×CSR·CSV(사회의 요청과 기대) = 퍼포스와 고유 강점에 기반한 마케팅과 브랜딩 활동 추진
- 경영 전략×CSR·CSV(사회의 요청과 기대) = 본업을 통한 사회 과제 해결
- 경영 전략×회사 브랜드 = 퍼포스와 회사 특성을 활용한 브랜딩

과 마케팅 활동 추진

- 경영 전략×CSR·CSV(사회의 요청과 기대)×회사 브랜드＝지속가능
  성 경영의 브랜딩

CSR 브랜딩은 시대의 요구에 맞춰 사회 가치를 창조하는 비즈니스를 만드는 중요한 전략이다. 무엇보다 다른 회사와 차별화를 만들어야 경쟁력을 확보할 수 있다. 즉 회사의 강점(자기다움)을 발휘하여 경쟁우위를 확보하는 것이다.

회사의 강점(자기다움)이란 외부에 비치는 독자적인 이미지뿐만 아니라 회사의 존재 의의와 같이 깊은 곳에서 나오는 개념이다. 기업의 퍼포스에 기반한 고유의 강점을 통해 기업은 고객을 비롯한 이해관계자와 장기에 걸쳐 강력한 정신적 결속력을 구축할 수 있다. 이런 의미에

[자료 6-3] 지속가능성 경영 브랜딩 프레임

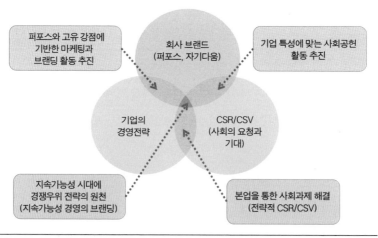

출처: 계속 선택받는 좋은 회사란(2019), 필자 재구성

서 기업은 퍼포스를 검토하고, 사회에 표명하고, 또 이해관계자의 기대에 맞춰 계속 대응해야 한다. 우리 회사는 어떤 존재인지, 사회에 무엇을 약속할 것인지를 명확히 설정하고, 그것에 따르는 이해관계자의 기대에 자기답게 대응하는 것이 핵심 요소다.

자기다움이란 극단적으로 말하면 회사의 강점과 개성이다. 회사에서 애착심을 갖고 있고 가장 중요하게 여기는 가치관이 반영된 것이다. 창업정신과 경영철학이 이어지면서 기업이념과 조직문화에 스며들어 있는 것이다. 이런 자기다움은 기업의 철학과 이념, 기업이미지, 기업행동, 그리고 회사의 철학이 구현되는 제품과 서비스에 잘 나타나 있다. 결국 자기다움은 고객의 신뢰와 애착을 끌어내는 효과가 있다.

자기다움은 기업의 운명을 좌우하는 무형의 경쟁요인이다. 그리고 기업의 브랜딩뿐만 아니라 개인의 브랜딩에서도 타인과 차별화하는 수단이 된다. 개인도 높은 뜻志을 실현하는 방식으로서 CSR 브랜딩 전략을 활용해볼 수 있다.

기업이 사업 활동에 전략적 CSR 관점을 포함하면 레버리지 효과를 낼 수 있다. 빠르게 변하는 사회의 요청과 기대에 선제적으로 대응할 수 있다. 새로운 시장을 개척할 수 있고, 이노베이션이 촉진되어 기업 경쟁력이 강화될 수 있다. 이를 실현하려면 CSR을 비즈니스로 연계하려는 전략적 관점을 가져야 한다. 앞으로 기업은 재무 외에 비재무적 측면도 종합적으로 포착하고, 경쟁력의 원천으로서 CSR를 적극적으로 활용하여 기업 가치를 높여야 한다. 기업은 사회 가치를 창조하며 시대의 요청과 기대에 따라 기업 경쟁력을 강화하고 더 좋은 사회를 실현해나가야 한다.

지속가능한 사회를 실현하기 위해 기업의 사회 공헌 활동에 대한 관심이 더욱 커지고 있다. 사회 공헌 활동이란 자발적으로 사회 과제에 대처하고, 기업 고유의 자원과 능력을 투입하고, 사회과제 해결에 공헌하는 것이다. 기업은 사회의 일원이고, 사회는 기업의 존립 기반이라는 관점에서 사회과제에 자발적으로 자원을 투입하여 사회 가치를 창출해야 한다. 사회 공헌 활동을 통해 부가가치를 제공하고, 지구환경을 보전하고, 건전한 사회를 조성하면 결과적으로 기업도 다양한 혜택을 누릴 수 있다.

사회의 요청과 기대가 새로운 가치를 창출한다

대부분 회사는 창업 시점부터 기업 이념을 제시하고 있다. 기업 이념에는 가장 중시하는 근본적 정신, 존재 의의, 가치관이 언어로 표현되어 있다. 어느 기업이나 기업 이념에 공통으로 '사람과 사회를 행복하고 풍요롭게 한다'는 문구가 포함되어 있다.

그럼, 얼마나 많은 기업이 그런 숭고한 기업 이념을 따르고 있을까? 우선 외부에 공표한 것처럼 기업 이념에 따라 사회에 나쁜 영향을 주지 않아야 한다. 이것이 사회의 요청에 대응하는 본래의 CSR이다. 사회의 요청에 대응할 때 사업 활동 외에서 수행하는 사회 공헌 활동과 본업에서 대응하는 가치창조형 CSR이 있다. CSR과 CSV 모두 사회의 기대에 대응하는 것이지만, CSV는 본업의 사업 활동을 통해 사회 과제를 해결하는 것으로 사업 전략과 CSR 요소가 중복되는 부분이다.

사회적 책임의 국제규격 'ISO26000'은 '조직의 의사결정과 사업 활동이 사회와 환경에 미치는 영향에 대한 책임'으로 CSR의 개념을 정의하고 있다. 기업이 세상에 존재하고, 사업을 영위하면 환경과 사회에 반드시 영향을 미친다. 그 영향에는 부정적인 영향과 긍정적인 영향이 있다. 사회에 부정적인 영향은 막거나 최소화하고, 긍정적인 영향은 사회에 맞춰 더 좋은 성과를 창출하는 것이다.

기업은 고유의 사업영역에서 사회의 요청과 기대를 생각해볼 수 있다. 어느 기업이나 사업영역과 관련된 분야에서 사회에 공헌할 수 있다. 사업 분야에서 찾기 어렵다면 유엔이 제시한 지속가능성개발목표 SDGs를 참고할 수 있다. 지구의 공통목표인 SDGs를 경영에 포함하여 사회 가치를 창출하기 위한 사업 전략을 생각해볼 수 있다. 즉, 사회의

[자료 6-4] **사회적 요청과 기대에 대응한 신규시장 창출**

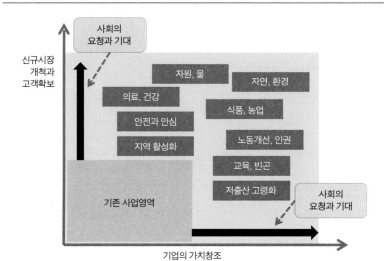

출처: 계속 선택받는 회사란(2019), 필자 재구성

요청과 기대에 사업 전략으로서 기업 고유의 특성(자기다움)을 반영하여 경쟁력을 높이는 전략을 설정할 수 있다.

최근 마케팅 개념이 프러덕트 아웃product-out에서 마케팅 인marketing-in으로 전환되고, '아웃사이드 인outside in의 기조가 주목받고 있다. 프러덕트 아웃이란 제조하는 사람의 관점에서 상품개발·생산·판매 활동을 하는 것이고, 마케팅 인이란 구매하는 사람의 입장에서 소비자가 필요한 것을 제공하는 것을 말한다. 프러덕트 아웃과 마케팅 인이 고객과 시장의 니즈에 대응하여 신규사업을 창출하는 반면, 아웃사이드 인은 사회 과제의 해결을 중심으로 하는 신규사업을 창출하려는 개념이다.

아웃사이드 인이란 시장을 넘어 사회적 니즈에 맞춰 지향할 목표를 설정하는 방식이다. 즉 외부 환경을 기점으로 기업이 무엇을 해야 하는지 생각하는 것이다. 주로 사회 과제를 기점으로 하는 솔루션과 비즈니스 창출이라는 맥락에서 이 표현이 등장하였다. 상품과 서비스에 사회성을 포함하여 새로운 가치를 창출하고, 새로운 가치를 개척한다는 의미다.

마케팅 인의 요소를 조금 늘리면 고객의 바깥에 있는 사회의 목소리를 듣고, 거기에서 신규사업의 니즈를 발견할 수 있다. 이것은 피터 드러커가 말한 고객창조와 같은 개념이다. 현재의 고객이 아니라 미래의 고객을 창출하는 것이다.

아마존은 아웃사이드 인 방식으로 탁월한 성과를 내는 글로벌 기업이다. 아마존에서 제품과 서비스를 개발할 때 직원들은 '고객으로부터 출발하고, 거기에서부터 반대로 작업한다'는 원칙을 중시하고 있다. 즉 고객에게 최고의 경험을 제공한다는 관점을 갖고, 이를 위해 무엇을 준

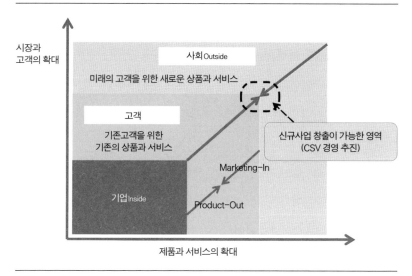

출처: Alterna(https://www.alterna.co.jp), 필자 재구성

비해야 하고, 어떤 능력과 자원이 필요한지 탐색하는 방식이다.

구체적으로 신규사업을 추진할 때 직원들은 먼저 1~2쪽의 보도자료를 만들어 신제품이 출시될 때 고객가치를 충분히 담도록 요구하고 있다.

기업 브랜드에 사회성을 갖춰라

소비자는 신뢰하는 기업이 제공하는 제품을 믿고 구매한다. 똑같은 상품이라면 그 회사라면 틀림없다고 판단하고 구매하는 것이다. 기업 브랜드 가치가 높아지면 고객뿐만 아니라 거래업체, 투자자, 직원, 지역 사회 등 다양한 이해관계자에게 신뢰받을 수 있다. 회사는 이익을 넘어 세상을 위해 좋은 일을 하고 있다고 이해한다면 더욱 강력한 브랜드 위력을 발휘한다. 이렇게 시대에 맞는 사회성을 갖추는 것이 브랜드 가치를 높이는 방법이다. 고객을 끌어들이고 다른 이해관계자도 공감하여 모여든다. 기업 브랜드가 상품 브랜드를 보증한다는 것을 잊지 않아야 한다.

기업 브랜딩은 소비자 관점뿐만 아니라 기업에 관련된 모든 이해관계자가 함께 만들어가는 데 초점을 둔다. 고객은 일반 소비자이며 동시에 시민이다. 직원은 고객이면서 주주이거나 지역주민도 있다. 거래업체와 지역주민은 소비자, 고객이거나 주주로서 각각 이해관계자이다. 이러한 다양한 이해관계자의 모습 때문에 기업은 사회에 책임 있는 행동을 해야 한다. 그리고 사회를 구성하는 다양한 이해관계자에게 성실하게 대응하는 것이 기업 브랜딩 기반이 된다. 이런 배경에서 기업도 사회성이 요구된다.

지역 사회에서 좋은 기업이미지를 갖고 있으면 시민은 친근감을 느끼고, 지역주민의 자랑이 된다. 기업이 지역 사회에 대응하는 방식에 따라 똑같은 사업을 해도 차이가 발생한다. 지역 사회가 기업에 친근감을 느끼면 고객, 직원, 거래업체, 주주 등 다양한 이해관계자에게 좋은 이미지가 전파되고, 기업 브랜드의 로열티로 이어진다.

그럼, 기업 브랜딩을 어떻게 구축할까? 강력한 기업 브랜딩을 구축하려면 다음 3단계를 거쳐야 한다. 먼저, 브랜드 정체성(자기다움)을 찾아야 한다. 우리 회사는 어떤 존재인가, 무엇을 생각하고, 어떤 가치관이 있는가, 사회에 무엇을 약속하고, 어디로 향해갈 것인가를 재확인하고 검증하는 것이다. 이 단계는 브랜딩의 기점이 된다. 검증할 때 지속 가능성의 개념을 중심으로 회사의 이익뿐만 아니라 사회성이 포함되어 있는지 살펴본다. 이 관점은 현대의 브랜딩에서 핵심 요소다.

두 번째 단계는 자기다움(브랜드 정체성)을 회사 내에 전파하고 공유하는 것이다. 이것은 내부 브랜딩이라고 말한다. 직원에게 기업 이념, 브랜드 정체성을 인지·전파하고, 일상 업무의 가치판단과 행동에 반영하려는 목적이다. 직원이 회사가 지향하는 가치, 이해관계자의 요청과 기대를 명확히 인식할 때 자신의 업무에 종사하면서 실현해나갈 것이다.

마지막으로 회사의 훌륭한 브랜드는 세상에 전파해야 한다. 사회에 기여하는 미션과 비전을 바탕으로 공유된 가치를 중심으로 고객을 비롯한 이해관계자를 끌어들여 신뢰와 애착을 갖도록 해야 한다. 이해관계자와 커뮤니케이션을 통해 그 가치가 평가되고 공유될 때 기업의 존재 의의를 발휘할 수 있다. 무엇보다 내부 브랜딩이 충실한 기반이 된다는 점을 이해해야 한다.

퍼포스를 조직에 전파하라

내부 브랜딩과 CSR 마인드를 조성하라

기업에 부정 사건이 끊임없이 일어나고 있다. 부정 사건을 방지하기 위한 법률과 규제도 강화되고 있지만, 더 중요한 대책은 건강한 조직풍토를 만드는 것이다. 법률로만 사람의 활동을 강요할 수 없는 시대다. 또 사람을 감시하는 조직풍토도 한계가 있다. 이런 관점에서 임직원의 사명감과 윤리의식을 자극하고, 이를 지탱하는 기업 브랜드에 호소하여 자발적인 동기를 끌어내는 것이 더 바람직한 대책이다.

즉 내부 브랜딩은 가장 효과적인 대책이다. 내부 브랜딩이란 직원이 기업 이념 등을 전파하여 자긍심을 갖고 주도적으로 행동에 반영하는 전략적 전파대책을 말한다. 보통 브랜딩이란 회사 밖을 향해 어떻게 브랜드를 구축할 것인지에 중점을 두지만, 최근 적극적인 기업은 회사 내부의 브랜딩에 대처하고 있다. 회사 내의 모든 부서의 직원이 회사 브랜드를 의식하고 업무에 종사한다면 결과적으로 회사 밖의 브랜드 가치가 높아진다고 생각하기 때문이다.

직원은 사회와 접점을 이루는 기업의 창ㅊ이다. 기업의 지속가능성 경영과 CSR 활동을 담당하거나 브랜드를 실현하는 소중한 담당자다. 직원에게 브랜드 정체성과 CSR 마인드를 이해시키고 공감을 얻는 것은 중요한 지속가능성 대책 중 하나다. 직원이 자각하고 자긍심을 가지면 자발적으로 회사 브랜드가 지향하는 모습을 일상 업무와 행동으로 옮긴다. 이것이 바로 내부 브랜딩이다.

내부 브랜딩은 직원의 의식을 변혁하고, 회사 전체의 조직풍토를 강화하는 효과가 있다. 내부 브랜딩으로 직원의 마음에 불을 붙여야 한다. 직원은 지속가능성 대책과 브랜드의 담당자이자 이해관계자다. 기업 내부에서 홍보와 전파는 CSR과 브랜드 추진의 중요한 요소라는 것을 인식해야 한다.

직원에게 내부 브랜딩을 추진할 때 지속가능성 경영을 요구하는 사회의 가치관도 전파해야 한다. 지금까지 이해관계자는 제품과 서비스의 탁월성을 기준으로 기업을 선택하였다. 그러나 지금은 안심과 안전, 신뢰성, 환경과 사회에 대한 배려, 구입 후에도 계속 재사용할 수 있는 것(자원 순환형 친환경 제품) 등을 선택기준으로 더 중시하고 있다.

기업에게 지속가능성이라는 시대적 가치관을 반영할 것을 기대하고 있다는 의미다. 따라서 기업은 제품과 서비스에 대한 시대적 요청과 기대(니즈)를 파악하고, 어떻게 사업 활동에 반영할지 진지하게 점검해야 한다. 단지 제품과 서비스, 제공 프로세스뿐만 아니라 전체 사업영역에 걸쳐 직원 개개인이 맡은 업무 활동도 점검해야 한다. 지속가능성 경영

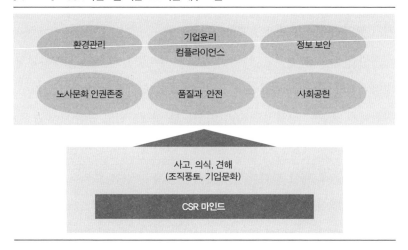

을 중시하는 시대에 맞춰 내부 브랜드를 재구축해야 한다. 즉 흔한 말로 CSR 마인드를 조성하는 것이다.

CSR 마인드란 CSR 사고방식을 의미한다. CSR 마인드를 조성하려면 먼저 직원 개개인이 기업 이념과 미션과 비전, 자기다움을 명확히 이해해야 한다. 그리고 기업의 CSR을 체계적으로 이해하고, 자긍심을 갖고 업무 담당자로서 주도적으로 대처하는 것이다. 직원이 CSR 마인드로 무장할 때 조직풍토는 바뀔 수 있다.

법률을 공부하는 사람은 '리걸 마인드legal mind를 키워라'는 말을 자주 쓴다. 리걸 마인드란 현실적인 사례에서 이에 관련된 적절한 법 기준을 생각하고 적용하는 능력을 말한다. 즉 리걸 마인드를 가질 때 법률전문가는 수많은 법률과 조문에 빠지지 않고, 모든 사물의 정의와 공평함을 익혀서 법률이 실현하려는 가치에 근거하여 타당한 결론을 끌어낼 수 있다.

마찬가지로 직원 개개인이 CSR 마인드가 있다면 담당업무의 본질, 그 의미와 의의를 깊이 이해하고, 업무에 주도적으로 대처하는 원동력이 된다. 구체적으로 CSR 마인드를 가진 직원은 컴플라이언스와 규정을 준수하면서 사회 과제와 관련된 업무 분야에서 개인의 담당업무는 어떤 의미가 있고, 어떻게 하는 것이 좋은지 주체적으로 생각할 수 있다.

지속가능성 대책은 직원이 주도적으로 움직일 때 실현된다. 이를 위해 먼저 직원의 공감을 얻으면서 의욕을 불러일으켜야 한다. 직원에게 시대에 적합한 기업의 사고와 가치관, 바람직한 모습, 지향하는 방향, 그리고 회사의 자기다움을 전달하여 공유해야 한다. 단순히 기업의 로고마크를 변경하거나 경영 방침과 구호를 새로 만드는 표면적인 활동에 머무르지 않아야 한다.

일반적으로 컴플라이언스Compliance는 법률준수로 번역되고 있다. 하지만, 법률준수는 원래

윤리적으로 문제가 없는지, 사회적으로 바람직한지의 수준까지 확장해서 생각해야 한다. 컴플라이언스의 원어는 '따르고 응한다'는 의미가 있다는 것을 이해해야 한다. 즉 기업이 사회의 요청과 기대에 대해 유연하게 대응하는 개념으로 폭넓게 적용할 필요가 있다. 엄밀히 말해 컴플라이언스는 법령과 사회의 규정을 준수하고, 사회정의를 견지하고, 사회의 요청과 기대에 계속 대응하는 것으로 파악해야 한다.

우리 사회의 가치관은 시대에 따라 변한다. 기업에 대한 사회의 요청과 기대는 계속 변하고, 더욱 엄격해지고 있다. 기업은 글로벌 차원의 사회적 요청과 기대에 대한 분위기를 민감하게 해석하고 대응해야 생

존할 수 있다. 사회적 분위기를 읽을 줄 모르는 기업은 환경과 사회에 나쁜 영향을 줄 가능성이 있다. 환경과 사회에 악영향을 주는 기업의 범법행위는 사법적 판단을 받지 않아도 사회에서 판단한다. CSR 마인드로 무장하고 조직의 사회적 감수성을 높이는 것은 좋은 기업으로 갖춰야 할 자질이다.

CSR은 기업 이념을 실천하는 수단이다

퍼포스와 기업 이념은 무엇을 위해 존재하는가? 원래 기업 이념은 기업의 존재 의의 그 자체이고, 목적이며 불편의 가치관이다. 기업 이념은 모든 사업 활동의 의사결정에서 가장 중요한 판단기준이다. 주로 설립될 때 창업자가 만들고 변경하며 계승하면서 조직 운영의 기본방침이 된 것이다. 창업 당시 CEO가 재직하고 있는 기업에는 이념이 조직에 스며들어 있지만, 그렇지 않으면 대부분 유명무실한 상태다.

이런 퍼포스와 기업 이념은 대부분 추상적이다. 오히려 지나치게 구체적인 것은 기업 이념이 될 수 없다. 추상적이기 때문에 사람에 따라 해석이 다르다는 점이 문제다. 문구를 구호처럼 외친다고 해서 회사에 전파되지 않는다. 퍼포스와 기업 이념에는 구체적인 메시지가 없고, 맥락, 배경, 의미가 중요하다.

대부분 퍼포스는 사회에 공헌하고 사람들을 행복하게 만든다는 내용으로 되어 있다. CSR 목표(지속가능한 사회 실현)는 퍼포스와 상당히 일치하는 영역이다. 지속가능성 경영을 실천하는 것은 퍼포스를 실천하는 것이다. 지속가능성 경영이 경제적, 사회적 성과를 내고, 사회와 이해관계자에게 도움이 되는 가치를 창출한다면 퍼포스와 기업 이념을 실현할 수 있다.

다만, CSR은 추상도가 높은 퍼포스와 달리 실천적인 활동 방법과 구조가 확립되어 있다. 따라서 퍼포스를 회사에 전파하면 지속가능성 경영의 이해를 촉진할 수 있다. 또한 지속가능성 경영을 전파하는 것은 퍼포스의 이해를 촉진하는 효과가 있다. 지속가능성 경영 활동은 퍼포스를 능숙하게 실현하는 것이고, 퍼포스의 전파는 지속가능성 경영을 회사에 정착시키는 대책과 전략이라고 말할 수 있다.

CSR 활동이 필요하지도 않고 급하지도 않다고 생각하는 기업이 아직 많다. 특히 경영자가 아직도 CSR을 자선활동 정도로 생각한다면 지속가능성 경영을 회사에 전파하는 것이 상당히 어려울 것이다. 이런 기업에서는 지속가능성 경영을 퍼포스 전파를 위한 수단으로 사용하는 것이 좋다.

퍼포스를 전파하는 방식은 기업마다 다르다. 다른 회사를 흉내 내도 의미는 없다. 다른 회사가 하기에 우리도 해야 한다는 강박관념만으로 실행해도 잘되지 않는다. 기업 고유의 내발적 동기와 연계하지 않으면 실현되지 않는다.

퍼포스는 보편성이 있고 조직의 근간이 되는 개념이다. 하지만 퍼포스를 의식하고 존재를 견고하게 유지하는 기업이 많지 않다. 추상적인 퍼포스는 기업의 단기적 실적에 공헌하기 어렵고, 정량화할 수 없어 어떻게 수익으로 이어지는지 성과를 설명하기가 무척 어렵기 때문에 뒷전에 밀려나 있다. 대부분 조직에서 퍼포스는 형체만 유지하고 있다.

퍼포스를 말할 때 자주 기업문화를 거론한다. 기업문화는 형체가 없는 개념이지만 없으면 존재할 수 없는 마치 공기와 같다. 그리고 기업마다 역사와 직원 구성도 다르다. 완전히 동일한 기업문화를 가진 조직은 현실적으로 존재하지 않는다. 기업문화는 독자성 그 자체이며, 경쟁우위의 가치를 창조하는 원천이다. 또한 경영진과 관리자가 매일 조직에서 하는 행동(퍼포스의 실천)으로 규정된다. 아무리 훌륭한 퍼포스를 제시하더라 경영자와 관리자가 퍼포스에 따라 행동하지 않는다면 미사여구에 그치고, 기업문화로 정착되지 않을 것이다.

퍼포스를 전파하는 것은 기업문화라는 무형자산을 만들어가는 것이다. 눈에 보이지 않지만, 중장기에 걸쳐 조직에 공헌하는 중요한 자산이다. 매출, 비용보다 앞에 존재하는 개념이 바로 퍼포스다. 매출 향상, 비용감소는 어디까지나 퍼포스를 실현하는 한 수단일 뿐이다. 이런 의미에서도 경제적 가치 지표를 넘는 퍼포스를 회사에 전파하여 회사의 존재 의의를 실현해나가야 한다.

조직은 업무효율을 최대화하기 위해 계층을 만들고, 분업을 추진하고, 업무를 메뉴얼화하고 있다. 효율과 생산성을 강조하고 높일 것을 기대하고 있지만 업무는 고착화되고 현장은 창의성을 잃어버린다. 경영자와 간부가 회의실에서 경영 전략을 짜내봐도 회사는 좋아지지 않는다. 현장은 본사의 전략에 따라 움직이고, 부하직원은 상사의 지시에 따라서 일할 뿐이다. 조직의 역동성이 떨어지고 자율적이고 창의적인 모습도 사라진다. 현장이 바뀌지 않으면 아무것도 바뀌지 않는다.

그런 조직은 일상 업무가 퍼포스에 어떻게 공헌하는지를 점검할 필요가 있다. 즉 업무의 추진 방법이 아니라, 업무의 의미를 전달하는 작업이다. 유명한 벽돌공의 우화를 상기해보자. 즉 벽돌공에게 '벽돌을 쌓아달라'고 할 것 아니라, '당신은 지역에 필요한 교회를 짓고 있는 의미 있는 일을 하고 있다. 그 업무로서 벽돌을 쌓아달라'고 목표를 명확하게 전달하는 것이다.

직원은 퍼포스를 외면하려고 하지 않는다. 일상 업무에서 실천하는 의미를 알지 못하기 때문에 당사자 의식을 갖지 못하는 것이다. 현장에서 맡은 업무의 의미를 알고 있다면 더욱 효율적으로 목표의 의미를 달성하는 방법을 생각해낼 것이다.

퍼포스와 지속가능성 경영을 전파하는 것은 직접적으로 수익증가로 이어지지 않는다. 그러나 일상 업무를 통해 매출을 만드는 것은 직원이고, 조직과 구조, 기업문화다. 직원과 조직문화 구축에 투자하지 않으면 기업의 미래는 없다. 미래를 위한 투자가 수익을 내지 않는다고 해서 당장 눈앞의 이익만 좇고 있다면 언제까지라도 쳇바퀴에서 빠져나올 수 없다. 경영자는 퍼포스를 전파하면서 조직의 존재 의의를 일상 업무에서 실현하는 데 적극적으로 투자해야 한다. 이것은 지속가능성 시대에 경영자에 주어진 최고의 임무다.

지속가능성 경영을 전파하는 5가지 방법

기업 규모에 상관없이 한 가지 똑같은 과제가 있다. 바로 지속가능성 경영에 대한 이념과 활동이 회사에 전파하기 어렵다는 점이다. 좋은 평가를 받는 선진기업도 지속가능성 경영에 대한 직원의 인지도는 매우 낮다. 다양한 요인이 있지만, 근본적으로 CSR 활동에 합리성을 느끼지 못하기 때문이다.

직원이 합리성을 느끼지 못하는 이유는 뭘까? 먼저 CSR의 목적과 목표가 모호하다는 점이다. 목적과 목표가 없고 또는 매우 모호한 경우 실천 의지도 약해지기 때문에 우선순위가 떨어진다. 또한 직원에게 인센티브를 환기시킬 수도 없고, 모호한 지표를 관리하는 것도 어렵다. 또한 기업에 다양한 지속가능성 경영에 관한 규정과 방침이 존재하지만, 직원 개개인의 업무와 CSR·CSV의 관련성을 구체적으로 명시하지 않고, 당사자의 의식도 부족해 공통언어로서 전파되지 않는다. 따라서 기업은 지속가능성 대책을 전파하기 위한 핵심과제를 인식하고 사전에 그 토양을 정비해야 한다.

[자료 6-7] 지속가능성 경영의 전파를 위한 대책

	가시화	이해/체득	실천	습관화
과제	CSR/CSV 이해 부족	개인의 업무와 관계가 없음	무엇을 해야 할지 모름	지속할 인센티브가 없음
핵심요소	지식 전달 (중요성 인지)	업무에 반영 (당사자 의식)	추진동기 부여 회사의 지원	지속적인 실천 기업문화 조성
대책	교육, 사내보, 메일 발송	교육, 세미나, 워크숍	사내 경진대회 학습회, 표창제도	인사제도의 변경 평가제도의 변경

출처: andomitsunobu.net, 필자 재구성

첫째, 경영자의 메시지를 전달하라

흔히 어떤 기업에 부정 사건이 발생하여 언론매체에 등장하는 경영자의 발언과 태도는 기업의 평판과 이미지를 크게 좌우한다. 그런 사건에 대응하는 경영자의 모습은 기억에 남고, 기업이미지에 강렬한 인상을 준다. 경영자의 발언과 태도는 기업이미지 그 자체다. 특히 이해관계자는 사회에 영향력이 큰 대기업일수록 기업 자체보다도 경영자의 발언과 태도에 초점을 둔다. 기업에 따라 다르고, 정도의 문제일 수 있지만, 경영자의 발언과 태도는 개인의 평가가 아니라, 조직의 평가와 성과 창출로 이어진다는 점을 인식해야 한다.

따라서 지속가능성 경영을 전파할 때 사보, 미디어, 직원 인터뷰도 좋지만, 경영자가 직접 메시지를 전달하는 것이 강력한 효과가 있다. 경영자의 발언은 홍보와 영업은 물론 직원 채용과 사내 커뮤니케이션에도 큰 효과를 낸다.

앞에서 소개한 선진기업의 사례를 보면, 무엇보다 지속가능성 경영에 대처하는 경영자의 헌신과 진정성으로 혁신을 이루어냈다. 경영자가 지속가능성 경영에 위기의식을 갖지 않으면 어떤 좋은 대책도 추진되지 않는다. 실효성 있는 지배구조가 있고, 임원 중에 지속가능성 경영에 해박한 인재가 있어도 최종적으로 경영자의 의식이 중요하다.

경영자는 비용과 시간을 투자하여 사회와 이해관계자에게 헌신할 것을 표명하고, 회사에서 구체적인 경영대책을 지시할 수 있어야 한다. 경영자는 모임과 각종 세미나에서 참석하여 지속가능성 경영의 이슈와 트렌드를 명확히 인식하고, 투자자, 거래업체, 고객 등 이해관계자의 목소리를 경청해야 한다. 외부 전문가의 식견을 배우고, 업계와 경쟁회사의 지속가능성 경영의 추진현황도 모니터링하며 회사의 위치를 제대로 확인해야 한다.

지속가능성 경영을 장기적으로 추진하기 어려운 이유가 있다. 바로 경영자는 단기적 이익 실현에 초점을 두고 있고, 지속가능성 경영을 비용 증가로 우려하기 때문이다. 기업의 CSR 활동에는 일정한 인력이 가담해야 하고 업무추진에 비용이 들 수밖에 없다. 지속가능성 대책에 충분한 경영 자원을 사용하지 않으면 아무런 성과도 나오지 않는다. 애써 수립한 지속가능성 대책을 기업 가치를 창출하는 큰 투자로 생각하고 그 이상의 경제적·사회적 가치로 보답한다는 신념을 가져야 한다. 경영자로서 사회 과제 해결에 헌신하는 자세와 대국적인 관점을 보여주어야 한다. 이런 경영자의 자세에서 사회적 의의가 있는 진정한 메시지가 나올 수 있다.

경영자의 진정성이 없다면 당장 성과가 나오지 않는 장기 투자를 하기 어렵다. 바로 성과가 나오지 않는 환경 분야의 프로젝트 활동은 계속 적자가 나기 때문에 주주에게 설명하기 어렵다. 환경 활동은 수년에서 수십 년 후에 임팩트가 나오기 때문에 그 대책의 스토리를 제시하지 않으면 직원도 납득할 수 없다.

최근 CSR과 ESG 경영에 관한 경영층의 관심이 커지면서 회사 내부에서 커뮤니케이션이 활발하게 진행되고 있다. 상장기업의 회장과 사장 등 경영층이 지속가능성 경영에 관심을 갖고 배우고 있다. 경영자는 학습에 그치지 않고, 진정으로 변화와 개혁의 메시지를 직원에게 계속 전파해야 한다.

경영자의 메시지는 기업의 퍼포스나 미션에 근거하여 선명하고 구체적이어야 한다. 거시적 관점보다 세심하고 구체적인 메시지를 전달해야 한다. 조직의 최고 책임자로서 기업은 최종적으로 무엇을 지향하고, 사회에 어떤 가치를 제공할 수 있는지 종합적인 메시지를 제시하는 것이 좋다. 예를 들어 막연히 야근을 줄이자고 말할 게 아니라 직원의 노동 조건을 개선하기 위해 1년 후에 야근 시간을 지금의 절반 이하로 줄이기 위해 앞으로 어떤 대책을 실시하고 어느 정도 투자하겠다고 선언하는 것이다. 매출이 줄어도 대책을 계속 실행하겠다는 각오를 담은 강력한 메시지를 보내야 한다.

실제로 노동환경이 열악하기로 소문난 대기업은 일을 중단해서라도 야근 근무를 줄인 기업도 있다. 상장기업 중에는 외부의 혹독한 비난을 받고 나서야 비로소 CSR 활동의 중요성에 눈을 뜨는 경우도 많다. 지속가능성 경영은 하의상달식으로 추진해서는 조직 토양을 바꿀 수 없다. 경영자가 적극적인 메시지를 보내어 공감을 형성해 나가야 한다.

선언에만 그치지 않고 실행하는 것이 중요하다. 유언 실행과 언행일치를 생각해야 한다. 이해관계자는 정말 선언한 것을 할 수 있는지 의심한다. 경영자의 헌신은 정보를 전달하는 것뿐만 아니라 선언한 것을 실행하는 것으로 평가된다. 실행하지 않는 장기적 대책과 경영자의 메시지는 아무도 책임지지 않는 미사여구의 무책임한 행위다. 따라서 경영자는 CSR 활동의 목표 달성에 관한 구체적인 증거와 자료를 보여주며 경영 의지를 이해관계자에게 피력해야 한다. 이때 사회와 이해관계자가 이해할 수 있도록 메시지를 제시해야 한다. 홍보팀에서 써준 보도자료가 아니라, 경영자 자신의 생생한 언어로 직접 메시지를 전달해야 한다.

둘째, 직원에게 신뢰를 얻어라

지속가능성 경영을 회사에 전파하려면 먼저 직원에 신뢰를 얻는 대책이 필요하다. 원래 CSR은 직원에게는 인센티브가 없기 때문에 스스로 배우려고 하지 않고, 자발적으로 추진하려고 하지 않는다. 상사도 자신의 성과로 생각하지 않기 때문에 무리하여 추진하려고 하지 않는다. 직원이 CSR 활동에서 보람을 느끼지 못하면 대책은 추진되지 않는다. CSR 담당 부서는 고전분투하고 있지만, 많은 기업에서 직원에게 전파되지 않고 있다.

CSR 활동을 전파할 때 먼저 기업은 직원에게 신뢰를 받아야 한다. 직원에게 신뢰받지 못하는 기업이 다른 이해관계자에게 신뢰를 받고 있다고 말할 수 없다. 직원에게 신뢰를 받고 싶다면 적어도 직원이 좋은 회사라고 생각하도록 성실한 사업 활동을 지속해야 한다. 지속가능성 경영을 진정성 있게 추진하려면 먼저 직원에게 신뢰를 받을 수 있는 체제로 바꾸어야 한다.

직원에게 신뢰를 받으려면 지속가능성 경영이 회사에 전파되는 토양을 만들어야 한다. 그런 당연한 전제와 방법을 무시하고 CSR 자체를 억지로 직원에게 요구하기 때문에 회사에 전파되지 않는다. 앞 장에서 소개한 선진기업 중에는 CSR 관련 사내 표창 제도나 이벤트 행사를 정례화한 사례도 있다. 회사에 지속가능성 경영을 긍정적으로 인식하도록 하는 제도나 기업문화가 있다면 신뢰를 바탕으로 지속성을 유지할 수 있다.

셋째, CSR 추진 조직의 권한을 강화하라

CSR 활동의 대의를 공유할 때 직원을 설득할 수 있다. CSR 활동은 기업의 모든 것을 변화시키는 조직개혁이다. 직원이 실천할 필요성을 느끼지 못하면 부문 간 이해를 넘어 추진될 수 없다. 예를 들어, 지금 IR 부문은 ESG 투자가 확대되면서 지속가능성 보고서를 만들고 있지만, 불과 몇 년 전만 해도 CSR 활동을 추진해도 주가가 오르지 않는다고 해서 전혀 관심을 보이지 않는 경우가 많았다.

많은 조직에서 ESG와 CSR 추진 조직을 만들고 있지만, 사업 부문별 구체적인 사업 활동에 반영되지 않거나 직원은 형식적으로 대응하는 경우도 많다. 이런 환경에서는 아무런 발전을 기대할 수 없다. 직원에게 맡은 업무에 문제는 없다며 CSR 활동을 강요하면 직원은 마지못해 형식적으로 CSR을 추진할 가능성이 있다.

많은 직원은 다른 이해관계자의 이익보다 자신의 이익을 우선한다는 점을 이해해야 한다. 다른 사람의 이익을 위해 노력해도 좋은 평가를 받지 못하고, 오히려 상사에게 비난받는다면 직원은 주도적으로 CSR 활동은 추진하지 않는다. 따라서 CSR 활동을 추진할 때 직원에게 인센티브를 주어 실천 의욕을 높여야 한다.

오래전부터 일부 대기업은 사회공헌팀 또는 CSR 전담부서를 두고 CSR 활동에 대처해왔다. 최근 ESG가 확산되면서 대기업을 중심으로 다양한 명칭을 붙인 조직이 설치되고 있다. 전담부서가 없는 회사에서는 경영기획과 홍보 부문에서 CSR 활동을 담당하고 있다. 일부 중소·중견기업 중에도 위원회 조직을 두는 곳도 있다.

군이 전담부서에서 CSR 활동을 전부 관장할 필요는 없다. CSR 전담

부서가 회사의 지속가능성 대책을 전부 책임진다고 생각하여 실제 업무를 추진해야 할 사업 부문은 소극적으로 대처하는 단점도 있다. CSR 전담 조직도 좋지만, 가능한 경영층에 가깝고 어느 정도 예산을 갖는 조직이 회사 전체의 CSR 활동을 주도할 때 추진력을 높일 수 있을 것이다.

넷째, CSR에 대한 올바른 정보를 전달하라

어느 조직이나 언제나 성공이 확실한 프로젝트를 추진하려고 한다. 지속가능성 대책은 조기에 성과를 낼 수 없기에 사업 부문은 적극적으로 추진하려고 하지 않는다. 조직의 상사는 프로젝트의 추진 기간, 예산과 인력 배정 등의 문제를 거론하며 CSR 활동에 소극적인 태도를 보인다. 이렇게 소극적인 조직에서 CSR·CSV·ESG 등을 주제로 세미나를 개최해도 아무런 진척이 없다.

이런 조직은 먼저 지속가능성 경영에 관한 기본적인 지식을 전달한 후에 직원에게 일정한 성과를 기대하는 대책을 추진하는 것이 바람직하다. 무엇보다 CSR 활동을 담당하고 있는 직원에게 지속가능성의 개념과 필요성을 전파해야 한다. 그러나 많은 기업은 반대로 CSR 활동을 추진하고 있어서 현장에서 제대로 실천되지 않고 있다.

다섯째, 직원에게 장점을 인식시켜라

앞에서 언급한 선진기업의 사례를 보면, 조직의 CEO, CSR 추진부서, 직원 개개인이 리더십을 발휘하여 지속가능성 경영을 성공적으로 수행했다는 점이다. 임직원이 진심으로 회사의 지속가능성 대책을 올바로 이해하고 확산하려는 의식이 중요한 성공 요인이다.

인간은 기본적으로 자신에게 이익이 있을 때 움직인다. 인간은 감정적인 동물로 때로는 윤리와 배치되는 행동도 하지만, 자신에게 장점이 있다고 생각하면 행동한다. 지속가능성 대책을 실천하는 직원이 자신의 업무에 인센티브가 없다면 당연히 부담을 느끼며 저항할 것이다. 이런 분위기에서 반강제적으로 CSR 관련 이벤트를 개최하고, 유익한 CSR 정보를 제공해도 역효과를 낼 수 있다.

직원 중에는 기업의 높은 윤리성과 사회적 책임수행에 공감하여 입사한 사람도 있지만, 그렇지 않은 사람이 많다. 직원은 CSR 활동의 필요성을 이해하더라도 자신에게 특별한 장점이 없으면 소극적인 태도를 보인다. 따라서 CSR 활동이 전파되어 뿌리를 내릴 수 있는 토양을 정비해야 한다. 기업의 퍼포스가 일상 업무에서 실천되고, 이에 대한 동기부여가 없는 경우 각종 이벤트와 워크숍을 실시해서 수단이 목적으로 변질될 뿐 아무런 의미도 없다. 특히 직원 만족도와 충성도가 낮은 조직일수록 CSR 활동이 전파되기 어렵다. 이런 기업이라면 어느 정도 CSR 토대를 갖춘 후에 추진해야 한다.

직원이 CSR 활동에 열정을 갖도록 하려면 구체적으로 CSR 성과를 승진과 급여에 연계하는 것이다. 그것은 직원에게 가장 명확한 장점이 될 수 있다. 단순히 회사 차원의 장점을 강요하지 않고, 직원 개개인이 받을 수 있는 혜택을 제시해야 한다.

퍼포스가 기업의 성장과 미래를 견인한다

첫째, 퍼포스 경영을 실천하는 조직을 만들라

한국에서 퍼포스는 아직 생소한 개념이다. 하지만, 최근 10년간 글로벌 경영 트렌드를 볼 때, 퍼포스는 경영의 표어가 되었다. 퍼포스를 다룬 경영서적은 수백 권, 기사는 수천 건에 이르고 있다. 조직에서 일한다면 이성과 감성에 영향을 주는 사명과 사업이념을 명확하게 제시한 기업에서 일하고 싶어 하는 사람이 그만큼 많다는 의미일 것이다.

그렇지만, 퍼포스를 경영의 핵심에 두고, 전략을 추진하는 기업은 많지 않은 것 같다. PwC의 전략컨설팅 부문 'Strategy &'가 세계 각국의 직원 540명 이상을 대상으로 조사한 결과에 따르면, 회사의 퍼포스와 깊은 연계를 느끼고 있다고 말한 사람은 28%였다. 자신이 창출하는 가치를 알고 있다는 사람은 39%, 회사의 성공에 공헌하고 있다는 사람은 34%에 불과했다.

간단히 말해, 퍼포스의 위기라고 말할 수 있다. 직원은 일에서 목적의식을 상실하고 있다. 나아갈 방향이 보이지 않으면 의욕이 떨어진다. 회사의 목표 달성을 위해 과감히 도전하기도 전에 직원은 낙오할 수 있다. 다행스럽게도, 퍼포스는 사람의 의욕을 불태우는 절대적인 위력이 있다. 여러 조사 결과를 보아도 높은 급여와 승진의 물질적 동기부여보다도 퍼포스를 중시하는 사람이 훨씬 많다.

퍼포스는 전략목표를 명확히 제시하고, 직원의 의욕을 높이는 효과가 있다. 이 두 가지 효과는 서로 작용한다는 점에서 중요하다. 즉 직원이 회사의 퍼포스를 이해하고 수용하면 좋은 일, 나아가 최고의 일을 하려 하고, 회사가 제시한 목표를 달성하려고 분투할 것이다.

기업이 어떻게 가치를 창출할 것인지 명확하게 정의하고, 전달한다면 직원은 의욕이 넘쳐흐르고, 담당업무도 열정적으로 추진할 것이다. 당연히 이런 기업은 생산성이 높아지고, 계속 성장할 것이다. 실제로 'Strategy &'의 조사에 따르면, 퍼포스 경영을 추구하는 기업의 90% 이상이 업계 평균 이상으로 성장하고 이익을 내고 있다.

최근 글로벌 경영 환경에서 회사의 원점을 다시 생각하는 기업이 늘어나고 있다. 2013년 필립스는 가전사업 부문을 매각했고, 2019년 노바티스는 안과 제품전문업체 알콘의 분리·상장을 결정했다. 회사의 존재 의의와 맞지 않는 사업과 단절한 것이다. 레고 브랜드 그룹의 예르겐 비 크누스토르프Jorgen Vig Knudstorp 회장은 2014년 인터뷰에서 수년 전에 직면한 난국을 만나 길을 헤매고 자기 인식을 잘못하고 있다는 것을 인정했다. 그리고 어떻게 원점으로 회복했는지 설명했다.

레고는 먼저 '무엇을 위해 존재하고 있는지' 근본적인 질문에 마주하고, '회사의 경쟁 우위 분야에만 사업을 추진한다'는 방침으로 전환했다. 완구 업계에서 재기하기 위해 대규모의 사업 재생 프로젝트에 착수하고, 핵심이 되는 퍼포스에 맞지 않는 4개의 테마파크와 TV 게임개발 부문을 매각했다.

퍼포스를 실현하려면 먼저 본질적인 질문에 마주해야 한다. '퍼포스는 우리 회사만의 가치를 이야기하고 있는가?' 이 질문에 대답하고, 직원이 퍼포스에 혼신의 힘을 다하도록 하는 지원체제, 제도구축, 자원배분 등을 고려해야 한다. 경영진과 간부는 다음과 같은 질문에 대답해보길 바란다.

- 우리 회사와 경쟁기업의 퍼포스를 동시에 제시할 경우, 직원은 우리 회사의 퍼포스를 알고 있는가?
- 설문조사를 하면 우리 회사의 퍼포스에 대답할 수 있는 직원은 얼마나 되는가?
- 고객에게 약속을 수행하기 위해 필요한 자원을 직원에게 배분하고 있는가?

많은 기업은 이런 질문에 즉시 대답하기 어려울 것이다. 퍼포스를 전략적으로 수행할 필요성을 충분히 이해하지 못하거나 눈앞의 실적만 보고 있기 때문이다.

다시 강조하지만, 눈에 보이는 슬로건과 금전적 보상으로 직원의 의욕을 북돋을 수 있어도 직원이 매일 일하는 의미를 파악하지 못하면 탁월한 업적을 올릴 수 없다. 회사가 누구를 위해 어떤 가치를 제공하는지 명확히 하면 그만큼 직원을 독려하는 힘이 커진다. 그리고 적절한 인재와 재원을 퍼포스 실천에 지원한다면 직원이 퍼포스를 수행하는 능력도 커질 것이다. 퍼포스는 동기부여의 열쇠이고, 의욕적인 직원은 퍼포스를 구현하는 열쇠를 쥐고 있다.

무엇보다 경영자는 사회적 요청과 기대에 맞춰 퍼포스를 정의하고, 사내외에 전파하고, 전략으로 실현해나가야 한다. 훌륭한 리더는 직원에게 우선 사항을 전달하거나 직원과 고객과 만나는 모습을 주변에 보여주면서 일상적인 발언과 행동을 통해 회사의 퍼포스를 실천한다. 이것은 경영자의 중요한 책임이다. 직원은 리더가 퍼포스를 실천하는 모습을 지켜보고 있다. 이사회도 회사의 퍼포스를 전략으로 실현하는지 초점을 두고 감독하는 기능이 필요하다. 이사회도 직접 감독할 만큼 가치 있는 일이다. 미국의 비즈니스 라운드 테이블이 새롭게 제시한 '기업의 목적에 관한 성명'에서도 이런 경영 자세를 명확하게 요구하고 있다.

하버드 비즈니스 스쿨의 조셉 바우어와 린 페인 교수는 '건전한 자본주의를 위한 기업지배구조'라는 논문에서 기업 경영자는 주주의 이익이 아니라 회사의 건전성을 가장 중시해야 한다고 제언했다. 기업은 누구에게 제품과 서비스를 제공하는지, 이러한 고객에게 우리 회사만의 가치를 어떻게 제공할 것인지 확실히 이해하고, 그 이해를 바탕으로 회사의 장기적인 건전성을 구축할 필요가 있다. 경영진은 항상 회사의 존재 의의에 주목하고, 이사회가 중심이 되어 퍼포스의 실천을 관리할 필요가 있다.

둘째, 퍼포스는 기업 경쟁력을 강화한다

일용품 브랜드 '세븐스 제너레이션Seventh Generation'의 명칭은 '7세대 후
손에 대한 영향을 생각하고 지금의 의사결정을 내린다'는 의미가 들어
있다. 그 명칭은 아메리카 원주민 이로쿼이Iroquois족의 가르침에서 유래
하였다. 세븐스 제너레이션은 '다음 7세대를 위해 세계를 건강하고 지
속가능하고 공평한 세계로 바꾼다'는 미션을 제시하고 있다. 한 세대가
30년이라면 210년 앞의 세계를 상상하고 경영하는 것이다. 지금 얼마
나 많은 기업이 이러한 장기적 관점을 갖고 경영하고 있을까?

2017년 유니레버는 세븐스 제너레이션을 7억 달러로 매수하여 세상
을 놀라게 했다. 2018년 유니레버의 CMO 키스 위드Keith Weed는 칸 라
이온스 단상에서 '창업자의 성공 법칙: 퍼포스에 근거하여 성장을 견인
한다Founder's Formula: Pioneering for Purposeful Growth'는 주제로 연설했다. 그는 유니
레버의 창업자 이념에 따라 퍼포스에 의해 비즈니스를 성장시키고 있
다고 강조했다. 실제로 유니레버에 있는 수십 개의 퍼포스 브랜드는 이
익률도 높고, 유니레버의 성장에 크게 기여하고 있다. 유니레버는 사회
적 책임을 수행하는 새로운 방법론을 조직적으로 반영하며 성장하고
있다.

이렇게 퍼포스는 조직경영, 지속가능성, 사업개발, 브랜딩 측면에서
효과적인 수단으로 활용할 수 있다. 기업이 높은 퍼포스를 가질 때 사
업의 새로운 가능성을 발견할 수 있다. 관점이 높으면 경쟁이 치열한
기존시장 외에도 시야를 넓혀 새로운 사업 기회를 발견할 수 있다. 또
한 높은 퍼포스를 가지고 사회 가치를 실현하는 측면에서 세상의 현상

을 바라보면 회사에 적합한 사회 과제 해결형 비즈니스를 만들고, 사업 전략도 CSV(공유가치창조)형으로 전환할 수 있다. 높은 퍼포스는 회사의 사업영역을 확장·강화하고, 재정의할 수 있는 절호의 기회가 된다.

퍼포스는 인재를 확보하고, 조직의 동기부여와 구심력을 창출할 수 있다. 사람들의 가치관과 업무관에 맞춰 일하는 이유를 제시하고, 우수한 인재를 끌어들이고, 직원의 긍지와 동기부여를 높일 수 있다. 젊은 세대는 사회에 도움이 된다는 관점을 더욱 중시하고 일을 선택하고 있다. 이런 조류 때문에 회사(브랜드)의 사회에 대한 퍼포스는 인재를 채용할 때 중요한 테마가 될 수 있다.

퍼포스는 지속가능성 경영과 지속가능 브랜드로 전환하는 데 효과가 있다. 사회에 대한 관점, 지속가능성 사고를 기업과 브랜드의 근간에 둔다면 지속가능성 경영과 브랜드로 빠르게 전환할 수 있다. 퍼포스에 사회적 관점과 지속가능성 사고를 포함한다면 자연스럽게 직원의 지속가능성 의식을 높일 수 있다. 또한 퍼포스를 기점으로 사업 전략을 추진할 때 지속가능한 사업과 상품, 브랜드 활동을 창출할 수 있다. 회사의 ESG 대책도 퍼포스를 기점으로 스토리화하여 ESG 투자자에게 더욱 설득력을 갖고 이해를 높일 수 있을 것이다.

또한 위기에서 재출발하고 회복력을 강화할 수 있다. 급격한 환경 변화와 위기 속에서 조직을 하나로 통합하는 강력한 기업문화를 만들 수 있다. 경영 위기에서 직원에게 사기를 북돋우고, 회복시키는 원동력이 되는 것은 사업의 원점을 제시한 퍼포스다. 회사에 부정이 발생하거나 컴플라이언스 의식을 강화할 때도 퍼포스는 중요한 역할을 한다. 사회적 관점을 반영한 새로운 퍼포스는 조직풍토를 쇄신하고, 새로운 기업문화를 창조하는 기점이 된다.

퍼포스는 환경 변화에도 경영 모습이 흔들리지 않고, 전 직원이 유연하게 대응할 수 있는 나침반을 제공한다. 또한 변화에 대응하여 사업을 쉽게 전환하는 역할을 한다. 코로나 사태에 대응할 때 퍼포스를 기점으로 하는 기업의 대응은 세상에서 좋은 평가를 받았다. 이들 기업은 퍼포스를 통해 사회 관점을 조직에 투영하고, 지침을 공유하고 있기 때문에 일상적으로 사회와 마주하는 데 익숙해져 있다. 따라서 급격한 사회 환경 변화에도 전체 조직이 빠르게 일치단결하여 대응할 수 있다.

셋째, 이해관계자와 함께 CSV 경영체제를 구축하라

현재 글로벌 조류는 이해관계자 자본주의로 계속 바뀌고 있다. 그러나 아직 주주 중심 경영의 패러다임에 있는 기업은 세상의 니즈에 적응하지 못할 가능성이 있다. 글로벌 조류에 전혀 개의치 않고 있는지, 인식하고 있어도 무시하거나 반응하지 않는 것인지 그 이유는 기업마다 다를 것이다. 이런 기업은 전통적으로 고객이 필요한 것을 제공하면 팔린다고 생각한다. 그러나 이미 고객이 환경과 사회적 니즈를 인식한 시장에서 기존의 시장 니즈에 따라 개발된 상품과 서비스가 앞으로 팔리지 않을 가능성도 있다.

주주 중심의 경영패러다임에 있는 기업은 지금까지의 비즈니스 형태를 바꾸지 않고, 세상의 흐름에 맞춰 대응해왔다. 적어도 5~6년 전을 돌이켜 보면, 대다수 기업은 CSV 경영이 사회에 좋은 일이지만, 수익은 적고, 비용과 많은 시간이 필요한 일로 생각했다. 이들 기업은 탄소 배출량 감축, 산업폐기물 감소, 인권 문제 대책, 지속가능성 보고서 작성 등 최소한의 수동적 CSR 활동만으로 세상의 흐름에 적응할 수 있었다. 이런 기업에서 CSV 경영은 아직도 특수한 사례일 뿐이다.

지금 우리 사회는 기업의 사회 과제 해결에 대한 요청과 기대가 더욱 높아지고 있다. 이해관계자 경영으로 전환하는 기업이 늘어나고 있고, CSV가 기본적인 회사의 전략으로 바뀌고 있다. 회사 독자적 방식으로 사회적 기대에 대응하고, CSV 전략을 실천한다면 이익을 올릴 가능성도 있다.

물론 기업이 이해관계자 중심의 경영으로 전환하는 것은 어디까지나 기업의 선택이다. 기업은 글로벌 패러다임의 변화를 냉정하고 올바로 인식해야 한다. 지속가능성 대책은 비용지출을 넘어 천재일우의 사업 기회로 파악해야 한다. 국제적 규제기준을 충족하는 제품을 만들면 환경과 사회에 공헌하고, 경쟁기업을 압도하는 제품경쟁력으로 이어진다는 사고가 필요하다.

그린 소비주의와 윤리적 소비의식이 높아지고 있듯이 고객은 환경과 사회에 대응한 제품과 서비스에 플러스알파의 프리미엄을 지불하려는 의향을 보인다. 그린 프리미엄, 소셜 프리미엄을 지불하려는 니즈가 있어도 아직 아무도 인식하지 못한 사회적 니즈가 수두룩하다. 환경과 사회적 니즈를 발굴하고, 본업의 사업모델로 발전시키는 것이 핵심적인 경쟁전략이자 기업 간 격차를 크게 벌리는 요인이 될 것이다.

한국 기업은 이러한 시대적 흐름에 맞춰 이해관계자 중심의 경영으로 전환하고 지속가능성 경영을 추진하려면 상식적 발상의 틀을 넘어

서야 한다. 근본적인 변혁이 필요한 현재 미지의 세계를 도약할 절호의 기회로 생각해야 한다. 수동적 방어적인 경영 전략에서 벗어나, 오히려 야심적 변혁 목표MTP를 추진하는 계기로 삼을 필요가 있다.

이러한 지속가능성 경영 목표를 추진하려면 기업은 더 많은 이해관계자를 배려해야 한다. 지금까지 기업은 주주와 고객 외에 다른 이해관계자를 중요하게 생각하지 않았다. 특히 직원이야말로 가장 소중한 가족이다. 거래업체와 사업 부문별 관련 사업자, 나아가 지구와 미래의 자녀들도 이해관계자로 생각해야 한다. 일상적인 업무와 경영에서 다양한 이해관계자를 고려할 때 새로운 발상과 혁신전략이 탄생할 수 있다.

이를 위해 조직구조도 개방적 네트워크형으로 바꾸어야 한다. 21세기 기업은 인터넷과 SNS 보급으로 네트워크형으로 변하고 있다. 회사에 한정하지 않고, 에코시스템 내의 다양한 플레이어와 관계를 형성하여 사회 가치를 제공하는 대책이 필요하다.

넷째, 장기적 관점으로 해결책을 찾아라

지금 한국 사회는 기후변화와 자원고갈, 격차 문제, 저출산·고령화 등 간단히 해결할 수 없는 수많은 사회 문제를 안고 있다. 새로운 테크놀로지의 급속한 발전과 인간이 통제할 수 없는 지구환경의 변화로 앞으로 우리의 장래는 더욱 예측할 수 없는 상황이다.

이러한 세계의 변화에 대응하려면 지금까지의 가치관과 사고방식을 바꾸어 비판적으로 미래를 포착해야 한다. 이렇게 미래지향적으로 새

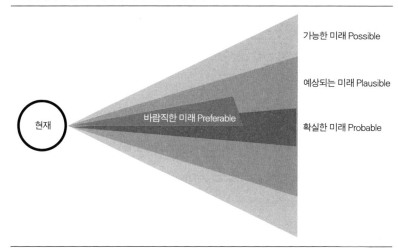

⬡ 미래학자 스튜어트 캔디가 제시한 잠재적 미래

가능한 미래 Possible

예상되는 미래 Plausible

현재

바람직한 미래 Preferable

확실한 미래 Probable

출처: Dunne, A., & Raby, F.(2013)

로운 문제해결책을 찾는 스페큘레이티브 디자인Speculative Design이 주목받고 있다. 안토니 던Anthony Dunne과 피오나 라비Fiona Raby가 제창한 개념으로 백 캐스팅 기업과 같이 단순히 미래를 예측하는 것이 아니라 관점을 넓혀 미래를 비판적으로 탐색하는 것이다.

스페큘레이티브 디자인은 미래 모습을 확실한 미래Probable Future, 예상되는 미래Plausible Future, 가능한 미래Possible Future, 바람직한 미래Preferable Future의 4가지 시나리오로 구분한다. 현재의 문제로 인해 장래 무슨 일이 발생할지 예상해보고, 이를 기반으로 디자인한다.

즉 현재 존재하는 과제를 해결하는 수단으로서 디자인이 아니라 미래를 생각하고, 그 모습을 디자인하는 것이다. 기존의 문제해결형과 같이 '미래는 이렇게 있어야 한다고 제창하는 것이 아니라, 미래는 이렇게도 있을 수 있지 않을까'라는 추측을 제시하고, 물음을 창조하는 디자인 방법론이다. 미래를 예측하는 것이 아니라 우리에게 미래를 생각하게 하여 더 좋은 세계를 만드는 것이다.

예를 들면, 모든 차량이 전기차로 바뀐다면 세계는 어떻게 될까? 누구도 의심하지 않았던 지금까지의 고정관념을 비판적으로 포착하는 새로운 질문을 세계는 요구하기 시작했다.

보통, 디자인 사고는 사용자가 요구하는 제품과 서비스의 창출, 비즈니스에서 고객과 주주의 기대에 대응하는 방법을 찾으려는 사고법이다. 이에 반해 스페큘레이티브 디자인은 고객의 요구 자체에도 의문점을 갖는다. 당장 소비자의 요구에 따라서는 해결할 수 없는 문제를 생각하거나 새로운 이노베이션 창출에 대처할 때 효과를 발휘할 수 있다.

팬데믹 상황에서 인류가 신속하게 백신을 개발할 수 있었던 것은 수년 전부터 팬데믹 가능성을 포착하고 비판적으로 미래를 예상했기 때문이다. 기업에서도 스페큘레이티브 디자인 관점에서 비판적으로 미래에 대한 가설을 세우고, 이에 대응하는 사업을 육성해 나가야 한다.

스페큘레이티브 디자인은 인간의 결점을 보완하는 사고법이다. 눈앞의 문제만을 직시하면 해결할 수 없을 것처럼 보여도 시야를 넓혀 문제를 재정의하면 간단히 해결할 수 있는 경우가 있다. 스페큘레이티브 디자인이란 이런 방식으로 해결할 문제 자체를 재정의하는 사고법이다. 우리의 눈을 미래로 향하게 하는 사고법으로, 익혀서 사회발전을 도모할 필요가 있다.

실제로 유럽을 중심으로 스페큘레이티브 디자인이 주목받고 있다. 덴마크 디자인센터DDC와 영국의 정책연구소는 스페큘레이티브 디자인 방식으로 미래를 설계하고 있다. 덴마크 디자인센터는 2050년의 복지

와 같이 추상적인 주제를 논의할 때 사회 문제에 관한 미래학 전문단
체, 건축전문가, 헬스케어 전문가 100명이 함께 모여 구체적이고 시각
적으로 표현한 2050년의 복지에 대해 4개의 시나리오를 개발하였다.
이 시나리오를 근거로 3,500명 이상의 리더 그룹(행정직원, 교육자, 정책입
안자)과 미래의 체험에 대해 논의하였다.

또한 4개의 시나리오를 체험하기 위해 실린더 형태의 공간 'Boxing
Future Healthcare'를 제작하였다. 리더 그룹은 공간에 들어가 냄새를
맡고, 음악을 들으면서 2050년의 헬스케어를 체험할 수 있다. 미래 모
습을 보여주면서 상상할 수 있는 기회를 제공한 것이다.

다섯째, 사회적 의의가 경쟁력으로 작용한다

지금까지 사회의 공공분야는 행정 등 공적 기관이 담당하고, 기업은 민
간영역을 담당하였다. 현재의 기후변화, 빈곤과 지역문제 등 다양하고
복잡한 사회적 과제는 공적 기관만으로 감당하기 어려운 현실이다. 따
라서 앞으로 기업이 사회적 책임을 수행하는 경제환경에서 공공영역
으로 사업을 확장하고, 기업과 행정의 역할이 융합될 가능성이 있다.
기업은 이런 사회적 과제에 중대한 임팩트를 창출하여 사회에 큰 변화
를 일으킬 수 있다.

실제로 기업의 사업영역이 공공성을 제시하는 현상이 늘어나고 있
다. 도시와 교통 등 지금까지 행정영역으로 인식했던 분야가 스마트 시
티 또는 모빌리티라는 이름으로 기업의 사업영역에 포함되고 있다. 기

업은 사회적 책임수행과 경제적 합리성을 어떻게 효과적으로 통합해야 할지 새로운 도전에 직면해 있다.

네덜란드 공공 혁신 전문가 크리스천 베이슨Christian Bason은 그의 저서 《공공분야의 디자인을 선도한다Leading Public Design》에서 네트워크 거버넌스NG 개념을 제시하였다. 네트워크 거버넌스란 과거에 공공정책 분야에서 전통적인 행정조직TPA의 다음 형태로서 행정과 민간이 네트워크를 형성하는 공공의 새로운 형태다. 이 네트워크에는 행정 외에 비영리조직과 기업, 시민 등 다양한 이해관계자가 참여하는 모델이다. 이 모델에서는 다양한 이해관계자가 주체적으로 지역의 개별과제에 대응하여 유연하게 공적 활동을 수행할 수 있다.

베이슨은 네트워크 거버넌스에서 공공가치Public Value라는 사고에 주목하고 있다. 네트워크 거버넌스에서 무엇을 할지 뿐만 아니라 그 결과로서 어떤 공공가치를 창출할지가 중요한 과제다. 무엇보다 공공가치에 기여하고, 공공선을 실현하는 것이 북극성이다. 중앙집권적 톱다운으로 형성된 세계에서 행정, 기업, 시민으로 분산된 활동이 공공가치를 북극성으로 설정하여 통합해가는 새로운 형태로 바뀌고 있다. 퍼포스를 기점으로 사회적 책임을 수행하는 기업은 네트워크 구성원으로서 중요한 역할을 수행할 것이다. 또한 기업은 다양한 이해관계자를 조정하는 퍼실리테이터로서 역할이 기대되고 있다.

지금까지 기업은 공공부문을 수익성이 없는 분야로 생각했다. 그러나 앞으로 다양한 이해관계자가 형성하는 공공 에코시스템에 들어가지 않으면 기회손실이 된다. 또한 공공분야에서 기업이 올린 수익은 주주, 직원, 지역 사회 등 다양한 이해관계자에게 환원되어 지속가능성의 자원이 될 것이다.

여섯째, 공공부문에 디자인 사고가 필요하다

크리스천 베이슨은 문제해결을 위한 디자인 사고의 중요성을 이렇게 강조한다. "디자인 주도의 조직과 기업이 좋은 상품과 서비스를 만들어왔다. 경쟁력과 급여 수준도 높다. 또한 좋은 디자인은 다양한 가치를 창출한다. 현재 지속가능성, 순환 경제라는 새로운 가치는 디자인을 통해 발견되고, 새로운 비즈니스 모델의 개발도 디자인을 통해 실행되고 있다. 이러한 가치는 시대가 지나도 그 중요성이 커져 디자인의 효과성은 점점 높아지고 있다."

공공정책 분야에서 디자인 사고란 시민에게 전달되는 정책을 시민과 함께 공감을 중심에 두고 생각하는 것이다. 2010년 영국 캐머런 정권은 디자인 사고를 추진하는 정책팀을 정부에 설치했다. 한정된 예산으로 국민에게 전달되는 효과적인 정책을 만들겠다는 문제의식에서 조직을 설치하였다. 과거의 전례와 규정에 따라 과제를 해결하는 정책에서 벗어나려는 발상이었다.

공감을 중시하는 디자인 사고란 정책의 대상이 되는 시민의 입장이 되어 데이터만으로 파악할 수 없는 문제를 발견하는 '에스노그래피 Ethnography'라는 기법을 사용한다. 예를 들면, 노숙인 대책을 수립할 때 당사자의 말을 경청하고, 생활 현장을 실제로 관찰하며 당사자와 함께 시간을 보내는 것이다. 아동학대를 예로 들면, 학대받은 자녀의 관점에서 부모, 친구, 학교, 아동시설 등을 바라보는 것이다. 그리고 자녀들에게 가장 행복한 방법을 생각하는 것이 공감적 디자인 사고다. 사람들과 대화와 관찰을 통해 본인도 인식하지 못한 잠재된 문제를 찾아내어 해결하는 것이다.

정책당국은 디자인 사고를 도입하여 시민에게 전달되는 정책을 생각해야 한다. 정부의 개방과 디자인 사고는 시민참여의 열쇠가 된다. 더 좋은 사회를 만들기 위해 행정부와 민간기업, 시민사회가 더욱 고차원 방식으로 협력할 필요가 있다. 이전에는 민간영역이 수익을 내고, 행정부는 이를 세금으로 거두어 배분하는 사고방식이었다. 그러나 이러한 전통적인 사회 모습은 이미 통용되지 않고 있다.

베이슨은 세계의 다양한 행정 부문을 연구한 결과 매력적인 행정부에는 몇 가지 공통점이 있다고 지적한다. 먼저 개방적이고 협력적인 자세로 다양한 능력과 자격을 가진 사람이 참여하고 있다. 사회에 대해 적극적으로 대처하고, 좋은 시민의 통찰력을 갖고 정치가에게 대응할 수 있다. 또한 장기적인 전망을 갖는 것도 중요한 특징이다. 이러한 특징을 갖지 않은 행정부는 21세기에 사회에 공헌할 수 없다. 20세기의 행정부 사고로 21세기의 세계를 헤쳐 나갈 수 없으며, 위험한 일이라고 베이슨은 강조한다.

PURP⊕SE
BEYOND
PROFIT

참고문헌

〈단행본〉

Baruch Lev, Feng Gu, 《The End of Accounting and the Path Forward for Investors and Managers》", Wiley; 1st edition, 2016.

Charles A. O'Reilly III, Michael L. Tushman, 《Lead and Disrupt: How to Solve the Innovator's Dilemma》, Stanford Business Books, 2016.

Christian Bason, 《Leading Public Design: Discovering Human-Centred Governance》, Policy Press; First edition, 2017.

Chuck Blakeman, 《Why Employees Are Always A Bad Idea》, Crankset Publishing, 2013.

Paul Hawken, 《Ecology of Commerce: A Declaration of Sustainability》, HarperCollins, 1993.

R. Edward Freeman, 《Strategic Management: A Stakeholder Approach》, Harpercollins College Div, 1984.

Salim Ismail, Michael S. Malone, Yuri van Geest, 《Exponential Organizations》, Diversion Books, 2014.

國部 克彦, 西谷 公孝, 北田 皓嗣, 《創発型責任経営 新しいつながりの経営モデル》, 日本経済新聞出版, 2019.

紺野 登・目的工学研究所, 《利益や売上げばかり考える人はなぜ失敗してしまうのか》, ダイヤモンド社, 2013.

齊藤 三希子, 《パーパス・ブランディング: 何をやるか?ではなく, なぜやるか?から考える》, 宣伝会議, 2021.

坂野 俊哉, 磯貝 友紀, 《SXの時代~究極の生き残り戦略としてのサステナビリティ経営》, 日経BP, 2021.

サリム イスマイル・フランシスコ パラオ, 《シンギュラリティ大学が教える シリコンバレー式イノベーション・ワークブック》, 日経BP, 2020.

渋沢栄一, 《論語と算盤》, 角川文庫, 49版, 2021.

ショーン・エイカー(著), 高橋由紀子(訳), 《幸福優位7つの法則 》", 徳間書店, 2011.

ジム・ステンゲル(著), 池村千秋(翻訳), 《本当のブランド理念について語ろう「志の高さ」を成長に変えた世界のトップ企業 50》, CCCメディアハウス, 2013.

谷本 寛治, 《企業と社会―サステナビリティ時代の経営学》, 中央経済社, 2020.

DIAMONDハーバード・ビジネス・レビュー編集部, 《PURPOSE: パーパス会社は何のために存在するのか, あなたはなぜそこで働くのか"》, ダイヤモンド社, 2021.

永井 恒男・齋藤 健太, 《会社の問題発見, 課題設定, 問題解決》, クロスメディア・パブリッシング, 2019.

名和 高司, 《CSV経営戦略: 本業での高収益と, 社会の課題を同時に解決する》, 東洋経済新報社, 2015.

名和 高司, 《パーパス経営: 30年先の視点から現在を捉える》, 東洋経済新報社, 2021.

丹羽 真理, 《パーパス―マネジメント: 社員の幸せを大切にする経営》, クロスメディア・パブリッシング, 2018.

博論 岩嵜, 佐々木康裕, 《PURPOSEパーパス: 意義化する経済とその先》, NewsPicksパブリッシング, 2021.

フィリップ・コトラー, 《コトラーのマーケティング3.0, ソーシャル・メディア時代の新法則》, 朝日新聞出版, 2010.

細田 悦弘, 《選ばれ続ける会社とは サステナビリティ時代の企業ブランディング》, 産業編集センター, 2019.

堀場 厚, 《京都の企業はなぜ独創的で業績がいいのか》, 講談社, 2011.

本田 健司, 《イチからつくるサステナビリティ部門》, 日経BP, 2021.

ボストン コンサルティング グループ, 《BCG 次の10年で勝つ経営 企業のパーパス(存在意義)に立ち還る》, 日本経済新聞出版, 2020.

ピーター・F・ドラッカー, 《マネジメント[エッセンシャル版]: 基本と原則》, ダイヤモンド社, 2001.

〈논문/보고서〉

Aplle, "Supplier Clean Energy 2020 Program Update", 2020.

Association of International Certified Professional Accountants, "Purpose Beyond Profit: The Value of Value-Board level Insights", 2018.

British Academy, "Principles for Purposeful Business", 2019.

Business Roundtable, "Statement on the Purpose of a Corporation", 2019.

Cone Communication, "2013 Cone Communications Social Impact Study", 2013.

Credit Suisse, "Unearthing Investor Action on Biodiversity", 2021.

Deloitte Center for the Edge, "Zoom out/zoom in: An Alternative Approach to Strategy in a World that Defies Prediction", 〈Deloitte Insights〉, 2018.

Edelman, "Special Report: Brand Trust in 2020", 〈Edelman Trust Barometer 2020〉.

Ethical Consumer, "Markets Report 2018".

Francesco Del Pero, Massimo Delogu, Marco Pierini, "Life Cycle Assessment in the Automotive Sector: a Comparative Case Study of Internal Combustion Engine (ICE) and Electric Car," Procedia Structural Integrity 12, 2018.

Gartenberg, C., Prat, A., & Serafeim, G., "Corporate Purpose and Financial Performance," Organization Science", 30(1), 1-18, 2019.

GlobeScan and SustainAbility, "Re: Thinking Consumption, Consumers and The Future of Sustainability", 2012.

IIRC, "Purpose Beyond Profit", 2018.

Just Capital, "SURVEY: What Americans Want from Corporate America During the Response, Reopening, and Reset Phases of the Coronavirus Crisis", JUST REPORT.

Kering, "Environmental Profit & Loss(EP&L) 2020 Group Results", 2020.

Linkedin, "Purpose: A Practical Guide, How to Bring Purpose to Your Organization for a Competitive Advantage", 2016.

MSL Group, "Future of Business Citizenship", 2014.

Nielsen, "Doing Well by Doing Good", 2014.

Nielsen, "The Sustainability Imperative", 2015.

PwC Strategy&, "The Crisis of Purpose", 2019.

Time, "The Rise of the Ethical Consumer", Vol.174, No.11, 2009.

The Sustainability Consortium, "Greening Global Supply Chains", 2016 Impact Report.

Trucost, "Natural Capital at Risk: The Top 100 Externalities of Business", 2013.

UK Ethical Consumer, "Ethical Consumer Market Report 2021".

WEF, "New Nature Economy Report II: The Future of Nature and Business", 2020.

WEF, "Davos Manifesto 2020: The Universal Purpose of a Company in the Fourth Industrial Revolution", 2019.

W. Malnight, "Ivy Buche, and Charles Dhanaraj, Put Purpose at the Core of Your Strategy", Harvard Business Review, 2019.

岩坂 健志, "企業活動から発生する外部不経済と企業リスクの関係,〈危険と管理〉, 47巻, 2016.

エーザイ 統合報告書 2019.

大山 泰誠, "進化するマーケティング:エクスペリエンス(顧客体験)の再考",〈Tech Trends 2019: Beyond the digital frontier〉.

Omron, "オムロンの統合経営におけるESGインテグレーションの取り組み", 第4回統合報告・ESG対話フォーラムご説明資料, 2018.

河口 真理子, "持続可能なサプライチェーン とエシカル消費: 持続可能な社会づくりに向けて生産も消費も変わる,〈大和総研調査季報〉, 2017年 春季号 Vol.26.

川村 雅彦, "CSVはCSRの進化形だろうか? 第一CSRと第二CSRの峻別と同時実践,〈基礎研レポート〉, 2013.

川村 雅彦, "ソーシャル・ブランディング3.0: 社会的課題の解決に向け, 本来のCSRとCSVを統合する!!,〈基礎研レポート〉, 2015.

関西経済同友会, "企業変革のビッグチャンス: 腹落ちする骨太な戦略ストーリーと イノベーション創出に向けた組織・働き方の改革", 2021.

KPMG, "KPMGグローバルCEO調査 2020: COVID-19特別版", 2020.

KPMG, "パーパスを軸としたポートフォリオ転換: CEOサーベイ結果からの考察",

〈KPMG Insight〉, Vol.46, 2021.

消費者庁, "海外における倫理的消費の動向等に関する調査報告書", 2016.

曹 勁, "企業のサステナビリティ業績評価・管理に関する研究", 〈横浜国際社会科学研究〉第23巻, 第4号, 2019.

大和総研, "ESG指標を組み込んだ役員報酬制度", 2019.

Deloitte, "ミレニアル・Z世代年次調査 2021", 2021.

内閣府, "持続的成長への競争力とインセンティブ: 企業と投資家の望ましい関係構築プロジェクト(伊藤レポート)", 2014.

西尾 チヅル, "社会的課題解決へのマーケティング対応: 地球環境問題を中心として", 〈企業と社会フォーラム学会誌〉, 第6号, pp.43-60, 2017.

藤野 洋, "CSR(企業の社会的責任)・SDGs(持続可能な開発目標)と中小企業—ケーススタディにみる持続可能な調達とマルチステークホルダー・アプローチ—", 〈商工金融〉, 2018.

みずほ銀行産業調査部, "社会が求める企業のパーパス: パーパス・ドリブン経営の実践に向けて", Mizuho Industry Focus, Vol.227, 2021.

三井物産戦略研究所, "広がるエシカル消費: 企業活動への影響と事業機会", 2019.

三菱総合研究所, "未来社会構想 2050", 2019.

PwC, "企業はコーポレート・ベンチャー・キャピタルに何を期待すべきか"CVC実態調査 2019".

PwC, "5つのメガトレンドと潜在的な影響", 2014.

PwC, "循環型経済への道: なぜサーキュラーエコノミーが主流になりつつあるのか", 2020.

PwC, "非財務情報のマネジメント: 先進事例から紐解く企業価値創造に向けた取り組み", 2020.

〈온라인 기사〉

"Facebook CEO's Mark Zuckerberg Speech: Find Your Purpose", 〈Youtube.com〉, 2021.

"Heineken Announces Every Drop water ambition for 2030", Heineken, 2019. 3. 19.

"How to Make Work More Meaningful for Your Team", 〈Harvard Business Review〉, 2017. 08. 09.

"Knowing Our Footprint: Johnnie Walker", DIAGEO, 2017.

"Marc Benioff: We Need a New Capitalism", 〈The New York Times〉, 2019. 10. 14.

"Novartis Access 2017 Two Years Report", Novartis, 2018.

"Paula Goldman Joins Salesforce as VP, Chief Ethical and Humane Use Officer", 〈News & Insight〉, 2018. 12. 10.

"Purpose Belongs at The Core of Your Business Strategy", 〈Forbes〉, 2021. 08. 30.

"Put Purpose at The core of Strategy", 〈IMD〉, 2019.

"SABIC Outlined Intentions for TRUCIRCLE™ to Close Loop on Plastic Recycling", SABIC, 2020. 01. 23.

"Sharing Our Footprint with Consumers", DIAGEO, 2017. 08. 08.

"Starbucks Issues the First U.S. Corporate Sustainability Bond", Starbucks. 2016. 5. 16.

"Supply chain visibility boosts consumer trust, and even sales", 〈MIT Management Sloan School〉, 2019. 08. 20.

"Terra Approach", ING.

"The Most Meaningful Jobs", 〈Payscale〉.

"The Power of Strategic Purpose", 〈Strategy&〉.

"Top 10 Tips for Cause Branding", 〈CONE〉, 2007. 06. 28.

"Value to Society", BASF.

"11 Secrets You Need To Know For Exponential Growth", 〈Growth Institute〉.

"2019 SAP Integrated Report", SAP, 2019.

"2020 ESG Survey of Board Members and Senior Executives", 〈Willis Tower Watson〉, 2020. 12. 16.

"新たな経営モデルの3つの構えで両極をビジネスに生かす(前編)", 〈Harvard Business Review〉, 2020. 08. 31.

"ROESGスコアは日本勢1位!サプライチェーーンも意識する花王のESG・サステナビリティ経営", 〈ESG Journal〉, 2021. 10. 24.

"ROESG世界トップ100社, 消費者向けが上位に", 〈日本経済新聞〉, 2019. 08. 12.

"ROEとESGの両立が日本企業の生きる道？今話題のROESG経営とは", 〈ESG Journal〉, 2021. 07. 02.

"ESGブランド躍進企業の研究 6: 良品計画規模拡大へESGで基盤固め", 〈日経ESG〉, 2021. 10. 19.

"異色のシューズブランドオールバーズが投資家からも支持される理由, 〈WWD〉, 2020. 07. 31.

"イノベーション組織研究15: IKEA SPACE 10", 〈Archetype〉, 2019. 03. 07.

"SDGsブランディングで企業価値を高めよ", 〈CCL〉, 2019. 04. 10.

"オーステッド, 生物多様性に対するネット・ポジティブ効果を宣言", 〈Prwire〉, 2021. 07. 02.

"会社と個人のパーパスをつなぎ合わせる, ユニリーバ・ジャパンの企業文化を醸成するBe yourselfの取り組み", 〈Work Mill〉, 2021. 04. 06.

"革新からエシカル重視へ: 世界525社調査, 〈Alterna〉, 2021. 09. 17.

"革新的な企業と忍耐強い資本を結びつけることを使命とする唯一の米国国内証券取引所LTSE(ロングターム証券取引所)とは？", 〈ゼブラ アンド カンパニー〉, 2021. 06. 28.

"株主価値だけじゃない上場するESG時代の新企業たち, SDGsが変えるミライ", 〈日本経済新聞〉, 2020. 07. 31.

"環境への負荷ゼロを目指す タイルカーペット世界一 インターフェイスのサステナビリティ戦略(1)", 〈Good Business Good People〉, 2015. 01. 15.

"完全オンラインと社会貢献が特徴のインシュアテック・スタートアップ企業: レモネード", 〈Note〉, 2021. 03. 02.

"カンヌライオンズから読み解くSDGsの潮流(1)", 〈Alterna〉, 2021. 06. 21.

"カンヌライオンズから読み解くSDGsの潮流(2)", 〈Alterna〉, 2021. 07. 21.

"企業の目的は利益ではないはきれいごとか", 〈Alterna〉, 2018. 10. 16.

"急浮上する経営リスク, 児童労働問題", 〈日経ESG〉, 2021. 02. 10.

"経営理念の浸透から新しい考え方へ〜パーパスマネジメントとは〜", 〈Cross Media

Marketing〉, 2021. 06 .23.

"Cause(大義)とPurpose(目的)の違いは何か？", 〈Sustainable Japan〉, 2015. 02. 10.

"コーズマーケティング(Cause Marketing)", 〈Sustainable Japan〉, 2015. 02. 07.

"コーポレート・サステナビリティ日本企業の長期的価値創造に向けて", PwC, 2019. 07. 30.

"コロナ時代にどのようなデジタル変革(DX)及びビジネス変革(BX)が求められるのか？", EY, 2021. 03. 01.

"サイボウズ式: 私たちは人間らしく働くために従業員から利害関係者になるべき時代なのかもしれない", 〈HUFFPOST〉, 2018. 09. 07.

"サーキュラー・エコノミーへの移行は急務: フィリップス", 〈Sustainable Brand〉, 2018. 11. 02.

"サステナビリティの中期経営計画と長期目標の作り方", 〈サステナビリティのその先へ〉, 2021. 07. 12.

"サステナブル時代に求められる企業変革とは？", 〈Newspicks〉, 2021. 10. 03.

"サステナブルで唯一無二, コトパクシのアウトドアギアで環境と社会を考える", 〈The Holiday〉, 2021. 05. 18.

"サステナブルな企業でないともう生き残れない(後編)", 〈JB Press〉, 2021. 02. 24.

"CSRが社内浸透しない根本的課題と対処法", 〈サステナビリティのその先へ〉, 2018. 01. 11.

"CSR/サステナビリティが社内浸透しない5つの理由", 〈サステナビリティのその先へ〉, 2018. 10. 9.

"CSR/サステナビリティ・ブランディングにおける価値と戦略", 〈サステナビリティのその先へ〉, 2019. 09. 09.

"CSRにおけるブランディングとパーパスの関係性", 〈サステナビリティのその先へ〉, 2018. 10. 15.

"CSRは営業活動の一部!? タイルカーペット世界一 インターフェイスのサステナビリティ戦略(2)", 〈Good Business Good People〉, 2015. 01. 18.

"CSRはなぜ企業理念/経営理念の浸透に貢献できるのか", 〈サステナビリティのその先へ〉, 2019. 09. 02.

"資本主義の語を使わなかった資本主義の父", 〈東洋経済 Online〉, 2021. 05. 04.

"ステラ・マッカートニー サステナブルへの取り組みとその魅力 環境問題 動物愛護」, 〈Monobank〉, 2021. 04. 14.

"世界が直面する喫緊の課題: CEOはそれをいつまで他人任せにできるのか？", EY, 2019. 07. 08.

"世界で広がるB Corp認証: 米先進企業オールバーズに聞く, 認証取得のメリットとは", 〈Sustainable Brand〉, 2021. 02. 01.

"ソニーグループのPurpose経営", 〈CCL〉, 2021. 08. 18.

"財閥知らずにインド経済は語れない!? 財閥特集始動!: タタ編", Palette, 2017. 09. 22.

"事業変革からサステナビリティ変革へデジタルを活用して企業価値を高めるSXとは何か", 〈Harvard Business Review〉, 2021. 09. 10.

"自動車各社, CO2削減達成に及び腰な事情", 〈日経ビジネス〉, 2021. 11. 01.

"自動車の将来動向: EVが今後の主流になりうるのか 第4章", PwC, 209. 03. 07.

"高い目的意識を持つことの重要性", 〈CCL〉, 2017. 03. 13.

"中長期目標の見直しに必要なことPhilipsの事例から", 〈CSR Communicate〉, 2019. 10. 09.

"TNFD(自然関連財務開示タスクフォース)とは何か？(後編)TNFDで求められる企業の備え", 〈GreenxGlobe Partners〉, 2021. 10. 01.

"DSM社, バイオ及びリサイクルベース製品をエンジニアリングプラスチックスの全ポートフォリオに導入へ", DSM Japan, 2019. 11. 01.

"DSM, 世界中の家畜の栄養や健康の現状を変える新しい戦略的イニシアチブを開始", 〈Prtimes〉, 2020. 09. 04.

"DSMという会社", 〈Note〉, 2021. 05. 11.

"動物がファッションの犠牲になってはいけない-ブランド設立20周年を迎えたステラ・マッカートニーの次なる挑戦", 〈VOGUE〉, 2021. 07. 05.

"なぜ日本企業の経営戦略はコロナに対応できなかったのか", 〈DHBR〉, 2020. 07. 30.

"ファッション業界のあり方を変えるケリングが生物多様性戦略を発表", 〈Eleminist〉, 2020. 07. 03.

"Fortune誌とGreat Place to Work がKnowBe4を2021年度Best Workplaces for Womenの1社に選定", 〈Prtimes〉, 2021. 09. 27.

"骨太な新事業創造に向けて社会課題解決型イノベーション力の強化を急げ(第2回)",

〈Deloitte〉, 2013. 08. 24.

"米国株動向: 不況に強い廃棄物処理企業のウェイスト・マネジメント", 〈Motley Fool〉, 2019. 12. 04.

"パーパスに関してリーダー一陣の認識を一致させる", EY, 2020. 11. 10.

"パーパスを通して利益を生み出す: パイオニアとして学び続けた8年間", Unilever Japan, 2019. 04. 12.

"未来のマネジメントを60年先取りしていた「ゴアテックス」の会社に学ぶ組織づくり", 〈note〉, 2019. 03. 17.

"明治ホールディングスが経営指標にROESG", 〈日経ESG〉, 2021. 9. 20.

"ユニリーバに学ぶ, 消費者とともに実現するサーキュラーエコノミー", 〈Idea for Good〉, 2019. 09. 17.

"より良い未来を構築する金融機関としての取り組み", 〈BNP PARIBAS〉, 2020. 09. 22.

"利益を超えなければパーパス(存在意義)ではない", 〈Alterna〉, 2019. 10. 16.

〈인터넷 사이트〉

Adidas, https://www.adidas-group.com/en/sustainability/products/end-of-life

Airbnb, https://www.airbnb.jp

Allbirds, https://allbirds.jp/pages/footprint

Apple, https://www.apple.com/jp/newsroom

ATD, https://www.td.org/videos/motivating-millennials-new-research-into-unlocking-their-passions-tu214

B-Lab, https://www.bcorporation.net/en-us

BlackRock, https://www.blackrock.com/corporate/investor-relations/2018-larry-fink-ceo-letter

BNP Paribas, https://group.bnpparibas/en

Cannes Lions, https://www.canneslions.com

Cone Communication, https://www.conecomm.com

Cotopaxi, https://www.cotopaxi.com

DSM, https://www.dsm.com/japan/ja_JP/sustainability.html

Ethisphere Institute, https://worldsmostethicalcompanies.com

Extinction Rebellion, https://rebellion.global/about-us

Fairtrade International, https://www.fairtrade.net/about

Glassdoor, https://www.glassdoor.com/Award/Best-Places-to-Work-LST_
   KQ0,19.htm

Great Place to Work, https://www.greatplacetowork.com

H&M, https://about.hm.com/news

Interface, https://www.interface.com/US/en-US/homepage

Kering, https://www.kering.com/en

Lemonade, https://www.lemonade.com

Meat Free, https://meatfreemondays.com

National Space Society, https://space.nss.org

Nestle Japan, https://www.nestle.co.jp/aboutus

Nestle, https://www.nestle.com/

Orsted, https://orsted.com

PETA, https://www.peta.org

Red, https://www.codered.org

Reuters Events, https://reutersevents.com

Salesforce, https://www.salesforce.com

Simon Sinek, https://simonsinek.com/commit/the-golden-circle

Starbucks, https://archive.starbucks.com

Sweet Green, https://www.sweetgreen.com

The Unilever Foundry, https://www.theunileverfoundry.com

Twitter, https://twitter.com/Kaepernick7

Unilever Japan, https://www.unilever.co.jp

URTH https://urth.co/pages/positive-impact

Patagonia Japan, https://www.patagonia.jp/our-responsibility-programs.html

Philips, https://www.philips.com/global

Waste Management, https://www.wm.com

Wikipedia, https://en.wikipedia.org/wiki/Impossible_Foods

伊那食品工業, https://www.kantenpp.co.jp/corpinfo

エーザイ株式会社, https://www.eisai.co.jp/index.html

Omron, https://www.omron.com/jp/ja/about/corporate/vision

花王, https://www.kao.com/jp/corporate/sustainability/policy

積水ハウス, https://www.sekisuihouse.co.jp/company

SoooooS, https://sooooos.com

ノボ・ノーディスク, https://www.novonordisk.co.jp

堀場製作所, https://www.horiba.com/jpn

ブリヂストン, https://www.bridgestone.co.jp

丸井グループ, https://www.0101maruigroup.co.jp

三菱ケミカルホールディングス, https://www.mitsubishichem-hd.co.jp/group/
    kv30/index.html

明治ホールディングス, https://www.meiji.com/investor/management/mid-term-
    plan.html

良品計画, https://ryohin-keikaku.jp

ESG 경영을 선도하는 초성장 기업의 비밀

퍼포스 경영

초판 1쇄 인쇄 | 2022년 6월 2일
초판 1쇄 발행 | 2022년 6월 10일

지은이 | 이형종
펴낸이 | 전준석
펴낸곳 | 시크릿하우스
주소 | 서울특별시 마포구 독막로3길 51, 402호
대표전화 | 02-6339-0117
팩스 | 02-304-9122
이메일 | secret@jstone.biz
블로그 | blog.naver.com/jstone2018
페이스북 | @secrethouse2018
인스타그램 | @secrethouse_book
출판등록 | 2018년 10월 1일 제2019-000001호

ISBN 979-11-92312-11-8 03320